纪念改革开放三十周年重点图书

傅利平　吴兆彤　主编

社会主义市场经济
理论与实践

天津大学出版社
TIANJIN UNIVERSITY PRESS

内容提要

改革开放三十年来，中国共产党把马克思主义基本原理和中国实际相结合，领导中国人民走出一条独具特色的经济发展道路。同时，这场史无前例的探索积累了极其丰富的历史经验，极大地丰富和发展了马克思主义的理论内涵。本书从理论和实践两个层面梳理了我国经济体制改革的发展脉络，全书共分为九章，覆盖中国经济体制改革的主要方面，内容包括：在实践中不断推进马克思主义中国化；中国的经济发展；改变二元经济结构，建设社会主义新农村；统筹区域经济协调发展；建立和完善社会主义市场经济体制；社会主义市场经济的宏观调控和政府职能转变；社会主义经济制度；社会主义初级阶段的个人收入分配制度；经济全球化与对外开放。各章围绕所阐述的问题，从理论创新和实践突破两方面展开，帮助读者理解和把握改革开放以来中国经济变动的轨迹和方向。

本书可作为 MBA、MPA 以及相关专业研究生的指导用书，亦可供对中国经济改革与发展感兴趣的读者参考。

图书在版编目(CIP)数据

社会主义市场经济理论与实践/傅利平，吴兆彤主编. 一天津：天津大学出版社，2009.4（2014.6重印）

ISBN 978-7-5618-2948-6

Ⅰ.社… Ⅱ.①傅… ②吴 Ⅲ.社会主义经济：市场经济-中国-高等学校-教材 Ⅳ.F123.9

中国版本图书馆 CIP 数据核字(2009)第 034783 号

出版发行 天津大学出版社
出 版 人 杨欢
地　　址 天津市卫津路 92 号天津大学内(邮编：300072)
电　　话 发行部：022-27403647
网　　址 publish. tju. edu. cn
印　　刷 昌黎太阳红彩色印刷有限责任公司
经　　销 全国各地新华书店
开　　本 169mm×239mm
印　　张 19.5
字　　数 416 千
版　　次 2009 年 4 月第 1 版
印　　次 2014 年 6 月第 2 次
印　　数 4 001 - 5 000
定　　价 36.00 元

前言

1978 年召开的党的十一届三中全会，是新中国历史上一个重要的里程碑。从此，揭开了中国改革开放的序幕，启动了一场以实现社会主义现代化为宏伟目标的新的伟大长征。至今，中国的改革开放已经走过了整整 30 年。从 1978 年到 2008 年，我国国内生产总值由 3 645 亿元增长到 30 万亿元，年均实际增长 9.4%，是同期世界经济年均增长率的 3 倍多，中国经济总量上升为世界第三。中国城乡居民收入快速增长，人民生活总体上达到小康水平。在经济快速发展的同时，我国政治体制、文化体制、社会体制的改革也在不断推进，国家面貌发生了翻天覆地的变化。现实的这种巨变，得益于改革开放的实践；而改革开放实践的成功又离不开中国共产党在理论上的不断探索和锐意创新。

本书试图从理论和实践两个层面梳理三十年来我国经济体制改革的发展脉络，这并不是一件容易的事情。中国兼具社会主义国家、转型国家和发展中国家三重属性。作为世界上最大的发展中国家，中国在发展中遇到的人口、资源、环境的压力越来越大，特殊的经济条件决定了中国不能重复其他国家走过的发展道路，而必须走出一条中国特色的发展道路，实现发展方式的转变。中国同时又是社会主义国家和转型国家。首先，中国的经济体制由计划经济向市场经济转型，而转型目标又定位在“社会主义市场经济”这样一种社会经济环境中，所以就理论而言，无论是传统的社会主义经济理论、经典的马克思主义理论，还是西方经济理论，都难以解释中国经济，需要将上述理论相互融合，并根据实践的发展和时代的要求，在中国的改革实践基础上不断推进中国特色的社会主义经济理论创新，才能对中国的经济现象做出尽可能准确的理解和把握。其次，中国由农业社会向工业社会转型。长期以来，中国农业部门被看作是为工业发展提供资本积累和廉价劳动力的被动、附属部门，二元经济仍是国民经济结构的基本特征。农业部门仍采用传统的生产方式，劳动力大量剩余，农民收入水平低下，对中国经济社会发展产生诸多不利影响。二元经济结构的转换，必须通过城乡经济社会的统筹发展来逐步实现，最终实现社会转型中的公正和谐。再次，由封闭和半封闭经济向开放型经济转型。改革开放之初,我国提出发展外向型经济的思路,党的十五大正式提出发展开放型经济。随着改革开放的不断深入,中国经济摆脱了原来的封闭、半封闭状态,逐步形成了全方位、多层次、宽领域的对外开放格局。中国社会主义市场经济已经是世界经济的一个有机组成部分。正是因为中国的经济改革在多个领域同时推进,又始终坚持立足国情,独立探索中国特色的社会主义道路,没有现成的经验可供借鉴,所以前进中有时也会出现曲折和反复。这样的改革特征,为理论的梳理和实践的总结带来了一定的困难。

就理论而言,西方经济学普遍认为:自由市场经济、产权私有是一个经济体系有效运行的基础。而中国在改革中始终坚持社会主义基本制度同发展市场经济的有机结合,在基本经济制度上坚持以公有制为主体,多种所有制经济共同发展,"政府主导"成为改革平稳推进的重要保证。尽管尚有许多深层次的问题需要讨论和解决,但毫无疑问,中国已经创造了一个全新的市场经济体制模式,中国的新理念正在对中国以外的世界产生巨大影响。在实践中,中国从自身实际出发,在经济体制改革的初期"摸着石头过河",并没有明确设定改革的目标,中国的经济体制改革在由点到面、从局部到整体的路径中循序渐进,改革的目标也逐渐清晰。1992 年,党的十四大明确把建立社会主义市场经济体制作为我国经济体制改革的目标。到 20 世纪末已经初步建立起社会主义市场经济体制,市场已开始在资源配置中发挥基础性作用。2003 年,党的十六届三中全会提出进一步完善社会主义市场经济体制的任务,各项改革有序推进。随着中国的改革向纵深推进,我国社会生活的诸多方面又出现了一些令人关注的新矛盾和新问题,如收入差距问题、所有制结构问题、国有资产管理体制问题、政府职能转变问题、社会保障问题等。探索解决这些矛盾的过程也就是推动社会主义市场经济理论不断创新的过程。

中国的改革看起来千头万绪,我们在建构全书的框架时,化繁为简,从经济体制改革的几条主线来勾勒中国社会主义市场经济的理论和实践的框架。全书共分为九章:第一章,在实践中不断推进马克思主义中国化,系统阐述了社会主义从理论到实践,从一国建立到多国发展,其中的改革探索、挫折失败以及中国特色社会主义的历史进程,让读者对社会主义制度的建立和发展有一个整体性的认识;第二章,中国的经济发展,分析了中国社会主义所处的发展阶段以及中国共产党关于在中国实现什么样的发展、怎样发展等重大理论和实践问题的思考;第三章,改变二元经济结构,建设社会主义新农村,集中探讨了中国农村经济的基本状况和解决"三农"问题的基本思路;第四章,统筹区域经济协调发展,从理论和实践两部分对中国国民经济的空间布局进行分析;第五章,建立和完善社会主义市场经济体制,介绍了中国的经济体制由计划经济向社会主义市场经济转型的实践探索和理论突破;第六章,社会主义市场经济的宏观调控和政府职能转变,介绍了政府实行宏观调控的经济学原理以及中国的宏观调控实践；第七章，社会主义经济制度，分析了我国社会主义基本经济制度以及国有企业的改革、非公有制经济的发展；第八章，社会主义初级阶段的个人收入分配制度，对社会主义市场经济条件下的个人收入分配进行了分析；第九章，经济全球化与对外开放，从理论和实践两方面介绍了经济全球化背景下中国的对外开放。

本书由傅利平、吴兆彤任主编，参编人员包括张出兰、许登峰、魏彦莉、邓晶和方小红。本书在编写和出版过程中，得到了天津大学公共管理学院及天津大学出版社的大力支持和协助，在此表示深深的感谢！

本书在写作过程中，参考了许多同类教材及专家的研究成果，并尽可能对参考或引用内容及观点做了注释，列出了参考文献。在此，特向这些教材和研究成果的作者表示衷心的感谢！

由于编者水平所限，书中难免出现遗漏或错误，恳请广大读者提出宝贵的意见和建议。

傅利平

2009 年 3 月 5 日

目录
CONTENTS

第一章

在实践中不断推进马克思主义中国化

第一节　社会主义从空想到科学的发展

一、空想社会主义

（一）空想社会主义发展的三个历史阶段

1516 年托马斯·莫尔所著《乌托邦》一书的出版标志着空想社会主义的诞生，到 18 世纪中叶欧文时期达到顶峰，经历了 300 多年的时间。空想社会主义三个多世纪的发展史，大体上可分为三个阶段。

1. 空想社会主义发展的第一阶段及其主要特点

十六七世纪是资本原始积累时期，也是资产阶级开始形成的时期。这个时期出现了正在形成中的无产者反抗早期资产者的斗争，其理论表现形态便是以英国的莫尔、德国的闵采尔和意大利的康帕内拉为代表的早期空想社会主义。

托马斯·莫尔（1478—1535）是英国空想社会主义者和人文主义思想家。莫尔所著《乌托邦》一书在社会主义史上第一次系统阐述了空想社会主义的基本思想，标志着空想社会主义的诞生。《乌托邦》全名为《关于最完美的国家制度和乌托邦新岛的既有益又有趣的金书》。在书中，莫尔不仅猛烈抨击了封建专制制度，而且对资本主义血腥的原始积累过程进行了无情的鞭挞。“羊吃人”是莫尔对资本原始积累时期英国社会最真实的概括。莫尔的这一概括，因简洁明快而又鞭辟入里而成了揭露资本主义血腥发迹史的不朽名言。莫尔认为，造成社会贫富分化的根源就在于私有制的存在，因此，要消除这种不公正现象，就必须彻底废除私有制。因此，乌托邦最大的特点便是全部社会财富由大家共同拥有和使用。莫尔在书中对乌托邦的经济、政治、文化教育、社会福利、家庭婚姻等制度以及宗教信仰和对外交往等各项政策都进行了详细的规划。莫尔所阐述的乌托邦思想在近代社会主义思想史上具有开创性的意义，以至于乌托邦社会主义成了此后空想社会主义的同义语。

托马斯·闵采尔(1489—1525)是德国空想社会主义者。闵采尔空想共产主义思想的形成是同他的革命实践活动紧密联系在一起的。他主张举行武装起义,用暴力推翻不合理的社会制度,其设想的未来理想社会是“千年天国”。在这个“千年天国”中没有贫富差别,没有私有财产和国家政权,人们共同劳动,共有财产实行共同分配,实现最完全的平等。新的理想社会的最高组织形式是公社,全体社员共同选举管理机构。

托马斯·康帕内拉(1568—1639)是意大利文艺复兴时期的空想社会主义者,其代表著作是《太阳城》。他描述的理想社会“太阳城”是一个私有制被彻底废除,全部生产资料和一切生活资料归全民所有,由社会组织生产,共同劳动,共享劳动成果,人人平等的社会。他认为,私有制是造成贫富对立和其他一切罪恶的根源,因此,只有消灭私有制,才能消除一切社会祸害。同时,他还主张人人在政治上、经济上平等。康帕内拉比莫尔进步的地方在于他提出了劳动光荣的思想,并重视科学知识及教育的重要性。

这一时期的空想社会主义的总体特点:一是它们对资本主义原始积累过程给劳动人民带来的深重灾难表示出极大的愤慨,是近代无产阶级的先驱者反对早期资本主义的最初呐喊;二是它们都在不同程度上吸收并改造了古希腊柏拉图的思想及早期基督教的平等思想;三是它们在历史上第一次系统地阐述了社会主义的理想,为无产阶级和劳动人民描绘了美好的新世界,为空想社会主义的发展奠定了理论与现实的基础;四是由于当时资本主义基本矛盾还没有充分展开,无产阶级的阶级意识还很薄弱,因此它们对未来社会主义理想制度的主张都较为粗疏,缺乏严密的理论论证;五是它们的理想社会都是建立在手工业和小农业生产基础上的,带有明显的小生产者思想的烙印;六是它们普遍不承认资本主义的历史合理性,而把资本主义与封建制度及一切私有制度仅仅看成是一种罪恶的制度。

2. 空想社会主义发展的第二阶段及其主要特点

从17世纪中叶到18世纪,英国、法国先后爆发了资产阶级革命,资本主义迅速发展,无产者同工场主的矛盾日益暴露。此时,比较成熟的资本主义促使空想社会主义思想更加成熟、更为系统。

17世纪,英国发生了历史上著名反对资产阶级的“掘地派”运动。杰拉德·温斯坦莱(1609—1652)是掘地派运动的领袖。在其所著《自由法》一书中,温斯坦莱提出了全面改造英国现实社会的方案,呼吁建立一个“真正的自由共和国”,在其设想的理想社会中,从经济制度上看,实行土地公有是理想社会制度的核心。他认为土地、财产私有是人民陷入贫困的最主要原因,因此提出废除私有制及一切社会不公平现象。在政治制度方面,他主张实行议会共和国制度,实行法制和民主。他认为,国家的管理制度要有三个组成部分:适当的法律、胜任的工作人员以及对法律的认真执行。同时人民还享有选举权和监督权。他还把受教育看做是人民的一项权利,认为教育是巩固和发展共和国的重要手段。他用法律条文形式系统表述其空想社会主义思想，增强了社会主义思想的理论色彩。

摩莱里(1720—1780)是法国著名空想社会主义者，主要著作是《巴齐里阿达》和《自然法典》。《巴齐里阿达》描绘了一个实行共产主义的国家的蓝图，主张建立符合理性的社会，废除一切私有制，产品实行按需分配，根据理性的原则管理人民，最根本的是通过法律规范一切。在《自然法典》中，他认为存在永恒的理性，人类历史和社会都要用理性来检验，而私有制不符合理性原则，应该全部推倒。他以法律形式提出了符合理性的共产主义社会的原则。

马布利(1709—1785)是启蒙运动中著名的思想家，著有《论公民的权利和义务》、《论法制或法律的原则》等著作。他将理性作为理论的出发点，认为理性是最高尚和最重要的，是永远不变的规律，人只有凭借理性才能理解一切，从而建立理想社会。他的政治理想是建立一个合乎理性的以公有制为基础的共和国。他主张实行社会改良，逐步限制和取消财产继承权；取消公务人员额外报酬；改革税制，取消无财产者的税额；限制对土地的占有数量等。因此，他不仅批判私有制，而且也提出了改造现实世界以最终消灭私有制的措施。

弗朗索瓦·诺埃尔·巴贝夫(1760—1797)是法国大革命时期的空想共产主义者、著名的平等派革命家。巴贝夫要求实现全社会真正平等。他把私有制看成是社会经济政治不平等的最根本原因，认为要实现真正平等，就必须废除私有制，而要彻底废除私有制，就必须进行一场人民而非富人的革命来摧毁旧制度。在革命实践中，巴贝夫力图实现社会主义理想与人民革命运动的结合。

十七八世纪的空想社会主义具有的主要特点：一是这一时期的空想社会主义在新的时代进一步丰富和发展了早期社会主义者的思想，进行了许多新的探索，提出了许多新的理论，从而把空想社会主义推进到了一个新的阶段；二是空想社会主义者运用资产阶级启蒙运动中提出的自由、平等的口号，把矛头对准资本主义私有制，对资本主义进行了尖锐的批判；三是这一时期的空想社会主义已带有明显的理论思辨与理论论证色彩，开始从理论上探讨和论证废除私有制等社会主义的基本原则，科学性更强了；四是这一时期的空想社会主义的法学色彩极为鲜明，空想社会主义者们大都从法学的角度、通过法律条文的形式对未来理想社会的经济、政治、法律、文化和教育制度乃至社会生活的诸多重大原则进行了明确的规定或详细论述；第五，这一时期的空想社会主义带有明显的平均主义和禁欲主义特征。

3. 空想社会主义发展的第三阶段及其主要特点

19 世纪初，资本主义发展到了机器大工业阶段，资本主义有了长足发展，随之而来的是社会危机的空前加剧。此时，资本主义社会基本矛盾进一步暴露，无产者的反抗更加激烈。正是在这一背景下，欧洲社会出现了三个伟大的空想社会主义者：圣西门、傅立叶和欧文。

克劳德·昂利·圣西门(1760—1825)是 19 世纪初法国伟大的空想社会主义者，代表著作有《一个日内瓦居民给当代人的信》、《论实业体系》、《实业家问答》、

《论文学、哲学和实业》和《新基督教》等。他认为,人类历史的发展是有规律的,新旧因素斗争的结果则是旧制度的灭亡和新制度的产生;15 世纪以来欧洲历史进程的基本内容便是社会各阶级之间的斗争,而实业阶级同封建制度的斗争最终导致了法国革命。在圣西门看来,革命后建立起来的资本主义制度是一个黑白颠倒的世界;根本改造旧制度首先要使学者、艺术家和实业家上升为社会管理者,掌握社会的经济、政治和文化等方面的权力。实业制度是圣西门在考察和批判现实制度的基础上为克服其弊病而设计的一种理想社会。在实业制度里,管理活动是置于统治活动之上的。发展实业是圣西门思想的核心,而他所谓的"实业"既包括发展物质生产,也包括科学、艺术等精神生产。在实业制度里,"一切人都应当劳动"①,整个社会则按照分工协作的原则有计划地组织起来。圣西门是马克思和恩格斯所称的"批判的空想的社会主义和共产主义"的第一人。对于圣西门及其学说,恩格斯曾给予高度评价:"我们在圣西门那里发现了天才的远大眼光,由于他有这种眼光,后来的社会主义者的几乎所有并非严格意义上的经济学思想都以萌芽状态包含在他的思想中。"②

弗朗索瓦·马利·沙尔·傅立叶(1772—1837)是 19 世纪初法国另一位伟大的空想社会主义思想家。其主要著作有《四种运动论》、《宇宙统一论》、《新世界》、《论商业》等。傅立叶深刻地揭露了资本主义社会的混乱和罪恶,把对资本主义的批判提到了前所未有的高度。他否定资本主义制度的必要性和永恒性。在这种制度下,每个人的幸福总是建立在别人痛苦之上。他断言,"所谓臻于完善境界的文明制度只不过是一种人间地狱"③,"是恢复了的奴隶制度"④。傅立叶的理想社会是和谐制度,而和谐制度的目的就是要消除资本主义制度的弊端。傅立叶认为,人类要建立和谐制度必须具备两个最基本的条件:第一,创造大规模的生产、高度发展的科学和艺术;第二,发明出一个与分散经营相反的协作结构。在他看来,第一个条件早已具备了,而他的任务便是要创造出这第二个条件。傅立叶把和谐社会的基本单位称为"法郎吉",这是一种城市和乡村相结合、工农业生产相结合、脑力劳动与体力劳动相结合、教育与生产劳动相结合、生产与消费相结合的集体经营的协作组织。

罗伯特·欧文(1871—1858)是 19 世纪英国杰出的空想共产主义思想家和实践家。"欧文的共产主义"主要是在经营工厂的实践中逐渐形成的,这就使他对资本主义的批判触及了制度的根基。他通过计算发现,剩余财富是工人创造的,却被企业主以利润的形式占有。他从劳动价值论的角度剖析了资本主义的本质,初步找到工人贫困的原因。同时,他又从发展生产力的高度论证了废除资本主义私有制的必然性和必要性,这是同时代的圣西门和傅立叶所无法企及的。在实践中他发表了《致拉

---

① 《圣西门选集》,第 1 卷,24 页,北京,商务印书馆,1979。

② 《马克思恩格斯选集》,第 3 卷,726 ~ 727 页,北京,人民出版社,1995。

③ 《傅立叶选集》,第 3 卷,266 页,北京,商务印书馆,1982。

④ 《傅立叶选集》,第 1 卷,117 页,北京,商务印书馆,1979。

纳克郡的报告》、《新道德世界书》、《人类思想和实践中的革命》等著作。欧文的理想社会是建立在生产资料公有制基础之上的众多的共产主义劳动公社的联合体，劳动公社则是未来理想社会的最基层组织。劳动公社是根据联合劳动、联合消费、联合保有财产和特权均等的原则建立起来的，是独立的政治经济组织和社会单位。同时，每个公社又都是城乡和谐的整体。在公社里，每个成员将各尽其能，彼此团结互助，而公社与公社之间也用同样方式联结起来，形成公社联盟。欧文设想，经过试验和示范，公社制度和公社联盟将逐渐“普及整个欧洲，随后再普及世界其他各洲，最后把全世界联合成为一个只被共同的利益联系起来的伟大的共和国”①。欧文既是一位伟大的空想家，同时也是一位伟大的实践家。他身体力行，积极进行共产主义的典型试验，虽屡遭挫折，却矢志不渝，痴心不改，直到生命的最后一息。马克思在评价欧文一生的活动时，曾对他坚持不懈地为自己的共产主义奋斗的精神给予了极高的评价，称赞他是一个真正坚强的人，他“一经踏上革命的道路，即使遇到失败，也总是能从中汲取新的力量，而且在历史的洪流中漂游得愈久，就变得愈坚决”②。

这一时期空想社会主义有如下主要特点。其一，社会主义和共产主义学说是科学社会主义产生之前社会主义思想发展的最高成就。其二，他们的理论基础基本上都是唯物主义的自然观以及具有一系列历史唯物主义因素的社会历史观，都倾向于把人类社会的历史看成是一个连续的、上升的和进步的过程，并试图以此证明资本主义被更完善的理想社会所代替的必然性。其三，这一时期的社会主义和共产主义理论直接来源于18世纪法国的启蒙学说，就理论形式来说，是在继承和改造启蒙学说的基础上形成的。或者换句话说，就其理论形式来说，它是18世纪法国伟大的启蒙学者所提出的各种原则的进一步的、似乎更彻底的发展。其四，这一时期的空想社会主义者都敏锐地看到了大工业的发展前景。他们以大工业为基础和以生产力的高度发达为基础来构建未来的理想制度。也就是说，无论是对现实资本主义的批判还是对未来理想社会的设计，三大空想家都是以机器大生产为基本前提的。其五，他们把批判的矛头直接对准资产阶级和资本主义，对准了资本主义社会的全部基础。就其批判的深刻程度而言，他们远远超过了自莫尔以来的所有空想社会主义者。其六，他们对未来社会的若干重大原则作了比之前的思想家更有价值的猜测，提出了许多天才的思想萌芽和天才的思想，为科学社会主义的创立提供了直接的思想材料。其七，与以往的空想社会主义者不同，他们在生前就已拥有一批为数不少的信徒，形成了颇有影响的圣西门学派、傅立叶学派和欧文主义学派。这些追随者们积极宣传和阐释他们的思想，有些还在某些方面有所发展和创新。但是，这些学派后来相继衰落，逐渐堕落成一些保守乃至反动的派别，最终走向瓦解。

---

① 《欧文选集》，第2卷，150页，北京，商务印书馆，1979。

② 《马克思恩格斯全集》，第30卷，522页，北京，人民出版社，1975。

(二)空想社会主义的历史评价

1. 空想社会主义的历史功绩

第一,空想社会主义对资本主义的揭露与批判,提供了研究资本主义早期发迹史的极为珍贵的历史文献资料,也提供了启发工人阶级觉悟的极为宝贵的思想材料。在经济领域,空想社会主义者深刻批判了资本主义的经济制度,揭露了资本主义经济结构从生产领域到流通领域存在的种种弊病,认为资本主义的雇佣劳动制度不过是在新的历史条件下复活了的奴隶制,是以新的更完善的集体奴役代替了野蛮时期的个人奴役,雇佣劳动就是奴隶劳动,资本主义的工厂就是“温和的监狱”①;认为资本主义商业“不过是有组织的合法的抢劫行为”②,是资本主义罪恶的集中表现;认为在资本主义条件下,贫困是由富裕产生的,现代工业企业的成就是建立在工人阶级贫困化的基础之上的;认为资本主义的经济危机是一种“由生产过剩所引起的危机”③。在政治方面,空想社会主义者全面批判了资本主义的政治制度,强调历史上和现存的一切政权都不过是为了少数剥削者的利益,使用暴力和欺骗手段压迫和掠夺生产者阶级的工具。在意识形态方面,空想社会主义者无情地批判了资本主义的意识形态,揭露了资产阶级道德的虚伪性和欺骗性,认为资本主义意识形态的最典型特征就是它的冷酷的利己主义。空想社会主义抨击了资本主义社会的全部基础,提出了必须改造现实社会的结论,其中不少人还提出了废除私有制的主张。空想社会主义者对资本主义所进行的无情揭露和深刻批判,是其学说中最有价值和最有生命力的部分。空想社会主义不仅在当时提供了启发工人觉悟的真实鲜活的思想资料和启蒙材料,而且至今对科学、全面地研究资本主义社会也提供了弥足珍贵的思想材料。

第二,空想社会主义是科学社会主义的重要思想来源。空想社会主义者在分析和研究人类社会发展史的过程中,在猜测和论证未来社会的基本原则过程中,萌发了许多进步的、引导人类历史发展方向的思想。这些思想和思想的萌芽,既是科学社会主义理论的重要思想来源,也是人类思想史的宝贵财富。

空想社会主义者在批判资本主义的同时,都提出用一个美好合理的社会代替资本主义制度的思想。这个思想主要包括:社会发展具有一定规律性的思想,消灭私有制和雇佣劳动的思想,关于劳动光荣与劳动改造的思想,关于有计划地组织社会生产的思想,关于社会分工的思想,关于建立一个和谐社会的思想,关于大力发展科学、繁荣艺术、促进人的全面发展的思想,关于普及教育与消除愚昧的思想,关于消灭城市和乡村、工业和农业、脑力劳动与体力劳动之间的对立和差别的思想,关于未来社会分配制度的思想,关于民主政治的思想等。这些思想有许多合理因素,后来都被马克思、恩格斯吸收改造成为科学社会主义的理论。后来的社会主义建设实践已经证明

① 《马克思恩格斯全集》,第23卷,467~468页,北京,人民出版社,1972。
② 《傅立叶选集》,第3卷,17页,北京,商务印书馆,1982。
③ 《马克思恩格斯选集》,第3卷,750页,北京,人民出版社,1995。

或正在证明这些思想的合理性。

2. **空想社会主义的历史局限**

第一,空想社会主义者的理论基础是理性原则,他们的社会主义是从道德情感出发的社会主义。无论是对现实制度弊病的批判,还是对消除这些弊病的手段和未来理想方案的设计,空想社会主义者都不是在现存物质事实和现实的阶级斗争中根据历史发展的客观规律“发现出来”的,而只是凭着对人类理性的认识,凭着头脑的空想,凭着对现实制度的厌恶和愤怒,凭着对广大人民群众生存状况的同情和忧虑“发明出来”的。他们也不可能对社会主义以及由资本主义转变为社会主义的必然性做出科学解释,最多只能提出某些天才的猜测。

第二,空想社会主义者忽视了人民群众特别是广大无产阶级群众的力量。大多数的空想社会主义都把改造现实社会的历史责任赋予某个天才人物。

第三,空想社会主义者抛开阶级斗争去设计、谈论和实践社会主义。即便有少数人(如圣西门等)在一定程度上看到阶级和阶级斗争存在的事实,但由于他们没有认识到阶级斗争是历史发展的动力,甚至对阶级斗争和暴力革命持排斥和厌恶的态度,他们最终还是走上了鼓吹阶级合作的道路。

第四,空想社会主义者之所以是空想主义者,正是因为在资本主义生产还很不发达的时代,解决社会问题的办法还隐藏在不发达的经济关系中,所以他们不得不从头脑中构想出新社会的要素。社会所表现出来的只是弊病,消除这些弊病是思维着的理性的任务。于是就需要发明一套新的更完善的社会制度,并且通过宣传和典型示范,从外面强加于社会。这种新的社会制度是一开始就注定要成为空想的,制定得越是详尽周密,就越要陷入纯粹的幻想。

二、科学社会主义

(一)科学社会主义诞生的社会历史条件

1. **资本主义生产力的发展和资本主义基本矛盾日益尖锐**

生产力的极大发展使复杂的机器代替了手工劳动,为科学技术广泛应用于生产领域开辟了广阔的前景,使得整个社会的生产力得到过去从未有过的发展。而生产力的巨大发展则为资本主义最终彻底战胜封建制度提供了强大的物质基础。大机器生产代替手工劳动,工厂制度在西欧国家主要生产部门的确立,使得这些国家的社会生产关系随之发生全面变革。资本主义生产关系最终取代了封建主义的生产关系,而资本主义国家的政治制度等上层建筑的确立则进一步巩固了资本主义的经济基础和生产方式。

资本主义大工业的发展使得生产越来越社会化了,而生产资料却越来越集中在少数资本家手中。这样,资本主义的社会化生产与资本主义私人占有之间的矛盾日益尖锐。生产社会化要求社会有计划地组织生产,而私人占有制却使社会生产呈现无政府状态,结果必然导致经济危机。社会化的生产力要求一个与其相适应的生产资料所有制，这样就提出了社会主义公有制代替资本主义私有制的要求。同时，也只有在经济危机爆发后，人们才有可能对它产生的原因进行研究并做出科学的说明，从而揭露资本主义社会的本质，认识资本主义被社会主义所代替的必然性，产生科学社会主义的思想。

2. 工业无产阶级的出现

产业革命不仅创造了工业资产阶级，而且也创造了一个人数远远超过资本家阶级的现代工业无产阶级。社会阶级两极分化的趋势越来越显著，一方面是财富日益集中到少数资本家手里；另一方面是广大的手工业者和农民日益沦为无产阶级，而无产阶级的贫困化也日益加剧。这导致了无产阶级反对资产阶级的斗争从它产生那一天起就开始了。随着工人无产阶级队伍的日益壮大及所受资本家剥削的日益加重，工人阶级反抗资本家阶级的斗争也在朝着更加深远的方向发展。在19世纪30～40年代，西欧工人运动已经从产业革命初期破坏机器的自发斗争，发展成了有组织的、大规模的政治罢工和武装起义。其中最著名的就是1831年和1834年法国里昂工人起义、1836年至1848年的英国宪章运动和1844年德国西里西亚工人起义。这三大工人运动标志着欧洲的现代工人运动进入了一个新的独立的政治运动时期。这三大工人运动表明了无产阶级已经开始作为独立的政治力量登上历史舞台，无产阶级与资产阶级之间的斗争也开始占据欧洲主要资本主义国家的首要地位。

为了更有效地进行反抗资产阶级的斗争，无产阶级迫切需要科学理论的指导。马克思、恩格斯顺应时代发展的需要，抛弃陈旧的空想社会主义学说，进行理论创新，在批判地吸收前人优秀成果的基础上，促成了社会主义由空想向科学的转变。他们创立的科学社会主义理论为无产阶级的解放事业提供了强有力的武器。

3. 19世纪人类优秀思想成果为科学社会主义的发展提供了思想基础

19世纪，人类文明的发展已经达到相当高的程度，人文科学和自然科学都取得了很大的成就。在人文科学方面，以黑格尔的辩证法和费尔巴哈的唯物论为代表的德国古典哲学已经发展到最高峰；威廉·配第和亚当·斯密等人创立和发展的英国古典经济学由大卫·李嘉图在19世纪初完成；以圣西门、傅立叶和欧文为代表的19世纪初的空想社会主义者则把空想社会主义发展到最高阶段。这些成就为人们研究自然界和人类社会的发展规律，特别是研究和考察资本主义经济的发展规律，认识资本主义的本质和历史归宿提供了丰富的材料和论据。在自然科学领域，能量守恒和转化定律的发现、细胞学说和生物进化论的发展，促进了近代自然科学的新发展，大大地深化了人类对自然界的认识。这些伟大成就有力地打击了唯心主义和形而上学，为辩证唯物主义和历史唯物主义，进而为创立科学社会主义奠定了科学的基础。马克思和恩格斯就是以这些优秀的理论成果为基础，开始他们的实践和理论活动，创立了科学社会主义。

（二）两大发现使社会主义从空想变为科学

马克思和恩格斯在参加19世纪40年代的阶级斗争实践和理论研究中，发现了历史唯物主义和剩余价值学说。正是由于这两大发现，使马克思和恩格斯能够正确评价空想社会主义的历史功绩和局限性，从而吸取空想社会主义中有价值的思想，克服空想社会主义的局限性，使社会主义从空想变为科学。

1. 马克思、恩格斯创立了历史唯物主义

马克思、恩格斯在批判地吸收了黑格尔的辩证法和费尔巴哈的唯物论的合理内容后，创立了自己的辩证唯物主义的学说，把唯心主义从社会历史领域驱逐出去，创立了历史唯物主义。

唯物主义历史观认为，生产力和生产关系的矛盾是人类社会发展的根本动力。社会生产力是人类全部历史的基础，随着生产力的发展，人们不断改变自己的生产关系和一切社会关系。生产方式的变革是社会发展的决定力量，这是人类历史发展的基本过程和一般规律。人类社会整个历史发展中，社会存在决定社会意识，一切社会变动的最终原因不应归结为人们的思想活动，而应该到社会生产方式中去寻找。马克思、恩格斯的唯物史观向人们揭示了社会主义不是主观臆造的，而是现代生产力发展的最终目标和必然结果。资本主义必然发展为社会主义不是理性的作用，而是资本主义内部矛盾发展的必然结果，是现代化大生产发展的必然结果。

唯物史观认为阶级斗争是阶级社会发展的直接动力。在阶级社会里，生产力和生产关系的矛盾在阶级关系上表现为阶级斗争，阶级斗争直接导致生产关系的变革。因为，在阶级社会里，各个阶级的经济利益和政治要求是根本对立的，他们之间的斗争不可避免。统治阶级为了维护和加强自己经济和政治上的统治，必然残酷地压迫和奴役被统治阶级，而被统治阶级为了摆脱受压迫和被奴役的地位，必然要进行激烈的反抗。资本主义社会基本矛盾在阶级关系上表现为无产阶级和资产阶级之间的斗争。唯物史观告诉我们，物质的东西只有用物质力量才能摧毁，仅仅痛恨资本主义是不够的，企图通过阶级调和来实现美好的理想社会只能是一种空想，无产阶级只有通过阶级斗争才能推翻资本主义，实现社会主义。

唯物史观还揭示了人民群众是历史的创造者，并找到了实现社会主义的阶级力量。物质资料的生产是人类历史的第一个前提，从事物质资料生产的人民群众是历史的创造者。人民群众不仅是社会物质财富的创造者，而且是社会变革的决定力量。承认人民群众创造历史就克服了英雄史观。唯物史观告诉我们，实现社会主义必须依靠无产阶级和广大人民群众才能取得成功。如果否定和无视无产阶级和人民群众的历史作用，社会主义就只能是海市蜃楼。

唯物史观的创立把唯心主义从社会历史领域驱逐出去，为社会生活各个方面的研究奠定了科学基础，解决了长期以来笼罩在社会主义问题上的种种迷雾和误解。

2. 马克思、恩格斯创立了剩余价值理论

马克思、恩格斯把唯物史观运用于研究资本主义经济运动规律，并批判地继承了英国古典政治经济学中的积极思想成果，创立了剩余价值学说。

剩余价值学说认为，劳动力成为商品是剩余价值产生的先决条件。资本家在市场上按劳动力一天的价值购买了这种有特殊使用价值的商品后，强迫他整天做工。假如工人在一天中某一段时间的劳动就能创造出补偿其劳动力价值的价值，那么他在这一天其余的时间里生产的价值，就被资本家无偿地拿去了，这就是剩余价值的来源。马克思运用纯粹经济学的方法说明了资本主义的本质，揭露了资本主义剥削的秘密，并找到了改造资本主义社会、实现共产主义新社会的革命阶级即现代工业无产阶级，同时也提出了"剥夺剥夺者"的观点。

剩余价值学说揭示了社会主义取代资本主义将是社会发展的趋势和历史必然。资本主义生产的唯一目的是赚取剩余价值，资本家把剩余价值转化为资本，扩大生产以获得更多的剩余价值。同时资本家之间也存在激烈的竞争，使生产资料和财富越来越集中到少数人手中；同时也造成中小资本家、小农和手工业者纷纷破产，失业人数大量增加，群众购买力下降。资本主义这种生产无限扩大与劳动群众有支付能力的购买力相对缩小之间的矛盾必然导致周期性的经济危机。同时，随着资本家对剩余价值无止境的追求，必然使生产社会化和生产资料资本主义私人占有这一基本矛盾日益加深，导致无产阶级和资产阶级的斗争更加尖锐。最后，这个社会终将为一个没有剥削和压迫的新社会所取代，这是社会发展的趋势和历史必然。

对于剩余价值学说创立的意义，恩格斯后来曾明确指出："这个问题的解决是马克思著作的划时代的功绩。它使明亮的太阳照进了经济学领域，而在这个领域中，从前社会主义者像资产阶级经济学家一样曾在深沉的黑暗中摸索。科学社会主义就是以此为起点，以此为中心发展起来的。"①

（三）科学社会主义诞生的标志——《共产党宣言》的正式发表

1848 年 2 月，马克思、恩格斯合著的《共产党宣言》的正式发表，标志着科学社会主义理论的创立。

《共产党宣言》第一次全面系统地阐述了科学社会主义理论。构成《共产党宣言》核心的基本原理是：每一历史时代主要的生产方式与交换方式以及必然由此产生的社会结构，是该时代政治的和精神的历史赖以确立的基础，并且只有从这一基础出发，历史才能得到说明。从原始社会解体以来，人类社会的全部历史都是阶级斗争的历史。这个历史包括一系列发展阶段，现在已经达到这样一个阶段，即无产阶级如果不同时使整个社会摆脱任何剥削、压迫以及阶级划分和阶级斗争，就不能使自己从资产阶级的剥削统治下解放出来。

《共产党宣言》运用辩证唯物主义和历史唯物主义分析生产力与生产关系、经济基础与上层建筑的矛盾，分析阶级和阶级斗争，特别是资本主义社会阶级斗争的产生、发展过程，论证资本主义必然灭亡和社会主义必然胜利的客观规律，作为资本主义掘墓人的无产阶级肩负的世界历史使命。《共产党宣言》公开宣布必须用革命的

---

① 《马克思恩格斯选集》，第 3 卷，548 页，北京，人民出版社，1995。

暴力推翻资产阶级的统治，建立无产阶级的“政治统治”，表述了以无产阶级专政代替资产阶级专政的思想。《共产党宣言》还指出无产阶级在夺取政权后，必须在大力发展生产力的基础上，逐步地进行巨大的社会改造，进而消灭阶级对立和阶级本身的存在条件。《共产党宣言》批判当时各种反动的社会主义思潮，对空想社会主义作了科学的分析和评价。《共产党宣言》阐述作为无产阶级先进队伍的共产党的性质、特点和斗争策略，指出为党的最近目的而奋斗与争取实现共产主义终极目的之间的联系。《共产党宣言》最后庄严宣告：“无产者在这个革命中失去的只是锁链。他们获得的将是整个世界。”并发出国际主义的战斗号召：“全世界无产者，联合起来！”

《共产党宣言》阐述科学社会主义的主要理论观点如下所述。

第一，《共产党宣言》指出阶级斗争是阶级社会发展的直接动力。《共产党宣言》指出，自从原始社会解体以来，人类经历了三个剥削阶级相继统治的社会形态，即奴隶社会、封建社会和资本主义社会。在阶级社会中，对立阶级之间的矛盾是生产力与生产关系的矛盾、经济基础与上层建筑的矛盾的集中表现。在奴隶社会和封建社会中，奴隶主和奴隶、地主和农民之间的对立往往为等级制度所掩盖。工业革命后，伴随着资本主义基本矛盾的发展，阶级关系日益简单化，社会分裂为两大对立的阶级——资产阶级和无产阶级。马克思、恩格斯指出被压迫阶级反抗压迫阶级的阶级斗争是阶级社会发展的动力。资产阶级和无产阶级的阶级利益是根本对立的。在人类社会的阶级斗争中，只有无产阶级反对资产阶级的斗争，才能从根本上消灭一切剥削阶级，消灭一切剥削制度，为最终实现共产主义创造条件。

第二，《共产党宣言》阐述了无产阶级的产生、发展及其历史使命。无产阶级是出卖劳动力的雇佣劳动者，处于社会最下层，但它又是先进生产方式的代表，是最有力量、最有前途的革命阶级，是资本主义社会制度的掘墓人。无产阶级是在同资产阶级的斗争中发展的，它经历了从自在阶级到自为阶级的发展过程，认识到自己的历史使命，认识到必须组织自己的政党领导经济斗争和政治斗争。无产阶级是最先进、最有前途的阶级，是先进生产方式的代表。随着大工业的不断发展，无产阶级的队伍将不断壮大，战斗力将不断增强。大工业生产需要有明确的分工和严密的组织，这一特点决定无产阶级是一个最富有组织纪律性和团结精神的阶级。无产阶级是最革命的阶级。它处于资本主义社会的最底层，没有生产资料，在政治上受压迫，在经济上受剥削，是一个受苦最深的阶级，因而最痛恨资本主义社会和一切剥削制度。

第三，《共产党宣言》揭示了资产阶级的灭亡和无产阶级的胜利同样不可避免。《共产党宣言》运用历史唯物主义的基本原理，考察了资本主义生产方式发生、发展的过程，揭示了资本主义必然灭亡、共产主义必然胜利的客观规律。首先，社会主义取代资本主义的必然性，是生产关系一定要适合生产力状况的规律和作用导致的。社会经济形态的发展是一个不以人们意志为转移的自然历史过程，生产关系一定要适合生产力状况的规律，是人类社会发展的普遍规律。资本主义社会本身包含着不可克服的基本矛盾，即生产社会化和私人占有生产资料之间的矛盾。随着社会生产力的发展,资本主义社会的这一基本矛盾日益尖锐化,并突出地表现为周期性的经济危机。这表明,资本主义的生产关系已经成为生产力进一步发展的桎梏。生产力的发展必然要求变革旧的生产关系,建立新的生产关系。其次,社会主义取代资本主义的必然性,是资本主义社会基本矛盾运动的必然结果。资本主义社会的基本矛盾在阶级关系上表现为无产阶级和资产阶级之间的对立和斗争,无产阶级同资产阶级之间的阶级斗争,最终结局只能是推翻资本主义,建立社会主义。资本主义社会基本矛盾的对立必然导致经济危机。资本主义制度本身无法解决它固有的矛盾,无法消除经济危机。要从根本上解决资本主义的社会弊端,彻底消灭经济危机,就必须扬弃资本主义生产方式,废除私有制,建立一个与社会化大生产相适应的全新的共产主义制度。

第四,《共产党宣言》指出了消灭私有制是共产党人的长期任务。从根本上消灭剥削制度、消灭剥削阶级,建立一个没有阶级剥削和阶级压迫的共产主义社会,这就要求彻底铲除阶级剥削和阶级压迫的经济根源——私有制。只有废除生产资料私有制,建立、巩固和发展生产资料公有制,才能挖掉剥削制度存在的经济基础。

第五,《共产党宣言》认为无产阶级革命和无产阶级专政是无产阶级实现历史使命的道路。无产阶级革命和无产阶级政治统治是无产阶级获得彻底解放的根本道路。在资本主义社会里,无产阶级要获得彻底解放,就必须用革命的暴力反对反革命的暴力。无产阶级推翻资产阶级统治之后,必须建立无产阶级专政,作为向共产主义过渡的必要条件。

第六,《共产党宣言》系统地论述了无产阶级政党的性质、特点、任务和策略。共产党是无产阶级政党,是无产阶级革命事业的领导力量。共产党的正确领导,是实现无产阶级历史使命的根本保证。共产党作为无产阶级的政党是用科学社会主义理论武装起来的工人阶级的先锋队,是无产阶级根本利益的自觉代表者。共产党人为工人阶级当前的目的和利益而斗争,同时代表工人运动的未来。共产党由无产阶级的先进分子所组成。党的无产阶级先锋队性质,来自这个阶级的先进性、革命性和最能够代表历史运动整体与未来的阶级品格。

(四)19世纪70~90年代科学社会主义的发展

1. 马克思的《哥达纲领批判》

《哥达纲领批判》阐述了马克思关于从资本主义到社会主义的过渡时期和共产主义两个阶段的理论。1870年普法战争后,德国统一。原来德国工人运动的两派——全德工人联合会和德国社会民主工党——实现联合。但在合并会议上,德国社会民主党的领导人却拿原则做交易。1875年5月,在哥达城召开的合并代表大会上,通过一个《哥达纲领》,马克斯和恩格斯认为这是一个"极其糟糕的、会使党堕落的纲领"。马克思抱病写下了《对德国工人党纲领的几点意见》,对纲领草案逐句逐词地进行了深入的批判,这就是著名的《哥达纲领批判》。在这里马克思第一次提出资本主义向共产主义社会过渡时期和共产主义两个发展阶段的理论。"在资本主义社会和共产主义社会之间，有一个从前者变为后者的革命转变时期，同这个时期相适应的也是一个政治上的过渡时期，这个时期的国家只能是无产阶级的革命专政”。

未来社会主义社会的低级阶段的具体特征是：消灭了资本主义的私有制，建立了以国家代表整个社会占有全部生产资料的公有制；社会生产由国家组织有计划地进行，不存在商品生产，没有货币和市场，实行社会主义产品交换；个人消费品的分配采取按劳分配的方式，劳动成为全体社会成员的义务并具有直接的社会性，平等就在于以同一的尺度——劳动来计量，生产者的权利同他提供的劳动成正比例；民主有了极大的发展，全体人民都享有言论自由，享有管理国家和社会、担任公职、选举监督和罢免公职人员的民主权利；国家正在消亡，因为镇压敌对阶级的职能已经完全消失，对人的管理转变为对物和生产过程的管理。总体而言，在未来社会的低级阶段，经济上社会产品还没有极大丰富，只能是按劳分配，也就必然存在富裕程度的差别，城乡、脑体、工农存在差别，道德和精神上还受旧社会的传统和习惯的影响，劳动仅仅是谋生手段，没有成为人类生活第一需要。

马克思对高级阶段论证不多，只是谈到了在共产主义社会高级阶段劳动不仅仅是谋生的手段，而且本身成了生活的第一需要；在随着个人的全面发展生产力也增长起来，而集体财富的一切源泉都充分涌流之后的分配方式各尽所能，按需分配。马克思还认为到那时，国家已经消灭，人的个性、才能得到全面发展，人类从必然王国向自由王国飞跃。

2. 恩格斯的《反杜林论》

《反杜林论》是恩格斯于1876年5月至1878年7月的著作，是一部伟大的马克思主义著作，是马克思主义发展史上的一座丰碑。这部著作的内容十分丰富，系统地论述了马克思主义的三个组成部分——哲学、政治经济学、科学社会主义及其内在联系。杜林是德国一个小资产阶级社会主义理论的代表人物。他的理论曾在德国引起很大反响。恩格斯应邀在《前进报》及其副刊上登载一系列批判杜林的文章。后来结集单行出版，这部著作不仅仅是对杜林主义的批判，更是一部马克思主义的百科全书。

(1)系统地论证了马克思主义哲学的基本原理

第一，恩格斯阐明了唯物主义的反映论，论述了思维、意识是对物质的反映这一根本观点。恩格斯简明地论述了意识的起源和本质，阐明了包括意识的相对独立性和能动性在内的认识辩证法，论证了认识对实践的依赖关系，从而坚持了唯物论的反映论，捍卫了在认识论基本问题上的唯物主义路线。

第二，恩格斯论述了世界统一于物质这一唯物主义原理。恩格斯指出：“世界的真正的统一性是在于它的物质性。”只有这个科学命题，才真正揭示出问题的本质：世界上的现象无论多么千差万别，都是来源于物质的统一性，都是物质的表现形态，都是不依人们的意志为转移的。

第三，论述了运动是物质存在的方式，时间和空间是物质存在的形式。恩格斯指出:“一切存在的基本形式是时间和空间,时间以外的存在和空间以外的存在,同样是非常荒诞的事情。”物质是运动的,物质的运动只能在时间、空间中进行,时间和空间是物质存在形式。同时恩格斯也阐述了马克思主义的运动观。“运动是物质的存在方式。无论何时何地,都没有也不可能有没有运动的物质”,“没有运动的物质和没有物质的运动是同样不可想象的”。恩格斯还阐释了物质运动形式是多种多样的,并且是由低级向高级发展的,运动是绝对的,静止是相对的,运动是永恒的、客观的,它没有起点和终点。

第四,论述了马克思主义关于真理、平等、自由和必然的基本观点。在真理方面,恩格斯指出真理和谬误的对立“只是在非常有限的领域内才有绝对的意义”,超出这个领域,这种对立就是相对的,“对立的两极都向自己的对立面转化,真理变成谬误,谬误变成真理”。夸大了的真理,就会导致谬误。在道德方面,恩格斯指出,道德在人类的历史上是发展变化的,不是永恒的。任何道德,归根结底都是当时的社会经济状况的产物,是随着经济状况的发展而发展。道德不可能是超阶级的,只有在消灭了阶级之后,才可能有超阶级的道德。在平等方面,恩格斯指出,暴力不是产生不平等的根源,不平等是社会生产发展到一定阶段的必然产物,只要存在经济上的不平等,就会产生意识上的从属观念,而不一定通过暴力。无产阶级要求的不是少数人的平等,而是要实现人类的真正平等。只有消灭了阶级才会出现人人平等,而到了那时,也就没有平等不平等的问题了。在自由与必然的关系上,恩格斯指出:“自由是在于根据对自然界的必然性的认识来支配我们自己和外部自然界。人们只有认识了客观必然性,并在实践中按照客观规律去改造客观世界,才能在行动上取得自由;违背了客观规律就不可能得到自由,反而会受到客观规律的惩罚。自由又是一个历史范畴。在不同历史时期,人们所获得的自由是不相同的。自由是随着历史的发展而变化的。只有到共产主义社会,人类才能实现由必然王国向自由王国的飞跃,得到真正的自由。”

第五,恩格斯系统论述了唯物辩证法的三个基本规律。首先,关于矛盾统一规律是辩证法的根本规律,恩格斯列举大量事实,论证了对立统一规律是客观的、普遍的规律,指出“运动本身就是矛盾”,矛盾客观地存在于一切事物、现象和过程本身之中,矛盾是运动的本质,是一切事物运动变化的动力和源泉。其次,恩格斯阐述了质量互变规律的客观性和普遍性。事物在量变过程中,是从不断地发生部分质变,进而达到根本质变的,量变过程中有部分质变,质变过程中也有量的变化。最后,恩格斯论证了否定之否定规律的客观性和普遍性。同时,恩格斯还阐明了辩证的否定观同形而上学的否定观的根本对立和主要区别。他指出,形而上学否定观把否定看成是简单的抛弃,把否定和肯定绝对地对立起来,并把否定看成是外力作用的结果。而唯物辩证法的否定则是“扬弃”,即把肯定和否定看成对立的统一,是既克服又保留,肯定当中包含着否定,否定当中也包含着肯定,把否定看成是事物内部矛盾的运动。这些论述,大大地丰富了唯物辩证法的否定观。

(2)全面地论证和发展了马克思主义政治经济学说

第一,恩格斯系统论证了经济与政治暴力的关系。恩格斯指出:历史上基础性的东西不是暴力,而恰恰是经济。在资本主义制度下,资产阶级对无产阶级的政治统治,就是为了榨取工人的剩余价值。恩格斯进一步指出,对暴力在历史上的作用应作全面分析,不能一概否定,应当看暴力在具体历史条件下所起的积极作用。暴力违背经济规律时,当然会对社会经济发展起阻碍作用,但是当暴力适应经济规律时,对社会发展就会起到重要的推动作用。

第二,恩格斯阐明了政治经济学的基本范畴。在劳动价值论方面,马克思主义政治经济学认为,商品的价值量大小取决于商品生产时所耗费的社会必要劳动量的大小,而价格是商品价值的货币表现,是以价值为基础的。恩格斯还指出,劳动决定价值,但劳动还有简单劳动和复杂劳动之分。劳动本身没有价值,它只能是价值的尺度。

关于剩余价值学说,恩格斯指出,货币与资本是有本质区别的,货币作为资本和货币作为商品的一般等价物流通的形式是不同的。货币流通公式是商品—货币—商品。但货币作为资本时,它的流通公式是货币—商品—货币。据此,恩格斯科学地揭示了剩余价值的来源,从根本上揭示了资本主义社会剥削的秘密,找到了无产阶级和资产阶级对立的经济根源,并进一步揭示了资本主义社会发生、发展和灭亡的规律。

(3)进一步阐述了社会主义从空想到科学的发展过程和科学社会主义的基本原理

第一,消灭旧的分工、消灭城乡差别是实现共产主义的必要条件。恩格斯阐述了消灭旧的分工和城乡分离的必要性。恩格斯指出,消灭旧的分工和城乡对立的物质条件就是社会化大生产。只有在改变了大工业的资本主义性质、建立了社会主义制度的情况下,大工业才能合理地分布。

第二,论述了社会主义将消灭商品生产。恩格斯指出,商品生产是一个历史范畴,它不是从来就有的,也不是永恒存在的。

第三,坚持马克思主义的国家观、家庭观和教育观。马克思主义认为,国家是一个阶级范畴和历史范畴。它随着阶级的产生而产生,最终也必将随着阶级的消灭而消亡。恩格斯批判了杜林的资产阶级家庭观,家庭的性质和职能是由社会生产决定的,它将随着人类社会生产方式的发展而发展。恩格斯批判了资产阶级教育观,论述了教育必须同生产劳动相结合的思想。

(五)科学社会主义的其他发展

1. 不发达国家有可能不通过资本主义的“卡夫丁峡谷”过渡到高级形式的社会

“卡夫丁峡谷”的典故出于古罗马。公元前321年,意大利中部的山区部落萨姆尼特人在卡夫丁城附近的卡夫丁峡谷大败罗马军队。以后人们用“卡夫丁峡谷”比喻灾难性的事件。马克思则用此比喻资本主义制度。东方世界的革命运动日益高涨,马克思将注意力转移到东方社会。东方社会具有不同于西方社会的特点。马克思提出了一系列观点,但还没有形成完整的理论就离开人世。马克思对自己的研究成果作了严格的限定,《资本论》对于资本主义产生的历史性分析"明确地限于西欧各国"。此外提出人类历史的发展是多线条的,是多样性的统一。"俄国可以不通过资本主义制度的卡夫丁峡谷,而将资本主义制度所创造的一切积极成果用到公社中来"。

2. 无产阶级革命的胜利必须得到农民的"合唱"

《共产党宣言》是在非常抽象的意义上谈论农民问题的。农民是中间等级的一部分,而且主要强调其保守和落后。他们有"力图使历史车轮倒转的"一面。但是1848年革命后,马克思、恩格斯开始重新看待农民。《1848年法兰西阶级斗争》及其续篇《路易·波拿巴的雾月十八日》中,马克思以法国为例,深刻剖析了农民阶级。首先,他们的生产方式不是使他们相互交往而是使他们相互隔离。其次,他们取得的生活资料多半是与自然交换而不是与社会交换。他们不能以自己的名义来保护自己的阶级利益。他们不能代表自己,一定要别人代表他们。他们的代表一定要同时就是他们的主宰,是高高站在他们上面的权威。农民不是革命的农民而是保守的农民。

但是,随着法国资本主义生产关系的发展,小块土地所有制将不可避免地解体,此时农民就会转向革命。农民把推翻资产阶级制度的城市无产阶级看做自己的天然同盟者和领导者。"于是无产阶级革命就会得到一种合唱,若没有这种合唱,它在一切农民国度中的独唱不免要变成孤鸿哀鸣的。"

巴黎公社的实践再次证明了没有农民的支持,工人阶级就不能取得胜利这一论断的正确性。因此,在总结巴黎公社革命的教训时,马克思进一步指出,工人阶级与非无产阶级者首先是劳动农民的联盟,是无产阶级取得胜利和建设没有剥削的新社会的重要条件。

3. 工人阶级只有组织成立一个独立的政党才能作为一个阶级来行动

19世纪后半叶马克思、恩格斯在指导各国建党的实践中,进一步完善了无产阶级政党学说。首先,各国无产阶级有必要建立自己的政党,应该在每个国家里建立一个无产阶级政党。在19世纪70年代,欧美出现了创建社会主义政党的运动。其次,强调注意加强党的自身建设。加强党的理论建设,保证用先进的理论武装全党;加强党的组织建设,保证无产阶级政党有一个健康的队伍,及时清除党内各种不健康因素;加强党的民主建设,保证无产阶级政党充满生机和活力。坚持党的代表大会是党的最高权力机关。每年召开一次会议,坚持严格执行党内平等原则,坚决反对党内任何形式的个人独裁和个人崇拜。

(六)科学社会主义创立的伟大意义

第一,科学社会主义的诞生完成了社会主义从空想到科学的一次历史性飞跃。它把社会主义建立在对社会发展规律的科学认识之上,克服了空想社会主义者从道德和理性原则出发批判资本主义和从头脑中构想未来理想社会的根本缺陷,对资本主义转变为社会主义的历史必然性进行了科学论证,从而把社会主义置于现实的基础之上。它揭示了阶级斗争在社会发展中的作用,提出只有通过社会革命才能彻底改造旧世界、建立新社会的主张。它科学地分析了无产阶级的历史地位和历史使命，阐明了无产阶级是资本主义的掘墓人和社会主义、共产主义的创造者与建设者的观点。

第二，科学社会主义的诞生把社会主义运动推进到了一个新的阶段。过去社会主义始终是各种各样的思想家或准思想家们头脑里的东西，始终无法变成真正意义上的社会运动。科学社会主义的诞生彻底改变了这种状况。它从一开始就强调要进行根本的社会变革，强调社会变革的主力军是最广大的无产阶级群众。

第三，科学社会主义的诞生，把工人运动推进到一个新的阶段。科学社会主义诞生之前的工人运动，只是一种零星的、自发的、更多表现为改善生存条件的斗争。这时的无产阶级只是一个自在阶级。科学社会主义的诞生，彻底改变了这一状况，它把反对资本主义制度的理论武器交给工人，加速了无产阶级由自在阶级向自为阶级的转变，无产阶级反对资产阶级的斗争也由自发的斗争转变为自觉的斗争。

第四，科学社会主义的诞生促进了社会主义运动与工人运动这两大运动合流，整个地改变了人类历史的发展方向。在科学社会主义诞生之前，社会主义运动与工人运动虽然有某种交叉关系，但二者基本上是相互分离的独立运动。科学社会主义的诞生促进了这两大运动的结合。正是这两大运动的结合使得欧洲资本主义的发展遇到了前所未有的压力和挑战。从此，资本主义的每一步发展都被深深打上了社会主义的印记，它不得不一次次地向工人阶级做出让步。在推动历史发展的诸多合力中，加进了一股足以改变其前进方向的、势头强劲的推动力量，人类历史的发展也因而出现了一个重大转折。此后，在人类社会发展进程中，几乎处处都有抹不掉的社会主义痕迹。

第二节　苏联模式的建立、推广和失败

一、列宁关于社会主义建设的理论

（一）列宁的帝国主义理论

列宁在 1916 年 7 月发表的《帝国主义是资本主义的最高阶段》一书，系统而深刻地阐述了帝国主义问题。它总结了《资本论》问世半个世纪以来资本主义的发展进程，解释了帝国主义的形成、发展和灭亡的客观规律，提出了帝国主义是无产阶级社会主义革命前夜的理论。

第一，列宁揭示了帝国主义的本质和特征。列宁指出，垄断是帝国主义的本质，帝国主义就是资本主义的垄断阶段。帝国主义在经济方面有五个基本特征：生产和资本高度集中，造成了在经济生活中起决定作用的是垄断组织；银行资本和工业资本已经融合起来，在金融资本的基础上形成了金融寡头；资本输出和以往的商品输出大

为不同,具有特别重要的意义;瓜分世界的资本国际垄断同盟已经形成;最大的资本主义国家已经把世界上的领土瓜分完毕。列宁认为,垄断组织的产生和发展并不能消除资本主义基本矛盾,反而会使这一矛盾进一步激化,并引发其他各种社会矛盾。经济上的垄断必然引起政治上的反动,产生帝国主义的典型现象,即国内对人民的压迫和国外的经济扩张。帝国主义是资本主义发展的垄断的、寄生的和腐朽的阶段。

第二,列宁分析了帝国主义对外扩张的过程,指出帝国主义是现代战争的根源。垄断并不能消除竞争,而是在更大的范围内加剧了竞争。垄断资产阶级为了攫取高额利润,必然要在世界范围内争夺投资场所、原料产地和销售市场。因此,在经济和政治上分隔世界,争夺世界霸权,就成了帝国主义对外政策的主要内容,帝国主义国家之间的矛盾上升为主要矛盾。要重新划分势力范围,瓜分世界,就不可避免地会引起战争。同时少数帝国主义大国总是通过各种方式把一些民族国家变成其原料产地、投资和商品市场,因此,被压迫、掠夺的国家必然会为自已的解放而进行反对帝国主义的斗争。

第三,列宁阐述了帝国主义是无产阶级社会主义革命前夜的理论。帝国主义的垄断统治,使生产走向最全面的社会化,但生产资料却迅速集中在少数人手中,这就大大加深了资本主义的基本矛盾。资本主义基本矛盾的加深,使资本主义的其他矛盾也更加尖锐化,这必然会加速革命的到来。在帝国主义时代,无产阶级革命已经上升到实践高度。同时列宁也指出,社会主义代替资本主义是一个漫长的历史过程。

(二)列宁关于社会主义革命可能在一国或数国首先取得胜利的理论

19 世纪中期,马克思、恩格斯多次论证无产阶级社会主义革命将在一切资本主义国家,至少是欧洲几个主要资本主义国家里“同时胜利”的理论。列宁在全面研究帝国主义问题时,发现了资本主义政治经济发展不平衡的规律,并且揭示了这个规律同社会主义革命之间的联系。1916 年 9 月,列宁在《无产阶级革命的军事纲领》一文中指出:资本主义的发展在各个国家是极不平衡的。由此得出一个必然结论:社会主义不能在所有国家内同时获得胜利,它将首先在一个或几个国家内获得胜利,而其余的国家在一段时间内将仍然是资产阶级的或资产阶级以前时期的国家①。

列宁分析了社会主义可以在一国首先胜利的条件。其一,帝国主义时代经济政治发展不平衡性进一步加剧。帝国主义国家之间力量格局的变化必然会导致势力范围的急剧变动,重新瓜分世界的战争不可避免。帝国主义内部矛盾冲突的加深,造成了资本主义统治链条上的薄弱环节。其二,帝国主义战争的严重破坏,使一些经济不发达的国家社会矛盾尖锐化,这些国家的人民除了起来革命之外没有别的出路。其三,由于这些国家资本主义发展得不充分,资产阶级具有软弱性、动摇性甚至叛变性,因而不可能成为革命的领导阶级,不可能通过民族民主革命引导国家走上资本主义

---

① 《列宁选集》,第 2 卷,554 页,北京,人民出版社,1995。

发展道路。其四,这些国家的无产阶级人数虽少,但革命性强,有农民同盟军,有经过长期革命斗争锻炼的无产阶级政党的领导。如果这些条件汇合起来,就可以形成一种直接的革命势力。列宁提出的“一国首先胜利”的理论是对马克思主义社会主义革命理论的重大发展。

二、列宁对社会主义建设的初步实践

(一)战时共产主义政策

1. 实行战时共产主义政策的背景

从1918年夏至1929年底,列宁根据当时俄国国内外形势的新变化,主张采取战时共产主义的方法向社会主义过渡。1918年3月,英、法、美等14个国家对苏维埃政权进行武装干涉,国内的反动势力也发动武装叛乱。国内反革命势力与外国帝国主义进行勾结,企图共同推翻他们所仇恨的苏维埃政权。为了战胜敌人,为了保证国民经济的发展以及军队和居民必需的生活资料,1918年9月,全俄中央执行委员会宣布全国一切经济生活必须服从作战的需要。这样,整个国家就转入“战时共产主义”政策时期。

2. 战时共产主义政策的基本内容

战时共产主义政策就是把国民经济纳入战时体制,集中一切人力、物力和财力用于战争。该政策的核心是余粮收集制。它的基本内容有以下几个方面。

第一,在工业中加速实行普遍国有化,将拥有机械动力、雇工5人以上或没有机械动力、雇工10人以上的私营企业,全部收回国有。

第二,在农村实行余粮收集制,规定农民必须把一切余粮交给国家,自己只留下供消费、饲养牲畜等所必需的谷物和其他食品。禁止粮食私人自由贸易,由国家专营。同时,为了把小商品农业改造为社会主义农业,在农民中积极推行和试办国营农场、农业公社和共耕协作社等集体组织。

第三,实行贸易垄断,禁止自由贸易,取消商品生产。

第四,实行食品和日用工业品配给制。

第五,实行按阶级属性确定口粮标准、工业必需品配给制、大规模的实物交换、单位之间无货币结算。同时,还对一切阶级实行普遍劳动义务制等等。

当时实行以上政策的指导思想就是力求在全国城乡建立起纯粹的单一公有制经济,建立起直接由国家调节的高度集中的生产分配体制系统。它的特点主要是采用经济以外的、带有某种军事性质的手段,不通过市场而建立城乡之间的直接商品交换。它的基础和实质是工人阶级和劳动农民的军事政治联盟,目的是组织产品分配以保证对前线军队和后方工人的物资供应。

3. 战时共产主义政策的历史作用和局限

战时共产主义政策是苏维埃政权由于战争环境的特殊需要不得不采取的一种临时的应急措施。它对于最大限度地动员和集中全国人力、物力保证击败武装干涉者,赢得国内战争的胜利起到了重要作用。但是实践证明,战时共产主义政策的历史作用是有限的,一旦国内战争结束,它的很多弊端就暴露出来。

第一,战时共产主义脱离了落后国家的客观现实。当时的俄国,政治、经济、文化比较落后,不可能直接过渡到社会主义。在一个社会化生产程度很低的国家里,立即实行全面国有化,强调在组织生产、管理和分配方面建立整齐划一的统一措施,并不能真正促进社会生产力的发展。

第二,余粮收集制严重损害了农民的利益。从政治方面看,由于苏维埃政权解决了农民的土地问题,因此,农民拥护社会主义。但是,从经济上讲,小农经济同社会主义还有较大的差距。战时共产主义采用余粮收集制,完全禁止私人自由贸易,由国家直接实行工农业之间的产品交换,这就脱离了农民的需求,是农民不能接受的。

第三,实行无货币的社会是脱离实际的空想。如果在战时共产主义开始时,否认社会主义条件下的商品货币关系只是一种理论主张的话,那么到后期,当经济关系实物化普遍的时候,消灭货币的理论就要付诸实践了。取消货币被认为更加接近社会主义,这实际上是一种空想。

战时共产主义政策虽然是特殊的战争环境下的产物,但是它在内容上和实施时间上都超出了支援战争所必需的限度。到战争结束时,实行这种政策造成的严重政治危机和经济危机便出现了。从1920年底到1921年初,在苏维埃俄国,农民不满情绪日益明显,工人的不满情绪也在增长,工农联盟面临分裂的严重局面。历史表明,企图在一个小农国家里直接过渡到社会主义是行不通的 。

(二)新经济政策

1. 新经济政策的实施背景

"新经济政策"是1921年初苏维埃政权遭受一系列严重的经济、社会和政治危机情况下提出来的。1920年底,"战时共产主义政策"在苏俄各地遭到工农群众的抵制和反对,同时,连年的战争也使工业生产受到严重破坏,许多工厂停工。列宁认为,为了恢复被战争破坏的国民经济以及改变战时共产主义政策所造成的被动局面,最迫切的任务就是采取正确的政策。1921年3月俄共(布)十大通过决议,决定立即废止"战时共产主义政策",向新经济政策转变。

2. 新经济政策的主要内容

第一,在农村中用粮食税代替余粮收集制,粮食税额要比余粮收集额低,农民在纳税后可以自由处置,包括自由买卖剩余农副产品。

第二,在工业方面,允许多种经济成分并存,利用国家资本主义形式来恢复工业和振兴国民经济,允许把已经没收的中小企业租借或发还给资本家等私人经营,利用外国资本和技术加快经济恢复和发展,利用资本主义来建设社会主义。

第三,在商业方面,逐步开放市场,恢复商品货币关系等。利用商品货币关系、市场机制和商业来恢复和发展社会主义经济,允许通过市场进行商品买卖。通过商品交换、货币流通和自由贸易来活跃经济,赋予企业一定的自主经营权。

第四,改革经济管理的体制和方法,建立中央和地方的计划委员会,运用价值规律和货币、信贷、商业、财政等手段调节经济。苏维埃政府对国营企业实行经济核算制,改变平均分配制,在承认劳动者物质利益的基础上,建立以工人熟练程度和生产能力为标准的劳动报酬制度。

3. 实行新经济政策的意义

第一,落后国家要从本国国情出发建设社会主义。列宁指出,不同国家向社会主义过渡的道路必然不同,这要取决于国内是大资本主义关系占优势,还是小经济占优势,是大农业还是小农业。应该根据本国的国情采取不同的方法建设社会主义。

第二,不能仅仅凭革命热情和依靠国家法令建设社会主义。落后国家由于受生产力发展水平低、生产社会化程度低、经济管理水平低等条件的限制,不能用行政强制手段直接过渡,不能超越经济关系或违背客观经济规律。要借助于伟大革命所产生的热情,依靠个人兴趣,依靠对个人利益的关心,依靠全民族科学文化水平的提高,才能把千百万人引向共产主义。

第三,落后国家的社会主义建设将比社会主义革命更为困难、更为复杂。改造小农生产者需要一个艰苦漫长的历史过程,克服旧的习惯势力、旧的传统、旧的观念需要相当长的时间。要探索这一漫长历程中的"中间环节"以及迂回道路、补救办法和改良措施,通过进攻和退却、革命与改良、利用与限制的斗争策略消灭资本主义,利用多种经济成分和因素发展生产力。

第四,落后国家向社会主义过渡时必须充分考虑农民的利益。在落后的国家里,不从农民经济占优势的条件出发,不充分顾及农民的经济利益,而试图迅速地直接过渡到社会主义是行不通的。只有寻找到农民能够接受的走向社会主义的形式,才能在过渡时期建立巩固的工农联盟。新经济政策的真正意义在于实现了社会主义经济同农民经济的结合,从而较好地解决了小农国家向社会主义过渡的道路、方式、步骤、中间环节和政策等。

三、苏联模式的建立及苏联模式在国际上的推广

(一)苏联模式的建立

1924 年 1 月 12 日,列宁与世长辞。列宁逝世后,斯大林作为世界上第一个社会主义国家的领导,继续对建设社会主义进行探索。他维护了列宁的新经济政策,并制定了社会主义建设最初阶段的战略,使国民经济得到了恢复和发展。到 20 世纪 20 年代末期,他根据对当时国际和国内阶级斗争形势的新变化的分析,以及他对马克思、恩格斯关于社会主义思想的理解和对列宁的新经济政策的认识,决定停止新经济政策,使原来沿着新经济政策轨道稳步前进的苏联兴起了高速度向工业化进军的热潮,掀起了农业集体化风暴,并于 1936 年宣布苏联建成社会主义。

1. 苏联模式形成的历史背景

苏联模式的形成有其深刻的社会历史背景。从国际环境上看,帝国主义的包围

和战争危机的迫近,要求全党全国在思想上、政治上、行动上保持高度的集中统一,要求全国人、财、物的高度集中。从苏联国情上看,经济文化落后,社会经济结构是小生产者占优势,家长制、个人集权、个人崇拜盛行,官僚主义滋长,排斥商品经济。从历史传统上看,沙皇俄国是一个军事封建的帝国主义国家,沙皇的君主集权专制主义统治,大俄罗斯沙文主义和对外扩张的传统,以村社占有为主要形式的封建宗法经济的传统,都对形成高度集权的模式产生不可低估的影响。从理论影响上看,对科学社会主义创始人关于社会主义的设想存在某些教条主义的理解也是原因之一。

2. 苏联模式的特点

苏联社会主义模式的基本特征是高度集中、高度集权。这一特征表现在经济、政治等各个领域。

(1)在经济体制方面的主要表现

第一,实行单一的社会主义所有制形式。苏联生产资料公有制有两种形式:国家所有制是社会主义所有制的基本形式,占有绝对优势,被看成是社会主义所有制的高级形式;集体农庄合作社所有制是劳动者的集体所有制,被看成是公有制的低级形式。

第二,实行高度集中的部门管理体制。把经济管理各方面的权力过度集中于中央各个部门。中央部门集宏观管理和微观经济决策权力于一身,直接支配企业的人力、财力、物力和产、供、销大权。国家既是生产资料的所有者,又全面管理企业的生产经营活动,企业成为国家机关的附属品。

第三,实行指令性计划经济体制。指令性计划经济有四个特点。一是高度集中的统一性。计划指标由中央统一编制,自上而下,按地区、按部门把计划指标逐级下达。二是无所不包的广泛性。国家下达的计划指标,囊括了经济生活的各个领域、各个部门,一切经济过程和经济活动都被纳入计划。三是具有法律效力的指令性。国家集中制定出来的计划,经最高苏维埃批准后,就成为具有法律效力的文件。四是排斥否定市场调节的作用。随着指令性计划经济体制的形成,市场调节被排挤出了经济领域。

第四,以行政手段管理经济。国家主要依靠行政手段对国民经济实行统一领导和直接管理。国家通过层层行政机关,发布具有强制性质的指令,对全国的企业和经济活动进行集中统一的计划、组织指挥、调节和监督。很少发挥或完全排斥市场机制对经济的调节作用,很少用经济手段来调动生产者的积极性。

第五,优先发展重工业和军事工业。苏联建立高度集中的计划经济体制,主要原因就是为了集中资源,优先发展重工业和军事工业。

(2)在政治体制方面的主要表现

第一,高度集权的党和国家领导体制。国家的权力高度集中在党的手中,党的权力过度集中在中央,中央的权力过度集中在个人。权力过多地集中于书记处,总书记一人说了算,最后斯大林集党、政、军最高权力于一身,形成了个人集权制和终身制,民主集中制遭到破坏。

第二,自上而下的干部委任制。苏联党和国家领导人的产生,主要是通过自上而下的委任制。这种委任制改变了国家机关工作人员同人民群众应有的正常关系,他们不是代表人民群众来管理国家事务,而是受命于上级机关;他们的权力不是来自下层选民,而是来自任命他们的上级机关或领导者个人;他们的工作不是对人民负责,而是对上级机关负责。这种做法违背了社会主义的民主选举制的原则。

第三,软弱而低效的监督机制。在苏联,对党政机关及其领导人的监督是非常薄弱的,监督机构形同虚设,缺乏有效的监督制度和监督手段。党政机关及其工作人员不受制约,脱离控制,这种情况不可避免地造成了官僚主义、滥用职权以及产生各种腐败现象。

3. 对苏联模式的评价

苏联模式作为人类历史上第一个完整的社会主义模式,是科学社会主义实践的一种重要探索。评价苏联模式应该作历史的、辩证的分析。

(1)苏联模式的历史功绩

第一,苏联社会主义模式确立了人类历史上第一个社会主义制度,推动了社会主义事业的发展。苏联模式实现了生产资料公有制、按劳分配制度,消灭了剥削阶级,实现了社会主义工业化,奠定了社会主义制度的物质基础。特别是它比较成功地解决了一个经济文化落后的国家处于资本主义世界包围之中和战争危险日益迫近的形势之下,如何加速建设社会主义这个难度很大的课题。苏联模式的确立,使苏联在极短的时间内在政治、经济、文化方面建设取得了巨大的成就,与当时资本主义世界大危机形成了鲜明的对照,充分显示了社会主义制度的优越性,为社会主义的发展奠定了良好的基础。

第二,苏联模式使苏联在20世纪30年代高速发展重工业,在短时间内实现了社会主义工业化和农业集体化。苏联是当时世界上唯一的社会主义国家,在帝国主义的包围中,军事上处于危险境地。20世纪30年代,东西方两个战争策源地形成,资本主义国家对法西斯实行绥靖政策,力图把祸水引向苏联。在这种形式下,苏联必须在短时间内形成独立的工业体系和国防力量,尽快赶上发达资本主义国家的经济和技术水平。因此,苏联选择优先发展重工业和高速工业化的战略。苏联模式的特点就是高度集中。高度集中的优点就是比较容易快速集中全国的人力、物力和财力,主攻一些关键的重点项目。在一定历史条件下,这种做法有必要性和合理性。尤其对于工业化初期集中力量加强基础工业和新兴工业部门建设,作用更加突出。在这种体制下,只经过两个五年计划,苏联就从一个庞大而落后的农业国建设成为一个具有完整的、独立工业体系的社会主义工业强国,而历史上资本主义完成这些任务需要几十年甚至上百年的时间。同时,由于人力、物力、财力的高度集中,对文化、教育、科技事业的发展也有很大的促进作用,苏联在短时间内迅速发展了文化教育事业,普及了十年制教育,办起许多大学和科研机构,培养了大批知识分子,取得了许多重大的科研成果。总之,苏联在经济文化方面的迅速发展,与其社会主义体制的优越性有密切关系。

第三,苏联模式为苏联准备了雄厚的物质基础,保证了卫国战争的伟大胜利。苏联迅速实行工业化,大力发展国防工业,为卫国战争奠定了必要的物质基础,并确保在战争爆发后迅速转入战时体制,进行卫国战争。

第四,苏联模式促进了社会主义国家建国初期政权的巩固和经济的发展。苏联模式在国际上有着广泛的影响。由于苏联建立了与资本主义社会根本不同的社会体制,为二战后新建立的社会主义国家建设提供了宝贵的经验。二战后建立的社会主义国家借鉴了苏联的发展战略和体制之后,都较快地使新的社会机制开始正常运转。苏联模式对这些国家在建立初期促进工农政权的巩固以及迅速集中全国有限的资源恢复和发展经济产生了积极的作用。

(2)苏联模式的历史局限性

在苏联当时的历史条件下,这种高度集中的管理体制不但是可行的,而且是有效的。但是,这种特殊历史条件的产物,也有历史局限性。随着生产力水平的提高、科学技术的进步、国际国内环境的变化,尤其是长期掩盖这一模式固有弊病的各种因素都消失之后,它的利弊双重性日益清楚地显露出来。高度集中、高度集权的体制导致国民经济比例失调,人民生活不能得到较多的改善,工农群众的生产积极性不能充分发挥,企业经济效益不高;各级干部缺乏主动性,官僚主义严重,社会主义法制遭到破坏,社会主义民主不能充分发挥;人们思想遭到禁锢,科学技术发展受到限制。所以,当这种模式在苏联长期延续下去,特别是战后经济恢复时期继续推行时,就成为生产力进一步发展的严重障碍。同时,作为第一个社会主义国家,苏联威望极高,加上苏联领导集团推行苏联模式,以及在理论和认识上把苏联经验神圣化、绝对化等原因,苏联模式被认为是唯一的、必须效仿的模式。其他社会主义国家一方面学到其长处,另一方面又由于机械地照搬其短处,结果使苏联模式的弊端从一国扩展到其他社会主义国家,延缓了社会主义发展的进程。因此,改革苏联社会主义模式、探索适合本国特色的社会主义道路是各社会主义国家的必然选择。

(二)苏联模式在东欧的推广

二战胜利后,社会主义越出苏联一国的范围,向东欧和东亚扩展。社会主义国家不仅在地理上连成一片,而且成为一种世界性的制度和体制。这些国家大都是落后甚至是很落后的国家,本身并不具备实现社会主义的条件,然而这些国家又大都是由苏联红军帮助解放或在苏联帮助下走上社会主义道路的。因此,不得不接受苏联模式的社会主义。

1. 苏联模式在东欧的推广

从 1945 年到 1949 年,欧洲东部和东南部的波兰、南斯拉夫、阿尔巴尼亚、匈牙利、捷克斯洛伐克、保加利亚、罗马尼亚和德国苏联占领区,先后建立了 8 个社会主义国家。这是继苏联社会主义制度建立后,科学社会主义在欧洲的又一次历史性胜利。

南斯拉夫、阿尔巴尼亚的共产党，自身拥有独立的武装力量和干部队伍，在人民民主政权建立之初就确立了自己的领导地位，随后又率领人民进行革命和建设。

匈牙利、保加利亚、罗马尼亚三国原本属于法西斯阵营，而且都是君主制国家，战后都成了战败国。根据停战协定，盟国在这三个国家分别设立了监督委员会，由苏联代表担任主席，这对三国政治生活的发展有着重大的影响。以上三国解放初期建立的临时政府，都是由各个民主党派组成的联合政府，政府总理都不是共产党员。直到1946年9月，保加利亚举行全民投票，决定废除君主制，建立人民共和国。1947年9月，匈牙利成立以匈牙利共产党为首的新政府，标志着人民民主政权的确立。1947年12月，罗马尼亚的国王被迫退位，新的人民民主体制在这个国家正式确立。

波兰和捷克斯洛伐克原来是资产阶级共和国，最早受到纳粹德国的侵略。战争期间，两国国内进行抵抗的主力是波兰工人党和捷克斯洛伐克共产党领导的人民武装。因此，共产党在战后国家政权中占有重要地位。

德国在战败后由苏、美、英、法四国分区占领。1945年7月，苏联占领区成立反法西斯民主联盟，其主导力量是德国共产党和德国社会民主党。苏联占领区进行了民主改革和民主政权建设。1949年9月，美、英、法三国单方面将它们的占领区进行合并，成立了德意志联邦共和国。10月，苏联占领区的民主政权宣布成立德意志民主共和国，从此走上社会主义发展道路。

2. 东欧人民民主政权的新特点

东欧人民民主政权作为无产阶级政权的一种新形式，主要有以下特点。

第一，东欧各人民民主国家政权的立法和执法机关多为议会和部长会议等形式。东欧各国人民民主国家虽然大多数都是在苏联帮助下建立的，但是由于历史方面的原因，它们没有沿用苏维埃的形式，而是各具特色。国家最高权力机关形式，捷克斯洛伐克为联邦议会，南斯拉夫、匈牙利、保加利亚、罗马尼亚、阿尔巴尼亚、民主德国为部长会议，南斯拉夫为联邦执行委员会，捷克斯洛伐克为联邦政府。

第二，东欧大多数国家的共产党都是同社会民主党合并而成的。东欧大多数国家的共产党，在反法西斯战争中和社会党相互支持，建国后都实现了两党合并，形成了统一的工人阶级政党。东欧各国共产党和社会党或社会民主党的合并，无论是对这些国家工人阶级队伍的团结和统一，还是对巩固各人民民主政权都起了积极作用。但是这也给这些国家后来共产党的建设和国家的发展带来了不少消极影响。

第三，东欧大多数国家共产党在国家政权中的领导地位是逐步确立的。由于这些国家的新政权大多数是在非常时期建立的，共产党的力量与影响力并不都十分强大。所以，在初期，各国基本都采用了多党联合执政的形式，包括资产阶级在内的各党派都有一定的活动自由。后来在世界人民反法西斯斗争胜利、和平民主和社会主义力量空前壮大的情况下，尤其是在苏联强有力的支持、帮助下，逐步确立起共产党的领导地位，特别是波兰、捷克斯洛伐克、保加利亚、罗马尼亚、匈牙利等国的共产党，主要是依靠国内广大人民群众和人民武装力量支持，通过选举等方式逐步排除资产阶级政党等政治力量,而确立自己的领导地位。

第四,东欧各民主主义国家初期都是实行共产党领导的多党制。东欧各国在人民民主政权建立之初,都有多党存在。尽管后来由于东欧不少国家的一些资产阶级政党在国内外一些势力的支持下大搞颠覆和破坏活动而被政府取缔,但是,共产党领导的多党制并没有取消。

第五,东欧各人民民主政权都建立工人阶级领导的以工农联盟为基础的广泛统一战线。在反法西斯斗争中建立的各国民主政府,特别注意团结一切可以团结的力量,建立了工人阶级领导的以工农联盟为基础的、广泛的统一战线。这些统一战线,对东欧各人民民主国家在建立初期的稳定与发展起了巨大的促进作用。

四、苏联、东欧的社会主义改革及其历史教训

(一)社会主义制度的改革

二战后建立的社会主义国家基本上都是以苏联的模式为样板来建立自己的体制。这种体制在各国建立初期曾起过一定的积极作用,但随着社会主义建设事业的发展,出现了和生产力发展不相适应的地方。因此,改革生产关系和上层建筑中不适应生产力发展的部分,是建设具有本国特色社会主义事业的必然要求,也是适应时代发展的需要。

1. 苏联的社会主义改革

(1)赫鲁晓夫改革(1945—1964 年)

由于苏联与其他东欧社会主义国家奉行的苏联模式的内在缺陷形成诸多问题与矛盾,且随着时代的发展变化而逐年加剧,给社会主义事业继续发展造成了阻碍。1953 年斯大林逝世后,赫鲁晓夫也开始了改革的尝试。赫鲁晓夫的经济改革正是从农业开始的。1953 年 9 月,他在党中央全会上作了《关于进一步发展苏联农业的措施》的报告,指出农业的基本问题在于违背物质刺激原则。根据赫鲁晓夫的报告,苏联政府采取了一系列措施来减轻农民的负担,取消不必要的国家干预,刺激农民的生产积极性。一是提高农产品的收购价格;二是改变计划体制;三是鼓励庄员发展副业经济;四是扩大谷物生产;五是将拖拉机等农业机器卖给集体农庄,并将机器拖拉机站改组为机器修配站。工业方面,把工业和建筑业的日常领导工作从中央转到地方。决定撤销 25 个中央部和 113 个加盟共和国的部,只留下航空、无线电、造船、化学、中型机械等几个中央部。最高苏维埃还决定将全国划分为 105 个经济行政区,各区设国民经济委员会,原属中央和加盟共和国各部管理的企业一律交给所在地区的国民经济委员会管理。赫鲁晓夫认为,放松中央控制会推动生产发展。但是,执行的结果,这方面的效果并不明显。因为这次改革只不过把部门管理体制改为经济行政区管理体制,没有从根本上改变国家管理企业的行政办法,没有扩大企业的经营自主权,故难以调动地方的积极性。不仅如此,由于准备不足,这次改革没有采取先试点后推广的做法,还引出了一系列问题。中央统一管理被削弱后,各地滋生了严重的本

位主义，彼此矛盾重重，互相扯皮。

赫鲁晓夫改革失败的主要原因有以下几方面。其一，没有创新的科学理论，缺乏正确的指导思想和路线。赫鲁晓夫缺乏对高度集中政治体制的科学认识，也缺乏对苏联具体国情的认识，更没有创新的科学理论，因而不可能制定出科学的指导思想和路线，在具体实施过程中又以行政命令代替科学方法，这就决定了改革的不彻底性，因而改革也仅仅是对斯大林模式的小修小补，没有从根本上破除这一模式。其二，对斯大林的态度评价的不全面，引发消极的后果，对于苏联的改革非常不利。其三，改革并没有触动原有体制的基本框架。在工业方面，体制改革只是以一种行政管理取代另一种行政管理，并未触及高度集权的计划管理体制本身。在农业方面，由于在短时间内采取"一刀切"的办法，结果又走向反面。其四，改革缺乏实事求是的精神，提出不切实际的口号。

(2)勃列日涅夫改革(1964—1982年)

由于传统苏联模式的内在缺陷及其所造成的问题和矛盾仍然存在并继续加剧，迫使苏联和东欧各国对其进行反思。匈牙利、捷克斯洛伐克等国的理论界率先对苏联模式提出了批评，并揭示其对经济增长的阻碍作用，要求改革的呼声日益高涨。苏联也迫于国内人民生活水平得不到改善及军备竞赛、经济增长速度不快等方面的压力，勃列日涅夫自1965年起陆续实行了以"计划工作"和"经济刺激"为主体的"新经济体制"改革。改革的原则：一是在不改变集中管理体制的前提下，扩大企业经济管理自主权；二是在保持行政管理方法为主的前提下，加强经济杠杆的作用；三是在保障国家经济利益的前提下，兼顾企业和职工的利益；四是以利润为中心，加强经济刺激。

勃列日涅夫新经济体制改革的主要措施：一是纠正赫鲁晓夫改革的地区管理原则，恢复部门管理，适当兼顾地区管理原则；二是减少下达给企业的计划经济指标，注意在计划工作中运用价值规律；三是扩大企业经营的自主权，在利润、价格、奖金、信贷上发挥经济杠杆的作用，包括建立企业经济刺激基金，调整工业品的批发价格，实行生产基金付费制，实行有差别的利率政策等。在农业领域改革的主要措施：一是把富裕水平作为评估农场和农庄活动的基础，扩大农场和农庄的自主权；二是降低农产品收购计划指标，提高农产品价格；三是免除农庄对国家的债务；四是取消对个人副业的限制；五是对农庄成员实行优抚赡养制。

勃列日涅夫的新经济体制改革基本上是赫鲁晓夫的经济改革的继续和修正、扩大。他们的共同特点是市场由国家计划来调节，国家计划无所不包；国家所有制是今后唯一的社会主义所有制形式，集体所有制应向国家所有制过渡，不能独立发展个体所有制，限制私有制经济的存在；管理方法以行政方法为主，经济方法为辅，企业自主权限于国家指令性范围内；生产资料原则上不是商品。

(3)戈尔巴乔夫改革(1985—1991年)

1985年4月~1987年6月是戈尔巴乔夫改革的构想阶段。在1985年4月召开的苏共中央全会上,戈尔巴乔夫提出了根本改革的设想,倡导民主化、公开性和新思维。1986年2月25日至3月6日,苏共二十七大召开,标志着大规模改革开始。戈尔巴乔夫在政治报告中主张必须实行根本性改革,加快发展战略,由粗放式经营到集约化,根本改变经济管理,提高劳动生产率。他还提出社会主义生产关系和生产力的矛盾,批评生产关系自动适应论,强调社会主义生产实践是检验改革的唯一标准,政治改革要和经济改革相配合。然而,戈尔巴乔夫的改革并没有对严重的结构失调动手术,也没有强调市场经济的作用,而且改革的阻力重重。针对改革的阻力,戈尔巴乔夫多次强调改革的意义和必要,认为过去的计划工作已使经济走向了死胡同,改革和革命同样重要。

1987年6月~1988年6月,是戈尔巴乔夫改革总体方案的实施阶段。1987年6月苏共中央全会通过了《关于根本改革经济管理的任务》的总体方案。实行企业的完全经济核算,即自筹资金、自我补偿、自行管理,同时通过了《国营企业(联合公司)法》、《合作社法》和《个体劳动法》三个所有制法。1987年12月还通过计划、价格、财政、金融、信贷等十多个配套措施。企业法规定了企业的社会主义商品生产者的地位。1988年1月起统一命令全面实施改革方案,并预计在1990年完成。由于在推行改革中的阻力重重,经济严重失控,于是戈尔巴乔夫转而采取政治改革先行的做法。

1988年6月~1990年7月是戈尔巴乔夫由经济改革为中心转向主张政治改革先行阶段。6月28日~7月1日,苏共中央第十九次代表会议举行,戈尔巴乔夫在会上提出经济改革受阻,要求先行全面进行政治改革,并提出了七项决议。1989年10月在苏联最高苏维埃会议上部长会议主席雷日科夫提出了深化经济改革的一揽子法案,包括《苏联所有制法案》、《苏联和各加盟共和国土地立法原则草案》、《租赁关系立法原则草案》、《苏联税收制度法案》、《社会主义企业法》。1989年12月,在向苏联第二次人代会作的政府工作报告中,雷日科夫提出了为期6年的经济健康刺激计划《根本的经济改革:首要和长期的措施》。1990年2月,苏共中央全会在行动纲领草案中,首次提出了"计划—市场经济"模式。1990年3月,戈尔巴乔夫当选为总统。4月,"计划—市场经济"模式的提法修改为"可调节的市场经济"模式。5月,苏联政府提出《关于国家经济状况和向可调节市场经济过渡的构想》和5年经济改革计划。1990年7月2~13日,苏共中央召开第二十八次代表大会,通过了《走向人道的、民主的社会主义社会》的声明,宣称党的理想是"人道的、民主的社会主义"。从而根本改变了苏共党的指导思想。同时在经过激烈的辩论后,宣布苏联"向市场经济过渡",强调发展多种的和平等的所有制形式,反对全面私有化。

1990年7月~1991年8月19日是苏共内部政治力量决定性较量阶段。1990年7月~10月,围绕向市场经济过渡出现了三个改革方案。激进派亚夫林斯基的迅速彻底改革的"500天计划"和在此基础上总统责成沙塔林等人的"沙塔林纲领"即"500天纲领"。这两个计划被称为"休克疗法"。雷日科夫提出的形成可调节市场结构的“政府纲领”则被称为激进温和派方案。在折中两个方案并参考各种社会方案的基础上,由阿甘别吉扬合成了一个《稳定国民经济和向市场经济过渡的基本方针》的总统方案。1990 年 10 月,最高苏维埃通过了总统方案,决议要求工业企业及其他领域的大中企业逐步非国家化,商业、服务、饮食及其他小企业迅速私有化。

但是叶利钦领导的俄罗斯联邦激烈反对这一方案,并宣布俄罗斯单独执行沙塔林的“500 天纲领”,并不断向苏共中央发难。叶利钦要求雷日科夫政府辞职,宣布俄罗斯联邦及其境内的一切财产归俄罗斯管辖。由于政治矛盾的激化,导致 1991 年 8 月 19 日的“八一九政变事件”,戈尔巴乔夫执政时期实际上宣告结束。

导致苏联改革失利的原因至少有三种因素,即政策因素、路线因素和思想因素。政策因素方面:它是在原有体制根本性缺陷不变下改革原有的弊端,因而具有很大的局限性。在经济改革受挫后立即大幅度转向政治改革,从而造成大动乱。路线因素方面:没有坚持以经济建设为中心,没有以安定团结为基本保障。思想因素方面:从全盘肯定到全盘否定;急速转轨,从一极到另一极。它告诉我们一种社会机制转向另一种社会机制务必稳步,不能急转弯。

2. 东欧社会主义国家改革

东欧各国在社会主义建设开始时,大多照搬苏联模式。在运用这种模式取得一定成效后,逐渐出现了不合国情的消极后果。日益严重的政治、经济危机,使东欧各国要求摆脱苏联模式的束缚,探索符合自己国情的发展道路。20 世纪五六十年代,东欧各国相继出现了改革的浪潮。

(1)南斯拉夫的改革

东欧国家的改革发端于 20 世纪 50 年代。1950 年南斯拉夫抛弃和否定了苏联的经济体制和模式,实行工人自治,走上了独特的社会主义发展道路。从 20 世纪 50 年代初开始,在社会自治理论的指导下,南斯拉夫逐步建立了与苏联不同的政治经济体制模式——社会自治模式。这一模式的形成和确立,就是经济改革与政治改革同步进行的结果。

南斯拉夫的改革,大体上可以分为三个阶段。第一阶段是工人自治阶段。1950 年 6 月,南斯拉夫正式颁布了《关于劳动集体管理国营经济企业和更高级的联合组织基本法》,它标志着南斯拉夫自治制度的开始确立。1951 年,又通过了《国民经济计划管理法》,把集中的国家计划改成“社会计划”,即指导性建议取代了指令性计划体制,高度集权式的经济体制开始被触动。在政治体制上,针对高度集权的苏联模式,提出“民主化、分散化、非官僚化”的原则,旨在建立起社会主义自治的政治制度,并在政治体制改革中进行了一些初步尝试,如精简机构、扩大地方权力、改变党政不分等。经过上述改革,初步确定了南斯拉夫的以工人自治为中心的经济政治管理体制。

1963 年 4 月,南斯拉夫通过了《南斯拉夫社会主义共和国宪法》,规定自治扩大到国家机关和社会事业单位,在全国各行各业实行社会自治。以此为标志,南斯拉夫的改革进入第二阶段,即社会自治阶段。在经济体制方面,这次改革的基本内容是,进一步发展自治经济关系,使自治关系由微观领域扩展到宏观领域,从管理简单再生产到管理扩大再生产,宣布实行市场经济,国家只用经济手段调节经济。在政治方面,根据社会自治的原则进行了较大改革。在国家领导体制上,规定议会的领导人实行轮换制,联邦共和国总统和政府首脑的职务不再同时担任;适应社会自治发展的要求,对党的领导体制、组织制度进行了较大的改革,如中央最高决策机构与中央行政机构分开等等。

从 1971 年开始,南斯拉夫社会主义自治制度的发展进入第三阶段,即联合劳动时期。在经济上,确立了以联合劳动为基础的经济体制。与此相适应,在政治体制中,各级议会由代议制改为代表团制等等。

可见,南斯拉夫的改革,从总体上说是政治改革与经济改革同步进行。然而南斯拉夫的改革以失败告终。其实践告诉人们:并不是政治改革与经济改革同步进行,改革就肯定成功。问题在于,政治改革相当复杂,时机选择必须与政治改革的目标模式选择等问题联系起来。这是南斯拉夫政治改革留给后人的教训。

(2)波兰社会主义改革

波兰在 20 世纪 50 年代中期完成工业化和农业集体化后,社会与经济生活中的矛盾不断滋生。1956 年农业合作社被解散。波兰从此开始了走走停停的改革。

1957 年至 1958 年,波兰进行了以放权让利为主的改革。由于缺乏充分的思想和组织准备,改革在 1958 年陷于停顿。

60 年代中期,苏联和东欧改革进入高潮,而波兰国内经济矛盾加剧,波党领导人哥穆尔卡布置了第二次改革。这次改革同样由于缺乏充分的思想和组织准备,没有实质性进展,经济和社会矛盾也没有得到缓解,最后导致了 1970 年 12 月群众与政府冲突的流血事件。

1973 年波兰发动以“高度发展战略”为先导的改革。这种服务于高速增长战略的改革,不但未能从根本上触动传统体制,反而使经济生活中的矛盾与日俱增。错误的发展战略导致了波兰经济在短时间繁荣之后,走上了不可收拾的普遍萎缩之路,最后酿成了 1980 年以“团结工会”为首的工人与政府的巨大冲突,使已岌岌可危的波兰经济走向崩溃的边缘。

波兰党和政府在 1980 年秋组建了经济改革委员会,着手进行第四次改革的准备工作,但这次改革也未能绕过改革的许多险滩暗流并改变颓势。

(3)匈牙利的渐进改革

匈牙利从 1968 年 1 月 1 日开始了建立“新经济机制”的改革。由于受到东欧某些改革思潮把计划和市场的优点结合起来的思想影响,经过二十多年的改革,匈牙利的计划经济体制并没有取消,只是用政府的间接控制代替了对企业的直接干预,金融压制仍然存在,市场仍然被严格分割,与此同时,严整的计划体制正慢慢解体。因此,匈牙利的渐进改革并没有克服原有的体制缺陷,也不能防止建立在这种经济体制基础上的政治体制的崩溃，但它使匈牙利得以避免严重的社会震荡，并且为比较顺利地过渡到市场经济准备了某些条件。

(4)捷克斯洛伐克半途夭折的改革

1967年1月1日，捷克开始进行市场化改革。在经济改革行动展开后，感觉领导权受到威胁的捷共领导人转向实行政治改革，于是引起了一场党内危机并使保守派下台。这时，群众掀起了以民主化为基调的运动来支持改革，这就是著名的1968年“布拉格之春”。捷克国内民主运动的高涨和经济改革步伐的加快，使苏联领导集团感到恐慌。他们终于诉诸武力，于1968年8月20日派兵入侵捷克斯洛伐克，逮捕了捷克斯洛伐克党和国家领导人，强迫签订了全盘否定“布拉格之春”改革的《莫斯科条约》，随后又恢复了中央集权的计划经济体制，改革也随之夭折。在这以后，捷克虽然也进行过一些小的改革，但直到1989年政治体制崩溃，始终没有重大突破，未能改变经济和政治的僵局。

苏联、东欧国家所走过的改革历程，可以为我们提供一些重要的经验教训：一是经济的低效率来自计划经济体制的固有制度缺陷，需要对旧体制进行彻底改革；二是任何真正的改革都是市场取向的改革，建立竞争性的市场体系和企业制度是改革成功的关键；三是改革需要以建立市场经济制度为目标进行整体设计，各项改革措施要配套进行；四是任何改革必须取得群众的支持，并在较为稳定的政治环境中进行。

(二)东欧剧变和苏联解体

1. 东欧剧变

从1989年夏天开始，东欧政局发生急剧变化，许多原来执政的共产党纷纷下台，有的执政党和政府进行了改组，并推行西方的多党制、议会制，实行市场经济和私有化，东欧各国党的性质、国家的性质、政治经济制度、对外关系都发生了根本的变化。

东欧剧变首先从波兰开始。20世纪80年代后期，波兰经济开始恶化，政局动荡。波兰统一工人党为了摆脱危机，于1989年1月决定实行政治多元化和工会多元化。4月，反对派组织团结工会重新获得合法地位。6月，波兰举行议会和参议院选举，执政联盟在选举中遭到惨败，团结工会在选举中获胜。8月成立的新内阁中，团结工会占13人，统一工人党仅占4人。12月原波兰统一工人党第一书记雅鲁则尔斯基被迫辞去总统职务，团结工会主席瓦文萨当选为总统。至此，波兰统一工人党失去一切权力。1990年1月波兰统一工人党召开十一次代表大会宣布停止活动，执政45年、有200万党员的统一工人党以分裂告终。

匈牙利社会主义工人党于1989年2月宣布放弃执政党地位，实行多党制。10月，该党改名为社会党，匈牙利社会主义工人党陷入分裂和瓦解状态。1990年经过3月全国大选和9月地方政权选举，政权完全落入非共产党人之手。匈牙利在政治上实现了多党议会制，经济开始向市场经济过渡，私有化全面展开。

1989年民主德国向西德移民达到高潮。大量移民又引起国内局势动荡，也激化了政府与人民的矛盾，“新论坛”等反对派组织纷纷建立，教会也开始介入政治。11

月,德国统一社会党召开会议,昂纳克辞去党的总书记和国务委员会主席的职务,由埃·克伦茨接任。11月9日,柏林墙被推倒。此后,政局急剧动荡。12月,统一社会党举行特别代表大会,决定将党名改为民主社会主义党,格·居西当选为主席。1990年3月举行大选,由基督教民主联盟、德国社会联盟、民主党等组成的德国联盟获胜,并上台执政。民主社会主义党沦为在野党。新政府上台后,即要求与联邦德国合并。10月3日,两德实现统一,共产党执政41年的民主德国消失了。

保加利亚于1989年10月发生群众游行示威。11月10日,保共中央全会免去了日夫科夫总书记、政治局委员和国务委员会主席的职务,由姆拉德诺夫接任。12月7日,反对派成立了第一个联合组织——民主力量联盟,要求政府实行“多党制和民主选举”。1990年4月3日,保共改名为社会党。6月举行多党制大选,社会党获胜,从而引起反对派不满。7月6日,姆拉德诺夫被迫辞去总统职务,由民主力量联盟协调委员会主席热列夫任总统。11月26日爆发了全国性总罢工,29日社会党政府倒台。多党派的“全国和平过渡政府”代之而起,政权最终落入反对派之手。

捷克斯洛伐克于1989年11月出现动乱,政局失控。12月胡萨克辞去总统职务,公民论坛领导人哈韦尔接任总统。1990年6月举行大选,公民论坛等反对派获胜。公民论坛上台后,大力推行私有化,政治上进一步右转,并没收捷共财产,清洗捷共党员,不断掀起反共反社会主义浪潮。1990年国名更改为捷克和斯洛伐克联邦共和国,1992年12月31日联邦解体。1993年1月捷克斯洛伐克一分为二,分别成立了捷克和斯洛伐克两个国家。

罗马尼亚于1989年12月16日突发蒂米什瓦拉流血冲突事件,并迅速波及全国,局势开始失控。21日,官方在布加勒斯特组织的群众集会转变为反对齐奥塞斯库的示威。22日,示威者占领电台、电视台和党中央大厦,并与部队发生激烈武装冲突。罗马尼亚救国阵线宣告成立,齐奥塞斯库政权实际已被推翻。12月25日,齐氏夫妇被特别军事法庭判处死刑。至此,连续执政24年的齐奥塞斯库政权全部崩溃。政变后,救国阵线领导人伊利埃斯库被选为总统,宣布实行多党制、议会民主、修改宪法等,并迅速得到国际社会承认。

南斯拉夫共产主义者联盟于1990年1月解体。1991年6月25日,斯洛文尼亚和克罗地亚宣布独立。9月8日,马其顿宣布独立。次年4月塞尔维亚共和国和黑山共和国宣布成立南斯拉夫联盟共和国。至此,南斯拉夫社会主义联邦共和国彻底解体。右翼政党的上台加剧了民族矛盾在各共和国之间的爆发。先是经济战,继而发展为领土、边界、主权之争,最终演变为军事冲突和内战,其中1992年4月爆发的波黑内战最为持久,给各族人民留下了难以愈合的战争创伤。2002年南斯拉夫联盟共和国改名为塞尔维亚和黑山,至此,“南斯拉夫”作为一个国家名称不复存在。

阿尔巴尼亚于1990年12月发生动乱,12月11日,阿劳动党决定实行多党制。1991年6月,阿劳动党改为社会党。1992年3月举行大选,反对派组织“民主党”获胜,该党主席贝里沙当选为总统,社会党沦为在野党。

2. 苏联剧变

苏联剧变是逐步发展的过程。从1985年3月到1988年6月苏联共产党第十九次代表会议,苏联的改革仍坚持共产党的领导和社会主义方向。不过这一时期的改革并未突破"左"的框框。苏联的剧变,主要发生在戈尔巴乔夫改革的后期,从1988年苏联共产党十九次代表会议开始。剧变同戈尔巴乔夫实行"人道的、民主的社会主义"路线有密切关系,大体上可以分为三个阶段。

第一阶段是从1988年6月到1990年7月,即从苏联共产党第十九次代表会议到苏联共产党第二十八次代表大会。在此期间,苏联把政治体制改革放在首位,提出并推行"人道的、民主的社会主义"路线,改革的方向发生重大改变。结果社会动乱和民族冲突大规模爆发,反共势力迅速壮大,苏联共产党地位急剧下降,并在许多重要地区丧失政权,经济出现负增长,1990年国内生产总值比上年下降4%。

第二阶段从1990年8月到1991年8月,即从苏联共产党二十八大到"8.19事变","传统派"与"激进派"进行激烈斗争。这一阶段前期"传统派"占优势,后期"激进派"占上风。打着"中派"旗号的戈尔巴乔夫,前期倾向"传统派",后期又转向"激进派"。

第三阶段从1991年8月到12月,从"8.19事变"到苏联解体。由副总统亚纳耶夫为首的"传统派"人士于8月19日宣布组成"国家紧急状态委员会",并宣布戈尔巴乔夫由于健康原因已不能履行总统职务,自即日起由他履行总统职务,国家全部权力在6个月内移交给国家紧急状态委员会行使。这样做的目的是维护统一的联盟国家、共产党的领导地位和社会主义制度。但由于人民害怕回到旧体制,没有给予支持。俄罗斯总统叶利钦却趁机反击,指出这是"反宪法的政变",呼吁全国举行总罢工。军队和"克格勃"也不听紧急状态委员会的指挥。结果这场事变只持续了三天。戈尔巴乔夫于21日在被软禁的黑海休养地发表声明,说他已完全控制了全国局势,恢复了一度中断的同全国的联系。22日,戈尔巴乔夫飞回莫斯科主持工作,这一天,叶利钦下令把亚纳耶夫等4名紧急状态委员会的成员拘留审查。这样,紧急状态委员会最终遭到失败。8月24日,戈尔巴乔夫宣布辞去苏共中央总书记的职务,并要求苏共中央委员会自行解散,各共和国内的共产党和地方组织自行决定自己的命运。8月25日,苏共中央委员会和中央书记处被迫自行解散。这样,由列宁创建的、具有93年历史,在苏联执政74年的苏联共产党瓦解了。12月21日,苏联的11个加盟共和国总统在阿拉木图会晤,签署了《阿拉木图宣言》等6个文件,宣布正式成立独立国家联合体,苏联社会主义共和国联盟终止存在。12月25日,戈尔巴乔夫发表全国电视讲话,辞去苏联总统职务,12月26日,苏联最高苏维埃举行最后一次会议,宣布苏联停止存在。这样,一个超级大国就悲剧性地彻底解体了。

(三)苏联、东欧剧变的原因及历史教训

1. 苏联、东欧剧变的主要原因

马克思主义认为,重大的历史事件都是"合力"作用的结果。苏联、东欧剧变的

原因也是错综复杂的，既有外因，又有内因；既有现实原因，又有历史原因；既有客观原因，也有主观原因；既有经济因素，也有政治因素，以及理论、思想、外交、民族、社会等各方面的因素。

(1)西方的“和平演变”战略是这次剧变的外部原因

20世纪50年代开始，西方国家采取各种各样的手段，对苏联和东欧社会主义国家进行“和平演变”。它们利用大众传媒，渗透西方的意识形态；以维护“人权”为名，干涉社会主义国家的内政；大力扶持社会主义国家内部的反对派组织，支持他们夺取政权；利用经济和贸易上的援助，对社会主义国家施加压力，迫使其做出政治上的让步。

到20世纪80年代末，西方国家更是不遗余力地支持、援助苏联和东欧等国家国内的反对派，以打开“和平演变”的缺口。从1989年开始，西方国家对苏联和东欧社会主义国家实施“以援促变”的战略。他们一方面借经济援助对苏联和东欧社会主义国家施压，要求它们实行政治多元化，允许反对派合法存在；另一方面，则大力支持反对派从事反共反社会主义的活动。

(2)苏联、东欧东剧变的深层次原因在于长期执行苏联模式

在经济上，长期执行僵化的计划经济体制，无法适应新科技革命推动的世界经济发展变化。高度集中的计划经济体制，加上利用政权力量排斥市场的作用，无法真正解决生产者与生产资料的结合。高度集中的计划经济体制，使国家、企业和个人三者利益难以结合。由于企业缺乏经营自主权，因此也就缺乏生产的积极性。由于企业是政府的附属品，不是独立的商品生产者，从而必然导致官僚主义的管理，企业在生产经营活动中存在严重的浪费，这是高度集中计划经济的一大弊病。

在政治方面，社会主义民主法制建设没有搞好，严重破坏民主和法制的现象依然存在，这是各国党和政府脱离群众的要害所在。虽然提倡实行集体领导和民主集中制，但由于缺乏具体可行的规定和约束机制，为一些领导人独断专行、搞家长制管理和一言堂提供了便利，使民主、科学的决策失之于空谈，而一些领导人的错误，则导致了全党和全国性的错误。再加上这些国家的民族关系和民族矛盾本来就比较复杂，改革不但没有妥善处理和解决这些问题，反而使其显现和激化，并成为导致国家动乱、分裂和演变的重要原因。

(3)戈尔巴乔夫的错误路线是直接原因

苏联领导人对社会主义改革的长期性和复杂性认识不足，盲目冒进。戈尔巴乔夫所谓新思维和人道的社会主义更将苏联和东欧改革引向死胡同。戈尔巴乔夫错误路线的政治经济改革漠视历史，脱离国情，不仅很快陷入政治斗争的泥潭，而且也为地方割据的形成，特别是民族分裂主义的发展提供了重要的经济基础。戈尔巴乔夫错误地放弃党的领导，将社会主义苏联推入绝境。

2. 苏联、东欧剧变的历史教训

苏联、东欧剧变是十月革命以来社会主义遇到的最严重挫折，使国际共产主义运

动受到空前损害，但是，它也从反面教育了全世界共产党人和革命人民，并留下了深刻的历史教训。

第一，在经济落后国家发展社会主义，必须大力发展社会生产力，提高人民生活水平。不断提高人民物质文化生活水平，这既是社会主义的根本目的所在，又是社会主义制度巩固和发展的前提。可是，在一个较长时期里，苏联和东欧社会主义国家对此缺乏深刻认识，没有把发展生产力作为社会主义的根本任务，没有抓住经济建设这个中心，又忽略体制弊端对经济发展的束缚而延缓改革。这样，慢慢地拉大了与西方国家的差距，社会主义制度优越性的发挥日益受到影响。在两种社会制度的竞争中，社会主义的生存和发展必须坚持社会主义方向，改革不适应生产力发展的旧体制，大力发展经济，创造高于资本主义的劳动生产率。

第二，必须切实加强和改善党的领导。苏联、东欧剧变是各种原因综合作用的结果，关键的原因就是执政党的错误领导，各种原因都是通过执政党的错误领导起的作用。社会主义国家的执政党是社会主义事业的核心领导力量，是改革的设计者、组织协调者、思想引导者和行动带领者。可是，苏联和东欧社会主义国家的执政党在发挥这些关键作用时，在比较长的时期里却背离了马克思主义，偏离了社会主义方向。他们改变了马克思主义的基本原则，走上了“人道的民主社会主义”道路；他们放弃无产阶级政党的领导地位，实行西方的“多党制”；他们的领导人蜕化变质，严重脱离了群众，丧失了民心；他们不能随着时代条件的变化而不断把马克思主义推向前进，并以此来回答和解决历史和现实中的各种实际问题。这个教训告诉我们，社会主义国家执政党的状况如何是至关重要的，执政党水平的好坏，关系到整个社会主义事业的兴衰成败，关系到党和国家的生死存亡。因此，社会主义国家在改革和推进现代化建设事业的过程中，必须切实搞好执政党的自身建设。把执政党真正建设成坚强的马克思主义政党，在改革发展过程中，联系本国实际，坚持马克思主义的指导，与时俱进。

第三，必须高度警惕西方“和平演变”的图谋，大力加强社会主义精神文明建设。社会主义作为国家实体出现以后，就成为西方敌对势力集中攻击的对象。他们在武装入侵屡屡失败后，越来越侧重采用和平演变的战略，企图通过打一场没有硝烟的战争，将社会主义国家纳入资本主义的轨道，用西方的价值观和政治模式取代社会主义制度。他们或者进行意识形态的渗透，用资产阶级的价值观动摇人们对社会主义的信念；或者通过扶植社会主义国家内部的敌对分子，搞政治颠覆，达到篡夺政权的目的；或者进行经济诱迫，通过附加政治条件的“援助”，促使社会主义国家向西方转轨；或者进行外交干涉，在社会主义国家内部制造矛盾、挑起纠纷，以实现“以压促变”的图谋。苏联解体和东欧剧变的历史教训告诉我们：对于西方“和平演变”的图谋，必须保持清醒的头脑，并采取积极的应对措施，大力加强社会主义精神文明建设，特别是以马克思主义为指导，加强思想文化阵地建设。

第三节　科学社会主义在中国的发展

一、毛泽东思想的产生、发展及历史地位

(一)毛泽东思想产生的条件

毛泽东思想是马克思列宁主义的基本原理与中国革命具体实践相结合的产物，是马克思主义中国化的第一个重大理论成果。以毛泽东为主要代表的中国共产党人，根据马克思列宁主义的基本理论，把中国革命建设实践中的一系列独创性经验作了理论概括，形成了适合中国情况的科学的指导思想——毛泽东思想。

毛泽东思想是在同各种错误倾向的斗争和深刻总结历史经验的过程中逐步形成和发展起来的。在中国这样一个半殖民地半封建的东方大国进行革命，必然要遇到许多特殊复杂的问题。在北伐战争时期中国共产党人提出了民主革命纲领、统一战线和农民同盟军问题，标志着毛泽东思想的萌芽；土地革命战争时期，创立了走农村包围城市、武装夺取政权道路的理论，标志着毛泽东思想的形成；抗日战争时期，解决了民族斗争和阶级斗争的关系，完整地、系统地产生了新民主主义革命的理论和政策，标志着毛泽东思想的成熟。1943 年 7 月，王稼祥在为纪念中国共产党诞生 22 周年而写的《中国共产党与中国民族解放的道路》一文中，第一次使用了“毛泽东思想”这个概念。1945 年 4 月，中共七大修改后的党章中正式把毛泽东思想作为中国共产党全党的指导思想。

(二)毛泽东思想的形成和发展

毛泽东思想是以毛泽东为主要代表的中国共产党人在领导中国人民进行的革命斗争中，依据马克思主义的基本原理，对中国长期革命实践中的一系列独创性经验作了理论概括而形成的，是随着实践的发展而向前发展的。从中国共产党的成立到国共合作的北伐战争时期，以毛泽东为代表的中国共产党人，运用马列主义的立场、观点和方法，解决中国革命的基本问题，科学地分析了中国社会各阶级的经济地位和对革命的态度，阐述了无产阶级领导农民斗争的极端重要性，提出了新民主主义革命的基本思想。这是马克思列宁主义普遍原理和中国革命具体实践相结合的开端。

中国共产党领导民主革命的第一次历史性转变时期，是从北伐战争失败到土地革命战争兴起，是毛泽东思想开始形成时期。这主要表现在：以毛泽东为代表，提出了建立和发展红色政权的理论，开辟了农村包围城市、武装夺取政权的道路。在建军和建党等问题上，创造性地提出了一系列适合中国国情的原则。在这期间，以王明为代表的教条主义者，否定毛泽东的正确理论与实践，坚持照抄共产国际决议和照搬苏联经验，他们的“左倾”错误使革命根据地和革命力量遭到巨大的损失。在同“左倾”

错误的艰苦斗争中，毛泽东始终坚持了马克思主义与中国革命实际相结合的原则，提出了“没有调查，就没有发言权”等著名论断。

毛泽东思想的发展达到成熟是在土地革命战争后期和抗日战争时期。1935年1月召开的遵义会议，是中国共产党历史上的重要转折点。它结束了王明“左倾”冒险主义在中央的统治地位，实现了中国共产党领导民主革命的第二次转变。在抗日战争的伟大目标中，毛泽东引导全党学习和研究马克思主义理论，开展意在解放思想的整风运动，系统总结中国革命的经验教训，正确认识了中国民主革命的规律。这一时期毛泽东思想的主要内容是：毛泽东对世界形势及中国国情的分析、关于新民主主义的理论与政策、关于解放农民的理论与政策、关于革命战争的理论与政策、关于革命根据地的理论与政策、关于建设新民主主义共和国的理论与政策、关于建设党的理论与政策、关于文化的理论与政策等。

解放战争时期和中华人民共和国成立以后，毛泽东思想继续发展。一方面，新民主主义革命的理论、路线、方针、政策和策略更加完备，及时地提出了由新民主主义向社会主义转变的理论；另一方面，提出了社会主义革命和建设的一系列理论方针政策。这主要是关于社会主义改造的理论、关于人民民主专政的理论、关于两类矛盾学说和正确处理人民内部矛盾的理论、关于探索适合中国国情的经济建设道路的思想、关于加强执政党建设的思想、关于独立自主与和平共处的外交政策等。十一届三中全会以来，随着社会主义建设新阶段的开始，毛泽东思想了进入了一个新的发展时期。

毛泽东是毛泽东思想的主要创立者。在长期艰苦斗争中，毛泽东把辩证唯物主义和历史唯物主义运用于中国共产党的全部工作，形成了具有中国共产党人特色的立场、观点和方法。这主要是实事求是、群众路线和独立自主。正是坚持了这些立场、观点和方法，他才能创造性地发展马克思列宁主义，提出系统的、完整的关于中国革命的科学理论、战略策略和一系列路线、方针、政策。与此同时，毛泽东思想又是集体智慧的结晶，党的许多领导人都对它的形成和发展做出了重要贡献。它凝聚着中国共产党人的聪明才智，是党和人民群众进行伟大革命实践的经验总结。

（三）毛泽东思想活的灵魂

毛泽东思想的活的灵魂有三个基本方面，即实事求是、群众路线、独立自主。实事求是是毛泽东思想的精髓、根本点和出发点，是中国共产党的思想路线。实事求是，就是从实际出发，理论联系实际，就是要把马克思列宁主义普遍原理同中国革命具体实践相结合。群众路线，就是一切为了群众，一切依靠群众，从群众中来，到群众中去。独立自主，自力更生，是从中国实际出发，依靠群众进行革命和建设的必然结论。

（四）毛泽东思想对马克思主义理论的丰富和发展

1981年6月，中共十一届六中全会通过的《关于建国以来党的若干历史问题的决议》中，概括指出毛泽东思想在以下六个方面以独创性的理论丰富和发展了马克思列宁主义。

第一，关于新民主主义革命理论。从中国半殖民地半封建社会出发，深刻分析中国革命的性质、任务、对象、动力、同盟军、领导权和革命转变的问题，根据中国革命的特点和发展规律，创立了无产阶级领导的、工农联盟为基础的、人民大众的、反帝反封建反官僚资本主义的新民主主义革命的理论，总结出统一战线、武装斗争、党的领导是革命的三大法宝。

第二，关于社会主义革命和社会主义建设理论。依据新民主主义革命胜利后所造成的向社会主义过渡的经济政治条件，提出了社会主义工业化和社会主义改造同时并举的方针，实行逐步改造生产资料私有制的政策，对资产阶级实行和平赎买，把企业的改造和人的改造结合起来。在社会主义制度建立后，分析了社会主义社会的基本矛盾和两类矛盾，提出了正确处理人民内部矛盾作为国家政治生活的主题。在经济建设中提出了农业为基础，正确处理农、轻、重的关系，正确处理国家、集体、个人三者利益等一系列正确方针。

第三，关于革命军队建设和军事战略理论。毛泽东创造性地解决了将以农民为主要成分的革命军队建设成为一支无产阶级性质的、纪律严明的、同人民保持亲密关系的新型人民军队的问题，规定了全心全意为人民服务是人民军队的唯一宗旨，规定了党指挥枪的原则，制定了三大纪律、八项注意，强调实行政治、经济、军事三大民主，实行官兵一致、军民一致、军政一致和瓦解敌军的原则，提出了一套军队政治工作的方针和方法，制定了人民战争的战略战术和十大军事原则。中华人民共和国建立后，提出加强国防、建设现代化革命武装力量的重要指导思想。

第四，关于政策和策略的理论。毛泽东精辟论证了政策和策略是党的生命，是革命政党一切实际行动的出发点和归宿，必须根据政治形势、阶级关系和实际条件变化确定党的政策，把原则性和灵活性结合起来；战略上要藐视敌人，战术上要重视敌人，要掌握斗争的主要方向，要善于利用矛盾，争取多数，反对少数，各个击破；在统一战线中要实行又联合又斗争的原则，要照顾同盟者的利益等。

第五，关于思想政治工作和文化工作的理论。毛泽东提出一定的文化是一定的政治经济的反映，又反作用于政治经济；思想政治工作是经济工作和其他工作的生命线；要发展科学的、民族的、大众的文化；实行百花齐放、推陈出新、古为今用、洋为中用的方针；要充分发挥知识分子在革命和建设中的作用，知识分子要同工农相结合等。

第六，关于党的建设的理论。毛泽东特别强调思想上建党，明确提出理论和实践相结合的作风、和人民群众紧密联系在一起的作风、批评与自我批评的作风。这三大作风是中国共产党区别于任何其他政党的显著标志。

（五）毛泽东思想的历史地位

毛泽东思想是马克思列宁主义普遍原理和中国革命具体实践相结合的产物。它是以毛泽东为主要代表的中国共产党人,运用马克思主义的立场、观点和方法,把中国革命和建设实践中的一系列独创性经验作了理论概括而形成的适合中国国情的科学的指导思想。它是马克思列宁主义在中国的运用和发展,是被实践证明了的中国革命和建设的正确的理论原则和经验总结,是中国共产党集体智慧的结晶。

毛泽东思想是中国共产党的指导思想,是中国共产党和中国人民团结统一的思想基础。毛泽东思想被确定为中国共产党的指导思想,是历史发展的必然,是由它在中国革命和建设中的历史地位和伟大作用决定的。在新民主主义革命时期,中国共产党坚持用毛泽东思想指导革命,克服了党内的右倾投降主义和"左倾"冒险主义,取得了打败日本侵略者、推翻蒋介石反动统治、建立新中国的伟大胜利。中华人民共和国成立后,中国共产党在毛泽东思想的指引下,领导全国各族人民有步骤地实现从新民主主义到社会主义的转变,取得了社会主义革命的伟大胜利,社会主义经济建设也取得了巨大的成就,如今正沿着建设中国特色的社会主义道路继续前进。

毛泽东思想是中国革命和国际共产主义运动发展的重要理论成果。中国人民在它的指导下取得了伟大的胜利,因此,毛泽东思想对于世界上被压迫民族的解放斗争和人类进步事业具有借鉴作用。毛泽东思想是中国化的马克思主义,为马克思列宁主义的理论宝库增添了新的内容。毛泽东思想是中国共产党和中国人民的宝贵财富,它将长期指导我们的行动。

二、邓小平理论的形成和发展

(一)邓小平理论产生的历史条件

党的十五大报告指出:邓小平理论"是在和平与发展成为时代主题的历史条件下,在我国改革开放和现代化建设的实践中,在总结我国社会主义胜利和挫折的历史经验并借鉴其他社会主义国家兴衰成败历史经验的基础上,逐步形成和发展起来的"。这是对邓小平理论形成与发展的高度概括。

和平与发展已经成为当今时代的两大主题。现在,发生世界大战的可能性越来越小,而发展问题则越来越突出。世界上所有的国家,不论是发展中国家,还是发达国家,不论是社会主义国家,还是资本主义国家,都在谋求更快的发展。这是社会主义与资本主义两种制度的竞赛,也是一个国家能否在世界上站稳脚跟、处于有利位置的竞赛。在这种历史条件下,中国作为社会主义大国,必须尽快发展起来。这就要求有一种能够指引我们更快更好地发展并不断走向胜利的理论。党的十一届三中全会以来,在改革开放和社会主义现代化建设的实践中,不断创造出许多新经验和新事物,这些就是邓小平理论产生的源泉。

我国社会主义革命和建设的历史经验以及其他国家社会主义兴衰成败的历史经验,也为邓小平理论的形成提供了重要的历史借鉴,它使我们从正反两个方面加深了对社会主义规律的认识。

邓小平理论,是马克思列宁主义同当代中国实际相结合的产物,是毛泽东思想的继承和发展。毛泽东同志和其他老一辈革命家在寻找一条适合我国国情的建设社会主义道路过程中,曾经做出过许多努力,提出过许多好的思想。邓小平理论继承了这些思想和观点,并加以丰富和发展,逐步形成了新的理论体系。

(二)邓小平理论的形成过程

1976年粉碎"四人帮"的胜利,把我们党和国家从危难中拯救出来。但是,"文化大革命"带来的政治、思想、文化、经济方面的后遗症还很严重,国家的社会政治经济生活还未走上正确的轨道,百废待兴。为了清除"左"的思想影响,党领导和支持了关于实践是检验真理唯一标准的讨论。通过这场讨论,我们党从"两个凡是"的束缚中摆脱出来。十一届三中全会就是在这样的历史背景下召开的。这次会议重新确立了解放思想、实事求是的思想路线;停止使用"以阶级斗争为纲"的口号,做出了把工作重点转移到社会主义现代化建设上来的战略决策;适应社会主义现代化建设发展的需要,提出了党和国家工作的各个方面进行改革的任务;旗帜鲜明地强调必须坚持社会主义道路,坚持人民民主专政,坚持中国共产党的领导,坚持马克思列宁主义、毛泽东思想。从此,"一个中心、两个基本点"的思想开始形成,奠定了新时期党的基本路线的基础。1981年党的十一届六中全会做出的《关于建国以来党的若干历史问题的决议》在系统总结三十二年正反两方面经验的基础上,提出了适合我国情况的社会主义现代化建设正确道路的十点经验。这十点经验,成为邓小平理论的雏形。

邓小平同志在党的十二大开幕词中,第一次提出和使用了"建设有中国特色的社会主义"的科学概念。党的十二大报告系统概括了社会主义社会的基本特征,并从中国的国情出发,确定了以经济建设为中心,"现代化"、"高度民主"、"高度文明"三位一体,经济、政治、思想、文化建设一起抓的总路线和总任务。在坚持四项基本原则的同时,改革开放在全国蓬勃发展起来,成为党和国家长期坚持的战略方针和基本国策。党的十二大以后,邓小平理论的基本框架逐步形成,1984年党的十二届三中全会第一次提出我国社会主义经济是公有制基础上的有计划的商品经济的观点,突破了把计划经济和商品经济对立起来的传统观念,是对马克思主义政治经济学的新发展。1986年党的十二届六中全会突出强调了社会主义精神文明是社会主义的重要特征,强调物质文明和精神文明两手抓的方针,从而使建设有中国特色的社会主义的含义更加全面。1987年党的十三大系统阐述了邓小平理论的基本轮廓,明确提出了我国处于社会主义初级阶段,概括和全面阐述了党的"一个中心、两个基本点"的基本路线,概括了邓小平在十一届三中全会以来对社会主义再认识的过程中,在哲学、政治经济学和科学社会主义等方面发挥和发展的一系列科学理论观点,并明确提出了我国现代化建设"三步走"的战略目标。至此,我们党已经对建设有中国特色社会主义的理论有了比较充分的论述,邓小平理论初步形成。

邓小平同志1992年初视察南方的重要谈话,科学地总结了十一届三中全会以来党的基本实践经验,鲜明地回答了经常困扰和束缚人们思想的许多重大思想理论问题。这个谈话是对社会主义认识的新飞跃,是科学社会主义理论的新发展。在邓小平同志视察南方重要谈话精神的指导下，党的十四大报告从更宽广的视野和更高的理论层次，对邓小平建设有中国特色社会主义理论进一步做出科学的概括。这标志着我们党继民主革命时期把马克思主义同中国革命的具体实践相结合，从而形成了理论上的第一次飞跃以后，又一次把马克思列宁主义、毛泽东思想同中国当代的实际相结合，实现了理论上的第二次飞跃。

党的十五大是邓小平理论正式确立命名的阶段。党的十五大明确提出和使用了邓小平理论的科学概念，进一步阐明了邓小平理论是马克思主义在中国发展的新阶段，并且把邓小平理论确立为党的指导思想，明确写进了党章。

（三）邓小平理论的主要内容

邓小平理论的科学体系包含丰富的内容。

1. 社会主义本质理论

什么是社会主义和怎样建设社会主义，是邓小平在领导改革开放和现代化建设中，不断提出和反复思考的首要基本理论问题。而搞清楚这些问题，关键是要在科学总结历史经验和坚持社会主义基本制度基础上进一步认清社会主义的本质。邓小平根据马克思主义的基本原理和社会主义的实践经验，对这个问题进行了不懈的探索。他指出，社会主义的本质，是解放生产力，发展生产力，消灭剥削，消除两极分化，最终达到共同富裕。这一科学概括，反映了社会主义发展的基本规律，反映了人民的利益和时代的要求，把对社会主义的认识提高到了新的科学水平。

2. 社会主义初级阶段理论

邓小平指出，我国还处在社会主义初级阶段，这是一个至少上百年的历史阶段，制定一切方针政策都必须以这个基本国情为依据，不能脱离实际，超越阶段。我国处在社会主义初级阶段，是邓小平和党对当代中国国情的科学判断。这个科学判断，使我们对社会主义建设的长期性、紧迫性、复杂性、艰巨性有了更加清醒的认识，也使我们深化了对社会主义建设任务的认识，使我们的方针政策建立在科学的基础之上。

3. 社会主义改革开放理论

邓小平强调改革也是一场革命，也是解放和发展生产力，是中国现代化的必由之路，僵化停滞是没有出路的。对外开放是建设中国特色社会主义的一项基本国策，是改革和建设必不可少的，应该吸收和利用世界各国包括资本主义发达国家所创造的一切先进文明成果来发展社会主义，封闭只能导致落后。党的十一届三中全会以来制定了一系列新的方针政策，这些方针政策概括起来就是改革开放。改革开放是决定中国命运的重大决策，是新时期中国最鲜明的特点。

4. 社会主义市场经济理论

邓小平提出，计划经济不等于社会主义，市场经济不等于资本主义，从根本上解除了把计划经济和市场经济看做属于社会基本制度范畴的思想束缚。在坚持公有制和按劳分配为主体，其他经济成分和分配方式为补充的基础上，把市场经济配置资源的长处和社会主义制度的优越性结合起来，建立和完善社会主义市场经济体制，为我们坚持和发展社会主义经济制度找到了一种新的实现形式，为促进我国经济发展和社会进步注入了强大而持久的活力。

除了上面指出的几个方面外，邓小平理论体系中还包括社会主义现代化发展战略、社会主义民主政治建设、社会主义精神文明建设、统一战线、军队和国防建设、社会主义国家外交战略、祖国完全统一、党的建设等理论。

(四)邓小平理论的历史地位和指导意义

1. 中国社会主义建设规律的科学认识

邓小平理论坚持和发展了毛泽东思想。它坚持解放思想、实事求是，在新的实践基础上继承前人又突破陈规，开拓了马克思主义的新境界；它坚持科学社会主义理论和实践的基本成果，抓住"什么是社会主义、怎样建设社会主义"这个根本问题，深刻揭示了社会主义本质，把对社会主义认识提高到新的科学水平；它坚持用马克思主义的宽广眼界观察世界，对当今时代特征和总体国际形势、世界上其他社会主义国家的成败、发展中国家谋求发展的得失、发达国家发展的经验教训，进行了正确分析，做出了新的科学判断。

2. 改革开放和社会主义现代化建设的科学指南

党的十一届三中全会以来，邓小平理论指引我们进行拨乱反正和全面改革，逐步实现了从"以阶级斗争为纲"到以经济建设为中心、从封闭半封闭到改革开放、从计划经济到社会主义市场经济等一系列重大转变，使我国实现政治稳定、经济发展、民族团结，社会生产力、综合国力和人民生活都上一个大台阶，成功走出了一条具有中国特色的社会主义新道路。

3. 党和国家必须长期坚持的指导思想

尽管现在国际国内形势比起当年有很多新的变化，但邓小平理论为我们确立的基本思想依然有着现实和长远的指导意义。今天我们推进中国特色社会主义的伟大事业，仍然要继续围绕什么是社会主义、怎样建设社会主义这个首要的基本理论问题，紧紧抓住和深入领会实事求是的思想路线，不断推进解放思想；紧紧抓住和深入领会关于社会主义本质的科学论断，贯彻执行"一个中心，两个基本点"的基本路线；紧紧抓住和深入领会社会主义初级阶段的理论，努力完成分"三步走"基本实现现代化的战略任务；紧紧抓住和深入领会"两手抓，两手都要硬"的基本方针，推动经济社会的全面发展等等。这些根本性的指针，关系到中国特色社会主义的命运和前途，不能有任何动摇。

三、"三个代表"重要思想

(一)"三个代表"重要思想的提出

2000年2月，江泽民同志在广东省考察工作时，从全面总结党的历史经验和如何适应新形势、新任务的要求出发，首次对"三个代表"重要思想进行了比较全面的阐述。他提出:“总结我们党七十多年的历史,可以得出一个重要的结论,这就是:我们党所以赢得人民的拥护,是因为我们党在革命、建设、改革的各个历史时期,总是代表着中国先进生产力的发展要求,代表着中国先进文化的前进方向,代表着中国最广大人民的根本利益,并通过制定正确的路线、方针、政策,为实现国家和人民的根本利益而不懈奋斗。人类又来到一个新的世纪之交和新的千年之交。在新的历史条件下,我们党如何更好地做到这‘三个代表’,是一个需要全党同志特别是党的高级干部深刻思考的重大课题。”

可以说,“三个代表”的重要论述具有鲜明的时代特征,不仅是党的建设的重大课题,同时,它事关改革开放和两个文明建设的成败,事关全党全国工作大局,事关党和国家的前途命运,是中国共产党的立党之本、执政之基、力量之源。

中国共产党八十年的奋斗历程充分证明,中国共产党要继续站在时代前列,带领人民胜利前进,就必须始终代表中国先进生产力的发展要求,代表中国先进文化的前进方向,代表中国最广大人民的根本利益。

党的十六大把“三个代表”重要思想同马克思列宁主义、毛泽东思想、邓小平理论一道,确立为党必须长期坚持的指导思想并写入党章,2004 年写入宪法。

(二)“三个代表”重要思想提出的历史背景

1. 国际背景

进入新的世纪,我们的国际环境是机遇大于挑战。中国共产党作为中国这样一个大国的执政党,只有通过加强自身建设,始终坚持“三个代表”以保持先进性,才能不断提高执政水平和领导水平,准确把握世界发展的新潮流、新趋势,抓住机遇,迎接挑战,化解风险,因势利导,更好地巩固、加强和发展中国共产党,才能在激烈的国际竞争中始终立于不败之地。

2. 国内背景

随着改革开放的深入进行和社会主义市场经济的发展,我国的社会生活发生了广泛而深刻的变化,社会经济成分、组织形式、利益分配和就业方式的多样化进一步发展。旧的平衡打破之后新的平衡尚处于建立和完善过程之中,人民内部矛盾日趋复杂化和多样化。与此同时,在一部分党员干部存在着思想僵化、信念动摇、组织涣散、作风浮漂,特别是存在腐败问题。再加上中国共产党正进入整体性新老交替的重要时刻。在这种情况下,从严治党,进一步全面提高全党特别是党的干部队伍的素质,成为十分紧迫的任务。所有这些,都必须紧密结合实际来进行思考和研究,积极探索在新形势下加强党的建设的有效途径和办法,把“三个代表”的要求贯彻落实到党的建设的各项工作中去,保证中国共产党始终走在时代的前列,始终走在领导中华民族伟大复兴事业的前列,使中国共产党在思想上、政治上、组织上进一步巩固起来,经得起任何风险的考验。

(三)“三个代表”重要思想的科学内涵

中国共产党要始终代表中国先进生产力的发展要求,就是党的理论、路线、纲领、方针、政策和各项工作，必须努力适应生产力发展的规律，体现不断推动社会生产力的解放和发展的要求，尤其要体现推动先进生产力发展的要求，通过发展生产力不断提高人民群众的生活水平。

中国共产党要始终代表中国先进文化的前进方向，就是党的理论、路线、纲领、方针、政策和各项工作，必须努力体现发展面向现代化、面向世界、面向未来的民族的、科学的、大众的社会主义文化的要求，促进全民族思想道德素质和科学文化素质的不断提高，为我国经济发展和社会进步提供精神动力和智力支持。

中国共产党要始终代表中国最广大人民的根本利益，就是党的理论、路线、纲领、方针、政策和各项工作，必须坚持以人民的根本利益作为出发点和归宿，充分发挥人民群众的积极性、主动性、创造性，在社会不断发展进步的基础上，使人民群众不断获得切实的经济、政治、文化利益。

（四）“三个代表”重要思想是我们的立党之本、执政之基、力量之源

1.“三个代表”是中国共产党的立党之本

中国共产党自成立之日起，就是走在中国社会发展前列的先进政党。中国共产党章程规定，中国共产党是中国工人阶级的先锋队，同时是中国人民和中华民族的先锋队，是中国特色社会主义事业的领导核心，代表中国先进生产力的发展要求，代表中国先进文化的前进方向，代表中国最广大人民的根本利益。中国共产党的历史使命、历史地位、历史作用，始终是与党的先进性联系在一起的。坚持并做到“三个代表”，中国共产党就兴旺发达，就得到人民群众的拥护，就经得起任何风浪的冲击。如果偏离或没有完全做到“三个代表”，就会出这样那样的问题，人民就会不满意，党就会遇到困难和曲折。

2.“三个代表”是中国共产党的执政之基

中国共产党的执政地位是历史赋予的、人民赋予的。中国共产党能够执政并且能够执好政的基础，从根本上来说，就在于能够代表中国先进生产力的发展要求，代表中国先进文化的前进方向，代表中国最广大人民的根本利益。中国共产党执政的内容和任务，就是要不断解放和发展中国社会的生产力，增强综合国力，推进社会发展；就是要不断建设和发展面向现代化、面向世界、面向未来的民族的、科学的、大众的社会主义文化，培育“四有”公民，弘扬民族精神；就是要全心全为人民服务，维护最广大人民的根本利益，不断满足人民群众日益增长的物质文化生活需要。面向新的世纪，中国共产党治国理政的任务更加艰巨，所要解决的问题也更多、更复杂。只有坚持“三个代表”，当好“三个代表”，中国共产党才能始终用好人民赋予的执政权力，无愧于历史赋予的执政地位；才能不断提高执政水平，巩固执政基础。

3.“三个代表”是中国共产党的力量之源

中国共产党能够始终从根本上促进中国社会生产力的发展，推动中国文化的进步，切切实实地为人民办实事、谋利益。这是中国共产党全部力量的源泉所在，也是不断成功和发展的奥秘所在。

(五)"三个代表"重要思想的历史地位和指导意义

党的十六大报告指出,"三个代表"重要思想是对马克思列宁主义、毛泽东思想和邓小平理论的继承和发展,是加强和改进党的建设、推进我国社会主义自我完善和发展的强大理论武器,是全党智慧的结晶,是党必须长期坚持的指导思想。这对我们认识"三个代表"重要思想在马克思主义发展史中的地位,以及对治党治国的重大作用和指导意义指明了方向。

1. 指导思想的又一次与时俱进

"三个代表"重要思想继承和发展了马克思主义关于人类社会前进最终是由生产力发展决定的,同时是由先进文化引导的,由人民群众推动的等基本原理;揭示了中国特色社会主义是社会主义市场经济、社会主义民主政治和社会主义先进文化的有机统一;揭示了社会主义物质文明、政治文明和精神文明全面发展,党领导的伟大事业同党的建设新的伟大工程相互促进的进程。"三个代表"重要思想的形成,表明党对共产党的执政规律、社会主义建设规律和人类社会发展规律的认识达到新的理论高度。

2. 全面建设小康社会的根本指针

党在新世纪新阶段最重要的任务就是全面建设小康社会。"三个代表"重要思想是指引全党全国人民为实现全面建设小康社会的宏伟目标而奋斗的根本指针。我们在实现这个宏伟目标的征程中,将长期面对着如何科学判断和全面把握国际形势的发展变化、如何科学判断和全面把握我国将长期处于社会主义初级阶段的基本国情、如何科学判断和全面把握党所处的历史方位和肩负的历史使命等重大课题。"三个代表"重要思想为我们正确认识和处理这些重大课题提供了科学理论和科学方法。

3. 加强和改进党的建设、推进我国社会主义自我完善和发展的强大理论武器

"三个代表"重要思想创造性地回答了建设什么样的党、怎样建设党的问题,把党的建设新的伟大工程同中国特色社会主义伟大事业紧密联系起来,赋予党的性质、宗旨、指导思想和任务以丰富的时代内容,确定了党的建设的总体部署。坚持贯彻"三个代表"重要思想,必须紧紧围绕新时期党的建设所面临的两大历史性课题,以加强党的执政能力建设为重点,不断提高党的创造力、凝聚力和战斗力,不断巩固党的阶级基础和扩大党的群众基础,永远保持党的先进性。这样,党就能在世界形势发生深刻变化的历史进程中始终走在时代前列,在应对国内外各种风险考验的历史进程中始终成为全国人民的主心骨,在建设中国特色社会主义的历史进程中始终成为领导核心。同时,"三个代表"重要思想提出的一系列关于中国特色社会主义发展道路、发展阶段、发展战略、根本目的、根本任务、发展动力、依靠力量、国际战略等重要思想,对我们正在进行的改革开放和现代化建设事业具有长期的指导意义。坚持贯彻"三个代表"重要思想,必须牢牢把握建设中国特色社会主义这个主题,进一步深刻认识和科学回答什么是社会主义、怎样建设社会主义这个根本问题,更好地把中国特色社会主义伟大事业推向前进。

四、科学发展观

(一)科学发展观提出的背景

21世纪,中国的发展进程不可避免地遭遇到六大基本挑战,即人口三大高峰(即人口总量高峰、就业人口总量高峰、老龄人口总量高峰)相继到来的压力、能源和自然资源的超常规利用、加速整体生态环境倒"U"形曲线的右侧逆转、实施城市化战略的巨大压力、缩小区域间发展差距并逐步解决三农问题、国家可持续发展的能力建设和国际竞争力的培育。上述这些成为严重制约中国未来发展的挑战,只有在实现国家"全面、协调、可持续发展"科学发展观的统率下,才能真正有效地克服这些困难。

科学发展观的理论核心紧密围绕着两条基础主线。其一,努力把握人与自然之间关系的平衡,寻求人与自然的和谐发展及其关系的合理存在。同时,必须把人的发展与资源的消耗、环境的退化、生态的胁迫等联系在一起。其实质就体现了人与自然关系的和谐。其二,努力实现人与人关系的协调。通过舆论引导、伦理规范、道德感召等人类意识的觉醒,更要通过法制约束、社会有序、文化导向等人类活动的有效组织,去逐步达到人与人之间关系(包括代际关系)的调适与公正。归纳起来,全球所面临的"可持续发展"宏大命题,从根本上体现了人与自然之间和人与人之间关系的总协调。有效协同"人与自然"的关系,是保障可持续发展的基础;而正确处理"人与人"之间的关系,则是实现可持续发展的核心。

2003年10月召开的中国共产党十六届三中全会提出了科学发展观,并把它的基本内涵概括为"坚持以人为本,树立全面、协调、可持续的发展观,促进经济社会和人的全面发展",坚持"统筹城乡发展、统筹区域发展、统筹经济社会发展、统筹人与自然和谐发展、统筹国内发展和对外开放的要求"。

(二)科学发展观是科学分析当前我国发展阶段性特征做出的战略选择

科学发展观,是党的十六大以来中国共产党从新世纪新阶段党和人民事业发展全局出发提出的重大战略思想,是立足社会主义初级阶段基本国情、总结我国发展实践、借鉴国外发展经验、适应新的发展要求提出来的。

新世纪新阶段,我国发展站在了一个新的历史起点上。党的十七大报告科学分析了我国发展在新世纪新阶段呈现的一系列新的阶段性特征。这些阶段性特征,表现在经济、政治、文化、社会、外交等各个领域,既有作为主导方面的成绩和进步,又有存在的问题,特别是形势发展提出了许多新的课题。

党的十七大报告对这些阶段性特征全面、深刻的分析,充满了辩证思维和实事求是精神。通过对八个方面特征的现象描述和本质揭示,人们可以更加清楚地看到,社会发展是一个螺旋式上升的过程,在不同的时期会呈现出不同的、与之相适应的阶段性特征。新中国成立以来特别是改革开放以来,我国取得了举世瞩目的发展成就,我国社会从生产力到生产关系、从经济基础到上层建筑都发生了意义深远的重大变化，这是必须看到和充分肯定的一个历史性的巨变。但与此同时，我们还要看到“两个没有改变”：首先是我国仍处于并将长期处于社会主义初级阶段的基本国情没有变；与此相应，人民日益增长的物质文化需要同落后的社会生产之间的矛盾这一社会主要矛盾也没有变。因此，当前我国发展的阶段性特征，并没有超出也没有改变社会主义初级阶段这个基本的判断和立足点。从根本上来说，这恰恰是社会主义初级阶段基本国情在新世纪新阶段的具体表现。

正是在科学分析和把握当前我国发展的阶段性特征的基础上，以胡锦涛同志为总书记的党中央，着眼于把握发展规律、创新发展理念、转变发展方式、破解发展难题，提出了科学发展观。科学发展观来自实践，又指导实践进一步发展。站在新的历史起点上，面对我国全面参与经济全球化的新机遇新挑战，面对工业化、信息化、城镇化、市场化、国际化深入发展的新形势和新任务，面对社会活力不断迸发、各项事业不断进步情况下发展不平衡现象有所扩大的新课题和新矛盾，我们只有高举中国特色社会主义伟大旗帜，坚持以邓小平理论和“三个代表”重要思想为指导，深入贯彻落实科学发展观，更加自觉地走科学发展道路，奋发努力，才能开拓中国特色社会主义更为广阔的发展前景。

（三）科学发展观是同马克思列宁主义、毛泽东思想、邓小平理论和“三个代表”重要思想既一脉相承又与时俱进的科学理论

科学发展观既体现了对马克思列宁主义、毛泽东思想、邓小平理论和“三个代表”重要思想的承前继往，又体现了与时俱进和对前述理论的丰富和发展。

发展是马克思主义最基本的范畴之一。马克思、恩格斯和列宁从哲学、政治经济学、科学社会主义等不同领域和层面，深刻论述过人类社会的发展问题，形成了关于发展问题系统而丰富的思想。马克思主义诞生以来无产阶级的解放斗争、世界社会主义运动的不断推进，从根本上说，都是在推动人类社会朝着更加繁荣、文明、进步的方向发展。

中国共产党在把马克思主义基本原理同中国实际相结合的过程中，不断推进实践基础上的理论创新和其他方面创新，丰富和发展了马克思主义的发展观。新中国成立以后，以毛泽东同志为代表的中国共产党人，提出建设社会主义现代化强国的目标和战略设想，并努力探索符合中国国情的发展道路，提出了关于发展问题的很多重要思想。党的十一届三中全会以后，以邓小平同志为代表的中国共产党人，制定“一个中心、两个基本点”的基本路线，通过改革开放建设和发展中国特色社会主义，制定了分“三步走”基本实现社会主义现代化的发展战略，提出了社会主义的根本任务是解放和发展生产力、发展才是硬道理、解决中国所有问题的关键在发展、“两手抓、两手都要硬”等一系列重要思想，使党的发展观发生了一次重大的飞跃，推动了改革开放和现代化建设事业的迅速发展。党的十三届四中全会以后，以江泽民同志为代表的中国共产党人，创立了“三个代表”重要思想，提出了把发展作为党执政兴国的

第一要务，坚持用发展的办法解决前进中的问题，建立社会主义市场经济体制，实施依法治国、科教兴国、可持续发展、西部大开发等重大战略，不断推进社会主义物质文明、政治文明和精神文明建设，促进人的全面发展，使党的发展观得到了进一步丰富和发展。

进入新世纪新阶段，随着改革开放的不断深入，发展环境、条件发生变化，发展的质量要求更高。科学发展观站在时代高度，既坚持了党的三代中央领导集体关于发展的重要思想，又深刻总结国内外在发展问题上的经验教训，科学分析我国发展进程中面临的各种新情况、新问题，在继续坚持以经济建设为中心的前提下，更加突出地强调城乡、区域、经济社会协调发展，强调可持续发展，强调以人为本；更加突出地坚持经济建设、政治建设、文化建设、社会建设协调发展，强调促进社会全面进步和人的全面发展；更加注重宏观调控、统筹兼顾、改革创新，着力解决经济社会发展中的突出矛盾，解决关系人民切身利益的突出问题。科学发展观密切结合新的发展实践，进一步回答了实现什么样的发展、怎样发展等重大问题，是对共产党执政规律、社会主义建设规律、人类社会发展规律做出的新探索和新概括，开拓了中国特色社会主义理论发展的新境界，是我国经济社会发展的重要指导方针，是发展中国特色社会主义必须坚持和贯彻的重大战略思想。

科学发展观是经济社会发展的阶段性特征的产物，根本上则是中国特色社会主义发展阶段性的产物。中国特色社会主义作为我们党领导的伟大事业，开辟发展道路和形成理论体系是一个漫长的发展进程，同时又必然有不同的发展阶段。在中国特色社会主义发展的整个进程中，中国共产党人全部理论和实践的主题只有一个，这就是建设中国特色社会主义。但由于实践发展的阶段性，在不同的阶段必然会有相应的理论成果。邓小平理论、“三个代表”重要思想、科学发展观，都是在不同阶段的实践中产生的理论成果。因此，从根本上来说，它们的一脉相承，是在中国特色社会主义这个主题上的一脉相承；而它们的与时俱进，也是随着中国特色社会主义实践发展而实现的与时俱进。在当代中国，坚持社会主义，就必须坚持中国特色社会主义；坚持中国特色社会主义理论体系，就必须坚持和贯彻科学发展观。

（四）科学发展观的精神实质和根本要求

科学发展观包含丰富的内容。党的十七大报告指出：“科学发展观，第一要义是发展，核心是以人为本，基本要求是全面协调可持续，根本方法是统筹兼顾。”这一精辟概括，深刻揭示了科学发展观的科学内涵和精神实质。深入贯彻落实科学发展观，必须认真学习和全面把握科学发展观的丰富内容，加深对科学发展观精神实质和根本要求的理解。

1. 科学发展观的精神实质

(1)要紧紧把握科学发展观的第一要义，坚持把发展作为党执政兴国的第一要务

建设中国特色社会主义，首先要发展。发展，对于全面建设小康社会、加快推进社会主义现代化，具有决定性意义。抓住发展，就抓住了社会主义现代化建设的根本

任务和主要内容,抓住了中国特色社会主义事业的关键。改革开放以来我们所取得的一切成果,都是建立在发展基础之上的。不发展,就没有中国特色社会主义;不发展,就不可能解决我们面临的这样那样的问题。发展始终是中国共产党执政兴国的第一要务。但我们在新的历史起点上所追求的发展,不应是孤立、片面的,不应是不计代价、竭泽而渔、不能持续的发展,而是在科学发展道路上不断前进的发展,是以人为本、全面协调可持续的科学发展,是各方面事业有机统一、社会成员团结和睦的和谐发展,是既通过维护世界和平发展自己又通过自身发展维护世界和平的和平发展。紧紧抓住发展这一第一要义,就要时刻牢记发展是硬道理的战略思想,牢牢抓住经济建设这个中心,坚持聚精会神搞建设、一心一意谋发展,不断解放和发展社会生产力。为此,必须更好地实施科教兴国战略、人才强国战略、可持续发展战略,着力把握发展规律、创新发展理念、转变发展方式、破解发展难题、提高发展质量和效益,实现又好又快发展,为中国特色社会主义事业的科学发展、和谐发展、和平发展打下坚实基础。

(2)要紧紧把握科学发展观的核心,坚持以人为本

人是社会发展的主体。人的解放和自由进而全面发展是社会进步的最高目标。以人为本是马克思主义历史唯物论的基本原理,是我们党全心全意为人民服务根本宗旨的集中体现。中国特色社会主义事业是全国各族人民实现自己利益、创造美好生活的共同事业,是亿万人民群众广泛参与的创造性事业。党的一切奋斗和工作都是为了造福人民。坚持以人为本,就要坚持人民在中国特色社会主义事业中的主体地位,尊重劳动,尊重知识,尊重人才,尊重创造,发挥人民首创精神,充分调动人民群众的积极性、主动性、创造性;就要按照立党为公、执政为民的要求,坚持权为民所用、情为民所系、利为民所谋,始终把实现好、维护好、发展好最广大人民的根本利益作为党和国家一切工作的出发点和落脚点;就要把解决民生问题放在重要位置,切实解决广大人民群众最关心、最直接、最现实的利益问题,保障人民的经济、政治、文化、社会权益,走共同富裕道路,促进人的全面发展。概括起来,就是做到发展为了人民、发展依靠人民、发展成果由人民共享。

(3)要紧紧把握科学发展观的基本要求,坚持全面协调可持续发展

按照科学发展观推进科学发展,就必须总览中国特色社会主义事业全局,推进全面协调可持续的发展。全面,就是以经济建设为中心,全面推进经济、政治、文化、社会建设,实现经济发展和社会全面进步。协调,就是坚持“五个统筹”,促进现代化建设各个环节、各个方面相协调,促进生产关系与生产力、上层建筑与经济基础相协调。可持续,就是坚持走生产发展、生活富裕、生态良好的文明发展道路,建设资源节约型、环境友好型社会,促进人与自然的和谐,使人民在良好的生态环境中生产生活,实现经济社会永续发展。全面协调可持续发展,是经济、政治、文化、社会等各方面的发展与人的全面发展的辩证统一,是发展的速度和结构质量效益相统一,是经济发展与人口资源环境相协调。

(4)要紧紧把握科学发展观的根本方法,坚持统筹兼顾

统筹兼顾,是中国共产党长期执政中一条行之有效的重要经验,也是在新的历史条件下保证全面协调可持续发展的根本方法。统筹兼顾,就是要从我国发展全局和最广大人民的根本利益出发,正确反映和兼顾不同方面群众的利益,调动一切积极因素,调节并处理好各种具体的利益关系,促进整个社会协调发展,使全体人民朝着共同富裕的方向稳步前进。坚持统筹兼顾,关键是坚持科学的思想路线和思想方法,用发展的而不是静止的、联系的而不是孤立的、全面的而不是片面的观点看问题、抓发展。坚持统筹兼顾,就要正确认识和妥善处理中国特色社会主义事业中的重大关系,统筹城乡发展、区域发展、经济社会发展、人与自然和谐发展、国内发展和对外开放;就要统筹中央和地方关系,统筹个人利益和集体利益、局部利益和整体利益、当前利益和长远利益,充分调动各方面积极性;就要统筹国内国际两个大局,树立世界眼光,加强战略思维,善于从国际形势发展变化中把握发展机遇、应对挑战和风险,营造良好国际环境;就要处理好政府与市场的关系,既要积极发挥政府作用,适当运用行政手段,又要尊重和遵循市场规律,更大程度地发挥市场在资源配置中的基础性作用,增强发展的活力和效率。在工作的部署和安排上,要始终站在战略的高度,处理好各种复杂的矛盾和问题,既要总览全局、统筹规划,又要抓住牵动全局的主要工作、事关群众利益的突出问题,着力推进,重点突破。

2. 科学发展观的根本要求

深入贯彻落实科学发展观,推动科学发展,对我们提出以下几方面的要求。

(1)始终坚持"一个中心、两个基本点"的基本路线

党的基本路线是在深刻认识社会主义初级阶段基本国情的基础上制定的,集中体现了我国各族人民的根本利益和愿望要求,反映了我国社会主义现代化建设的规律,是党和国家的生命线。坚持党的基本路线不动摇,是改革开放以来我们最重要的宝贵经验。按照党的基本路线要求建设富强民主文明和谐的社会主义现代化国家,就必须坚持科学发展观。而只有始终坚持党的基本路线,才能确保实现科学发展。因此,要进一步提高坚持党的基本路线的自觉性和坚定性,充分认识以经济建设为中心是兴国之要,是我们党、我们国家兴旺发达和长治久安的根本要求;四项基本原则是立国之本,是我们党、我们国家生存发展的政治基石;改革开放是强国之路,是我们党、我们国家发展进步的活力源泉。要坚持把以经济建设为中心同四项基本原则、改革开放这两个基本点统一于发展中国特色社会主义的伟大实践。要坚持以科学发展的实际行动贯彻党的基本路线,以坚持党的基本路线来促进科学发展。

(2)积极构建社会主义和谐社会

中国特色社会主义是发展的社会主义,也应该是和谐的社会主义。社会和谐是中国特色社会主义的本质属性。构建社会主义和谐社会,是我们党从中国特色社会主义事业总体布局和全面建设小康社会全局出发提出的重大战略任务。科学发展和社会和谐是内在统一的。全面贯彻落实科学发展观同构建社会主义和谐社会紧密联

系、不可分割。没有科学发展就没有社会和谐,没有社会和谐也难以实现科学发展。社会和谐的最根本基础是发展。发展,不仅需要和谐的社会环境和条件,而且发展的目的、要求本身就包括社会和谐,进而包括更广阔领域内人与人、人与社会、人与自然的整体和谐。所以,一定要把贯彻落实科学发展观同构建社会主义和谐社会有机结合起来,通过发展增加社会物质财富、不断改善人民生活,又通过发展保障社会公平正义、不断促进社会和谐。要按照民主法治、公平正义、诚信友爱、充满活力、安定有序、人与自然和谐相处的总要求和共同建设、共同享有的原则,着力推进和谐社会建设,努力形成全体人民各尽其能、各得其所而又和谐相处的局面。要最大限度地鼓励人们发挥创新、创业、创优的积极性,最大限度地保持社会的平衡、和谐与稳定,坚持在科学发展的基础上促进社会和谐,在促进社会和谐中推动科学发展。

(3)继续深化改革开放

改革开放是新时期最鲜明的特点,是建设富强民主文明和谐的社会主义现代化国家的必由之路。改革的力度、开放的程度决定着发展的进程和质量。贯彻落实科学发展观,不仅要靠思想教育,更要靠制度保障。制度对科学发展、社会和谐起着基础、引导、保障的作用。所以,要把科学发展观落到实处,就要通过改革开放进一步改进和完善各方面体制。为此,一定要把改革创新精神贯彻到治国理政的各个环节,凝聚改革共识,坚定改革决心,坚持改革方向,坚持用科学发展和深化改革的办法解决前进中的问题。要完善社会主义市场经济体制,推进各方面体制改革创新,加快重要领域和关键环节改革步伐,全面提高开放水平,着力构建充满活力、富有效率、更加开放、有利于科学发展的体制和机制,为发展中国特色社会主义提供强大动力和体制保障。要提高改革决策的科学性,增强改革措施的协调性,坚持把改善人民生活作为正确处理改革发展稳定关系的结合点,使改革始终得到人民拥护和支持。

(4)切实加强和改进党的建设

党是中国特色社会主义事业的领导核心。科学的发展道路是党领导开辟的,伟大的发展事业要靠党来领导实施。贯彻落实科学发展观,必须用改革创新的精神推进党的建设新的伟大工程,提高党领导和驾驭发展全局的水平和能力。要围绕建设中国特色社会主义的历史使命,加强党的执政能力建设和先进性建设。要从中国特色社会主义事业全局的高度,深刻认识科学发展观的重大意义,增强贯彻落实科学发展观的自觉性和坚定性,进一步转变发展理念,改进执政方式,自觉地用科学发展观指导治国理政的各项工作。要把提高党的执政能力、保持和发展党的先进性,体现到领导科学发展、促进社会和谐上来,落实到引领中国发展进步、更好地代表和实现最广大人民的根本利益上来,在党的思想、组织、作风、制度等建设中全面贯彻科学发展观的要求,为深入贯彻落实科学发展观提供可靠的政治和组织保障。要发扬求真务实的精神,切实改进思想作风和工作作风,锐意进取,开拓创新,着力转变不适应不符合科学发展观的思想观念,着力解决影响和制约科学发展的突出问题,把科学发展观贯彻落实到经济社会发展的各个方面。

（五）科学发展观的指导意义

1. 科学发展观是同马克思列宁主义、毛泽东思想、邓小平理论和“三个代表”重要思想既一脉相承又与时俱进的科学理论

马克思主义认为，生产力发展是人类社会发展的最终决定力量，生产力和生产关系、经济基础和上层建筑的矛盾运动是社会发展的推动力量，必须通过革命和改革，使生产关系与生产力发展相适应，使上层建筑与经济基础相适应，必须正确处理人与人、人与社会、人与自然的关系，不断解放和发展生产力。新中国成立后，毛泽东带领中国共产党在社会主义革命和建设的实践中，对适合我国国情的发展道路进行了艰辛的探索，提出要根据本国情况走自己的道路，正确处理人民内部矛盾，正确处理社会主义建设中的十大关系，坚持统筹兼顾、综合平衡等重要方针和原则。十一届三中全会后，邓小平在领导改革开放的实践中，创造性地提出了社会主义的根本任务是发展生产力，发展才是硬道理，实施“三步走”的战略，坚持“两手抓、两手都要硬”，统筹两个大局等一系列重要思想。十三届四中全会后，江泽民在领导改革开放的实践中，提出了把发展作为党执政兴国的第一要务，坚持用发展的办法解决前进中的问题，建立社会主义市场经济体制，促进社会主义物质文明、政治文明、精神文明全面发展和人的全面发展，正确处理改革发展稳定关系等一系列重要思想。这些都是马克思主义发展观的重要内容，也是科学发展观的理论基础和思想来源。同时也要看到，一个科学理论的形成和发展总是需要一个实践、认识、再实践、再认识的过程。科学发展观还将在实践中进一步丰富、发展和完善。

2. 科学发展观是马克思主义关于发展的世界观和方法论的集中体现

世界观是人们对世界的总体看法和根本观点，方法论是人们认识和改造世界所遵循的根本方法。世界观和方法论体现在发展问题上就是发展观。发展观是关于发展的本质、目的、内涵和要求的总体看法和根本观点，决定了经济社会发展的总体战略和基本模式，对经济社会发展实践具有根本性和全局性的重大影响。科学发展观强调坚持以经济建设为中心，把发展生产力作为首要任务，把经济发展作为一切发展的前提，体现了历史唯物主义关于生产力发展是人类社会发展基础的观点。科学发展观坚持以人为本，把人民群众作为推动发展的主体和基本力量，从最广大人民的根本利益出发谋发展、促发展，体现了历史唯物主义关于人民是历史发展主体的观点和共产党人全心全意为人民服务的宗旨。科学发展观坚持全面发展和协调发展，强调全面推进经济建设、政治建设、文化建设、社会建设，体现了唯物辩证法关于事物之间相互联系、辩证统一的基本原理。科学发展观坚持可持续发展，强调要实现经济发展与人口、资源、环境相协调，保证一代接一代地永续发展，体现了辩证唯物主义关于人与自然关系的思想和社会主义在消除资本主义弊端方面的优越性。科学发展观坚持把社会主义物质文明、政治文明、精神文明、和谐社会建设和人的全面发展看成联系的整体，把人类社会的发展看成生产力和生产关系、经济基础和上层建筑相互适应，社会生产各个部类、各个地域、各个方面相互协调，人与人、人与社会、当代与后代相互联系、相互促进的过程,全面体现并进一步丰富和深化了马克思主义对于发展问题的认识。

3. 科学发展观是我国经济社会发展的重要指导方针和发展中国特色社会主义必须坚持和贯彻的重大战略思想

科学发展观进一步回答了实现什么样的发展、怎样发展等重大问题,体现了我们党对共产党执政规律、社会主义建设规律、人类社会发展规律认识的进一步深化。科学发展观针对我国发展过程中一些领域和方面出现的发展不够平衡问题,着眼于实现经济社会又好又快发展,进一步提出了解决城乡、区域、经济社会、人与自然发展的不平衡、不协调问题的思路,进一步指明了我国经济社会发展的正确方向,是我国经济社会发展的重要指导方针。科学发展观从中国特色社会主义事业总体布局出发,着眼于建设富强民主文明和谐的社会主义现代化国家,要求我们全面推进经济建设、政治建设、文化建设、社会建设,进一步完善了中国特色社会主义的发展道路、发展模式、发展战略,对于发展中国特色社会主义具有长远的指导意义,因而是发展中国特色社会主义必须坚持和贯彻的重大战略思想。

参考文献

[1] 马克思恩格斯选集(第3卷)[M]. 2版. 北京:人民出版社,1995.
[2] 圣西门选集(第1卷)[M]. 北京:商务印书馆,1979.
[3] 傅立叶选集(第1卷)[M]. 北京:商务印书馆,1979.
[4] 傅立叶选集(第3卷)[M]. 北京:商务印书馆,1982.
[5] 欧文选集(第2卷)[M]. 北京:商务印书馆,1979.
[6] 马克思恩格斯全集(第30卷)[M]. 北京:人民出版社,1975.
[7] 马克思恩格斯全集(第23卷)[M]. 北京:人民出版社,1972.
[8] 列宁选集(第2卷)[M]. 北京:人民出版社,1995.
[9] 高放,李景治,蒲国良. 科学社会主义的理论与实践[M]. 北京:中国人民大学出版社,2003.
[10] 宋士昌. 科学社会主义通论[M]. 北京:人民出版社,2004.
[11] 毕霞,孙其昂. 科学社会主义概论[M]. 合肥:安徽大学出版社,2006.
[12] 伍德昌,陈善光,黄理稳. 科学社会主义的理论与实践概论[M]. 广州:华南理工大学出版社,2006.
[13] 吴敬琏. 当代中国经济改革[M]. 上海:上海远东出版社,2003.
[14] 童星. 科学社会主义的理论与实践[M]. 南京:南京大学出版社,2006.
[15] 邓淑华,谢海蓉. 科学社会主义的理论与实践[M]. 北京:国防工业出版社,2006.
[16] 毛泽东思想、邓小平理论和“三个代表”重要思想概论[M]. 北京:高等教育出版社,2008.

第二章 中国的经济发展

第一节 中国社会主义所处的发展阶段

十一届三中全会后,中国共产党在总结社会主义实践经验的基础上,通过对中国国情的正确分析,做出了“中国最大的实际就是现在处于并将长期处于社会主义初级阶段”的结论,在马克思主义发展史上第一次提出社会主义初级阶段这一概念。正确认识中国社会主义所处的发展阶段和这一阶段的基本特征、主要矛盾、根本任务、演变及其规律,是建设中国特色社会主义的首要问题,也是制定和执行正确的路线和政策的根本依据。

一、社会主义发展阶段的探索与定位

回溯科学社会主义史,19 世纪 70 到 90 年代的重要发展就是马克思在《哥达纲领批判》中提出了从资本主义社会到共产主义社会的过渡时期和共产主义社会两个阶段的理论:在资本主义社会和共产主义社会之间,有一个从前者变为后者的革命转变时期,而后进入共产主义社会的低级阶段(社会主义阶段)和共产主义的高级阶段,并对未来社会的基本轮廓做出了概括性表述。未来社会的低级阶段是“刚刚从资本主义社会中产生出来,因此它在各方面,在经济、道德和精神方面都还带有它脱胎出来的那个旧社会的痕迹,没有成为真正意义上的全新的社会”,而在共产主义高级阶段,“在迫使人们奴隶般地服从于分工的情形已经消失,从而脑力劳动和体力劳动的对立也随之消失之后;在劳动不仅仅是谋生的手段,而且本身成了生活的第一需要之后;在随着个人的全面发展生产力也增长起来,而集体财富的一切源泉都充分涌流之后,——只有在那个时候,才能完全超出资产阶级权利的狭隘眼界,社会才能在自己的旗帜上写上:各尽所能,按需分配!”①但是对于社会主义社会的发展阶段问

① 《马克思恩格斯选集》,第 16 卷,12 页,北京,人民出版社,1972。

题,马克思和恩格斯的著作中并没有明确的论述。

列宁在《国家与革命》等著作中,沿用了马克思的说法,把无产阶级夺取政权后的新社会的发展过程划分为三个阶段,即“长久的阵痛”(过渡时期)、“共产主义社会第一阶段”、“共产主义社会高级阶段”,并将马克思的共产主义社会第一阶段明确为社会主义阶段,共产主义社会高级阶段明确为共产主义阶段。十月革命胜利后,列宁首先面对的阶段是过渡时期。1919 年 12 月列宁在《关于星期六义务劳动》的报告中谈到:“我们在剥夺了地主资本家以后,只获得了建设初级形式的社会主义的可能性,但是这里丝毫没有共产主义的东西。”“苏维埃俄国现时的经济制度是什么,那就应当说:它是在为大生产的社会主义奠定基础,是在资本主义以千百万种形式最顽强地进行反抗的情况下改造资本主义旧经济……在我们经济制度中暂时还没有什么共产主义的东西。”①显而易见,列宁表述的是苏维埃俄国仍处于过渡时期的社会现实。至于社会主义建立后的阶段划分,尽管列宁曾经使用过“初级形式的社会主义”、“发达的社会主义”、“完全的社会主义”和共产主义的“低级阶段”、“中级阶段”、“高级阶段”等不同的表述,但这些概念都是在特定的语境中使用的概念,并没有对社会主义社会进行阶段划分的系统思路。列宁认为:对于社会主义,“我们只知道这条道路的方向,我们只知道在这条道路上前进的有哪些阶级的力量,至于具体情况,实际情况,那只有千百万人的实践经验才能表明”②。

斯大林则将社会主义本身的发展划分为三个阶段:资本主义向社会主义过渡时期;消灭城乡资本主义,社会主义建成时期;社会主义向共产主义过渡时期。1936 年斯大林在《关于苏联宪法草案》中指出:“苏联社会主义社会已经基本实现了社会主义,建立了社会主义制度。”1938 年,苏联在制定第三个五年计划时明确提出:要在五年内“完成无产阶级的社会主义建设并从社会主义过渡到共产主义”。1939 年苏联共产党认为“苏联在第三个五年中进入了新的发展阶段,即完成无阶级的社会主义社会的建设并从社会主义逐渐过渡到共产主义的阶段”③,也就是认为苏联已经进入社会主义向共产主义过渡阶段。1952 年苏共十九次代表大会提出苏联共产党决心“光荣地完成建设共产主义的历史任务”。赫鲁晓夫仍然坚持共产主义短期建成论。1956 年苏共二十大提出“社会主义在苏联已经取得了完全、彻底的胜利”,“共产主义现在已经不是遥远的理想,而是我们最近的明天”。1959 年苏共二十一大赫鲁晓夫提出苏联已经“进入全面展开共产主义社会建设的时期”。1961 年苏共二十二大宣布苏联要用 20 年的时间基本建成共产主义社会,1980 年“苏联将基本建成共产主义”,并坚信“我们这一代人将在共产主义制度下生活”。1967 年苏联纪念十月革命五十周年,勃列日涅夫在报告中提出苏联是处在发达社会主义阶段。1993 年苏联领

① 《列宁选集》,第 4 卷,142 ~ 143 页,北京,人民出版社,1960。

② 《列宁全集》,第 25 卷,273 页,北京,人民出版社,1958。

③ 《苏联共产党代表大会、代表会议和中央全会决议汇编》,第五分册,11 页,北京,人民出版社,1958。

导人安德罗波夫又改变了勃列日涅夫的提法,认为苏联处在发达社会主义这一漫长历史过程的起点,提出完善发达社会主义的任务。契尔年科上台后又把这一观点同苏联的当前任务和长远任务联系起来,明确指出:我们正处在发达社会主义的开端,“这就决定了党和苏联人民当前任务和长远任务的实质”,强调了正确认识苏联所处的社会主义发展阶段的重要性。戈尔巴乔夫上台后,1986 年在全苏高等学校社会科学教研主任会议讲话中,要求“完善发展中的社会主义”,研究“发展中的社会主义以及它的推动力与矛盾的辩证法以及社会的现状”。苏联领导人对于苏联所处的社会主义发展阶段的认识并不统一,总体而言,提法上不断后退,也不断趋近于苏联实际。苏联在社会主义发展问题上超越阶段的认识,在很大程度上影响了苏联国内的社会主义实践,由于苏联社会主义建设模式对大多数社会主义国家影响很大,所以这种认识还对国际共产主义运动产生了不良影响。

中国共产党对于我国所处的社会主义发展阶段的探索也经历了非常曲折的过程。党的七届二中全会曾提出中国要“稳步地由农业国转变为工业国,由新民主主义国家转变为社会主义国家”。在此前召开的中共中央政治局会议上,毛泽东提出了在新民主主义革命取得全国胜利后,大约还需要经过 10 年、15 年或 20 年再向社会主义过渡的设想。1951 年后,党内基本形成了先用三个五年计划时间搞工业化建设,然后再向社会主义过渡的共识。但是,1949 年到 1952 年国民经济恢复时期之后,1953 年毛泽东提出了过渡时期的总路线:“从中华人民共和国成立,到社会主义改造基本完成,这是一个过渡时期。党在这个过渡时期的总路线和总任务,是要在一个相当长的时期内,逐步实现国家的社会主义工业化,并逐步实现国家对农业、对手工业和对资本主义工商业的社会主义改造。”“党在过渡时期总路线的实质,就是使生产资料的社会主义所有制成为我国国家和社会的唯一的经济基础。”到 1956 年底,我国对农业、手工业和资本主义工商业的社会主义改造基本完成,只用了几年时间就完成了从新民主主义社会到社会主义社会的过渡,社会主义制度在我国初步确立。这一时期,我党对中国社会主义制度还很不成熟的认识是比较清晰的。1956 年党的八大上刘少奇指出:“社会主义改造已经取得决定性的胜利,几千年来的阶级剥削制度的历史已经基本结束了,社会主义的制度在我国基本上建立起来了。”毛泽东也明确谈到,我国社会主义制度只是“刚刚建立”,还没有“完全建成”,需要经过一段时间建立起现代工业和现代农业的基础,生产力得到比较充分的发展后,我们的社会主义经济制度和政治制度才算获得了比较充分的物质基础,社会主义社会才算从根本上建成了。也就是说,我们党将生产资料私有制的社会主义改造基本完成视为社会主义制度的确立而非社会主义的建成。要多长时期才能建成社会主义呢? 1957 年 3 月,毛泽东在南京部队、江苏和安徽两省的党员干部会议上指出:“现在的中心任务是建设。没有生产就没有生活,没有多的生产就没有好的生活。要多少年呢? 我看大概 100 年吧……分几步来走:大概有十几年要稍微像个样子;有 100 年,那就了不起,那就和现在大不相同了。”遗憾的是,我国关于社会主义建设长期性的思想没有能够坚持和进一步发展，对社会主义建设和社会主义社会的发展规律缺乏清醒的认识，最终出现了严重的超越阶段的错误。

"一五"结束的1957年是中华人民共和国成立以来经济形势最好的一年，面对社会主义建设的巨大成就，党内急躁冒进思想抬头，提出要"鼓足干劲，力争上游，多快好省地建设社会主义"。在1958年的"大跃进"和人民公社化运动中，甚至提出"共产主义在我国的实现已经不是什么遥远将来的事情了"，我们要"跑步进入共产主义"。经济领导工作中的"左"倾冒进思想使我们的社会主义建设经历了巨大波折，国家和人民遭受了重大的损失。通过对经验教训的总结，毛泽东认识到在中国建设社会主义的长期性、复杂性和艰巨性。1959年底到1960年初，毛泽东在读苏联《政治经济学教科书》的笔记中写道："社会主义这个阶段，可分成两个阶段：第一阶段是不发达的社会主义，第二阶段是比较发达的社会主义，后一阶段比前一阶段需要经过更长的时间。"①1961年1月，毛泽东在八届九中全会上提出："我们对社会主义还不甚了了，搞社会主义不能那么急，不要务虚名而招实祸。"号召全党重新立足国情，要求全党大兴调查研究之风，1961年成为中国共产党历史上的实事求是年和调查研究年。关于建设社会主义的时间，毛泽东认为要用100年甚至更多的时间将中国建成强大的社会主义国家。但是毛泽东在这个问题的认识上有一个独创：认为从资本主义到共产主义的整个过程都看做是"过渡时期"，即"大过渡理论"，始终存在无产阶级和资产阶级之间的阶级斗争，存在社会主义和资本主义两条道路之间的尖锐斗争。所以阶级斗争在这一过程中始终要年年讲、月月讲、天天讲。

文革结束后，在正确总结历史经验教训、科学把握国情的基础上，中国共产党开始了对社会主义发展阶段问题的新思考。1979年邓小平在理论工作务虚会上谈到："中国式的现代化，必须从中国的特点出发。"何谓中国的特点？人口多，底子薄，80%是农民，社会生产力落后。这种现实国情，是中国式的现代化建设必须考虑到的基本特点，是制定我国社会主义现代化建设宏伟蓝图的基本出发点。同年9月，叶剑英代表中共中央在国庆30周年纪念大会上的讲话指出：社会主义制度是人类历史上崭新的社会制度。它同世界上任何其他事物一样，有它产生和发展的过程。同已经有了三四百年历史的资本主义制度相比，社会主义制度还处在幼年时期。我国的社会主义制度还不成熟不完善。"社会主义制度还处在幼年时期"，"在我国实现现代化，必然要有从初级到高级的过程"。这其中，孕育了社会主义初级阶段的初步思考。1981年6月，十一届六中全会通过了《关于建国以来党的若干历史问题的决议》，在这份邓小平亲自主持起草的文件中，我们总结了建国以来我党对社会主义发展阶段问题的经验教训。第一次提出"我们的社会主义制度还处于初级阶段"，"我们的社会主义制度由比较不完善到比较完善，必然要经历一个长久的过程"。十二大到十三大的五年，是我国改革各项事业全面铺开的五年，也是社会主义初级阶段理论

---

① 《毛泽东文集》，第8卷，116页，北京，人民出版社，1999。

在实践中不断得以充实完善的五年。1987 年,在筹备党的十三大的过程中,以邓小平为首的党中央对社会主义初级阶段理论进行了集中思考和纲领性阐述。2 月 6 日,邓小平在同中央负责同志谈话时指出:十三大报告要在理论上阐述什么是社会主义,讲清楚我们的改革是不是社会主义。根据邓小平的思想,全党开展了社会主义初级阶段的讨论。在此基础上,中央负责同志提出《关于草拟十三大报告大纲的设想》:十三大报告全篇拟以社会主义初级阶段为立论的依据,说明由此而来的经济社会发展战略、社会主义商品经济的任务和我国经济体制改革的方向以及建设社会主义民主政治的任务和我国政治体制改革的基本原则。邓小平非常赞成社会主义初级阶段作为十三大报告立论的根据,3 月 25 日批复说:“这个设计好!”1987 年 10 月召开的十三大,第一次全面系统地论证了社会主义初级阶段,标志着社会主义初级阶段理论的形成。

1992 年邓小平指出:“我们搞社会主义才几十年,还处在初级阶段。巩固和发展社会主义制度需要我们几代人、十几代人,甚至几十代人坚持不懈地努力奋斗,决不能掉以轻心。”1997 年十五大,面对世纪之交改革攻坚和开创新局面的艰巨任务,我们解决种种矛盾,澄清种种疑惑,认识为什么必须实行现在这样的路线和政策,关键还在于对所处社会主义初级阶段的基本国情要有统一认识和准确把握,重申了我国现在处于并将长期处于社会主义初级阶段这一基本认识,阐述了社会主义初级阶段的基本纲领,并从九个方面阐述了社会主义初级阶段的基本特征。1999 年九届人大二次会议,将宪法序言中的“我国正处于社会主义初级阶段”改为“我国将长期处于社会主义初级阶段”。在我国人民生活总体上达到小康水平之后,党的十六大再次强调,我国正处于并将长期处于初级阶段,现在达到的小康还是低水平、不全面、发展很不平衡的小康,巩固和提高目前达到的小康水平,还需要进行长时期的艰苦奋斗。2007 年党的十七大召开,中国改革开放已近 30 年,经济总量位居世界第四,人均 GDP 步入中等收入国家行列,外贸和引资总额均位居世界前列。在成绩面前,正确认识我们的社会性质、发展阶段、基本国情,重申我们所处的历史方位,无疑具有十分重要的现实意义。十七大在充分肯定新中国成立以来特别是改革开放以来我国取得的举世瞩目的发展成就之后,我们党再次强调:“我国仍处于并将长期处于社会主义初级阶段的基本国情没有变”,并对正确认识社会主义初级阶段理论的意义做出明确概括:“强调认清社会主义初级阶段基本国情,不是要妄自菲薄、自甘落后,也不是要脱离实际、急于求成,而是要坚持把它作为推进改革、谋划发展的根本依据。我们必须始终保持清醒头脑,立足社会主义初级阶段这个最大的实际,科学分析我国全面参与经济全球化的新机遇新挑战,全面认识工业化、信息化、城镇化、市场化、国际化深入发展的新形势新任务,深刻把握我国发展面临的新课题新矛盾,更加自觉地走科学发展道路,奋力开拓中国特色社会主义更为广阔的发展前景。”

1981 年党的十一届六中全会第一次提出“社会主义初级阶段”的概念,认为我国社会主义制度还处于初级阶段。随后 1982 年党的十二大报告和 1986 年十二届六中全会通过的决议,分别对这一阶段进行了分析。党的十三大报告第一次全面系统地论证社会主义初级阶段理论,提出社会主义初级阶段基本路线,强调现阶段的任务是在坚持社会主义道路的前提下,解放和发展生产力。十五大则进一步提出了社会主义初级阶段的基本纲领,社会主义初级阶段建设任务涵盖经济、政治、文化等方面。在我国人民生活总体上达到小康后,党的十六大报告提出"全面建设小康社会"。党的十七大从经济、政治、文化、社会四方面提出了实现全面建设小康社会奋斗目标的新要求。正是由于对社会主义初级阶段的国情有了一个科学的认识和正确的把握,我们才得以成功地走出一条建设中国特色社会主义的新道路。

二、社会主义初级阶段理论

(一)社会主义初级阶段的含义和基本特征

社会主义初级阶段不是泛指任何国家进入社会主义都必须经历的起始阶段,而是特指我国在生产力发展水平不高、商品经济不发达条件下建设社会主义所必须经历的特殊阶段。党的十三大指出社会主义初级阶段包括两层含义:一是我国社会已经是社会主义社会,我们必须坚持而不能离开社会主义;二是我国的社会主义还处于初级阶段,我们必须从这个实际出发,而不能超越这个阶段。前一层含义是阐明社会主义初级阶段的社会性质。1956 年社会主义制度确立后,我国的经济制度、政治制度和方方面面的制度都具有明显的社会主义性质,社会主义是我们必须坚持的方向。第二层含义是阐明在现实中我国社会主义社会的发展程度,我国社会还没有摆脱贫困落后的不发达状态,建设成熟社会主义所需要的物质条件和社会条件需要经过较长时期才能具备,我们必须从社会主义初级阶段的实际出发,而不能超越这个阶段,不能急于求成。只有把社会主义社会的性质和它的发展程度有机地结合起来,才能深刻地理解和把握我国的基本国情。江泽民指出:"中国走的是社会主义道路,这是国情;中国社会主义正处在并将长期处在初级阶段,这也是国情。必须把社会主义和初级阶段这八个字统一起来认识和把握。"①如果只谈社会主义的性质和方向,不讲发展的程度和水平,就会使我们重蹈超越阶段的覆辙。反之,如果只谈发展程度的局限性,就会使我们妄自菲薄;如果因为现实中存在的一些矛盾和问题,就否定社会主义制度,不能坚持社会主义方向,就会使我们的建设道路误入歧途。

对于社会主义初级阶段的基本特征,以往是从相对静态的角度思考的,忽略了在初级阶段至少 100 年的时间里有可能发生的变化。党的十五大从现代化发展水平、产业结构以及就业结构、经济运行方式、科技教育文化、生活水平、地区发展状况、体制改革、精神文明建设和国际比较等九个方面动态阐述了社会主义初级阶段的基本特征:第一,逐步摆脱不发达状态,基本实现社会主义现代化的历史阶段;第二,由农

① 江泽民:《论党的建设》,290 页,北京,中央文献出版社,2001。

业人口占很大比重,主要依靠手工劳动的农业国,逐步转变为非农业人口占多数,包含现代工业和现代服务业的工业化国家的历史阶段;第三,由自然经济半自然经济占很大比重,逐步转变为经济市场化程度较高的历史阶段;第四,由文盲半文盲人口占很大比重,科技教育文化落后,逐步转变为科技教育文化比较发达的历史阶段;第五,由贫困人口占很大比重,人民生活水平比较低,逐步转变为全体人民比较富裕的历史阶段;第六,由地区经济文化很不平衡,通过有先有后的发展,逐步缩小差距的历史阶段;第七,通过改革和探索,建立和完善比较成熟的充满活力的社会主义市场经济体制、社会主义民主政治体制和其他方面体制的历史阶段;第八,广大人民牢固树立建设有中国特色社会主义共同理想,自强不息,锐意进取,艰苦奋斗,勤俭建国,在建设物质文明的同时,努力建设精神文明的历史阶段;第九,逐步缩小同世界先进水平的差距,在社会主义基础上实现中华民族伟大复兴的历史阶段。

2007 年党的十七大报告中,对进入新世纪新阶段后我国发展呈现出的一系列新的阶段性特征做出概括:“经济实力显著增强,同时生产力水平总体上还不高,自主创新能力还不强,长期形成的结构性矛盾和粗放型增长方式尚未根本改变;社会主义市场经济体制初步建立,同时影响发展的体制机制障碍依然存在,改革攻坚面临深层次矛盾和问题;人民生活总体上达到小康水平,同时收入分配差距拉大趋势还未根本扭转,城乡贫困人口和低收入人口还有相当数量,统筹兼顾各方面利益难度加大;协调发展取得显著成绩,同时农业基础薄弱、农村发展滞后的局面尚未改变,缩小城乡、区域发展差距和促进经济社会协调发展任务艰巨;社会主义民主政治不断发展、依法治国基本方略扎实贯彻,同时民主法制建设与扩大人民民主和经济社会发展的要求还不完全适应,政治体制改革需要继续深化;社会主义文化更加繁荣,同时人民精神文化需求日趋旺盛,人们思想活动的独立性、选择性、多变性、差异性明显增强,对发展社会主义先进文化提出了更高要求;社会活力显著增强,同时社会结构、社会组织形式、社会利益格局发生深刻变化,社会建设和管理面临诸多新课题;对外开放日益扩大,同时面临的国际竞争日趋激烈,发达国家在经济科技上占优势的压力长期存在,可以预见和难以预见的风险增多,统筹国内发展和对外开放要求更高。”“当前我国发展的阶段性特征,是社会主义初级阶段基本国情在新世纪新阶段的具体表现。”经过 30 年改革开放,我国发展出现了新的阶段性特征,出现了新的矛盾和新的课题:由于生产力仍处于不发达、不平衡、不协调的阶段,与之相适的生产关系、制度安排、意识形态、观念、法律体系等方面也必然是不完善的,这充分表明我国仍处于社会主义初级阶段的国情没有改变。在日益复杂的发展环境中,解决这些多样化的矛盾和新的课题,必须依靠科学发展,在解放和发展生产力的同时,注意发展的全面协调和可持续,在解放和发展生产力的同时,逐步实现社会的公平与正义。

(二)社会主义初级阶段的基本路线和基本纲领

党的基本路线是指一段时间内为解决主要矛盾而制定的行动纲领,是总揽全局的根本指导方针。制定社会主义初级阶段基本路线的客观依据,是对社会主义初级阶段主要矛盾的分析和判断。我国在社会改造基本结束后,1956 年党的八大指出:“我国国内的主要矛盾,已经是人民对于建立先进的工业国的要求同落后的农业国的现实之间的矛盾,已经是人民对于经济文化迅速发展的需要同当前经济文化不能满足人民需要的状况之间的矛盾。这一矛盾的实质,在我国社会主义制度已经建立的情况下,也就是先进的社会主义制度同落后的社会生产力之间的矛盾。”这一论述的基本精神是正确的。但是,在“左”的错误思想指导下,1957 年后,无产阶级和资产阶级之间的矛盾重新被认作是社会主义阶段的主要矛盾,提出“阶级斗争为纲”,最终导致“文化大革命”,给社会主义建设带来重大损失。

党的十一届三中全会拨乱反正,把党和国家的工作重心转移到以经济建设为中心的社会主义现代化建设上来,并且对我国现阶段的主要矛盾做出了新的概括。1979 年,邓小平在《坚持四项基本原则》的重要讲话中谈到:“什么是目前时期的主要矛盾,也就是目前时期全党和全国人民所必须解决的主要问题或中心任务,由于三中全会决定把工作重点转移到社会主义现代化建设方面来,实际上已经解决了。我们的生产力发展水平很低,远远不能满足人民和国家的需要,这就是我们目前时期的主要矛盾。”① 1981 年,党的十一届六中全会通过的《关于建国以来党的若干历史问题的决议》对我国社会主要矛盾做出规范性表述:“在社会主义改造基本完成以后,我国所要解决的主要矛盾,是人民日益增长的物质文化需要同落后的社会生产力之间的矛盾。”要解决这个主要矛盾,就需要以经济建设为中心,解放和发展生产力。1987 年党的十三大在科学阐述社会主义初级阶段理论的同时,提出了党在社会主义初级阶段的基本路线:“领导和团结全国各族人民,以经济建设为中心,坚持四项基本原则,坚持改革开放,自力更生,艰苦创业,为把我国建设成为富强、民主、文明的社会主义现代化国家而奋斗。”

党的十三届四中全会之后,以江泽民为核心的第三代中央领导集体坚持全面的发展观,在以经济建设为中心的同时,积极推进政治建设、文化建设和社会建设,党的十六大将社会更加和谐列为全面建设小康社会的目标之一。

党的十六大以来,以胡锦涛为总书记的党中央进一步明确了中国特色社会主义事业总体布局涵盖经济建设、政治建设、文化建设和社会建设,十六届六中全会把“和谐”与“富强民主文明”一起作为社会主义现代化建设的目标。2007 年,温家宝总理发表了《关于社会主义初级阶段的历史任务和我国对外政策的几个问题》,从实践出发,进一步发展和深化了社会主义初级阶段理论。首先,将初级阶段的“初级”从生产力拓展到生产关系:一方面,“我国正处于并将长期处在社会主义初级阶段。初级阶段就是不发达的阶段。这个不发达首先当然是指生产力的不发达”;另一方面则是“社会主义制度的不够完善和不够成熟”。这一概括,表明在现阶段,我们不仅要发展生产力,还要改革束缚生产力发展的体制和机制,完善社会主义制度。其

① 《邓小平文选》,第 2 卷,182 页,北京,人民出版社,1994。

次，将初级阶段的任务，从经济领域拓展到社会领域。提出社会主义初级阶段的两大任务："一是解放和发展生产力，极大地增加全社会的物质财富；一是逐步实现社会公平与正义，极大地激发全社会的创造活力和促进社会和谐。"同年党的十七大报告中在阐述深入贯彻落实科学发展观的要求时，强调要始终坚持"一个中心、两个基本点"的基本路线，坚持把以经济建设为中心同四项基本原则、改革开放这两个基本点统一于发展中国特色社会主义的伟大实践，任何时候都决不能动摇。同时要积极构建社会主义和谐社会，这是贯穿中国特色社会主义事业全过程的长期历史任务，是在发展的基础上正确处理各种社会矛盾的历史过程和社会结果。

无产阶级政党的纲领通常是党在一定历史时期内奋斗目标和任务的高度概括。1979 年，叶剑英在庆祝建国 30 周年大会上的讲话中，提出了全面实现社会主义现代化的简要纲领。1991 年，在庆祝中国共产党成立 70 周年的讲话中，江泽民对中国特色社会主义经济、政治、文化的基本内容以及这些方面建设所遵循的基本原则、基本方针做出了分析和论述，奠定了党在社会主义初级阶段基本纲领的雏形。党的十五大确立的党在社会主义初级阶段的基本纲领，是以党在社会主义初级阶段的基本路线为依据，是基本路线在政治、经济、文化等方面的具体展开，对社会主义初级阶段中国特色社会主义的经济、政治和文化的基本目标和基本政策进行了高度概括。党的十七大进一步丰富了基本纲领的内容：建设有中国特色社会主义的经济，就是在社会主义条件下发展市场经济，不断解放和发展生产力。实现国民经济又好又快发展，保证人民共享改革和发展成果。建设有中国特色社会主义的政治，就是在中国共产党领导下，在人民当家做主的基础上，依法治国，发展社会主义民主政治。实现社会安定、政府廉洁高效、全国各族人民团结和睦的生动活泼的政治局面。建设有中国特色社会主义的文化，就是以马克思主义为指导，以培育有理想、有道德、有文化、有纪律的公民为目标，发展面向现代化、面向世界、面向未来的民族的科学的大众的社会主义文化；就是建设社会主义核心价值体系，推动社会主义文化大发展大繁荣。构建社会主义和谐社会，就是要按照民主法治、公平正义、诚信友爱、充满活力、安定有序、人与自然和谐相处的总要求和共同建设、共同享有的原则，以改善民生为重点，解决好人民最关心、最直接、最现实的利益问题，努力形成全体人民各尽所能、各得其所又和谐相处的局面。

第二节　发展观的演进与深化

发展观是关于发展的本质、目的、内涵和要求的总体看法及基本观点，是一定时期经济与社会发展的需求在思想观念层面的聚焦、折射，有什么样的发展观，就会选择与其相应的发展道路、发展模式和发展战略。半个世纪以来，不仅是我们国家，整个发展经济学界都出现了发展观的转变，形成一个不断递进的发展过程：从唯经济增长的发展观到人类全面发展的发展观,发展的内涵越来越遵循事物发展规律内在的要求。今天,新一代的发展研究者把发展的概念界定为增长加变革,把发展的目标扩大到经济增长之外,包括减少贫困、公平分配、环境保护以及人的各种需要的满足和人的素质全面提高的"以人为中心"的发展。这些发展观的确立,对于我国的经济发展实践具有深远的影响。而以科学发展为核心的中国特色的经济发展理论,又进一步深化和丰富了发展理论,并引起了世界发达国家和发展中国家对于中国发展道路和成功经验的广泛关注。

一、当代国外发展观的演进与深化

战后国际社会的基本问题是和平与发展问题。20 世纪 60 年代,和平的力量不断增长,世界和平已经成为一个基本趋向,与此同时南北问题却十分清晰地表现出来了,发展中国家的发展问题成为影响世界经济繁荣的重要因素。在这个年代,"发展研究"作为一个跨学科的领域出现在欧美地区。它探讨的主要问题有:人类现代化的道路应该如何规划,先发的现代化国家有哪些经验教训,后发的发展中国家应如何在科学的发展理论指导下探索自己的现代化道路。各国政府、研究机构和国际社会纷纷开展发展的道路、途径、方法、动力、模式、代价等问题的研究。发展问题,尤其是发展中国家的发展问题成为战后被不同学科共同关注的重大问题。当代国外的发展理论经历了一系列深刻变革,让人类社会对发展理论的认识一次次深化,对经济社会发展战略的规划也在不断趋向理性与科学。半个世纪以来,国外发展观的形成和演化主要经历了以下几个阶段。

1. 唯经济增长的发展观(二战结束初期到 20 世纪 60 年代)

二战结束初期到 20 世纪 60 年代,新独立的发展中国家迫切希望在较短的时间里迅速实现经济增长,消除贫困;西方工业化国家面对战后的经济困境,也将加速发展本国经济视为当时最迫切的问题。所以这一时期的发展理论遵循"增长能解决一切问题"的信条,认为工业化是一个国家或一个地区经济活动的中心内容;经济增长是一个国家或地区发展的"第一"标志;国民生产总值(GNP)的增长是衡量一个国家或地区经济发展的重要尺度;发展规划是实现工业化和实行追赶战略的重要手段。在这一发展理念的指导下,联合国"第一个发展十年(1960—1970)"提出发展中国家国民生产总值最低每年增长 5% 的目标,并希望较贫困国家能通过经济增长来改善人民生活。这种发展观实际上是希望通过经济领域的单项突破来带动非经济领域的发展和社会福利的增加。认为随着 GNP 的提高,人民生活会随之改善,并最终消除贫困现象;经济的发展会带来民主化进程的推进,经济的成就也将有助于社会稳定程度的提高……总而言之,经济发展了,社会的其他目标也就自然实现了。在这一时期的诸多文献中,经济增长和经济发展两个概念被不加区分地使用,研究发展理论的学科主要集中在经济学科。在发展道路的选择上,表现出明显的以西方为中心的思想倾向,主张不发达国家的社会发展应当以西方资本主义国家的早期发展进程为主要的参照模式,主张以西方的经济理论甚至西方的价值观念和意识形态规范发展中国家的发展。

如何实现经济增长?发展经济学家提出了许多关于推动经济增长的理论模型,这些模型的共同点是强调投资的重要性。例如,美国经济史学家罗斯托在1960年出版的《经济成长阶段》中,认为经济增长共分为如下几个阶段:传统社会阶段、为起飞创造前程阶段、起飞阶段、向成熟推进阶段、大规模高额消费阶段和追求生活质量阶段。在经济起飞阶段,生产投资率将从5%以下上升到10%以上,再提高到20%以上。哈罗德多马经济增长模型也强调投资的重要性,认为要提高GNP增长率,必须扩大储蓄率(投资率)。

然而,单纯强调经济增长的发展观,在各国的发展实践中暴露出严重的缺陷。其一,这种发展模式没有考虑到资源约束。经济增长所依赖的资源是有限的,而并非取之不尽、用之不竭。其二,这种发展模式没有顾及环境和生态的代价。经济系统并非孤立存在的,而是更大的生态系统中的一部分,并和生态系统发生物质和能量的交换:资源摄取、废物排放。经济的快速发展在满足人们不断增长的物质欲求的同时,也极大地损害了我们赖以生存的自然环境。森林面积减少,生物多样性减少,大气和水被污染,土壤退化与沙漠化……人类为经济发展支付着高昂的代价,也为自己未来的发展设置了障碍。其三,这样的经济增长不能真正消除贫困,也不能保证人民真正得到幸福。20世纪60年代一些发展中国家的经济增长速度加快,第三世界整体也达到了联合国发展机构设定的5%的年增长指标,但是单纯的经济增长并没有改善第三世界国家整体人民生活状况,甚至带来灾难性的后果。有些国家出现严重的两极分化和贫困失业现象,社会动荡不安。拉丁美洲的"分配差距要比40年前它开始工业化之前大得多。穷者越穷,富者越富,这完全是工业化发展的结果。很可能拉丁美洲穷人的生活状况比一个世纪以前更糟糕"(约翰逊,1972)。其四,受"唯资本论"观点的片面性影响,一些发展中国家在经济发展过程中往往盲目扩大资本投入与吸引外资的数量规模,而不注重处理积累与消费、投入和产出、利用外资规模与偿还能力之间的关系,结果造成泡沫经济和沉重的外债负担引发的货币金融危机。20世纪80年代以来许多发展中国家都陷入了以债务危机为中心的经济困境,并对经济社会造成持续不利影响。

总体而言,单纯强调经济增长的发展观是一种传统的发展模式,把社会的发展片面理解为物质财富的增长,在经济增长过程中见物不见人,是一种以"客体为中心"的发展,实现的是"没有发展的增长"、"没有幸福和安定的富裕",人仅仅作为实现增长的工具和手段而存在。

2. 提高全体人民的生活水平,满足人民基本生活需要的发展观(20世纪60年代末到70年代初)

国际社会多年的发展实践表明,以经济增长为核心的发展观,对于促进经济增长和社会财富积累起到了积极的作用,但是许多发展中国家在经济快速增长的背景下,却出现了农业落后、消费萎缩、通货膨胀、失业率和文盲率居高不下、医疗保健水平低等多方面的问题，社会两极分化严重，动荡不安。高增长下一系列不良现象引发学者对战后初期发展观的反思。20 世纪 60 年代末到 70 年代初，出现了一股重新解释发展的意义和界定发展目标的新潮流。学术界开始区分增长和发展。发展被定义为“使国家的真实人均收入长期增加的过程——必须使低于绝对贫困线以下的人数不再增加，收入的分配不变得更加不均衡”。发展的目标应该涵盖国民生产总值的增长及其公平合理的分配，提高全体人民的生活水平，满足人民基本生活需要。这种发展思想强调满足穷人的基本需求，所以被称为“满足人民基本生活需要”的发展观。在发展目标的具体设计上呈现出多维化的特点：除了收入增加以外，还包括就业增加、贫困减轻、分配公平和乡村发展。国际劳工局提出的《世界就业计划》、世界银行制定的“增长的再分配”方案和提出的“基本需要战略”都是这一时期发展观和发展目标改变的具体表现。发展研究主题从单纯的经济增长转变为经济、社会共同发展。思想倾向上摆脱了以西方为中心的倾向，开始注重强调发展中国家要从本国的实际出发，决定自己的发展方式，摆脱依附式发展道路，走内源型发展之路。在发展战略上，摆脱单纯追求经济增长的单一模式，认识到社会发展是一个建立在经济发展基础上的诸多社会因素相互作用的综合过程，注意协调经济增长与政治民主、科学技术、文化教育、福利保障、环境保护等多方面因素的相互关系，开始了多学科对发展的共同关注。联合国的第二个发展十年(1970—1980)规划开始强调社会类型和社会结构的变迁必须同快速的经济增长同步，而且要切实减少现存的地区、部门和社会内部的不平等。这些目标既是发展的决定性因素，也是发展的最终结果，因而它们被视为同一过程的综合物。

这种发展观较之前有明显进步，但是将发展的意义和目的仅仅定位于提高全体人民的生活水平、满足人类生活的基本需要显然是不够的，共同构成人类社会整体的人口、经济、政治、社会与环境仍然处于脱节状态，需要新的发展观加以整合。

3. 可持续的发展观(20 世纪 70 年代到 80 年代)

1972 年 6 月 5 日，联合国在瑞典斯德哥尔摩首次召开人类环境会议，提出“连续的和持续的发展”的新概念。该概念主要涉及人口、资源、环境、经济发展、社会发展五个领域，强调发展的可持续性。要实现这个目标，必须要在五个领域之间寻求平衡。会议的基调是我们“只有一个地球”，并发表了《人类环境宣言》，这标志着人类对环境问题的觉醒。随着工业化的不断发展，世界各国特别是发展中国家的资源消耗和环境污染问题越来越严重，不仅使居民的生活质量下降，还直接制约了经济的长期可持续增长。

随后，人类围绕着环境与发展问题展开了艰辛的探索。1980 年世界自然保护联盟的文件《世界自然保护战略》中，首次出现“可持续发展”这一概念。该文件从生物资源保护角度出发，提出“可持续发展强调人类利用生物圈的管理，使生物圈既能满足当代人的最大持续利益，又能保护其后代人需求与欲望的潜力”。1987 年国际环境和发展委员会在题为《我们共同的未来》的报告中,广泛使用"持续发展"一词。该报告指出发展与环境之间的影响是相互的,为了促进人类之间及人与自然的和谐,必须实行可持续发展战略。该报告对可持续发展作了明确的定义:可持续发展是这样的发展,它既满足当代人的需求,而又不对后代人满足其需求的能力构成危害的发展。世界银行在《1992 年世界发展报告》中,在赞同上述定义的同时,又对其内涵进行了更明确的界定,并在 1995 年提出了新的国家财富及发展能力评价系统。1992 年在巴西召开的联合国环境与发展大会通过了《21 世纪议程》这一世界范围内可持续发展的行动计划,同年,联合国成立了可持续发展委员会,负责评审环境与发展大会及其后续工作。2002 年南非约翰内斯堡地球峰会作为新世纪首次世界环境与发展首脑大会,在人类环境与发展文明史上又谱写了新的篇章,大会通过了《可持续发展世界首脑执行计划》。在上述一系列国际会议的积极推动之下,目前已经有 100 多个国家和地区建立了促进本国、本地区可持续性发展的专门机构,制定了区域性的《21 世纪议程》。追求人类社会与自然界的和谐已经成为人类的自觉行动。

可持续发展反对以追求最大利润或利益为导向,反对以贫富悬殊和资源掠夺性开发为代价的经济增长。经济增长应该是高质量和适度的,应该以无损于生态环境为前提,以可持续性为基本特征,以改善人民生活水平为目的。强调自然资源在本代人与后代之间、国家和地区之间的公平分配,强调人类的经济和社会发展不能超越资源与环境承载能力,强调全人类采取联合行动。可持续发展的原则有四。其一,持续性原则。核心是人类经济和社会发展不能超越资源和环境的承载能力,即在满足需要的同时,必须有限制因素,以维持人类发展的长久过程和状态。其二,公平性原则。人类应该在资源分配和财富占有上保持公平,具体而言,应该涵盖同代人的公平和代际的公平。其三,共同性原则。各国由于历史、文化和发展水平的差异,可持续发展的具体目标、政策和实施步骤不可能完全相同,但是,地球的整体资源有限性和相互依存性要求我们必须采取共同的联合行动。其四,系统性原则。可持续发展把人类赖以生存的地球视为一个以人为核心、以自然环境为基础的系统,系统内经济、社会、人口、资源和环境等因素是相互联系的。

可持续发展观试图整合人口、资源、环境、经济发展和社会发展之间的关系,强调发展的可持续性。但是,可持续发展观主要侧重于经济发展和自然关系的和谐,对政治和社会等方面的关注尚需深入,对社会的主体——人也缺乏主体性思考。

4. 人类发展观(20 世纪 80 年代以后)

1982 年法国经济学家弗朗索瓦·佩鲁在其专著《新发展观》中,从发展中国家的角度论证了"新发展观"。在他看来,人的全面发展不是指少数人或少数国家中的一部分人的发展,而是指所有国家的人民,无论是发达国家还是发展中国家的人民都应该得到公平的发展;人的发展也不仅仅是指当代人的发展,而是指包括后代人的发展;不仅仅满足人们物质生活的需要,还包括满足人们在社会生活、精神生活上的各种价值需要,实现人的全面发展,使人的体力和智力上的各种潜能都得到充分的展现。该书指出了“为什么而发展”、“应当如何发展”以及“在什么条件下经济增长才是有益的”等目的性、价值性和前提性的问题。人类的发展观跃升到新的层次：经济、社会的一切发展都是人的发展的条件和手段，是为了给人的发展创造一种更好的社会环境。

诺贝尔奖获得者、印度经济学家阿玛迪亚·森在20世纪80年代初明确提出自由是发展的首要目标，自由也是促进发展的不可或缺的重要手段。根据他的思想，联合国开发计划署在1990年首次提出了人类发展的概念：人类发展是一个不断扩大人们选择的过程，发展的进程应该为人们创造一种有益的环境，使他们能够独立地和集体地去发展他们的全部潜力，并有恰当的机会去实现与其需要和兴趣相符的值得珍视的和富于创造性的生活。具体而言，包括五方面的内容：一是充分就业和生活安全；二是人民自由和权利的增加：三是公平分配；四是促进社会凝聚力和合作；五是维护人类未来的发展。为了衡量和比较各国的人类发展水平，联合国开发计划署设计了一个易于量化和可操作的目标——人类发展指数。人类发展最为基本的成就是能过上健康的长寿的生活，接受教育，可以获得体面生活所必需的资源。因此，人类发展指数是对这三个维度的一种简单而又概括性的测度：健康长寿的生活用预期寿命表示，教育用成人识字率和各级教育的入学率表示，体面的生活用人均GDP表示。人类开始用更加宽阔的视野考察一个国家或地区的发展。

美国经济学家斯蒂格利茨认为：“发展代表着社会的变革，它是使各种传统关系、传统思维方式、教育卫生问题的处理以及生产方式等变得更‘现代’的一种变革。然而变化本身不是目的，而是实现其他目标的手段。发展带来的变化能够使个人和社会更好地掌握自己的命运。发展能使个人拓宽视野、减少闭塞，从而使人生更加丰富，发展能减少疾病、贫困带来的痛苦，从而不仅延长寿命，而且使生命更加充满活力。根据这一发展定义，发展战略应以促进社会变革为目标，找出不利于变革的障碍以及潜在的促进变革的催化剂。”①

2000年9月，包括189个国家的首脑们参加的千年首脑会议在联合国千年大会期间召开。世界各国领导人商定一套全球千年发展计划。整个千年发展目标以“自由、平等、团结、容忍、尊重大自然、共同承担责任”为价值导向，具体目标包括：消除极端贫困和饥饿；普及初等教育；促进男女平等并赋予妇女权力；降低儿童死亡率；改善产妇保健；与艾滋病毒/艾滋病、疟疾及其他疾病作斗争；确保环境的可持续能力和全球合作促进发展。上述发展的目标涵盖经济增长、公平分配、性别平等、保护环境和增强人的能力等方面的内容，并对经济增长之外的社会问题给予更多的关注，人类在发展中要优先考虑社会发展、人类福利和人类尊严，人类的发展观跃升到新的层次。

---

① J.斯蒂格利茨：《新的发展观：战略、政策和进程》，见胡鞍钢、王绍光：《政府与市场》，148～169页，北京，中国计划出版社，2000。

二、我国改革开放后发展观的演变

改革开放以来,中国共产党对发展问题的认识不断深化。以邓小平同志为核心的党的第二代领导集体,为实现社会主义现代化建设的第一步战略目标,即实现温饱阶段的实践中,形成了以"经济增长"为中心的发展观;以江泽民同志为核心的党的第三代领导集体,在领导我国社会主义现代化建设向小康迈进的过程中,对于发展问题形成了一系列更为全面的思想观点,并对可持续发展给予更多的关注;以胡锦涛同志为核心的党中央在新世纪全面建设小康社会的实践中,在全面总结改革开放以来的成功经验的基础上,创造性地提出"科学发展观",实现了我党在发展问题上认识的新飞跃。特别需要指出的是:认识的不断深入是在实践不断发展的基础上进行的,只有实践的前进,才能有认识的深化。在不同发展阶段,我们的认识只能达到当时实践所能达到的水平,集中回答当时实践面临的最迫切的问题,不可能回答当时实践中没有遇到的问题,不可能形成没有实践基础的认识和观念。

1. 以"经济增长"为中心的发展观

1956 年,在完成了对农业、手工业和资本主义工商业的社会主义改造后,中国共产党八大明确提出:"我国国内的主要矛盾,已经是人民对于建立先进的工业国的要求同落后的农业国的现实之间的矛盾,已经是人民对于经济文化迅速发展的需要同当前经济文化不能满足人民需要的状况之间的矛盾。这一矛盾的实质,在我国社会主义制度已经建立的情况下,也就是先进的社会主义制度同落后的社会生产力之间的矛盾。"解决这一主要矛盾,党和国家的中心任务应该是解放生产力,发展经济。但由于党内"左"的错误思想的干扰,我们的工作重点一直没有转到社会主义建设上来。在建设—运动—再建设—再运动的曲折中,我国社会主义现代化建设和经济社会发展受到严重干扰,人民生活长期得不到改善。1979 年,在《坚持四项基本原则》的讲话中,邓小平指出:"什么是目前时期的主要矛盾,也就是目前时期全党和全国人民所必须解决的主要问题或中心任务……我们的生产力发展水平很低,远远不能满足人民和国家的需要,这就是我们目前时期的主要矛盾。"①1980 年邓小平指出:"经济长期处于停滞状态总不能叫社会主义。人民生活长期停止在很低的水平总不能叫社会主义。""根据我们自己的经验,讲社会主义,首先就要使生产力发展,这是主要的。只有这样,才能表明社会主义的优越性。社会主义经济政策对不对,归根到底要看生产力是否发展,人民收入是否增加。这是压倒一切的标准。空讲社会主义不行,人民不相信。"②1981 年,党的十一届六中全会通过的《中共中央关于建国以来党的若干历史问题的决议》对我国社会主要矛盾作了规范的表述:"在社会主义改造基本完成以后,我国所要解决的主要矛盾,是人民日益增长的物质文化需要同落后的

① 《邓小平文选》,第 2 卷,第 182 页,北京,人民出版社,1994。

② 《邓小平文选》,第 2 卷,第 313 ~ 314 页,北京,人民出版社,1994。

社会生产之间的矛盾。”党的十三大提出了党在社会主义初级阶段的基本路线：“领导和团结全国各族人民，以经济建设为中心，坚持四项基本原则，坚持改革开放，自力更生，艰苦创业，为把我国建设成为富强、民主、文明的社会主义现代化国家而奋斗。”这次会议还提出：党的十一届三中全会以后，我国经济建设的战略部署大体分三步走。第一步，实现国民生产总值比1980年翻一番，解决人民的温饱问题。第二步，到20世纪末，使国民生产总值再增长一倍，人民生活达到小康水平。第三步，到21世纪中叶，人均国民生产总值达到中等发达国家水平，人民生活比较富裕，基本实现现代化。然后，在这个基础上继续前进。

在“怎么实现发展”的问题上，邓小平提出“科学技术是第一生产力”的论断；提出要让一部分地区和一部分人通过诚实劳动和合法经营先富起来，然后带动更多的人一浪接一浪地走向共同富裕，经济基础较好的东部沿海地区先发展起来，发展到一定的时候，沿海拿出更多的力量来帮助内地的发展；提出物质文明和精神文明建设共同发展；提出经济社会各项事业应该共同推进。1992年在南方谈话中，邓小平说：“改革开放以来，我们立的章程并不少，而且是全方位的。经济、政治、科技、教育、文化、军事、外交等各个方面都有明确的方针和政策，而且有准确的表述语言。”从1980年研究“六五”计划时，科技、教育、人口、就业、福利等社会事业成为中长期计划的重要内容，将国民经济计划改为国民经济和社会发展计划，并在计划统计部门设立了社会发展司。尽管这一时期对发展的全面性有所思考，但是必须客观地承认，在中国当时的客观条件下，要做到发展的全面均衡其实是很困难的。因此我国在一个特定历史时期选择的是突出发展重点的战略，即侧重于强调以经济发展为中心，要求在改革开放过程中全面推进经济建设。因为经济发展是基础，经济有了明显发展之后才有条件实现全面发展。

2. 全面的发展观

十三届四中全会以后，随着综合国力的不断提高和市场经济体制改革的不断深入，我党更加强调全面发展。江泽民同志提出“社会主义是全面发展、全面进步的社会”这样一个重要概念。党的十五大报告中提出了建设中国特色社会主义经济、政治、文化纲领，形成了三位一体的中国特色社会主义战略布局。十六大提出全面建设小康社会的目标充分体现了全面发展这一思想，强调整个社会经济、政治、文化的协调发展，人口、资源、环境的协调发展，地区、城乡、不同群体之间的协调发展。江泽民同志在十六大报告中将这样的小康社会概括为：“经济更加发展、民主更加健全、科教更加进步、文化更加繁荣、社会更加和谐、人民生活更加殷实。”以江泽民同志为核心的党的第三代领导集体创立了“三个代表”重要思想。这一科学理论在建设中国特色社会主义的思想路线、发展道路、发展阶段和发展战略、根本任务、发展动力、依靠力量、国际战略、领导力量和根本目的等重大问题上取得丰硕成果。并明确了“发展的目的是为了什么”的问题：发展先进的生产力，是发展先进文化、实现最广大人民根本利益的基础条件。不断发展先进生产力和先进文化，归根到底是为了满足人民群众日益增长的物质文化生活需要,不断实现最广大人民的根本利益。

这一时期,党中央还做出一系列关于全面发展的重大战略举措,例如可持续发展战略的提出。作为当今人口最多和经济发展最快的发展中国家,我国在人口、资源、环境、经济和社会五个领域的协调发展问题上面临严重的挑战。1992 年中国政府在联合国做出了履行《21 世纪议程》的承诺,并于同年 7 月开始着手起草《中国 21 世纪议程》。1994 年国务院批准了《中国 21 世纪议程》,成为世界上最早实施 21 世纪议程的国家之一。1995 年十四届五中全会制定的九五计划纲要中第一次把"实现经济社会可持续发展"作为主要奋斗目标和指导方针的重要内容写入党的正式文件。十五大再次重申"在现代化建设中必须实施可持续发展战略"。十六大在制定全面建设小康社会的奋斗目标时专门制定了可持续发展目标:可持续发展能力不断增强,生态环境得到改善,资源利用效率显著提高,促进人与自然的和谐,推动整个社会走上生产发展、生活富裕、生态良好的文明发展道路。党的十七大则明确提出"生态文明"的概念。我党确立了环境、资源保护和经济社会发展互相依存、不可分割的发展思想。

3. 以人为本,全面、协调、可持续的发展观——科学发展观

世界经济社会发展史表明,在经济发展起飞阶段,各国都不同程度地出现了非均衡发展的特点,我国也是如此。在经济快速发展的同时,我国在经济增长的量与质、经济发展与社会发展、收入分配、人和自然的关系等方面呈现出明显的非均衡发展的特点。面对发展中存在的问题,我国新一届领导集体在十六届三中全会《中共中央关于完善社会主义市场经济体制若干问题的决定》中首次提出五个统筹发展:统筹城乡发展、统筹区域发展、统筹经济社会发展、统筹人与自然和谐发展、统筹国内发展和对外开放,提出"坚持以人为本,树立全面、协调、可持续的发展观,促进经济社会和人的全面发展"。这是我们党的文件中第一次提出科学发展观。2004 年十六届四中全会通过的《中共中央关于加强党的执政能力建设的决定》,把树立和落实科学发展观作为提高党的执政能力的重要内容。2005 年党的十六届五中全会通过的《中共中央关于制定国民经济和社会发展第十一个五年规划的建议》强调,要坚定不移地以科学发展观统领经济社会发展全局,坚持以人为本,转变发展观念、创新发展模式、提高发展质量,把经济社会发展切实转入全面协调可持续发展的轨道。党的十七大要求深入贯彻落实科学发展观,明确科学发展观是我国经济社会发展的重要指导方针,是发展中国特色社会主义必须坚持和贯彻的重大战略思想。并提出了深入贯彻落实科学发展观的具体要求:始终坚持"一个中心、两个基本点"的基本路线;积极构建社会主义和谐社会;继续深化改革开放;切实加强和改进党的建设。

科学发展观,第一要义是发展,核心是以人为本,基本要求是全面协调可持续,根本方法是统筹兼顾。

必须坚持把发展作为党执政兴国的第一要务。发展,对于全面建设小康社会、加快推进社会主义现代化,具有决定性意义。要牢牢扭住经济建设这个中心,坚持聚精会神搞建设、一心一意谋发展,不断解放和发展社会生产力。更好实施科教兴国战略、人才强国战略、可持续发展战略,着力把握发展规律、创新发展理念、转变发展方式、破解发展难题,提高发展质量和效益,实现又好又快发展,为发展中国特色社会主义打下坚实基础。努力实现以人为本、全面协调可持续的科学发展,实现各方面事业有机统一、社会成员团结和睦的和谐发展,实现既通过维护世界和平发展自己、又通过自身发展维护世界和平的和平发展。

必须坚持以人为本。全心全意为人民服务是党的根本宗旨,党的一切奋斗和工作都是为了造福人民。要始终把实现好、维护好、发展好最广泛人民的根本利益作为党和国家一切工作的出发点和落脚点,尊重人民主体地位,发挥人民首创精神,保障人民各项权益,走共同富裕道路,促进人的全面发展,做到发展为了人民、发展依靠人民、发展成果由人民共享。

必须坚持全面协调可持续发展。要按照中国特色社会主义事业总体布局,全面推进经济建设、政治建设、文化建设、社会建设,促进现代化建设各个环节、各个方面相协调,促进生产关系与生产力、上层建筑与经济基础相协调。坚持生产发展、生活富裕、生态良好的文明发展道路,建设资源节约型、环境友好型社会,实现速度和结构质量效益相统一、经济发展与人口资源环境相协调,使人民在良好生态环境中生产生活,实现经济社会永续发展。

必须坚持统筹兼顾。要正确认识和妥善处理中国特色社会主义事业中的重大关系,统筹城乡发展、区域发展、经济社会发展、人与自然和谐发展、国内发展和对外开放,统筹中央和地方关系,统筹个人利益和集体利益、局部利益和整体利益、当前利益和长远利益,充分调动各方面积极性。统筹国内国际两个大局,树立世界眼光,加强战略思维,善于从国际形势发展变化中把握发展机遇、应对风险挑战,营造良好国际环境。既要总揽全局、统筹规划,又要抓住牵动全局的主要工作、事关群众利益的突出问题,着力推进,重点突破。

在深刻反思西方发达国家工业化发展以及许多发展中国家发展的经验教训的基础上,以胡锦涛为总书记的党中央既着眼世界发展潮流,又立足于中国发展的现实,明确了科学发展观这一科学理论,创造性地回答了实现什么样的发展、怎样发展等重大理论和实际问题,为我国今后的社会主义现代化建设明确了方向。其核心是“以人为本”,人类社会的发展和进步集中表现在人的发展上,人的发展是经济和社会发展的核心和最高目标,经济和社会的发展应该始终围绕和服务于人的全面发展。

第三节 加快转变经济发展方式,促进经济发展

一、从经济增长到经济发展

经济增长是以国民生产总值表示的“一国生产的商品和劳务总量的增加”,强调社会物质财富的增长。经济增长方式,是指各种生产要素的分配、投入、组合和使用

方式,它决定着生产力的整体效能和发展状况。马克思在阐述社会资本扩大再生产时曾经指出:“如果生产场所扩大了,就是外延上扩大;如果生产效率提高了,就是内涵上扩大。这种规模扩大的再生产,不是由积累——剩余价值转化为资本引起的,而是由固定资本的本体上分离出来的、以货币形式和它分离的价值再转化为追加的或效率更大的同一种固定资本引起的。”①也就是说,社会资本的扩大再生产有两种基本的方式,即外延的、粗放的扩大再生产和内涵的、集约的扩大再生产。外延的、粗放的扩大再生产是指生产技术不变、生产效率不变的条件下,单纯依靠增加生产要素的数量实现扩大再生产;内涵的、集约的扩大再生产是指在生产要素数量不变的情况下,依靠提高技术水平实现的扩大再生产。在科学技术飞速发展的信息时代,生产要素的内容不仅仅涵盖马克思谈到的资本、土地和劳动,还涵盖了技术、信息和管理等现代生产要素。从某种意义上来说,社会资本扩大再生产的方式和经济增长方式具有相同的内涵,即都是研究依赖什么样的生产要素及其组合、通过什么样的途径、怎样实现经济增长的问题。

经济增长方式的选择取决于以下几方面因素。

第一,取决于特定的社会生产力水平,取决于特定的经济发展阶段。在工业化早期,经济增长主要依赖于资本、土地和劳动力等生产要素的投入,着力发展劳动密集型产业和资本密集型产业。随着科学技术水平的不断提高和广泛应用,经济增长不再依靠生产要素积累,而是依赖效率提高推动,这在发达国家表现得尤为明显。我国正处于工业化中期阶段,国际经验表明,这个时期往往是经济结构调整加速,也是资源消耗和要素投入强度最大的时期,经济增长总体上还是“投资和要素驱动型”,而不是“技术和效率驱动型”。

第二,经济增长方式的选择取决于资源禀赋的比较优势。各国所处的地理位置、资源禀赋等自然条件的差异影响了各国经济增长方式的选择。如果一个国家劳动力资源相对丰富,该国的比较优势就在劳动密集型产业;如果一个国家在资本或技术方面要素资源充裕,那么比较优势就会在资本或技术密集型产业。国际贸易之所以会在发达国家和发展中国家有序地进行,也正是基于比较优势原则。因此,在开放经济条件下,一国经济增长方式的选择,必须考虑本国的资源禀赋所决定的在国际分工体系中所处的位置。劳动力供给过剩,使得我国的劳动密集型产业在国际分工中具有比较优势,这对于通过增加出口带动经济增长是有益的,但对于转变经济增长方式却起到了阻碍作用。因为在工业化的过程中劳动生产率的提高意味着机器的广泛使用和劳动力需求减少,使失业问题更加严重。我国劳动力无限供给的特殊国情,对我国选择转变经济增长方式的路径提出了更高的要求。

第三,取决于不同经济体制自身的运作规律。不同的经济体制,由于经济运行的目标和实现目标的机制、资源配置方式、资源使用成本和经济主体行为模式等方面的

① 马克思,《资本论》,第2卷,192页,北京,人民出版社,1975。

差异，会影响经济增长方式的选择。在传统计划经济体制下，政府充当经济活动的指挥者，资源集中在国家手中，由中央计划集中配置。政府承担所有的市场中介经济活动，直接掌握企业的所有权和经营权。政府只管投资，对回报率和回收率缺乏刚性要求，企业由国家统负盈亏，普遍缺乏成本收益核算意识，不重视经济效益的提高，这样形成了用高投入支撑高产出，要素和资源的利用效率低下的粗放型经济增长方式。1952 年到 1978 年，我国全要素生产率（TFP）几乎没有任何增长，但经济却保持了高速扩张，其动力只能来源于生产要素的投入。市场经济条件下，微观经济主体在自身利益的驱动下，在市场机制的自发作用下，通过提高产品质量、改进技术、降低消耗和加强管理来追求利润最大化的目标。这样微观基础上的宏观经济运行，必然表现出集约型增长方式的特征。我国目前处于计划经济体制向市场经济体制的转型期，宏观调控体系仍待完善；国企改革尚未完成，政企不分现象还比较严重；财税制度和各级政府的财权与事权划分不合理，地方政府存在严重的投资冲动，不顾条件大干快上；生产要素市场化程度不高，政府对土地、资本以及自然资源具有很强的控制力，因而使这些重要生产要素的价格机制严重扭曲，甚至被无偿或低价使用。这些体制性缺陷是中国经济增长方式一直难以改变的重要原因。

第四，取决于执政者的发展理念和政策导向。中国社会主义制度确立之后，在落后的生产力现实和巨大的“赶超”压力下，长期把经济增长视为经济建设的中心指标。为了追求高速度的经济增长，计划部门不断提高积累率，追加投资金额。一味追求产值和经济增长速度，却忽视了经济增长的质量和效益，经济增长中科学技术进步贡献率比较低。20 世纪 90 年代中期，党的十四届五中全会提出“积极推进经济增长方式从粗放型向集约型转变，作为中国今后相当长一段时期中经济工作的基本方针”的战略部署，并写进了《关于国民经济和社会发展“九五”计划和 2010 年远景目标纲要》，党的十五大、十六大对转变经济增长方式提出了更为明确的要求。尽管我党明确了转变经济增长方式的政策导向，但由于其他制约条件的限制，我国目前经济增长粗放问题仍很严重。我国经济持续高速增长的同时，资源环境不堪重负，企业自主创新能力不足，缺乏核心竞争力，不仅制约了经济的持续增长，而且威胁着国家的经济安全。

党的十七大报告使用了“经济发展”的概念。相较于经济增长，经济发展的内涵更加丰富。经济增长侧重于对经济指标数量的度量，经济增长方式是指通过要素结构变化包括生产要素数量增加或质量改善实现经济增长的方式和模式。经济发展除涵盖经济增长的含义外，还包括促进经济结构优化、经济增长与资源环境相协调、发展成果合理分配等内容。可见，经济发展除了涵盖要素结构的变化，还包括产业结构、需求结构、城乡结构、区域结构、资源和生态环境的变化。除了物质财富的数量增长，还强调随之出现的经济结构的变化以及社会福利、卫生教育、意识形态等方面的变化。所以，经济发展过程表现为人类经济生活乃至社会生活的深刻的结构和技术创新的过程，衡量经济发展水平的指标体系包括经济数量和经济社会质态两类指标。

进入新世纪,我国经济发展进入新阶段,我们对增长与发展的认识有了进一步提高,在推动产业结构优化升级、统筹城乡区域和经济社会发展、促进可持续发展以及调整需求结构等方面,进行了新的实践。党的十七大报告用“转变经济发展方式”替代“转变经济增长方式”,从“增长”到“发展”两个字的变化,体现了在科学发展观的指导下我们对中国特色社会主义道路实践经验的总结和理论认识的深化。

二、转变经济发展方式的路径选择

改革开放以来,中国经济发展取得举世瞩目的巨大成就,但也积累了不少矛盾和问题。这些矛盾和问题主要表现在三个方面:经济增长方式扭曲,长期依赖投资贡献和出口贡献,不仅使生产和消费偏离了均衡,而且外部力量对中国经济增长制约力度加大;产业结构内部发展不平衡,第一、第三产业发展滞后于整个国民经济的发展,第二产业整体素质不高;经济增长质量不高,快速经济增长主要依靠增加物质资源消耗。我们现在谈到的转变经济发展方式,就是要实现以下三个转变。

第一,扩大国内需求特别是消费需求,促进经济增长由主要依靠投资、出口拉动向依靠消费、投资、出口协调拉动转变。经济增长的三驾马车是消费、投资和出口。改革开放后我国三驾马车对经济增长的贡献情况如下:1979~2006年,投资贡献率平均为35.2%,消费贡献率平均为56.8%,消费对经济增长的贡献高于投资。但近年来投资占经济总量比重的逐步提高,投资对经济增长的拉动作用正在增强,2003年后投资需求对经济增长的贡献率已经明显超过消费需求,年均贡献率达到49.4%,而消费需求的年均贡献率只有37.8%。与此同时,净出口的贡献率也逐年提高,2006年达到20.4%。从国际比较看,1979~2005年,全球的投资贡献率为23.5%。发达国家中的美国、日本、德国和英国的投资贡献率分别为20%、18.6%、10.9%和26%;发展中国家的巴西、印度、印度尼西亚和埃及的投资贡献率分别为13.9%、24%、20.1%和27.5%。与之相比,我国的投资贡献率明显高于世界水平。1978~2005年,全球的消费贡献率为77.4%。发达国家中的美国、日本、德国和英国的消费贡献率分别为89.7%、73.6%、69.2%和91.8%;发展中国家的巴西、印度、印度尼西亚和埃及的消费贡献率分别为82.6%、75%、70.3%和69.1%。与之相比,我国的消费贡献率明显低于世界水平。1978~2005年,发达国家中的美国、日本、德国和英国的年均净出口率分别为-2.7%、1.6%、0.4%和-1.7%;发展中国家中的巴西、印度、印度尼西亚和埃及的年均净出口率分别为0.6%、-2%、2.7%和-6.7%;亚洲国家总体为贸易顺差,年均净出口率为1.9%,其中韩国为2.1%。同一时期,我国的净出口率为2.6%,高于世界平均水平。此外,我国的贸易依存度已经从1978年的8.4%上升到2005年的67.2%,明显高于世界平均56.4%的水平,其中出口依存度超过37%,也大大高于世界平均水平。从发展经济学的角度看,无论是罗斯托的“起飞”理论还是罗森斯坦·罗丹的“大推进”理论,共同的精髓都在于一点:发展中国家要实现经济快速增长的前提条件是政府主导和推动投资的快速增长。综合世界各国经济发展经验,在经济发展早期,依靠投资拉动经济增长是一个普遍存在的现象,但是,高投资率必然抑制消费,投资所形成的巨大的生产能力得不到有效吸纳,内需不足,就会寻求外需,对国外资源和市场的利用在促进我国经济发展的同时,过高的贸易依存度也使外部力量对中国经济发展的制约度加大,中国经济安全自控性降低,而且一旦国际市场发生波动必然带来产能过剩。从国际经验看,大多数国家都采取消费主导型的良性发展模式,将其视为保持经济持续增长的长期、根本的选择。作为世界上最大的发展中国家,我国比世界上其他任何国家都更加具备立足扩大消费需求推动经济发展的有利条件。扩大居民消费需求,需要我们努力扩大就业;合理调节收入分配,提高低收入者的收入水平;完善公共卫生和医疗服务体系;扩大社会保障的覆盖面,逐步提高社会保障水平;深化教育改革,强化政府的义务教育保证责任,大力发展职业教育,加大教育投入,建立有效的教育资助体系。这样,才能最终形成消费与投资、出口协调拉动经济增长的格局。

第二,促进经济增长由主要依靠第二产业带动向依靠第一、第二、第三产业协同带动转变。这是针对我国农业基础薄弱、工业大而不强、服务业发展滞后以及三大产业之间比例不合理的问题提出的。改革开放以来,我国产业结构不断调整,1978 年我国第一、二、三产业的比重分别为 27.9%、47.9% 和 24.2%,2006 年第一、二、三产业的比重分别为 12.6%、47.5% 和 39.9%。尽管农业比重不断下降,第三产业比重有了一定程度的提高,但是经济增长主要依靠第二产业带动的格局并未改变。农业基础薄弱,"靠天吃饭"的局面没有根本改变;工业大而不强,缺乏自主知识产权、核心技术和世界知名品牌,消耗高、污染多的行业和企业所占比重过高;服务业发展滞后,其增加值占国内生产总值的比重比中低收入国家平均水平低十几个百分点,特别是现代服务业的数量和质量远不能满足需求。这种产业结构不合理的状况,不仅加大了资源环境的压力,影响经济整体素质和效益的提高,也不利于缓解就业压力,极大地影响我国经济的稳定性。因此,必须立足优化产业结构推动发展,加强农业基础地位,引导我国农业向现代农业迈进;提高工业技术水平,实现我国工业由大变强;加速发展服务业。实现我国经济增长由主要依靠第二产业带动向依靠第一、第二、第三产业协同带动转变。

第三,促进经济增长由主要依靠增加物质资源消耗向主要依靠科技进步、劳动者素质提高、管理创新转变。这是经济增长中要素投入结构调整的基本方向,是针对我国经济增长中过于依赖物质资源投入的增加和简单劳动,而科技进步、劳动者素质提高、管理创新等对经济增长的贡献不大的问题提出的。当前,我国经济发展整体上仍然处于"资源依赖型"而不是"创新驱动型"阶段。尽管几乎所有的工业化国家都曾经历过粗放式经济增长阶段,但这终究是一种不可长期持续的经济增长方式,必须适时进行调整。其一,要控制固定资产投资规模。其二,加速经济结构调整和优化,加快服务业的发展。其三,消除经济增长方式转变的体制性障碍,完善价格形成机制,纠正被扭曲的生产要素价格;推进垄断性国有企业的改革;深化行政管理体制改革,将"经济管理型"政府转变为"公共服务型"政府。其四,加快科技进步,增强自主创新能力。我国已经到了依靠科技进步和自主创新增强国际竞争力、推动经济持续稳定增长的新阶段,要注意培育有利于创新的制度和政策环境;加快以企业为主体的技术创新体系建设,支持企业大力开发具有自主知识产权的关键技术,打造知名品牌;坚持先进技术的引进和消化、吸收、创新相结合;完善鼓励创新的政策体系,实行有利于技术创新的财税金融等政策;大力加强知识产权保护;加大政府和企业的研发投入。

参考文献

[1] 马克思恩格斯选集(第16卷)[M].北京:人民出版社,1972.
[2] 列宁选集(第4卷) [M].北京:人民出版社,1960.
[3] 列宁全集(第25卷)[M].北京:人民出版社,1958.
[4] 邓小平文选(第2卷)[M].北京:人民出版社,1994.
[5] 毛泽东文集(第8卷)[M].北京:人民出版社,1999.
[6] 卫兴华,张宇.社会主义经济理论[M].北京:高等教育出版社,2007.
[7] 吴敬琏.当代中国经济改革[M].上海:上海远东出版社,2003.
[8] 庞元正.当代中国科学发展观[M].北京:中共中央党校出版社,2004.
[9] 郭熙保,胡卫东.发展观的演进与深化[J],天津行政学院学报,2004(4):42-45.

第三章

改变二元经济结构，建设社会主义新农村

新中国成立以来尤其是改革开放以来，我国农业和农村发生了历史性的深刻变化，农村经济社会发展取得了举世公认的伟大成就，农民生活水平总体上有了显著提高，农业生产力得到了较大提升，为我国全面建设小康社会奠定了坚实基础。但总的来看，目前制约农业和农村发展的深层次矛盾尚未消除，促进农民持续稳定增收的长效机制尚未形成，农村经济社会发展滞后的局面也还没有得到根本改变，统筹发展的机制没有完全建立起来，农民的社会保障问题日益突出，农业和农村经济结构调整缓慢，城乡二元经济结构阻碍了农村经济的发展，城乡差别持续扩大。

近年来，我国一直高度重视所出现的农业、农村和农民问题，中央多次下发关于"三农"问题的"一号文件"。中共中央在 1982 年至 1986 年连续五年发布以农业、农村和农民为主题的中央"一号文件"，对农村改革和农业发展做出具体部署。2004 年 2 月 9 日，中央一号文件《中共中央、国务院关于促进农民增加收入若干政策的意见》正式发布，中央一号文件再次回归农业。2005 年至 2007 年的中央一号文件继续关注"三农"问题，2008 年 1 月 30 日，中共中央、国务院印发《关于切实加强农业基础建设进一步促进农业发展农民增收的若干意见》，这是十六大以来中央一号文件第五次关注"三农"问题，也是改革开放以来第十个以"三农"为主题的中央一号文件。

2007 年 10 月党的十七大报告提出："解决好农业、农村、农民问题，事关全面建设小康社会大局，必须始终作为全党工作的重中之重。"解决好我国农业、农村和农民问题，必须以科学发展观统领经济社会发展全局，按照统筹城乡发展的要求，采取一系列支农惠农的重大政策。党的十六届五中全会通过的《中共中央关于制定国民经济和社会发展第十一个五年规划的建议》和党的十七大报告，明确了今后我国经济社会发展的奋斗目标和行动纲领，提出了建设社会主义新农村的重大历史任务，为做好当前和今后一个时期的"三农"工作指明了方向。当前农业和农村发展仍然处在艰难的爬坡阶段，农业基础设施薄弱、农村社会事业发展滞后、城乡居民收入差距扩大的矛盾依然突出，解决好"三农"问题仍然是我国经济建设中重大而艰巨的历史任务。必须始终把"三农"工作放在重中之重，统筹城乡社会经济发展，切实把建设社会主义新农村的各项任务落到实处，加快农村市场经济体制的建立与完善。

第一节　中国农业经营方式

一、中国农业经营方式概述

农业生产，同整个社会生产一样，总是在一定的生产力和生产关系下进行的。生产力包括人和物两种要素，而生产关系则包括生产、交换、分配、消费等关系。农业生产关系，实质是人们在生产、交换、分配和消费等众多经济活动中所发生的经济权力、经济责任和经济利益等方面的关系。

研究农业经营方式，就是研究农业生产力诸要素的结合方式，其目的是探寻生产要素的最佳组合方式，以提高农业生产力，其核心内容是农业生产资料主要是土地与劳动者（含经营者）的结合方式。农业经营方式的主要内容包括三个方面：一是农业劳动者之间的关系，这主要是农业经营的微观组织形态问题；二是农业生产资料与农业劳动者间的关系，这主要是土地的利用方式问题；三是农业生产资料间的关系，比如土地、农业机械与畜力的结合范围、规模等。

二、我国农业经营方式的沿革

（一）新民主主义革命时期解放区的农业革命

旧中国土地制度的基本特点是土地占有的高度集中和使用的极端分散。1927年全国无地农民占总人口的55%；占地2/3公顷以下的贫农占总人口的20%，但占地的比例仅为6%；占地2/3公顷至2公顷的中农占总人口的11%，占有13%的土地；而占地2公顷以上的地主富农仅占人口比例的14%，却占有81%的土地。地主富农把土地的绝大部分出租给农民，收取苛重的地租，农民辛苦劳动所得在交完地租后所剩无几，温饱都难以解决。这种情况严重地阻碍了农业生产的发展，导致了农业经营水平的低下和农业技术的落后，妨碍了工业化的实现。贫苦农民不仅要忍受地主的剥削，而且还承担各种苛捐杂税和徭役，还要遭受商业资本和高利贷的剥削，这也进一步激化了当时的社会矛盾。只有彻底改革土地制度，才能解放生产力，才能促进农业生产的发展，使中国走上独立、民主、统一、富强的道路。因此，土地制度的改革就成为中国新民主主义革命的主要内容之一。

1922年6月，中共中央的正式文件首次提出“没收军阀和官僚的财产，将他们的田地分期分给农民”，其具体行动纲领是限田、限租，将私人地权限制在若干亩内，超出限额部分归佃农所有。这一时期关于限田的规定，具有没收部分地主土地归佃农所有的意义，是“耕地农有”纲领的基础。

1925年10月，中共提出了较为明确的土地纲领，“没收大地主、军阀、官僚、庙宇的田地交给农民”。同年11月，中共发布《中国共产党告农民书》，提出了只有“耕地农有”才能解除农民困苦,但要实现“耕地农有”,必须让工农取得政权。

1927年4月,中共五大通过了《土地问题决议案》,提出“没收一切所谓公有的田地以及祠堂、学校、寺庙、外国教堂及农业公司的土地,交诸耕种的农民,此等没收的土地之管理,应付诸土地委员会”,确定了先实行“耕地农有”政策和最终实行土地国有制的方案。同年8月召开的八七会议则进一步明确了“没收大地主土地”、“耕者有其田”和“土地国有”的基本原则,实现了土地政策由“耕地农有”向“土地国有”的根本转变。11月在上海召开了中央临时政治局扩大会议,会议原则通过了《关于土地问题党纲草案的决议》及《中国共产党土地问题党纲草案》,决定“没收一切土地,由农民代表自己支配给贫农耕种”。1928年6月中共六大纠正了没收一切土地的政策,确立了没收地主阶级的一切土地和“耕地归农”的两项原则,明确了农民只有土地使用权的政策。这与之前所奉行的“耕者有其田”政策相违背。

1928年10月,中共湘赣边界第二次代表大会召开,制定了中共领导下的第一部土地法——《井冈山土地法》。从此以后,在中共中央的领导下,各红色根据地纷纷开展了土地制度改革。

抗日战争时期,在广大的敌后抗日根据地,农业革命主要是两种形式,即减租减息及大生产运动与农业互助合作。1939年冬开始,为了巩固和扩大抗日民族统一战线,争取和团结社会各阶层一致抗日,中共中央决定,把土地革命政策改变为减租减息政策,减租减息政策主要是在新抗日根据地进行。在陕甘宁边区等老根据地则掀起了大生产运动和农业互助合作运动。

抗战胜利后,解放区的农业革命主要是两个方面的工作:土地改革和农业互助合作。1947年9月,中央召开的全国土地会议制定了《中国土地法大纲》,指出土地改革就是要“废除封建性及半封建性剥削的土地制度,实行耕者有其田的土地制度”。土地法大纲规定,土地一律按乡村全部人口,不分男女老幼,统一平均分配,使乡村人民均获得同等土地并归个人所有。土地改革的总路线是:依靠贫农,团结中农,有步骤有分别地消灭封建剥削制度,发展农业生产。在土地法大纲的指引下,广大解放区陆续开展了土地改革。到1950年春,解放区的土地改革已基本完成。

(二)全国范围内的土地改革

1949年中华人民共和国成立时,虽有部分解放区相继开展了土地改革,全国仍有2.9亿农业人口的新解放区尚未进行土地改革,农村中封建剥削依然存在。当时国内经济萧条,百废待举,国民经济亟待恢复,土地改革成为一项重要而急迫的历史任务。

为了指导土地改革顺利进行,1950年6月14日,中国人民政治协商会议第一届全国委员会举行第二次会议。会议中心议题是讨论改革封建土地制度问题。刘少奇作了《关于土地改革问题的报告》,阐明了土地改革的重大意义和党的方针政策。会议讨论和通过了刘少奇的报告及中共中央建议的土地改革法草案。6月28日中央人民政府委员会第八次会议通过了《中华人民共和国土地改革法》,并于30日公布实施。土地改革法颁布后,规模浩大的土地改革运动在广大新解放区先后开展起来。为了做好土地改革工作,党和政府派遣了大批土改工作队深入各地,领导开展工作。加上当时其他政治运动的配合,土地改革的各项工作进展顺利。至1953年春,除中央规定暂不进行土地改革的一些少数民族地区外,内地的土地改革已基本完成。

土地改革完成后,以小块土地私有为特征的一家一户的小农经济成为我国农村经济生活中占主体地位的经济形式。同时随着战争平息,国内环境的安定,农业生产迅速得到了恢复,但农业生产力水平仍然较低,生产物资匮乏,农民生产生活存在较大困难。土改完成后,农村中的社会结构和政治结构也发生了较大变化,农民的社会地位和政治地位发生了急剧的变化,原本处于社会最底层的贫下中农,变成了农村的主人,而地主富农则成了社会的最底层。

(三)互助组和合作社

1952年末、1953年初中央决定立即开始向社会主义和计划经济过渡,在从1953年开始的第一个五年计划中实施优先发展重工业的工业化路线。在这样的背景下,把农民组织在国家控制下的集体经济组织中,以便通过非市场的方式取得重工业优先的工业化所必需的资金、粮食和农产品原材料,就成为必然的选择。1952年12月,对粮食、棉花等农产品实行"统购统销",即计划收购和计划销售制度,这样就将物资支配掌握在国家手中。同时通过互助组和合作社等组织形式将农民纳入集体经济组织之中。

1. 互助组

20世纪50年代初期,我国农村兴起了农业合作化运动,作为社会主义改造的一部分。在农业合作化运动中,采取了"先集体化,后机械化"的办法,确定了自愿互利、典型示范和国家帮助的原则,创造了互助组到初级社再到高级社的互相衔接的三步走形式。互助组的形式主要分为两种。一种是临时互助组,又称季节互助组。一般由三五户农户组成,主要在农忙季节临时组织,农忙后即行解散。第二种长年互助组,这种互助组一般规模较大,除了在主要农事活动上进行劳动互助外,还实行农副业的互助结合,或进行比较固定的分工,并拥有少量的公共财产。

到1950年底,我国农村中有各类互助组272.4万个,参加的农户有1 131万户,占总农户的比重为10.7%。1951年春,中央人民政府在《关于1951年农村生产的决定》中明确提出,各地要加强对互助合作运动的领导,做好互助组的发展与巩固工作,并以此来达到进一步提高生产的目的。到1951年底,互助组增加到了467.5万个,参加的农户增加到2 100万户,占总农户的比重为19.2%,1953年为29.2%,到1954年,这一数字上升到了58%。

2. 初级社

在互助组发展的基础上,党逐步引导农民加入以土地入股和统一经营为特色的初级社。初级社是我国的独创,既协调了几千年以来形成的农民私有的观念,又以劳动报酬为主,考虑了农民的需求,集体劳动,统一经营,有一定数量的公共财产,解决了单干农民和互助成员入社前在生产上的一些困难，取得了较好的经济效益。1950年，陕西省首先试办了第一个初级农业合作社。1953年底起，我国农村互助合作运动的中心向发展初级农业生产合作社（即初级社）转移。初级社与互助组有着较大的差异，它开始对土地实行统一经营，主要生产资料交到社里统一使用，参加农户虽拥有土地和主要生产资料的所有权，但使用权归农业生产合作社，在年终分配时，农户可凭土地和其他交社里使用的生产资料参与分红。这种当时被认为是属于半社会主义性质的初级农业生产合作社，发展得非常迅速。1951年，共7个省试办了129个初级社；1952年，初级社的数目增加到3 634个，入社农户为57 188户；1953年初级社增加到14 171个。同年，中共中央颁发了《关于发展农业生产合作社的决议》，对初级社的发展起到了极大的推动作用。1954年，初级社增加到48万个，到1955年底全国的初级社已达到193万个，入社农户7 500万户，占全国总农户的63.3%，我国农业的初级合作化已基本实现。

3. 高级社

1955年10月，中共中央七届六中扩大会议通过了《关于发展农业合作化问题的决议》，把原计划于1960年前后完成的初级合作提前到了1958年春季，同时明确地提出了要有重点地试办高级社的问题，这标志着合作化高潮的到来。高级社完全不同于初级社，它取消了参加农户的土地报酬，社员的土地全部转归合作社公有，大型农具也都作价入社，由合作社统一经营，统一分配收益。这一次的“合作化高潮”改变了合作社的性质，合作社由自愿加入变为在社会强制下组建，实质上成为准国有制的高级社。1955年底全国只有500个高级社，入社农户占全国农户总数的3.45%。在发动合作化运动一年后的1956年末，高级社已达54万个，入社农户占全国总农户的88%，加上初级社8.5%的农户，入社农户的比例为96.3%。1957年冬天实现了高级合作化，全国有近1.2亿个个体家庭被组织成为75.3万个高级社。

但与此同时，由于违背自愿互利原则的迅速高级社化，生产关系急剧变革，脱离中国农村生产力实际水平，片面强调集体利益不顾社员利益以及干部官僚主义等原因，从1956年冬天开始，全国各地出现众多退社事件。

（四）人民公社

以人民公社经营方式变迁作为依据，人民公社有三个阶段：一是农村人民公社所有制；二是人民公社、生产大队、生产队三级所有，以生产大队为基础；三是人民公社、生产大队、生产队所有，以生产队为基础。以1962年的“三级所有，队为基础”为公社新体制的确立为界，可将人民公社划分为两个时期：大公社时期和公社时期。

1. 大公社时期（1958年3月~1962年2月）

1958年3月，中共中央政治局在成都召开扩大会议，通过了《中共中央关于把小型的农业合作社适当地合并为大社的意见》，其主要宗旨是要适应农田水利化和耕作机械化的要求，正式把高级社合并组成“一大二公”“政社合一”的人民公社。1958年7月，我国第一个人民公社在河南省遂平县建立。8月初，毛泽东先后在河北、河南和山东农村视察，对人民公社加以褒扬，由此在全国掀起了"大办人民公社"的运动。1958年秋季在全国范围内实现了人民公社化。当时全国27个省、市、自治区中，有12个省、市、自治区的农户全部加入了人民公社。全国共建立了人民公社23 384个，加入农户11 217万余户，占总农户数的90.4%。

1958年11月28日，中共中央在武昌举行了八届六中全会，会议通过了《关于人民公社若干问题的决议》，提出了建立公社、管理区或生产大队、生产队三级管理机构，实行分级管理，是调整的开始，并决定用半年时间对人民公社"进行一些教育、整顿和巩固"。然而随着整社工作的进行，人民公社存在的问题进一步暴露出来。1959年2月，中共中央政治局在郑州召开扩大会议，会议制定了整社工作的方针：统一领导，队为基础；分级管理，权力下放；三级核算，各计盈亏；分配计划，由社决定；适当积累，合理调剂；物流劳动，等价交换；按劳分配，承认差别。1960年11月，中共中央发出《关于农村人民公社当前政策问题的紧急指示信》，首次明确指出：三级所有以生产队为基本核算单位是现阶段农村人民公社的根本制度。这样，绝大部分土地无偿转归生产队所有，少量归公社一级所有，生产小队没有土地，公社及其派出机关，对生产队的生产经营活动不得乱加干涉，公社不能用剥削队有经济的办法来发展社有经济。1961年6月中共中央开始试行《农村人民公社工作条例（修正草案）》（即《农业60条》），进一步明确了保护生产队的自主权的原则，重申了生产队为公社的基本核算单位原则。

人民公社和高级社相比，性质有很大的不同。它实行政社合一（亦称乡社合一）的原则，即把基层政权组织和集体经济组织合而为一，既是我国社会结构工农商学兵结合的基层组织，又是社会主义政权组织的基层单位，还是劳动群众联合的集体经济组织。人民公社最初实行"一级核算"即单一的公社所有制，原来高级社拥有的土地和其他生产资料都已无偿转归公社所有，由公社统一支配；全公社的劳动力则按照军事编制归公社统一调配。在这种产权制度的基础上，实行公社统一经营，统一分配，统负盈亏。在公社化的条件下，农民被编进了公社这个具有严整纪律的军事化组织，连吃饭也在公共食堂进行。

2. 公社时期（1962年2月～1983年10月）

1962年2月，中共中央发出了《关于改变农村人民公社基本核算单位问题的指示》，正式肯定了后来执行的"三级所有队为基础"的体制，将生产小队改为生产队，生产队改为生产大队，确定以生产队为人民公社的基本核算单位。并在同年9月召开的中共中央八届十中全会上通过的《农村人民公社工作条例修正草案》中规定："这种制度定下来以后，至少30年不变。"至此，人民公社"三级所有队为基础"的基本制度确定下来，此后也基本保持了三级所有的格局，并一直延续到1983年人民公社撤销时为止。

在"文化大革命"时期，一些极"左"路线对人民公社体制产生了极大的冲击：盲目扩大社队规模，急于向以生产大队为基本核算单位过渡；取消或限制社员发展家庭副业，将社员的自留地收归集体统一耕种，集市贸易被看做是黑市贸易而被关闭，严重影响了农村商品经济的发展；农业学大寨，在生产建设上盲目地模仿大寨的一套做法，分配上极力推行大寨大队实行“一心为公劳动，自报公议评分”的平均主义分配办法，否定在公社调整过程中建立起来的行之有效的管理制度和分配制度。

（五）包产到户与家庭联产承包责任制

新中国成立以后，“包产到户”作为一种联产责任制形式，其发展之路却总是波折起伏。我国的“包产到户”是在20世纪80年代真正发展起来的，但早在五六十年代就已出现，大概经历了四次起伏。

包产到户第一次出现是在1956年下半年到1957年。首先在浙江温州地区出现，但在1957年下半年，在农村开展的社会主义大辩论中，在一种高压政策下包产到户受到了严厉的批判，并被坚决制止。第二次是在1959年，人民公社化运动中和公社化实现以后，农村大刮“共产风”、“浮夸风”，农民深受其害，一些地区谋求自救之道，就在把基本核算单位下放到生产小队的同时，搞起了“包产到户”，很快就被当做“右倾机会主义”的重要表现在全国展开了批判。第三次是1961年，在安徽等地又一次搞起了包产到户。在实施人民公社化和“大跃进”后不久，加上当时受到自然灾害的影响，其不良影响就全面暴露出来，农村情况尤其严重。1962年9月召开的八届十中全会将“三自一包”确定为“资本主义复辟”的主要表现，受到了严厉的批判。第四次是在1964年，在我国的西南地区和西北地区一带的一些生产队出现了包产到户，但随后就在“四清”运动中受到批判而中止。

十年“文化大革命”结束后，我国经济基本处于停滞状态，农村经济满目疮痍，百废待举。一些地区的农民再次提出实行包产到户的要求。1978年12月，中共中央召开了十一届三中全会通过了《关于加快农村发展若干问题的决定（草案）》，次年该决定草案经过修改正式通过。根据历史时期的基本任务和解决农业问题的基本方针，党和政府陆续制定了一系列切实可行的经济政策，其中最主要的，就是建立和健全农业生产责任制，并以此为中心实行农业体制改革。

当时各地出现的农业生产责任制有包工、包产和包干三大类与“包工到组”、“包产到户”、“包干到户”（又称“大包干”）三种最主要的形式。我们现在通常称为“包产到户”的，其实是当时称为“包干到户”或“大包干”这种形式。“包工到组”实际上是集体经济内部的一种劳动组织方式。它的基本做法是：生产队将规定了时间、质量要求和应得报酬的作业量包给作业组，并根据承包者完成任务的好坏给予奖励和惩罚。由于工作的数量、质量、时间限定和应得报酬都有明确的规定，而且作业组通常可以自愿组合，较好地调动了劳动者集体的生产积极性。“包产到户”的要点是改变了对劳动的考核方式，由直接计量作业量改为通过产出计量劳动的数量和质量。它的基本做法是把规定了产出要求的土地发包给农户经营，包产部分全部交给生产队，超产部分全部留给承包户或由承包户与生产队分成。“包产到户”与“包工到组”的区别是：绕过了农业中阶段劳动成果不易考核的难题，由承包生产过程的某一个阶段扩展到承包整个生产过程;改变了农业中劳动监督难以实施的问题,将承包主体由作业组群体改为单个农户。“包干到户”意味着农业经营方式的根本改变,由集体经营改为家庭在承包(承租)来的土地上经营。它的基本做法是:作为土地所有者的集体(一般由村委会代表)按人口或按人口和劳动力将土地发包给农户经营,农户按承包合同完成国家税收、统派购或合同订购任务,并向生产队上缴一定数量的提留,用作公积金或公益金等,余下的产品全部归农民所有和支配。包干到户和包产到户的最大区别是取消生产队统一经营和统一分配,“交够了国家的,留足了集体的,剩下全是自己的”。

以“大包干”为主要形式的“包产到户”浪潮,首先在安徽兴起。1978 年末,安徽实行“包产到户”的生产队达到 1 200 个。1982 年 1 月,中共中央、国务院在发出的农业经济政策的第一个中央一号文件中指出:“一般地讲,联产就需要承包”,这就使“包干”的存在有了正式的政策依据。1983 年初,实行“双包”的生产队更占到 93%。

1983 年 1 月,中共中央的一号文件指出联产承包责任制使集体优越性和个人积极性同时得到发挥,是在党的领导下中国农民的伟大创造,是马克思主义合作制理论在中国实践中的新发展。至此,彻底澄清了建国以来党对农业家庭承包制性质上的是非之争。1984 年 1 月中共中央发布了“一号文件”,其基本精神是强调生产责任制的稳定与完善。1985 年一号文件又提出改革农产品统派购制度,把市场机制引入农村经济领域。至此,中国农村最终废除了 20 多年的政社合一的人民公社体制以及农产品统购统销,实行并最终确立了农业家庭承包制度,把生产经营自主权还给了农民,把农民从僵化的人民公社体制下解放了出来,构造了农村自主经营、自负盈亏、自我发展、自我约束的新型微观经济组织基础。更具有深远意义的是,这一改革把农民塑造成为相对独立的财产主体,使农民重建家庭私有财产,极大地调动了农民劳动、投资的积极性,解放了农业农村的各种生产要素,促进了农业农村经济和社会的巨大发展。这是我国农村历史性的大变革、大跨越。

三、我国农业经营方式现状

20 世纪 90 年代以后,中央肯定家庭承包经营具有广泛的适应性和旺盛的生产力,将其作为农村的一项基本制度长期稳定下来,并不断加以完善。十三届八中全会通过的《中共中央关于进一步加强农业和农村工作的决定》明确指出:“把家庭承包这种经营方式引入集体经济,形成统一经营和分散经营相结合的双层经营体制,使农户有了生产经营自主权,又坚持了土地等基本生产资料公有制和必要的统一经营。这种双层经营体制,在统分结合的具体形式和内容上有很大的灵活性,可以容纳不同水平的生产力,具有广泛的适应性和旺盛的生命力。这是中国农民在党的领导下的伟大创造,是集体经济的自我完善和发展,决不是解决温饱问题的权宜之计,一定要长期坚持,不能有任何的犹豫和动摇。”

1998 年 10 月召开的十五届三中全会通过的《中共中央关于农业和农村工作若

干重大问题的决定》(以下简称《决定》)进一步明确指出,我国实行农村家庭承包经营制度不是由生产力水平决定的,而是由农业生产自身的特点或农业生产的规律所决定的。《决定》指出:“实行家庭承包经营,符合生产关系要适应生产力发展要求的规律,使农户获得充分的经营自主权,能够极大地调动农民的积极性,解放和发展农村生产力;符合农业生产自身的特点。这种经营方式,不仅适应以手工劳动为主的传统农业,也能适应采用先进科学技术和生产手段的现代农业,具有广泛的适应性和旺盛的生命力,必须长期坚持。”江泽民同志 1998 年 9 月在安徽考察工作时的讲话,也作了这样的表述:“农业以家庭经营为基础,是农业生产的规律决定的。从实践看,家庭经营加上社会化服务,能够容纳不同水平的农业生产力,既适应传统农业,也适应现代农业,具有广泛的适应性和旺盛的生命力,不存在生产力水平提高以后就要改变家庭承包经营的问题。”

1998 年 3 月,在全国人大九届二次会议上,家庭承包经营作为农村的一项基本制度已正式写入我国宪法。2002 年 8 月 29 日全国人大通过的《中华人民共和国农村土地承包法》明确规定,我国农村实行以家庭承包经营为基础,统分结合的双层经营体制,这是我国农村的一项基本经营制度。从而为在实践中长期坚持和稳定以家庭承包经营为基础的农村微观经济体制奠定了科学理论支撑和法律依据,从法律上赋予了中国农民长期而有保障的土地承包权。

家庭联产承包责任制,改变了我国农村旧的经营管理体制,解放了农村生产力,调动了广大农民的生产经营积极性,推动了农业生产和农村经济的发展。

在我国二十多年的农业生产实践中,这种以家庭联产承包责任制为主体的生产经营方式虽然取得了极大的成功,但这种粗放式小规模的生产经营方式,在新的经济条件下,也暴露出了一些问题,这些问题主要表现在以下几方面。

第一,组织形式松散。自十一届三中全会以来,我国广大农村实行了家庭联产承包责任制。在这种生产经营模式下,农户成了最基本的农业生产单位,广大农户在进行农业生产活动的安排时,具有充分的自主权,但由于广大农民信息渠道的不畅和认知水平的局限,农业生产活动的安排往往带有较大的盲目性,农村的产业结构调整主要依靠市场来引导,农作物的生产安排主要以市场价格为导向。哪种农产品的价格高,就是大多数农民农业生产的首选,一哄而起,大面积种植。区域性的过剩,反而会使价格走低,造成农民增产不增收,影响了农民农业生产的积极性。当大多数农民放弃该农产品的种植时,又会因区域性的市场短缺,使价格走高,造成恶性循环。一方面是农业资源的相对浪费,另一方面是农业生产结构的不合理。

第二,资源配置效率低,生产资料浪费严重。由于家庭联产承包责任制的实施,诸如土地、畜力、农机具等农业生产资料,也随之分配到了各家各户,形成了以农户为基本单位的农业生产资料所有制。这种所有制形式更加突出了农民的主人翁意识,广大农户占有和掌握了几乎全部的农业生产资料。但由于当时的农业生产水平极其落后,农村基本建设十分薄弱,分配到农民手中的农业生产资料非常有限,几乎不能正常地开展农业生产活动,广大农民迫于生产的需要,不得不省吃俭用,以购买农业生产资料。经过了二十多年的积累,各家各户农业生产资料的配置已相当完备,虽然已能够完全满足农民从事农业生产的需要,但又带来了另外一个问题。由于农业生产具有季节性,大量的农机具、畜力等农业生产资料在全年的大部分时间里被闲置,所以这种生产资料的分散和闲置造成了农业资源的极大浪费。

第三,信息渠道不畅,农产品的科技含量低。近年来,随着我国科学技术的快速发展,在农业科研领域涌现出了大量的农业科研成果,无论是种植业、家庭饲养业,还是林牧渔业,每年都有数以万计的农业科研成果。这些农业科研成果如果能够及时转化为农业生产力,将会大大地促进我国农业生产的发展。但由于我国的农业生产方式是以农户为单位的家庭联产承包责任制,广大农户信息来源渠道不畅,很难接受到最新的农业科研成果,许多农业科研成果只能停留在实验室中,与广大的农户很难发生直接的联系,农业科学技术难以在一个较大的范围内得到推广和应用,农产品的技术含量难以得到提高。

第四,集体经济薄弱,基础设施建设滞后。由于实行了家庭联产承包责任制,农户成为农业生产资料的主要拥有者,占有着绝大多数的农村经济资源。在我国绝大多数的农村,村一级政府掌握的人力、物力和财力十分有限,集体经济十分薄弱。尤其是我国实行了免交农业税之后,农村基层组织占有和掌握的农村经济资源将会进一步减少。这种资源分散的农村生产经营运行体制,不利于农村基础设施建设的投入,农村的水利建设、电网改造、道路建设、基础教育以及文化设施建设,一直进展缓慢,与城市存在较大差距。另外,这种资源分散的农村生产经营运行体制规模小,无法进行大规模经营,不利于农村基层组织集中人力、物力和财力,进行农业产业结构调整,也不利于拉长农业生产链条,壮大集体经济,保持我国农业的可持续发展。

面对日益严峻的三农问题,农业农村改革需要在进一步坚持稳定完善家庭承包制度的基础上有新的思路、新的决策。家庭承包经营作为一项制度创新,极大地促进了我国农业农村经济社会的发展,是我国农业农村进一步改革发展的基础,是解决农村所存在矛盾和问题的前提,因而是我国农村经济政策的基石,必须长期坚持稳定。然而,仅仅依靠它,不可能解决我国农业农村发展中的所有问题。我国农业农村许多深层次的问题远远不是农业家庭承包制本身所能解决的,特别是农民增产不增收,农民收入增长幅度持续下降,城乡差距不断扩大的问题。究其深层次的原因,在于我国传统的二元经济社会结构以及与此相联系的城市化的严重滞后,严重阻碍了农民向城市和非农产业的有效转移,而不能转移农民、减少农民,就不可能最终富裕农民。为此,党和政府明确提出,逐步改变城乡二元经济结构的体制,改善农村富余劳动力转移就业的环境,统筹城乡经济社会发展,加快城镇化进程,建设社会主义新农村。消除不利于城镇化发展的体制和政策障碍,实现城乡一体化包括城乡劳动力就业和社会保障一体化,改革城乡分割的户籍制度、就业制度、社会保障制度,从而把更多的农民从承包地上解放出来,向城镇和非农产业转移,实现城乡经济社会的一体化发展。这又是一个历史性的突破和跨越,也必将使我国以家庭承包经营为基础、统分结合的双层经营体制在农村得到进一步的稳定和巩固。

第二节 改变二元经济结构,统筹城乡经济发展

我国长期以来实行城乡分割的户籍制度、只针对城市居民的社会保障制度、严格的统购统销制度、超强行政控制的人民公社制度。这一系列强化城乡分割的制度安排,加上经济上长期实行农业支持工业、农村支援城市,造成"三农"问题日益凸显,城乡差距进一步扩大,这也就是我们通常所说的城乡二元经济结构。

二元经济来源于发展经济学。正式提出二元经济理论的是1979年诺贝尔经济学奖得主阿瑟·刘易斯(W. Arthur Lewis)。他在《劳动无限供给条件下的经济发展》(1954)一文中指出,发展中国家并存着二元经济结构:一个是以传统生产方法进行生产的、劳动生产率极低的非资本主义部门,以农村或农业部门为代表,是"维持生计"的产业,或称之为传统经济;另一个是以现代方法进行生产的、劳动生产率和工资水平相对高的资本主义部门,以城市或工业部门为代表,或称之为现代经济。此后费景汉、拉尼斯修正了刘易斯模型中的假设,把二元经济定义为农业与工业两大部门并存。在考虑工农业两个部门平衡增长的基础上,完善了农业剩余劳动力转移的二元经济发展思想。我国目前正是这种典型的二元经济结构。

中共十七大报告指出:"建立以工促农、以城带乡长效机制,形成城乡经济社会发展一体化新格局。"解决城乡二元经济结构,必须在科学发展观的指引下统筹城乡经济发展,实行工业反哺农业、城市支持农村,实现工业与农业、城市与农村协调发展。

一、我国二元经济结构的形成和发展

(一)我国二元社会结构的形成

鸦片战争以后我国由封建社会进入半殖民地、半封建社会,城市引进了许多西方的社会精神、组织形式与生产技术,农村与城市沿着不同的道路发展。中华人民共和国成立后,在我国处于城市工业化的初期及小农经济根深蒂固的社会背景下,决策者限于观念的局限,不但没有调整城乡发展方向的差距,反而相继出台了一系列加剧城乡发展差距的政策。这些政策以户籍制度为主体把国民分为城镇居民与农民,实行城乡分别管制的机制,严重阻碍了农村经济的发展,进而形成了当今世界上特有的二元社会结构。

1954年12月内务部、公安部、国家统计局联合发出通知,"要求普遍建立农村户口登记制度,并规定农村户口登记由内务部主管;城镇、水上、工矿区、边防要塞区等户口登记由公安部主管;人口统计资料的汇总业务由国家统计局负责"。1955年6

月国务院发出建立经常户口登记制度的指示，对人口的出生、迁出、迁入等变动作了明确规定。

改革开放以来，国家对户籍制度作了一些调整改革，但至今还没有从根本上解决二元社会结构。1980 年国家出台了几十项关于“农转非”的政策，使部分符合条件的城乡两地分居几十年的夫妻、家属得以通过中国特有的农转非管道进入城市。2000 年 6 月 13 日中共中央、国务院下发了《关于促进小城镇健康发展的若干意见》，规定“从 2000 年起，在小城镇（含县城）有合法固定住所、固定职业和生活来源的农民均可根据本人意愿转为城镇户口”。同时，上海、北京、江苏、河北、湖南、山东、安徽等省市也纷纷出台了促进城市化发展的改革措施。然而所涉及的就业、教育、医疗、社会保障诸方面尚未发生根本改变。

（二）我国二元经济结构的形成和发展

以户籍制度为框架的二元社会结构实行城乡分别管制的制度主要还有粮食供应制度、副食品与燃料供应制度、住宅制度、生产资源供应制度、教育制度、就业制度、医疗制度、养老保险制度、劳动保护制度、人才制度、婚姻制度、生育制度、财政金融制度等，其中对农村影响最为深远的是国家的财政金融政策与教育制度。另外我国为了加快工业化进程与城市化建设，长期“以农支城”，城市优先发展的战略使我国形成了严重的二元经济结构，同时使农村成为产生许多社会问题或潜在社会问题的根源。

我国的财政金融制度长期是以挖农补工的政策来推动我国工业化的。国家通过人为的工农产品价格剪刀差形式从农村获得巨额财富，来满足城市工业化优先发展的战略所需的原始积累资金。据统计，从 1953 年实行农产品统购统销到 1985 年取消粮食统购，农民对工业化的贡献是 6 000 到 8 000 亿元。同时，国家又通过农业税收和其他税费从农民那里得到许多资金以弥补城市工业化的资金不足。从 1995 年到 2000 年，农民年均缴纳农业税金 254 亿元，1998 年农民缴纳提留统筹税 729.7 亿元，1999 年农民缴纳农业特产税 88.9 亿元，缴纳屠宰税、耕地占有税、农村个体承担工商税 1 449.8 亿元，这使我国的城乡差距进一步扩大。

中国是一个如刘易斯所预言的具有典型二元经济结构的农业大国：一方是存在大量剩余劳动力和发展缓慢的传统农业，另一方是相对强大的城市工业。但是，从中国的实践看，二元经济结构的转换并不像理论表述的那样一帆风顺。近代中国一直处在从农业社会向工业社会过渡，即工业化的过程中。从 1949 年到 1978 年，改革前 30 年的特殊体制和发展战略选择试图使我国的工业化过程跨越轻工业为主的发展阶段，重工业的发展又以超强制地抑制农村劳动力转移为前提，使二元结构的特征更为强烈。党的十一届三中全会以后，随着经济体制改革和党的经济政策的改变，我国二元经济结构状况有了新的变化，片面追求重工业优先发展的战略得到纠正，农村经济开始活跃起来。改革开放以来，农民人均纯收入年均递增 7% 以上，但分阶段看，1979—1985 年 7 年间增长最快，年均递增 15.2%，而且收入来源主要是农业内部。但自 1985 年以后，农业的发展开始徘徊不前，我国农村剩余劳动力转移过程显著停滞，改革以来现有产业结构中已经逐步减弱的二元结构强度，也再次出现复归。

目前我国二元经济结构主要表现为：我国统一市场体系发育不全，生产要素流动性差，城乡市场差距大；城市经济以现代化的大工业生产为主，而农村经济以典型的小农经济为主；城市的道路、通信、卫生和教育等基础设施发达，而农村的基础设施落后；城市的人均消费水平远远高于农村；相对于城市，农村人口众多；市场机制和经济体制作用弱化，行政干预严重等。

二、二元经济结构的影响

长期以来的二元经济结构对我国社会、经济产生了深远的影响，具体体现在以下方面。

1. 严重地制约了经济的发展

二元经济结构使农产品市场难以扩张，农业生产难以持续增长，农民收入的增加受到严重影响。二元经济结构还使城乡居民收入水平与消费水平的差距不断扩大，农村消费品市场与城市消费品的等级也在不断拉大：城镇市场已趋饱和的高档耐用消费品受农民收入下降的影响，无法向缺乏有效需求的农村市场转移，使农村的相当一部分潜在需求无法转为现实需求。农村需求结构得不到提升，必然影响与需求有关的城市中的生产供给部门，从而影响与供给相关的产业的发展。

2. 在城乡之间筑起了一道道资金、技术、市场和人力资源等壁垒

时至今日，二元经济结构阻碍了生产要素在城乡之间的交流，并影响整个国民经济的协调发展。时至今日，城市和乡村之间仍然存在着生产要素流动的限制或障碍，不仅农业产业化的进程因此而遇到阻力，而且乡镇企业的产业升级和资产重组及物流业的发展都会因城乡分割、工农分割现象的继续存在而受到制约。

3. 带来了农民受教育机会的不平等

受教育机会的不平等造成了就业机会的不平等，就业机会的不平等又造成了收入的不平等，这样不可避免地会造成下一代、再下一代农村居民生活的不平等、就业的不平等和收入的不平等。

4. 导致中国城乡之间存在巨大差距

贫富差距扩大、地区发展不平衡、城乡文化素质差距的扩大，已成为影响和制约我国国民经济及现代化发展的障碍，同时对整个社会产生了深远的影响，加剧了社会矛盾。到2005年，城乡居民的收入差距之比已由1978年的2.57:1扩大到3.22:1，2006年达到3.24:1。这是改革开放以来城乡居民收入之比的最高值。

5. 构成了当前社会经济和政治发展中的结构性障碍

二元经济结构不仅阻碍了国家统一的市场经济体制的形成及社会经济的协调发展，也造成了城乡之间、工农之间、贫富之间、干群之间的矛盾，构成当前我国社会经济和政治发展中的结构性障碍。

6. 阻碍了我国的城市化进程，城市化发展滞后于工业化的发展

经济发展的主线是经济结构的转变。与经济发展相关的结构性变动主要包括两方面：劳动者从农业活动转向非农业活动，即工业化过程；城市和乡村之间的人口比例发生了变化，即城市化过程。作为经济发展主线的两个结构转变——工业化与城市化应该是相互协调的，工业化应该是相互影响和相互推动的发展过程。但在我国经济发展的过程中，由于经济结构的二元性，国家绝大部分投资用于工业部门的发展，而忽视了城市和小城镇建设，使城市化和城镇化滞后于工业化。

7. 使农村大量过剩劳动力无法转移，对农业现代化及农村人口的转移形成体制性障碍

按照西方发展经济学家的二元经济结构理论，在发展中国家存在二元经济结构的情况下，传统农业部门经济发展水平低，边际生产率低，劳动力过剩，为现代工业部门提供廉价的劳动力。而现代工业部门随着资本存量的增加，工业规模的扩张和社会经济结构的变革，需要不断地吸纳劳动力。这样随着城市规模的扩大，人口会源源不断流入城市，随着人口和经济活动从传统部门向现代部门的转化，社会整体生产力水平将不断得到提高，二元经济会逐步转向现代经济。但在我国特殊的二元经济结构背景下，城市的现代经济部门发展缓慢，对劳动力的吸纳能力下降，而农村生产效率不断提高，大量过剩劳动力产生，并且无处转移。中国大量的农村人口需要转移，但事实上进城限制却没有从根本上放松。

可见，二元经济结构加剧了城乡割裂，阻碍了农村经济的发展和农民收入的提高，加剧了城乡差距和社会分化，造成了一系列的社会问题。

三、统筹城乡经济体制改革

随着我国市场经济体制的逐步建立和完善，城乡二元经济结构已经越来越阻碍人力资源的优化配置和地区间的合理流动，越来越不利于城市化建设和农村经济的发展，越来越不适应形势发展的要求。二元结构性问题已成为中国实现全面、协调和可持续发展的一个关键，消除城乡二元结构是我国建设社会主义和谐社会的战略要点。但仅仅靠发展传统意义上的农业不可能改变农村落后于城市的现状，必须统筹城乡经济体制改革。

党和政府近年来出台了一系列改变二元结构、统筹城乡经济体制改革的措施。2002 年 11 月召开的中共十六大根据我国经济社会发展的阶段特点，提出了“统筹城乡经济社会发展，建设现代农业，发展农村经济，增加农民收入，是全面建设小康社会的重大任务”。党的十六届三中全会通过的《中共中央关于完善社会主义市场经济体制若干问题的决定》，第一次正式提出了“统筹城乡发展”的思想，而且还将统筹城乡发展放在“五个统筹”之首。在党的十六届四中全会上，胡锦涛总书记提出了著名的“两个趋向”论断，并指出我国已经进入了以工促农、以城带乡的阶段。

2005 年中央一号文件《中共中央国务院关于进一步加强农村工作提高农业综合

生产能力若干政策的意见》指出：当前农业和农村工作的整体要求是认真贯彻党的十六大和十六届三中、四中全会精神，全面落实科学发展观，坚持统筹城乡发展的方略，坚持“多予少取放活”的方针，稳定、完善和强化各项支农政策，切实加强农业综合生产能力建设，继续调整农业和农村经济结构，进一步深化农村改革，努力实现粮食稳定增产、农民持续增收，促进农村经济社会全面发展。

2007 年 6 月 9 日，国务院批准重庆、成都设立全国统筹城乡综合配套改革试验区。这是中国首次设立统筹城乡综合配套改革试验区，是我国全面贯彻落实科学发展观、改变城乡二元经济结构、统筹城乡经济体制改革又一重大举措。具体而言，我国目前统筹城乡经济体制改革的措施有如下几点。

1. 统筹城乡发展规划，建立统一的规划体系

建立城乡一体、各类规划定位清晰、功能互补、衔接协调的规划体系、编制程序和管理体制，进一步完善经济和社会发展规划、城乡总体规划及土地利用规划，构建科学发展和依法行政的基础。完善城乡一体的市域城镇体系。完善城乡一体的产业体系、基础设施体系、公共服务体系、生态空间体系和制度保障体系。健全城乡规划的管理体制机制，确保科学制定规划，严格执行规划。

当前国家正在制定主体功能区规划，把国土空间划分为优化开发、重点开发、限制开发和禁止开发区域。与推进形成主体功能区和城乡统筹发展密切相关的规划主要有三类：一是总揽经济社会发展全局的五年经济社会发展规划，二是城乡建设规划，三是土地利用规划。如何做到这三个规划有机整体协调，在同级党委政府的领导下，在法律框架的约束下能够统一目标任务、明确措施是非常重要的。统筹规划要突出不同地区的区域特点、发展阶段的特点，正确解决好当前本地区需要重点解决的矛盾和问题，合理安排重点项目和资金流向。在统筹规划时，一个非常重要的问题，就是合理布局我国的城镇群和新农村建设，使城乡都非常注意环境保护和资源节约。

2. 推进城市化进程

2007 年 10 月，中共十七大报告中指出：“走中国特色城镇化道路，促进大中小城市和小城镇协调发展。形成辐射作用大的城市群，培育新的经济增长极。”加快城市化进程是衡量一个地区经济社会发展水平和文明程度的重要标志，是实现经济发展从量的扩张向质的提高转变的重要途径，是促进经济高速增长的强大动力。为了解决当今和今后一个时期存在的城乡二元经济结构改造缓慢、市场有效需求不足、农村剩余劳动力转移困难、农民收入增长迟缓、第三产业发展不快等问题，要努力推进城市化进程，加快农民向非农产业和城镇转移的进程，走出一条大中小城市和城镇协调发展的路子，促进人口和产业合理布局。

推进城市化进展，要着力解决好以下问题。

(1) 推进具有中国特色的大中小城镇多层次发展的多元城市化之路

要充分发挥城市发展对农村发展的带动作用，建设合理的城市体系。不同规模、类型和不同地区城市的经济、科技发展水平及自然条件不同，对经济发展的作用也会有所不同。在城市化推进过程中,应注意发挥不同规模、类型,不同地区城市的作用,做到大、中、小城市比例恰当和功能协调。积极发展大城市,以带动我国城市化进程,提升经济增长的速度及质量。大力发展小城镇,充分发挥小城镇容纳农村剩余劳动力的"蓄水池"作用,以缓解农村人口对城市产生的冲击,为大中城市发展创造更为宽松的环境。

(2)建立市场化的城市发展机制

要发挥政府与市场在城市化进程中的作用。中国城市化必须在市场经济条件下由政府和市场共同推进。完全由政府推动的城市化建设会加大政府的压力,客观上会延缓城市化的进程。完全由市场推进的城市化,则可能造成发展的无序和混乱,影响城市功能的发挥。正确的途径应该是发挥政府和市场两方面的积极性,在政府的推动和引导下,发挥市场化动力机制在城市化建设中的作用。这主要包括:城市规划主体要由政府为主转向政府和市场的有机结合;城市建设投入要由财政投资为主转向财政投资与市场融资的有机结合;城市人口流动要由行政控制为主转向行政控制与市场调节的有机结合。

(3)走工业化与城市化互为动力、共同发展的道路

一般来说,工业化是产业结构的变迁,城市化是空间结构的变革,那么,经济发展就是产业结构与空间结构在不同区域的耦合。因此工业化与城市化互动是必需的。自新中国成立以来,农业、农村劳动力转移从总的趋势看,有两个时期出现缓慢增长甚至个别年份出现停滞的倾向。第一个时期从上世纪60年代开始,一直延续到改革开放前。这是实施重工业优先发展战略及其政府对城市化的严格控制的政策所造成的工业化与城市化的严重偏差。第二个时期是在上个世纪末期。由于改革开放后乡镇企业在农村分散发展,小城镇规模偏小,集聚能力下降,城市化对工业化的带动作用不能充分发挥,直接间接地制约了非农就业岗位的增加。因此,按以往经验,今后要继续加强乡村企业在城市、城镇的集聚,合理规划,统一布局,尤其是选择有重点、有一定产业基础、有较强集聚与辐射能力的小城镇进行发展是必要的。在工业化推动城市化的同时,要注意充分发挥城市化对工业化的带动作用。

(4)结合区域实际,选择合适的产业演进与城市化模式

在中西部地区,要发挥人力资源比较丰富、劳动力成本较低的优势,继续大力发展劳动力密集型产业,通过非农化率的上升推动人口向城市、城镇地区的转移;在东部沿海地区,要在发展资本密集型产业与技术密集型产业的同时,大力发展第三产业,完善城市功能,充分利用工业化与城市化互动的快速发展效应,加快向实现70%的城市化率目标攀升。

(5)通过培育区域城市化的动力机制与传导机制,加速城市化进程

在城市化发展相对较快的东部沿海地区,发展水平、速度、机制、规律也有所不同,导致了不同的城市化进程。而不同的城市化进程又引发了动力机制不同的演进进程,使得城市化的动力呈现不同的力度、空间分布,最后导致了不同的城市化水平。

可见，城市化进程具有路径依赖性质。当某种动力推动城市化启动后，城市化将沿着既定的路径发展，而在这既定的方向上，城市化动力机制也会不断演进，并使城市化进程得到自我强化。因此，各个省区城市化的推进，应该注重动力机制的培育与发展，并协调省区内的动力空间分布与更大区域范围内的区位动力的发展。

(6)优化产业结构，加速资源型经济、资源型城市转型

以矿产资源开发为主的中西部资源型地区，需要改变对政府投资和资源开发的两大依赖，选择一条以民营经济为主体、多种产业共同推动、工业化与城市化协调发展、区域性中心城市重点发展的可持续城市化道路。要加快产业结构调整与环境改善，大力发展与城市职能定位相协调的城市型产业，加快资源型经济转型的步伐；控制资源型产业的发展规模与数量，加强资源型产业的深度发展，延长产业链，提高产业发展的技术含量，提高产品的质量；大力发展劳动力密集型产业与技术密集型产业，提高非农劳动力与人口的集聚规模，通过技术密集型产业的发展，引导、改造资源型产业的发展；完善城市功能，加强中心城市建设以及中心城市与周边小城镇、周边区域的经济联系。

(7)改革现行管理体制，促进城乡一体化

现行的管理体制割裂了城乡之间的有机联系，是造成城乡二元结构的根本原因。要推进城市化进程，必须对现行管理体制进行改革。一是改革现行的户籍制度，为城市化进程清除传统二元经济社会结构和城乡壁垒。户籍制度一直是横隔在我国城乡之间的一道首要壁垒。迫切需要建立一套开放的新型户籍管理制度，清除障碍，让所有愿意到小城镇定居、务工、经商的人都能自由地进入小城镇，从而加快壮大小城镇人口规模、提高城市化水平。要改变以商品粮供应为标准来划分农业、非农业人口的传统做法，建立起以居住地划分城镇人口与农村人口，以职业划分农业和非农业人口的户籍登记制度，施行以迁入地、常住地管理为主的管理方式，逐步实现城乡一体化管理。二是创新社会保障制度，在医疗卫生、失业、养老等各个方面给予保障，可以采取灵活多样的方式。对于进入城镇的农民，可以在不转户口的情况下切实解决上述各种社会保障问题，使其在小城镇安心就业和生活。三是创新财政体制。改革和完善现有财政体制，逐步增强城镇的财政调控能力和发展活力，建立新型的城镇管理体制。四是创新政府管理体制。随着社会主义市场经济体制的建立，对城市管理提出了更新更高的要求。要结合当前机构改革的大好形势，加强体制转换和职能转变，降低管理成本，提高管理水平。

3. 积极推进市场化改革，增强统筹城乡发展的可持续动力

推进市场化改革可以从以下几方面着手。

第一，要促进城乡生产要素自由流动。推进土地管理制度创新，完善土地流转机制，多渠道提高土地规模经营水平；进一步深化投融资体制改革，拓宽市场投资领域；引导企业利用债券、信托、上市等方式融资，推动企业直接融资；完善金融服务体系，发展地方金融机构，探索建立农业保险体系和农业灾害转移分摊机制。

第二,要增强城乡微观经济主体活力。加快民营经济的发展,进一步营造鼓励民营经济健康快速发展的良好环境,支持民营企业以多种方式壮大规模。大力发展农业产业化龙头企业,积极引导有品牌、市场竞争力强的龙头企业采取重组、联合、兼并等方式扩大规模。大力支持农民专业合作社的发展。建立和完善产权明晰、责任明确、管理民主、充满生机和活力的新型集体经济发展机制。促进城市资金、信息和人才等进入农业农村领域,加快培育和形成一批有较强竞争能力的现代农业市场主体。

第三,要加强区域互动和对外合作。健全城乡互动合作机制,完善市域内重大项目投资调节机制,推动市域内、县域内产业梯度转移、项目合作。加强与周边地区的合作,建立健全跨区域的产业、人才、技术、物流和产权等的联动发展机制。适应国际化的要求,进一步扩大对外开放,大力发展服务贸易,积极参与国际产业分工与合作。

4. 深化规范化服务型政府建设,构建统筹城乡发展的管理体制

要深入推进政府职能转变,把政府有关部门社会管理和公共服务的职能由城市延伸到农村,进一步转变经济调节和市场监管方式,简化审批程序,规范审批行为,加强事前服务和事中、事后监管,健全高效便民服务体系,创造良好发展环境。适应统筹城乡发展的需要,深化市和区(市)县机构改革,调整机构设置和职能配置,积极探索简政放权的思路和途径,完善市域范围内行政区划。

5. 建立覆盖城乡居民的社会保障体系

建立覆盖城乡居民的社会保障体系包括:建立农村养老、最低生活保障和更加规范的社会救济制度。促进城乡社会事业均衡发展。建立健全覆盖城乡的社会保障体系,逐年提高对城乡居民社会保障的财政投入。积极推进新型农民养老保险;城镇职工基本养老保险和基本医疗保险做到应保尽保,努力实现人人享有社会保障。建立健全覆盖城乡的促进就业长效机制,完善职能技能培训制度和健全就业援助制度,促进实现城乡比较充分就业。强化政府对义务教育和高中阶段教育的保障责任,深入推进城乡教育均衡发展。坚持政府主导,合理配置城乡卫生资源,完善公共卫生和基本医疗服务体系;建立覆盖城乡的基本卫生保健制度、多层次的基本医疗保障制度、安全有效的基本药物制度和科学规范的公立医院管理制度,实现人人享有基本卫生保健目标。

6. 完善覆盖城乡的公共财政体系,进一步调整和优化财政支出结构

调整城乡利益分配格局的核心是调整国民收入分配政策和国家财政支出结构。政府应该以提供农村公共物品为契机,调整城乡利益分配格局。2007 年 10 月中共十七大报告指出:“加快建立覆盖城乡居民的社会保障体系,保障人民基本生活。促进企业、机关、事业单位基本养老保险制度改革,探索建立农村养老保险制度。全面推进城镇职工基本医疗保险、城镇居民基本医疗保险、新型农村合作医疗制度建设。完善城乡居民最低生活保障制度,逐步提高保障水平。”“建立基本医疗卫生制度,提高全民健康水平。建设覆盖城乡居民的公共卫生服务体系、医疗服务体系、医疗保障体系、药品供应保障体系,为群众提供安全、有效、方便、价廉的医疗卫生服务。加强农村三级卫生服务网络和城市社区卫生服务体系建设，深化公立医院改革。”

第一，建立农村养老保障体系。中国一直有“养儿防老”的传统，同时农村社会保障制度不健全，老人丧失劳动能力一般是由子女赡养。建立农村养老保障体系，使农村老人真正做到老有所养，得到基本的生活保障，使农村孤寡老人能得到基本的服务。

第二，建立农村医疗保障体系。看病难、看病贵，困扰着大多数中国人，尤其是农民。由于城乡收入差距拉大，多数农民生活不富裕，农村医疗条件落后，缺医少药，更谈不上对疾病的有效预防。建立农村医疗保障体系，改善农民的医疗卫生条件，使广大农民在疾病预防、疾病治疗、疾病康复等方面享受到国家现代化所带来的医疗保障，真正做到病有所医。

第三，建立农村最低生活保障体系。总的来说，我国农业现代化的程度不高，抵御自然灾害的能力不强，如果加上其他一些变故，可能就会出现极困难的家庭。国家对贫困城镇人口还有失业救济等社会福利，对城镇失业人口也还有再就业工程，但对农村贫困人口则缺乏有效的社会救助。

7. 统筹城乡劳动就业

统筹城乡劳动就业，要着力提高农村劳动者素质，加快农村劳动力转移进程，完善城乡一体的劳动力市场，多渠道开拓就业岗位，建立健全城乡劳动力自由流动、公平竞争就业、平等享有政府提供的公共就业服务的体制机制，促进城乡充分就业，加快建设城乡职业经理人市场。

8. 统筹城乡产业发展

统筹城乡产业发展，要充分发挥城乡各自比较优势，发展城乡特色优势产业，形成产业分工协作，加强经济协作和交流。

9. 建立工业反哺农业的支持机制

工业反哺农业不是价格和收入补贴，而是用公共财政向农村倾斜的思路，调整城乡利益分配格局。以工哺农、以城带乡的经济战略，应首先落实到对农村公共物品提供上。目前，政府的公共财政主要还是向城市倾斜，向重点项目倾斜。特别在公共物品的提供上，还有一个根深蒂固的观念，认为农村对于公共物品应该“自给自足”。

实现统筹城乡发展，对解决当前经济社会发展问题有着重大的战略意义。通过统筹城乡发展，不但可以尽快改善农村的生产生活条件，提高农民收入水平，缩小城乡发展差距；同时还可以刺激农村消费，消化产能过剩，拉动内需，推进工业化进程，促进我国经济又好又快发展。

第三节 建设社会主义新农村，加快农村市场经济体制的建立与完善

新中国成立以来特别是改革开放以来，我国农业和农村发生了历史性的深刻变化，农村经济社会发展取得了举世公认的伟大成就，但是目前制约农业和农村发展的深层次矛盾尚未消除，促进农民持续稳定增收的长效机制尚未形成，农村经济社会发展滞后的局面也还没有根本改变，统筹城乡发展的体制机制没有完全建立。全面建设小康社会，最艰巨、最繁重的任务在农村，加快推进现代化必须妥善处理工农城乡关系。因此，必须推进社会主义新农村建设，加快农村市场经济体制的建立与完善。

党的十七大报告指出："要加强农业基础地位，走中国特色农业现代化道路。坚持把发展现代农业、繁荣农村经济作为首要任务，加强农村基础设施建设，健全农村市场和农业服务体系。加大支农惠农政策力度，严格保护耕地，增加农业投入，促进农业科技进步，增强农业综合生产能力，确保国家粮食安全。加强动植物疫病防控，提高农产品质量安全水平。以促进农民增收为核心，发展乡镇企业，壮大县域经济，多渠道转移农民就业。提高扶贫开发水平。深化农村综合改革，推进农村金融体制改革和创新，改革集体林权制度。坚持农村基本经营制度，稳定和完善土地承包关系，按照依法自愿有偿原则，健全土地承包经营权流转市场，有条件的地方可以发展多种形式的适度规模经营。探索集体经济有效实现形式，发展农民专业合作组织，支持农业产业化经营和龙头企业发展。培育有文化、懂技术、会经营的新型农民，发挥亿万农民建设新农村的主体作用。"

一、社会主义新农村概述

农业丰则基础强，农民富则国家盛，农村稳则社会安。加强"三农"工作，积极发展现代农业，扎实推进社会主义新农村建设，是全面落实科学发展观、构建社会主义和谐社会的必然要求，是加快社会主义现代化建设的重大任务。

1. 社会主义新农村概念的演变

社会主义新农村是在社会主义制度下，反映一定时期农村社会以经济发展为基础，以社会全面进步为标志的社会状态，是生产发展、生活宽裕、乡风文明、村容整洁、管理民主的新农村。建国以来，曾多次提出了有关社会主义新农村表述。

20世纪50年代中期，社会主义新农村概念第一次被提出来。刘少奇曾指出："合作化以后的农村是新的农村，农民是新的农民"，我们现在的任务就是要"为建设社会主义的新农村而努力奋斗"。在这一时期，"社会主义新农村"的概念主要着眼于所有制关系。

60年代，在上山下乡运动中，中央以文件形式号召广大城市知识青年立志"建设

社会主义的新农村”，积极投身农村锻炼，促进农业生产。这时的社会主义新农村概念，基本上属于一种政治口号，欠缺实质性的内涵。

80 年代，农村在改革开放中彻底废除了 1958 年起实行的人民公社体制，全面推行家庭联产承包责任制；废止计划经济时期“以粮为纲”的单一经营模式，提出要“建设一个农、林、牧、副、渔全面发展，农工商综合经营，环境优美，生活富裕，文化发达的新农村”；要建设“具有高度物质文明和高度精神文明”的新农村，强调“两个文明一起抓”，体现了社会主义新农村建设目标要求上的转变。

90 年代，随着改革开放的不断深入和社会主义现代化建设“三步走”战略的实施，社会主义新农村概念的内涵日渐丰富与明晰。1998 年 10 月，中共十五届三中全会通过的《中共中央关于农业和农村工作若干重大问题的决定》提出了“从现在起到 2010 年，建设有中国特色社会主义新农村的目标”，并在经济、政治、文化三个方面作了具体规定。如何解决“三农”问题，促进我国农村社会的发展，唯有建设社会主义新农村。

进入新世纪以来，“社会主义新农村”概念发生了质的飞跃，从形式到内容、从外延到内涵都趋于丰富、成熟。经过长期的实践与理论铺垫，2005 年 10 月，中共中央召开的第十六届五中全会明确提出了“建设社会主义新农村”的宏伟目标。这一目标的提出，成为一个划时代的标志。2006 年中央“一号文件”《关于推进社会主义新农村建设的若干意见》提出了建设社会主义新农村的重大历史任务，为做好当前和今后一个时期的“三农”工作指明了方向。2007 年的中央“一号文件”《中共中央 国务院关于积极发展现代农业扎实推进社会主义新农村建设的若干意见》再次强调推进社会主义新农村建设。

2. 社会主义新农村的目标和内涵

建设社会主义新农村，具有深刻的科学内涵、鲜明的时代特征。党的十六届五中全会通过的《关于国家经济和社会发展的第十一个五年规划的建议》指出，要按照生产发展、生活宽裕、乡风文明、村容整洁、管理民主的要求，坚持从各地实际出发，尊重农民意愿，扎实稳步推进新农村建设。“生产发展、生活宽裕、乡风文明、村容整洁、管理民主”这 20 个字阐明了建设社会主义新农村的目标和任务，展现了具有时代特点的新型农村形态。

社会主义新农村是生产发展、生活宽裕的新农村。这里的生产不仅包括农业生产，而且包括工业等农村非农产业的生产经营活动，是农村经济活动的总称。当然，生产发展首要指的是农业尤其是粮食生产发展，也就是面向国内外市场，依托各地优势，走区域化种植、规模化生产、集约化和产业化经营的路子，依靠技术进步、体制创新，不断生产出确保国家粮食安全，能满足市场需要的，安全、绿色、无公害的农产品，做到农业增收、增效，农民增收和绿色环保几方面的统一。生活宽裕就是在生产发展的基础上，农民收入相应得到提高，城乡差距缩小，农民能充分享受到科技进步、生产发展带来的成果。

社会主义新农村是乡风文明、村容整洁、管理民主的新农村。乡风文明、村容整洁是社会主义精神文明的必然要求和具体体现；民主管理则是社会主义民主政治建设的重要内容、必然要求和具体体现。

建设社会主义新农村，不仅能加快农村市场经济体制的建立和完善，同时农村教育、文化、医疗、社会保障、基础设施等社会事业，也将进入加速发展时期，城乡差距有望逐步缩小，农村面貌将迎来新一轮的历史性巨变。

生产发展是建设社会主义新农村的必要物质基础，指以科学发展观统领农业和农村经济发展全局，促进农业和农村经济健康发展，城乡经济社会协调发展，从而为增强农业、繁荣农村、富裕农民打下坚实的物质基础。生产发展，就是要打牢社会主义新农村建设的物质基础，既要有较快的增长速度，更要注重增长的质量和效益。为此，要大力推进现代农业建设，加快农业科技进步，加强农业设施建设，调整农业生产结构，转变农业增长方式，提高农业综合生产能力。深化农业和农村经济结构战略性调整，稳定发展粮食生产，优化农业生产布局，推进农业产业化经营；提高农业机械化水平，加快农业标准化，健全农业技术推广、农产品市场、农产品质量安全和动植物病虫害防控体系；合理利用资源，大力发展循环经济；坚持最严格的耕地保护制度，加强农田水利建设。

生活宽裕是建设社会主义新农村的具体体现，指采取有效措施，千方百计增加农民收入，不断提高广大农民生活水平，使广大农民切实享受到经济发展的成果。促进农民持续增收，是全面建设农村小康社会的着力点。要坚持以人为本，按照统筹城乡经济社会发展的要求，采取综合措施，加大扶持力度，广泛开辟增收渠道。充分挖掘农业内部增收潜力，扩大养殖、园艺等劳动密集型产品和绿色食品的生产。积极开拓农民外部增收潜力，大力发展县域经济，积极发展乡镇企业、农村个体私营等非公经济，加强农村劳动力技能培训，引导富余劳动力向非农产业和城镇有序转移，切实增加农民工资性收入。继续完善现有农业补贴政策，加大扶贫开发力度，保障基本生产生活条件。

乡风文明是建设社会主义新农村的灵魂，指大力发展农村社会主义文化建设，切实加强农村社会主义精神文明建设，在农村营造文明、科学、健康的生活风尚，培养高素质的、推进社会主义新农村建设的新型农民。要加快发展农村教育事业，加大农民培训力度，大力培养有文化、懂技术、会经营的新型农民；加强农村精神文明建设，大力发展农村文化事业，开展健康的文化体育活动；加强农村公共卫生和基本医疗服务体系建设，建设新型农村合作医疗制度，不断建立健全农村养老、医疗、低保等社会保障体系；依据国家法律法规，制定乡规民约，破除陈规陋习，依法管理宗教活动。

村容整洁是建设社会主义新农村的前提条件，指建设环境优美、生态和谐、人与自然和谐相处的社会主义新农村的新风貌，村舍整洁卫生，布局科学合理，农民享有安居乐业的好环境、好条件。村容整洁的实质，就是要改善农村人居环境，使农村的发展得到合理规划。要实行工业反哺农业、城市支持农村的方针，加大各级政府对农业和农村增加投入的力度，扩大公共财政覆盖农村的范围，强化政府对农村的公共服务。加强农村基础设施建设，加大对农村道路、安全饮水、农村能源、改厨改厕等设施的投入，完善电力、广播、通讯等配套设施建设。使农村基础设施不断改善，供水系统快捷卫生，电话设施安全齐备；加强农村环境建设，开展清理生活垃圾、整治沟渠水塘等活动，加强危旧房屋的改造，创造良好的生态环境和优美的生活环境；搞好乡村建设规划，因地制宜地建设具有民族特色和地域风情的民居民宅。民居民宅要美观实用，节约土地。

管理民主是建设社会主义新农村的政治保证，指进一步健全农村各项民主制度，丰富民主形式，扩大基层民主，完善村民自治，健全村党组织领导的充满活力的村民自治机制，不断促进农村各项决策的科学化、民主化、程序化、制度化，从而实现好、维护好农民的各项利益，使农民享受更多、更充分的民主权利。管理民主的实质，是要加强和完善农村民主法制建设，创造和谐的发展环境。要发展和扩大农村基层民主，健全村党组织领导的充满活力的村民自治机制，坚持群众路线，学会与群众商量办事，不断增强做好新时期农村工作的本领；进一步完善“一事一议”制度，搞好村务公开、政务公开和财务公开，逐步建立起农民自我管理、自我服务、自我教育、自我监督的机制，教育引导农民依法行使民主权利；不断增强集体经济服务功能，积极发展“民管、民办、民受益”的各类农民合作经济组织，提高农业的组织化程度；加强农村法制建设，加大法制宣传和教育力度，依法办事和依法行政的理念深入人心，切实保障农民的合法权益。

“生产发展、生活宽裕、乡风文明、村容整洁、管理民主”是一个有机的整体，体现了经济建设、政治建设、文化建设、社会建设四位一体的发展布局，是党领导的社会主义现代化建设进程中的一项重大历史使命。

二、推进社会主义新农村建设的意义

建设社会主义新农村是指人们在改造客观世界的同时，不断克服改造过程中的负面效应，积极改善和优化人与自然、人与社会、人与人的关系，建设有序的生态运行机制和良好的生态环境所取得的物质、精神、制度方面成果的总和。

农村人口众多、经济社会发展滞后是我国当前的一个基本国情。我国的经济社会发展总体上已经进入以工促农、以城带乡的新阶段。在这个阶段，只有加快建设生产发展、生活宽裕、乡风文明、村容整洁、管理民主的社会主义新农村，建立健全农村市场经济体制，才能如期实现全面建设小康社会和现代化强国的宏伟目标，实现中华民族的伟大复兴。

1. 建设社会主义新农村，是贯彻落实科学发展观的重大举措

科学发展观的一个重要内容，就是经济社会的全面协调可持续发展，而城乡协调发展是重要的组成部分。全面落实科学发展观，必须保证占人口大多数的农民参与发展进程、共享发展成果。如果忽视农民群众的愿望和切身利益，农村经济社会发展

长期滞后,发展就不可能是全面协调可持续的,科学发展观就无法落实。我们应当深刻认识建设社会主义新农村与落实科学发展观的内在联系,更加自觉、主动地投身于社会主义新农村建设,促进经济社会尽快转入科学发展的轨道。

2. 建设社会主义新农村,是确保我国现代化建设顺利推进的必然要求

国际经验表明,工农城乡之间的协调发展,是现代化建设成功的重要前提。一些国家较好地处理了工农城乡关系,经济社会得到了迅速发展,较快地迈进了现代化国家行列。也有一些国家没有处理好工农城乡关系,导致农村长期落后,致使整个国家经济停滞甚至倒退,现代化进程严重受阻。要深刻汲取国外正反两方面的经验教训,把农村发展纳入整个现代化进程,使社会主义新农村建设与工业化、城镇化同步推进,让亿万农民共享现代化成果,走具有中国特色的工业与农业协调发展、城市与农村共同繁荣的现代化道路。

3. 建设社会主义新农村,是缩小城乡差距、全面建设小康社会的重点任务

我们正在建设的小康社会,是惠及十几亿人口的更高水平的小康社会,其重点在农村,难点也在农村。必须用新农村建设统领新时期的农村工作,按落实科学发展观和构建社会主义和谐社会的要求来建设社会主义新农村,建立健全农村市场经济体制。改革开放以来,我国城市面貌发生了巨大变化,但大部分地区农村面貌变化相对较小,一些地方的农村还不通公路,群众看不起病,喝不上干净水,农民子女上不起学。这种状况如果不能有效扭转,全面建设小康社会就会成为空话。因此,要通过建设社会主义新农村,加快农村全面建设小康的进程。

4. 建设社会主义新农村,是保持国民经济平稳较快发展的持久动力

扩大国内需求,是我国发展经济的长期战略方针和基本立足点。农村集中了我国数量最多、潜力最大的消费群体,是我国经济增长最可靠、最持久的动力源泉。通过推进社会主义新农村建设,可以加快农村经济发展,增加农民收入,使亿万农民的潜在购买意愿转化为巨大的现实消费需求,拉动整个经济的持续增长。特别是通过加强农村道路、住房、能源、水利、通信等建设,既可以改善农民的生产生活条件和消费环境,又可以消化当前部分行业的过剩生产能力,促进相关产业的发展。

5. 建设社会主义新农村,是发展农村事业、构建社会主义和谐社会的重要基础

社会和谐离不开广阔农村的社会和谐。当前,我国农村社会关系总体是健康、稳定的,但也存在一些不容忽视的矛盾和问题。通过推进社会主义新农村建设,加快农村经济社会发展,有利于更好地维护农民群众的合法权益,缓解农村的社会矛盾,增强工农之间和城乡之间的良性互动,减少农村不稳定因素,为构建社会主义和谐社会打下坚实基础。

6. 建设社会主义新农村,是提高农业综合生产能力、建设现代农业的重要保障

目前,我国农业生产基础设施和物质技术装备条件较差,经营管理也较粗放。加快建设新农村,发展农业生产力,加强农田基本建设,改良土壤,兴修水利,推广良种良法,发展农业机械化,培养有文化、懂技术、会经营的新型农民,全面提高农业综合生产能力，既是现代农业建设课题中应有之意，也是建设现代农业的重要基础和保障。

7. 建设社会主义新农村，是增加农民收入、繁荣农村经济、加快农村市场经济体制建立与完善的根本途径

当前和今后一个时期，首先必须挖掘农业内部的潜力，提高农业综合效益。实现增产增效、提质增效和节本增资必须发展以乡镇企业为主体的农村二、三产业，引导农村劳动力向城镇有序转移，拓宽农民的就业空间和增收渠道。

三、推进社会主义新农村建设的途径

要彻底改变农村落后面貌，必须加快农村市场经济体制的建立与完善，全面推进社会主义新农村建设。现阶段，我国主要通过以下途径来全面推进社会主义新农村建设。

1. 推进现代农业建设，强化社会主义新农村建设的产业支撑

发展现代农业是社会主义新农村建设的首要任务，是以科学发展观统领农村工作的必然要求。推进现代农业建设，顺应我国经济发展的客观趋势，符合当今世界农业发展的一般规律，是促进农民增加收入的基本途径，是提高农业综合生产能力的重要举措，是建设社会主义新农村的产业基础。要用现代物质条件装备农业，用现代科学技术改造农业，用现代产业体系提升农业，用现代经营方式推进农业，用现代发展理念引领农业，用培养新型农民发展农业，提高农业水利化、机械化和信息化水平，提高土地产出率、资源利用率和农业劳动生产率，提高农业素质、效益和竞争力。建设现代农业的过程，就是改造传统农业、不断发展农村生产力的过程，就是转变农业增长方式、促进农业又好又快发展的过程。必须把建设现代农业作为贯穿新农村建设和现代化全过程的一项长期艰巨任务，切实抓紧抓好。

(1)加大对“三农”的投入力度，建立促进现代农业建设的投入保障机制

增加农业投入，是建设现代农业、强化农业基础的迫切需要。必须不断开辟新的农业投入渠道，逐步形成农民积极筹资投劳、政府持续加大投入、社会力量广泛参与的多元化投入机制。特别要抓住当前经济发展较快和财政增收较多的时机，继续巩固、完善、加强支农惠农政策，切实加大对“三农”的投入，实实在在为农民办一些实事。这主要应做好以下几个方面工作：大幅度增加对“三农”的投入、健全农业支持补贴制度、建立农业风险防范机制以及鼓励农民和社会力量投资现代农业等。

(2)加快农业基础建设，提高现代农业的设施装备水平

改善农业设施装备，是建设现代农业的重要内容。必须下决心增加投入，加强基础设施建设，加快改变农村生产生活条件落后的局面。这主要从以下方面来入手：大力抓好农田水利建设、切实提高耕地质量、加快发展农村清洁能源、加大乡村基础设施建设力度、发展新型农用工业、提高农业可持续发展能力等。

(3)推进农业科技创新,强化建设现代农业的科技支撑

科技进步是突破资源和市场对我国农业双重制约的根本出路。必须着手增强农业科技自主创新能力,加快农业科技成果转化应用,提高科技对农业增长的贡献率,促进农业集约生产、清洁生产、安全生产和可持续发展。要加强农业科技创新体系建设,推进农业科技进村入户,大力推广资源节约型农业技术,积极发展农业机械化,同时还要加快农业信息化建设。用信息技术装备农业,对于加速改造传统农业具有重要意义。

(4)开发农业多种功能,健全发展现代农业的产业体系

农业不仅具有食品保障功能,而且具有原料供给、就业增收、生态保护、观光休闲、文化传承等功能。建设现代农业,必须注重开发农业的多种功能,向农业的广度和深度进军,促进农业结构不断优化升级。要促进粮食产量稳定发展,加快发展健康养殖业,大力发展特色农业,扶持农业产业化龙头企业发展以及推进生物产业发展。

(5)健全农村市场体系,发展适应现代农业要求的物流产业

发达的物流产业和完善的市场体系,是现代农业的重要保障。必须强化农村流通基础设施建设,发展现代流通方式和新型流通业态,培育多元化、多层次的市场流通主体,构建开放统一、竞争有序的市场体系。为此,应着力做好以下几方面工作:建设农产品流通设施和发展新型流通业态,加强农产品质量安全监管和市场服务,加强农产品进出口调控和积极发展多元化市场流通主体,加快培育农村经纪人、农产品运销专业户和农村各类流通中介组织。

(6)培养新型农民,造就建设现代农业的人才队伍

建设现代农业,最终要靠有文化、懂技术、会经营的新型农民。必须发挥农村的人力资源优势,大幅度增加人力资源开发投入,全面提高农村劳动者素质,为推进新农村建设提供强大的人才智力支持。

(7)加强党对农村工作的领导,确保现代农业建设取得实效

党管农村工作是中国共产党的一个传统和重大原则,也是建设现代农业、推进社会主义新农村建设的根本保证。全党要高度重视“三农”工作,把建设现代农业作为一件大事列入重要议事日程,切实抓紧抓好。要适应农村经济社会深刻变化的新形势,调整工作思路,转变工作作风,改进工作方法。加强和改进农村社会管理,建立农村应急管理体制,提高危机处置能力,促进农村和谐发展。

2. 促进农民持续增收,夯实社会主义新农村建设的经济基础

促进农民增收,首先要拓宽农民增收渠道,其次要保障务工农民的合法权益,还要稳定、完善、强化对农业和农民的直接补贴政策,对贫困地区要加强扶贫开发工作。要因地制宜地实行整村推进的扶贫开发方式,加大力度改善贫困地区的生产生活条件,抓好贫困地区劳动力的转移培训,扶持龙头企业带动贫困地区调整结构,拓宽贫困农户增收渠道。

3. 加强农村基础设施建设，改善社会主义新农村建设的物质条件

大力加强农田水利建设和生态建设，提高耕地质量。要着力加强农民最急需的生活基础设施建设，尽快完成农村电网改造的续建配套工程。进一步加强农村公路建设，积极推进农业信息化建设，充分利用和整合涉农信息资源，强化面向农村的广播电视电信等信息服务，重点抓好“金农”工程和农业综合信息服务平台建设工程。加强村庄规划和人居环境治理。加强宅基地规划和管理，大力节约村庄建设用地，向农民免费提供经济安全适用、节地节能节材的住宅设计图样。搞好农村污水、垃圾治理，改善农村环境卫生。注重村庄安全建设，防止山洪、泥石流等灾害对村庄的危害，加强农村消防工作。充分立足现有基础进行房屋和设施改造，扎实稳步地推进村庄治理。

4. 加快发展农村社会事业，培养推进社会主义新农村建设的新型农民

加快发展农村义务教育，着力普及和巩固农村九年制义务教育，建立健全农村义务教育经费保障机制，进一步改善农村办学条件，逐步提高农村中小学公用经费的保障水平。大规模开展农村劳动力技能培训。提高农民整体素质，培养造就有文化、懂技术、会经营的新型农民。同时，繁荣农村文化事业，倡导健康文明新风尚，引导农民崇尚科学、抵制迷信、移风易俗、破除陋习，树立先进的思想观念和良好的道德风尚，提倡科学健康的生活方式，在农村形成文明向上的社会风貌。

5. 全面深化农村改革，健全社会主义新农村建设的体制保障

(1)进一步深化以农村税费改革为主要内容的农村综合改革

2006年，在全国范围取消了农业税。通过试点、总结经验，积极稳妥地推进乡镇机构改革，应切实转变乡镇政府职能，创新乡镇事业站所运行机制，精简机构和人员。妥善安置分流人员，确保社会稳定。要按照强化公共服务、严格依法办事和提高行政效率的要求，认真解决机构臃肿的问题，切实加强政府社会管理和公共服务的职能。加快农村义务教育体制改革，建立和完善各级政府责任明确、财政分级投入、经费稳定增长、管理以县为主的农村义务教育管理体制。中央和省级政府要更多地承担发展农村义务教育的责任，深化农村学校人事和财务等制度改革。对乡村债务进行清理核实，开展化解乡村债务试点工作，妥善处理历年农业税尾欠，完善涉农税收优惠方式，确保农民直接受益。深化国有农场税费改革，将农业职工土地承包费中类似农村“乡镇五项统筹”的费用全部减除，农场由此减少的收入由中央和省级财政给予适当补助。国有农场逐步剥离办社会的职能，转变经营机制，在现代农业建设中发挥示范作用。

(2)加快推进农村金融改革

巩固和发展农村信用社改革试点成果，进一步完善治理结构和运行机制。县域内各金融机构在保证资金安全的前提下，将一定比例的新增存款投放当地，支持农业和农村经济发展，有关部门要抓紧制定管理办法。扩大邮政储蓄资金的自主运用范围，引导邮政储蓄资金返还农村。调整农业发展银行职能定位，拓宽业务范围和资金来源。国家开发银行要支持农村基础设施建设和农业资源开发。继续发挥农业银行支持农业和农村经济发展的作用。在保证资本金充足、严格金融监管和建立合理有效的退出机制的前提下,鼓励在县域内设立多种所有制的社区金融机构,允许私有资本、外资等参股。大力培育由自然人、企业法人或社团法人发起的小额贷款组织,有关部门要抓紧制定管理办法。引导农户发展资金互助组织。规范民间借贷。稳步推进农业政策性保险试点工作,加快发展多种形式、多种渠道的农业保险。各地可通过建立担保基金或担保机构等办法,解决农户和农村中小企业贷款抵押担保难问题。

(3)统筹推进农村其他改革

稳定和完善以家庭承包经营为基础、统分结合的双层经营体制,健全在依法、自愿、有偿基础上的土地承包经营权流转机制,部分地区可发展多种形式的适度规模经营。加快集体林权制度改革,促进林业健康发展。完善粮食流通体制,深化国有粮食企业改革,建立产销区稳定的购销关系,加强国家对粮食市场的宏观调控。加快征地制度改革步伐,按照缩小征地范围、完善补偿办法、拓展安置途径、规范征地程序的要求,进一步探索改革经验。完善对被征地农民的合理补偿机制,加强对被征地农民的就业培训,拓宽就业安置渠道,健全对被征地农民的社会保障。

6. 加强农村民主政治建设,完善建设社会主义新农村的乡村治理机制

不断增强农村基层党组织的战斗力、凝聚力和创造力。充分发挥农村基层党组织的领导核心作用,为建设社会主义新农村提供坚强的政治和组织保障。要以建设社会主义新农村为主题,在全国农村深入开展保持共产党员先进性教育活动,引导广大农村党员学习贯彻党章,坚定理想信念,坚持党的宗旨。切实维护农民的民主权利。健全村党组织领导的充满活力的村民自治机制,进一步完善村务公开和民主议事制度,让农民群众真正享有知情权、参与权、管理权、监督权。培育农村新型社会化服务组织。鼓励发展农村法律、财务等中介组织,为农民发展生产经营和维护合法权益提供有效服务。

7. 切实加强领导,动员全党全社会关心、支持和参与社会主义新农村建设

推进社会主义新农村建设事关我国农业和农村的长远发展,事关改革开放和现代化建设的大局,各级党委和政府要从战略和全局的高度出发,把建设社会主义新农村作为一件大事,真正列入议事日程,加强对社会主义新农村建设工作的领导。新农村建设涉及经济、政治、文化和社会各个方面,是一项十分复杂的系统工程,必须切实加强规划工作。各地要按照统筹城乡经济社会发展的要求,把新农村建设纳入当地经济和社会发展的总体规划。同时建设社会主义新农村是全社会的事业,需要动员各方面力量广泛参与。各行各业都要关心支持新农村建设,为新农村建设做出贡献。充分发挥城市带动农村发展的作用,加大城市经济对农村的辐射,加大城市人才、智力资源对农村的支持,加大城市科技、教育、医疗等方面对农民的服务。要形成全社会参与新农村建设的激励机制,鼓励各种社会力量投身社会主义新农村建设,引导党政机关、人民团体、企事业单位和社会知名人士、志愿者对乡村进行结对帮扶,加强舆论宣传，努力营造全社会关心、支持、参与建设社会主义新农村的浓厚氛围。

建设社会主义新农村，加快农村市场经济体制的建立与完善是一项长期而艰巨的任务。要坚持从实际出发，因地制宜，分类指导，搞好规划；要尊重农民意愿，不能搞形式主义和强迫命令，防止一哄而起；要发扬自力更生、艰苦奋斗精神，求真务实，真抓实干。只有这样，才能在农村建立健全社会主义市场经济制度，全面推进社会主义新农村建设。

参考文献

[1] 熊义杰. 中国农业经营方式问题[M]. 西安：西北大学出版社，2000.
[2] 吴敬琏. 当代中国经济改革：战略与实施[M]. 上海：上海远东出版社，1999.
[3] 顾龙生. 中国共产党经济思想发展史[M]. 太原：山西经济出版社，1996.
[4] 中国人民大学农业经济系. 中国近代农业经济史[M]. 北京：中国人民大学出版社，1980.
[5] 刘贵福. 高级社化后的“退社风波”及农村政策的调整[J]. 辽宁师范大学学报，2002，(1).
[6] 邓小平文选(第1卷)[M]. 北京：人民出版社，1994.
[7] 1985—1989年农村政策文件选编[G]. 北京：中共中央党校出版社，1990.
[8] 王瑞璞. 共和国经济大决策[M]. 北京：中国经济出版社，1999.
[9] 中共中央文献研究室. 十四大以来重要文献选编[G]. 北京：人民出版社，1999.
[10] 江泽民. 江泽民论有中国特色社会主义(专题摘编)[G]. 北京：中央文献出版社，2002.
[11] 江泽民. 全面建设小康社会，开创中国特色社会主义事业新局面[M]. 北京：人民出版社，2002.
[12] 王建武. 二元社会结构对构建和谐社会的影响[J]. 学术交流，2006(8).
[13] 陈先勇. 中国二元经济结构影响因素解析及对策[J]. 湖北社会科学，2005(1).
[14] 中共中央党校出版社. 建设社会主义新农村[M]. 北京：中共中央党校出版社，2006.
[15]《建设社会主义新农村学习读本》编写组. 建设社会主义新农村学习读本[M]. 北京：新华出版社，2006.

第四章

统筹区域经济协调发展

第一节　区域经济发展相关理论

区域经济泛指一定区域内的人类经济活动。区域经济包括两个方面的内容:其一是指一个区域内各经济部门、经济地区及经济组织之间的经济关系和经济行为;其二是指在一个国家中,各区域之间的经济关系和经济行为。

区域经济理论是关于研究生产资源在一定空间(区域)优化配置和组合,以获得最大产出的学说。区域经济理论的产生与发展有着深刻的社会经济背景。西方区域经济理论缘起于对资本主义商业、运输业飞速发展所带来的空间选择与布局问题的关注,并针对由于工业化、现代化不断深化所带来的各地区与各国之间经济发展的严重失衡而不断进行的理论创新。微观经济活动主体理性的区位选择导致经济活动在某一优势区位的聚集和扩散,在中观和宏观上表现为区域经济增长。有关区域经济发展方面的理论,可分为均衡发展理论、非均衡发展理论。

一、区域均衡发展理论

区域均衡发展理论是以哈罗德·多马新古典经济增长模型为理论基础发展起来的。其中以罗森斯坦·罗丹的大推进理论和纳克斯的平衡发展理论最具有代表性。

(一)罗森斯坦·罗丹的大推进理论

1943 年,罗森斯坦·罗丹在《东欧和东南欧国家工业化问题》一文中提出,发展中国家要从根本上解决贫穷落后问题,关键在于实现工业化。"大推进"就是在各个工业部门同时进行全面大量的投资,使各种工业部门都发展起来,才能产生外在效益、规模经济效益和市场体系,实现经济的发展。因此,主张发展中国家在投资上以一定的速度和规模持续作用于各个产业。

该理论的核心是对相互补充的部门同时进行投资,一方面可以创造出互为需求的市场,解决因市场需求不足而阻碍经济发展的问题;一方面可以降低生产成本,增加利润,提高储蓄率,进一步扩大投资,解决供给不足的问题。

(二)纳克斯的平衡发展理论

纳克斯的平衡发展理论认为,落后国家存在两种恶性循环,即供给不足的恶性循环(低生产率—低收入—低储蓄—资本供给不足—低生产率)和需求不足的恶性循环(低生产率—低收入—消费需求不足—投资需求不足—低生产率)。解决这两种恶性循环的关键是实施平衡发展战略,即同时在各产业、各地区进行投资,既促进各产业、各部门协调发展,改善供给状况,又在各产业、各地区之间形成相互支持性投资的格局,不断扩大需求。因此,平衡发展理论强调产业间和地区间的关联互补性,主张在各产业、各地区之间均衡部署生产力,实现产业和区域的协调发展。

区域经济均衡发展理论认为,区域经济增长取决于资本、劳动力和技术三个要素,各个要素的报酬取决于其边际生产力。由于发达地区资本密集度高,因此资本边际收益率低;不发达地区劳动密集度高,因此工资低。在自由市场竞争机制下,生产要素可以完全、无成本流动,区域规模报酬和技术进步条件不变。尽管各区域存在着要素禀赋和发展程度的差异,但由于劳动力总是从低工资的不发达地区向高工资的发达地区流动,以取得更多的劳动报酬,资本从高工资的发达地区向低工资的不发达地区流动,以取得更多的资本收益,所以长期不断流动的结果,最后使各要素收益平均化,从而达到各地区经济平衡增长的状态,各地区都可以分享到经济增长的好处。

但是,区域均衡理论存在两个主要的缺陷。缺陷之一在于忽略了一个基本的事实,即对于一般区域特别是不发达区域来说,不可能具备推动所有产业和区域均衡发展的资本和其他资源,在经济发展初期很难做到均衡发展;缺陷之二在于忽略了规模效应和技术进步因素,似乎完全竞争市场中的供求关系就能决定劳动和资本的流动,就能决定工资报酬率和资本收益率的高低。

事实上,市场力量的作用通常趋向增加而不是减少区域差异。发达区域由于具有更好的基础设施、服务和更大的市场,必然对资本和劳动具有更强的吸引力,从而产生极化效应,形成规模经济。虽然也有发达区域向周围区域的扩展效应,但在完全市场中,极化效应往往超过扩展效应,使区际差异加大。所以说,区域均衡发展理论虽然逻辑十分严密,然而由于这一体系结构是建立在一系列与现实相去甚远的假设条件上,忽略了规模经济和聚集经济,忽略了技术进步,忽略了市场缺陷和制度因素,导致了它在现实当中的运用十分有限。

二、区域非均衡发展理论

区域均衡发展理论基于生产要素自由流动和边际报酬递减的假设,认为市场机制驱动的区域间要素价格的趋同会使区域差距自动消失。由于这一理论不能有效地解释现实中的区域经济差异问题,20 世纪中叶以来,区域非均衡发展理论受到了广泛的关注。区域非均衡发展理论主要是从现有资源的稀缺性角度指出均衡发展的不可行性,强调应重点发展重点地区和重点部门以带动整个区域经济的发展。此理论主要包括区域经济梯度推移理论、缪尔达尔的累积循环因果理论、佩鲁的增长极理论、赫希曼的非均衡增长理论、弗里德曼的中心—外围理论、倒"U"形假说等。

(一)区域经济梯度推移理论

区域经济发展梯度推移理论源于弗农提出的工业生产生命周期阶段理论。该理论认为工业各部门及各种工业品都处于生命周期(创新、发展、成熟、衰退)的不同发展阶段。区域经济学将工业生产生命循环阶段理论引用其中,产生了区域经济梯度推移理论。区域经济梯度推移理论的主要观点是:区域经济的发展程度取决于主导产业和其他部门在工业生命循环中所处的发展阶段,根据主导产业所处的阶段不同,可以将区域划分为不同的类型。如果该区域主导产业部门处于创新或发展阶段,则该区域属于高梯度地区,反之则为低梯度地区。

高梯度地区和低梯度地区之间存在着产业推移现象,即高梯度地区衰退的部门、产品和技术会向低梯度地区推移,从而造成高梯度地区成为新产业部门、新产品和新技术等活跃地区,而低梯度地区则成为衰退产业、产品和老旧技术的最后存活区。这种梯度推移理论后来被缪尔达尔进一步发展为累积循环因果理论。

(二)缪尔达尔的累积循环因果理论

1944 年,诺贝尔经济学奖得主缪尔达尔提出了"累积循环因果"理论。缪尔达尔认为,经济制度是发展着的社会过程的一部分,从一个动态的社会来看,社会经济各有关因素之间存在着累积循环因果关系。某一社会因素的变化,将会引起有关另一社会因素的变化,而这第二级的变化,反过来又会加强最初一级的那个变化。但发展的方向既可以向上,也可以向下,关键在最初一级的那个变化是促进向上还是向下发展。

他认为,市场经济力量正常趋势与其说是缩小区域间差异,不如说是扩大区域间差异。由于地区间人均收入和工资水平差距的存在,某些区域发展快一些,另一些区域发展相对较慢。一旦某些区域由于初始优势而超前于别的区域发展,在既得优势基础上会继续超前发展,从而发展快的区域发展更快,发展慢的区域发展更慢。这一过程导致了地理上的二元经济结构的形成,并导致了区域经济差异的扩大。缪尔达尔指出,区域累积循环因果模型中的发展是通过两种效应实现的:一是"回流效应",即劳动力、资金、技术等受要素受益的差异吸引而发生的由落后区域向发达区域流动的现象;二是"扩散效应",即当经济发展到一定水平时,劳动力、资本、技术等出现一定程度的从发达区域流向落后区域的现象。这两种效应有可能相互抵消,但这种平衡并不是一种稳态均衡,力量对比的任何变化都会导致系统做出上向或下向的累积运动。发达国家或区域的扩散效应较强,而不发达国家或区域的回流效应较强。因此,贫穷国家或区域市场力量的作用会加剧区域经济差异的扩大。

根据上述理论,缪尔达尔提出了他对区域经济的政策主张。在经济发展过程中,当某些地区已累积起发展优势时,政府应当采用不平衡发展战略,通过发展计划和重点投资,优先发展这些有较强增长势头的地区,以求得较好的投资效率和较快的增长速度,并通过这些地区的发展及其扩散效应带动其他地区的发展。同时他指出,各地区发展的差距也不宜拉得过大,发达地区发展起来后,为了防止累积性循环因果造成的贫富差距无限制扩大,不应消极地等待发达地区产生扩散效应消除这种差别,而应由政府采取一定的特殊措施刺激不发达地区的发展,尤其是不发达地区的政府应制定相应的对策发展自己的经济,缩小这种差异。缪尔达尔的理论经西方一些学者利用统计方法检验,被认为大致符合实际情况,因而受到了发展经济学家和发展中国家政府的重视。

(三)佩鲁的增长极理论

1955 年,法国经济学家弗朗索瓦·佩鲁提出了"增长极"的概念。"增长极"概念的基本思想是:经济增长并非同时出现在所有的地方,而是首先集中在某些具有创新能力的行业和主导部门,由于供给函数和市场需求的不可分性,这些主导部门和有创新能力的行业通常聚集在大城市中心。换言之,经济的增长首先出现在一些增长点或增长极上,然后通过不同的渠道向外扩散,对整个经济产生不同的影响。佩鲁认为,增长极是一种推进型单位,它自身的增长与创新将促使其他单位的增长。推进型单位可能是工厂,或是同一部门内的一组工厂,或是有共同合约关系的某些工厂的集合。

佩鲁的增长极理论强调增长极具有支配效应和创新的特征。即增长极能形成一定的势力范围经济空间,对周围地区发生支配作用,或者通过不断的技术创新与制度创新,使得增长极发挥吸引与扩散作用,从而导致区域经济非均衡增长。这种理论从两个方面打破了经济均衡分析的新古典传统,为区域经济发展理论的研究提供了新思路。一方面,它反对平衡增长的自由主义观念,主张区域经济发展的非均衡增长;另一方面,它通过引入空间变量而丰富了抽象的经济分析的内容。

增长极理论的基本政策主张是通过强有力的政府转移支付,在边缘区建设对资本和劳动力地区流动具有吸引力的区域增长中心,弱化因市场失效而导致的少数主导城市的极化增长累积循环效应。但由于大量的政府地区转移支付会通过欠发达地区对资本货物的需求流回核心区,并在核心区产生关联效应,因而增长极的建设往往会引起核心区更快的增长。

(四)赫希曼的非均衡增长理论

1958 年,美国著名发展经济学家赫希曼提出非均衡增长理论。他认为经济发展并不取决于资本的形成,而是取决于使用现有资源并最大限度地发挥其效率的能力。他认为,在经济发展过程中,经济进步并不同时在每一处出现,巨大的动力将使经济增长围绕最初出发点集中;任何一个具有较高收入水平的经济都是一个或几个区域实力中心首先发展;而在发展过程中,增长点或增长极出现的必要性意味着增长在国与国之间或区域间的不平等是增长本身不可避免的伴生物和前提条件。

赫希曼的理论主要说明经济发展初期实行非均衡增长的必要性和意义,为发展中国家设计一条不同于平衡发展的路线。首先,产业之间缺乏相互联系是欠发达地区的典型特征,而缺乏产生"后向联系"的效率部门是欠发达地区的最大弱点。因此,从资源有效配置的角度,考虑经济发展初期如何把有限的资源分配于最有生产潜力和联系效应最大的产业部门,通过这些产业的优先发展来解决经济发展的瓶颈问题,并通过它们的发展来带动其他产业的发展。然而当经济发展达到较高水平,从工业化和快速发展经济的角度来看,国民经济各部门需要作一定的协调,使其保持一定的均衡。其次,非均衡增长理论在一定程度上揭示了国民经济各产业部门之间的内在联系,对于一国或一地区从总体上确定各产业部门优先发展次序提供了一种理论依据和有效的政策工具。

(五)弗里德曼的中心—外围理论

1966 年,美国著名城市与区域规划学家约翰·弗里德曼以中心地体系与区域经济发展不平衡思想为基础,在专著《区域发展政策——委内瑞拉案例研究》中提出了中心—外围理论,而后在次年发表的《极化发展的一般理论》一文中进一步完善。与累积循环因果理论从狭义的经济角度来探讨区域不平等的原因不同,弗里德曼从更广泛的范围来研究区际不平等过程。他把落后地区看成是与中心保持着殖民关系、依赖且缺乏经济自主权的外围区,认为思想、技术、资本和态度等,所有这些有利于经济发展的因素都产生于中心或由中心从海外接收。这导致空间二元结构出现,并随着时间而增强。他强调政治与经济权力不平衡、区域间文化变化速率不对称对创新扩散类型、投资和资源配置的影响。然而,他认为,随着市场的扩展、通讯设施的改善、态度的变化和城市增长的拓展,将会出现空间经济的一体化,从而中心与外围将变得模糊,区域间差异最终将缩小。

他把一个国家经济从前工业社会初始农业状态转变到成熟的工业状态共分为四个阶段。

第一,前工业阶段。其空间特征表现为缺乏等级结构的独立地方中心,这是一种相对稳定的初始形式,地区间相互割裂,彼此之间很少或没有经济联系。

第二,过渡阶段。其空间特征表现为开始出现单个的强有力中心,区域空间系统由单个强有力的中心和外围地区所组成,整个空间经济受唯一的中心区支配。中心与外围地区的力量对比,使资源、企业家、知识分子和劳动力由外围地区向中心大规模迁移。国民经济发展实际上缩小为增长潜力有限的单个大城市地区的经济发展,而外围地区由于受中心地区的掠夺,经济往往处于停滞甚至衰落状态,从而可能导致外围地区社会、经济、政治不安定。

第三,工业阶段。其空间特征是次级中心开始出现,区域空间系统由简单的中心—外围结构逐渐转变为多中心结构,大城市间的外围地区取代了全国范围的外围地区。在这一阶段,由于全国规模的外围地区收缩为较小的、易于管理的城市外围地区,使得外围地区的重要资源进入国民经济的生产循环,整个国民经济的增长潜力增强。同时,由于次中心的出现,城市体系也趋于完善,综合工业体系日渐形成,抑制了全国性中心的过度膨胀,在一定程度上缩小了中心与外围的差异。

第四,后工业阶段。其空间特征是功能上相互依赖的城市等级体系结构形成。大城市间外围地带逐渐被卷入附近的大城市经济中,形成了功能上一体化的空间结构体系。在这一阶段,地域组织的主要目标是使全国经济一体化、布局高效益、增长潜力最大化等得到实现。

如今,弗里德曼的中心—外围不平衡发展理论思想已经被广泛应用于区域研究之中,其中心区增长会扩大中心与外围的差异从而导致区域不平衡发展的观念,已经成为制定区域发展政策的重要依据。

(六)倒"U"形假说

西蒙·库兹涅茨在1955年首次提出了著名的收入分配差别倒"U"形假说,即在经济发展过程中,收入分配差别的长期变动轨迹是"先恶化、后改进"。他认为,收入分配不平等的长期趋势可以假设为:在前工业文明向工业文明过渡的经济增长早期阶段迅速扩大,而后是短暂的稳定,然后在增长的后期阶段逐渐缩小,即收入差别的长期趋势类似于一个倒写的"U"字。

1965年,美国经济学家威廉姆逊把库兹涅茨的收入分配倒"U"形假说应用到分析区域经济发展方面,提出了区域经济差异的倒"U"形理论。他利用24个国家1940~1961年间的时间序列和横截面数据资料,将这些国家按照收入水平的高低分为七组,然后计算了各组国家人均收入水平的区际不平等程度。结果表明,随着收入水平的提高,区际不平等程度大致呈现出先扩大后缩小的倒"U"形。因此,尽管经济发展初期区际增长是不平衡的,区际人均收入水平是扩大的,但从长期来看,区域增长趋向均衡,区际人均收入是趋同的。

该理论认为,注重经济效益的国家,经济的发展是通过"一系列的不平衡"实现的。在经济发展初期,地区之间的经济差距将逐步扩大;经过一段时期,地区差距将逐渐保持平稳;当经济进入成熟期后,地区差距最终会趋于缩小。

威廉姆逊认为这种倒"U"形的变动规律主要由以下四方面决定。

第一,在经济发展的初级阶段,由于运输条件落后,劳动力转移成本高。因此,不发达地区劳动力迁移具有明显的选择性,只有具备一定素质的劳动力才有可能迁移到发达地区。但随着经济发展,运输业的发展使劳动力迁移成本降低,劳动力迁移的选择性消失,隐形失业劳动力有可能迁出。同时,发达地区劳动力市场趋于饱和,熟练劳动力开始回流到不发达地区。

第二,在经济发展初级阶段,由于发达区域的外部聚集利益、不发达地区资金市场的不健全和高风险等因素,使资金从不发达地区流向发达地区。随着经济发展,全国统一的资金市场建立,从而导致发达区域投资利益逐渐降低,使资金回流到不发达地区。

第三,在经济发展初级阶段,国家发展目标在于追求全国经济的尽可能增长,因此国家投资、优惠政策将集中在发展条件优越的发达区域。随着经济发展,国家目标转向福利目标,国家的投资和政策也将倾向于不发达地区。

第四,在经济发展初级阶段,由于区域间连锁效应缺乏,导致发达地区的技术进步、社会变革、收入乘数等的波及范围和影响力十分有限,因而无法带动不发达地区的增长。随着经济的发展,区域连锁效应增强,发达区域波及效果有足够的力量带动不发达区域增长。

威廉姆逊的倒"U"形理论表明:在经济发展初期,区域发展差异扩大是经济增长的必要条件;当经济发展到一定水平后,区域发展差异的缩小又构成了经济增长的必要条件。经济发展初期必须以不平衡的扩大为代价,而当经济发展到一定水平时,则必须以区域差距的缩小为前提。

这一理论将时间因素引入趋于空间结构变动分析,注意到均衡与增长之间的替代关系随时间推移而呈非线性变化,强调经济发展程度较高时期的增长对均衡的依赖。这种运用趋于发展不平衡的规律达到平衡发展的目标,也成了规划实践的重要指导思想。

第二节　中国区域差异问题

区域经济差异是一个带有普遍性的经济现象。由于不同区域在影响经济发展的自然资源、生产要素、产业结构、历史发展基础等众多方面差异的客观存在性,区域经济差异也具有客观性。区域经济中的差异、差距和发展不平衡问题,在世界范围内广泛存在。在我国经济发展的转型阶段表现得更为显著。因此,在探讨我国区域经济协调发展问题时,有必要对区域经济差异问题进行系统研究。

一、区域经济增长的影响因素①

应用经济增长理论对地区经济增长的差异做了很多研究。根据新古典增长模型的推论,收入水平较低的国家(地区)总体上增长速度较快,因此,落后国家(地区)和发达国家(地区)的收入水平会逐渐接近。这被称为"趋同"理论。但内生增长理论证明,人力资本对经济增长具有显著的贡献,而经济发展水平较高的地区一般人力资本存量较高,因此,落后国家(地区)与发达国家(地区)的收入水平不可能趋同。有研究进一步发现,如果排除了人力资本、储蓄率等条件的差别,各国之间的确存在着趋同现象。因此,这些影响条件就导致了国家(地区)之间的经济差距。这就是"俱乐部趋同理论"和"条件趋同理论"。

影响地区经济增长的因素有很多,需要找出其中的主要因素及这些因素变动的

---

① 王小鲁,樊纲:《中国地区差距 20 年变化趋势和影响因素》,5 页,北京,经济科学出版社,2004。

原因。这对研究地区经济差距至关重要。研究证明,地区间的资本和劳动力流动、投资在空间的分布、人力资本在各地的分布差异、自然资源和制度等因素的变动都是导致地区经济发展差异的因素。

(一)地区间资本流动

从理论上讲,地区间资本流动是经济发展过程中通过资本带动其他生产要素的再配置,以提高资源利用效率的基本形式。资本流动实质上是生产要素在某些经济变量发生变化时的再配置过程,资本的再配置必然伴随着劳动力的再配置。通过资本在地区间的再配置,不仅会为投资者带来更大的效益,而且也会促进整个国民经济的增长。

从区域间资本流动的条件看,在市场经济条件下,区域资本流动及其变化过程也是由市场机制决定的,也就是说地区间的资本流动方向和规模是由各个地区间资本利润率的差异决定的。当资本转移收益的差额抵偿全部转移费用之后还有较大剩余时,就发生了资本存量的空间转移。而区域间投资边际效率存在差距的根本原因就是区域间经济发展不平衡。经济发展不平衡程度越高,投资边际效率的差距就越大。

新古典理论从自由竞争和生产要素充分流动的假设出发,认为资本在区域间的流动会自动达到均衡状态,从而使各个地区资本的边际效率相等。在投资过程中,高利润率的地区投资过度,同时低利润率的地区投资不足,从而使高利润率地区在市场需求和资源约束下出现利润率下降,投资不足的地区利润率会提高,由此会引起资本流动的相应变化。随着外溢效应和资本回流现象的出现,欠发达地区和发达地区的差距会缩小,最终各个地区资本的边际效率相等,地区的差距问题将得到解决。

实际上,资本不具备充分流动的性质。区域间资本流动导致区际资本收益率均等的推论在现实上很难实现。事实证明资本收益率不会为零,而且即使是区域资本收益率均等,也不意味着区域间收入水平会均等,因为各个区域人均资本占有量是不相等的。在区域资本收益不等的情况下,只有当落后地区的资本收益率高于发达地区,资本才有可能从发达地区流向落后地区,从而缩小地区间差异,实现地区间经济的协调发展。

中央财政投资一直是政府直接干预经济的一种方式,且投资趋向对协调各地区经济的发展起到重要作用。改革开放后,国家采取政府投资向东部发达地区倾斜的策略,促进了东部地区的快速发展。随着市场机制的日益加强,资本在逐利性本质的驱动下更多地流入发达地区。这对欠发达地区十分不利,进一步弱化了中西部地区对外来资本的吸引力,加剧了中西部对外开放的滞后性,致使其发展活力不足。东部和中西部地区经济发展不平衡不仅在一定程度上阻碍了中西部地区的发展,而且最终影响整个国民经济的增长。

由此可见,资本流动与经济增长之间是呈现循环关系的:东部地区通过较高的投资收益率、良好的发展环境和坚实的经济基础使资本大量流入,而资本流动又进一步促进了经济的增长,形成了资本流动和经济增长的良性循环。反之,中西部地区则面临资本短缺和经济发展缓慢的局面。在体制转轨过程中,资本流动常常倾向于扩大而不是缩小区域差距。如果没有合理的协调地区间经济发展的政策,区域经济发展差距将不断扩大。

(二)投资在空间上的分布

改革开放以来,外资大量涌入对推动中国经济增长发挥了重要作用。外国直接投资通过资本积累、技术进步和产业结构升级等多种途径推动国民经济的增长。同时,国内外投资在空间上的分布状况和变动趋势也会对中国区域经济的平衡发展产生深远影响。在资本流动性高度强化的今天,这个因素将发挥越来越重要的作用。在吸引地区外资本流入的过程中,各个地区要同时面对三种竞争:吸引外国资本,争夺中央投资,争取其他同级区域的资本。随着政府职能的转变,中央财政投资的范围和力度都会收缩。一个过于依赖中央财政投入的地区,在未来的区域竞争中将处于劣势。随着市场化进程的推进,资本所具有的逐利性本质将得到鼓励和进一步体现。所以,各区域要吸引地区外资本流入来扩大本地区资本存量,必须把重点放在引进同级区域资本和外国资本上。这两种资本的共性在于流动目标都是"利润",它们总是流向带给它们最大利益的区域。所以区域吸引此类资本的根本性措施只有一个:给资本提供赢利的机会。从根本上讲,一个地区的经济发展真正的关键在于区域是否具有足够的有效资本需求。哪里赢利能力强、回报率高及有效资本需求相对充足,资本就流向哪里。

(三)地区间劳动力流动

在市场经济条件下,劳动力在不发达地区和发达地区间的流动可能影响不发达地区的总产出水平,但能够提高不发达地区的人均产出和人均收入。劳动力流动之所以能够缩小地区收入差距,是因为在市场经济条件下,劳动力总体上是从边际劳动生产率低的地区流向高的地区,减少劳动力剩余地区的劳动供给,提高这些地区的边际劳动生产率和劳动报酬,从而提高低收入地区的收入水平。同时,劳动力流动还源源不断地为发达地区提供丰富的劳动力资源,有助于使流入地保持较低的工资成本,从而保持这些地区产业较高的竞争力。从全局来看,劳动力流动会改善经济的总体资源配置情况,提高生产率和总产出水平。而且,劳动力市场的整体发育程度还直接影响各地区经济增长率的水平。

跨地区劳动力流动对缩小地区差距的影响主要是中西部低收入地区的劳动力外流,会缓和这些地区农村人口对土地的压力和就业压力。由于劳动力边际报酬率递减规律的作用,这些地区的边际劳动生产率会随着劳动力数量的减少而提高,从而提高人均收入水平。劳动力剩余越明显的地区,这方面的作用会越突出。

从乡村和欠发达地区向城市和发达地区的劳动力流动不但使流出地的剩余劳动力在流入地转化为有效的经济资源,提高迁徙者的收入水平,还会通过外出者对家庭的汇款提高劳动力流出地的收入水平。在某些贫困地区,外出劳动力对家庭的汇款已经成为当地的一项主要收入来源，因此，有利于当地的资金积累，加快经济发展。

(四)人力资本的地区分布

从经济增长率的角度来看，根据新古典增长理论和内生增长理论的描述，资本和劳动力的存量变动只能在短期内影响经济增长率，而人力资本存量的差异却有可能在长期影响全要素生产率，从而影响长期经济增长率。在其他条件相同时，人力资本相对存量较大的国家或地区有可能在长时期内保持相对较高的经济增长率。

(五)自然资源因素

随着生产的发展、产业结构的不断进步，生产对于自然资源的依赖逐步减弱，但是自然资源对于生产的影响仍然是十分显著的。自然资源直接决定了第一产业中各个行业的生产，而且对第二产业的发展构成了重要影响。

(六)制度因素

在改革开放以前，全国的要素配置是通过统一的计划机制进行的。从理论上讲，如果能够获得全面的信息，并且有完善的国有资产管理制度，通过计划配置资源就能获得最大的资源配置效率。因为计划体制下资源配置的目标函数是社会整体福利最大化，而市场配置资源则是通过每个个体追逐自身福利最大化实现的，并非以整个社会福利最大化作为直接、必然的目标。但是现实是，在计划体制下，一方面，价格只是国民经济核算的工具，不具有资源稀缺的显示信号功能，无法获得全面真实的信息实现资源按计划配置；另一方面，要素的配置过程中，建立一个完全杜绝“寻租行为”的管理体制目前还难以达到。总而言之，按计划配置要素时，由于计划者无法满足“无所不知、无所不能、完全利他”的假设，因而实践起来不能像理论上假设的那样完美。而且，一旦关于计划者的假设难以满足，按计划配置资源带来的后果是灾难性的。首先，信息不能及时、真实地集中到计划者手中，这就意味着计划者在制定计划之初就失去了现实的依据，从而导致制定的要素配置计划可能滞后于现实发展，也可能与被扭曲的“现实”相适应，而与真实世界相背离。其次，不能满足完全利他的人性假设带来的后果是低效率和腐败，官僚主义盛行，社会中将充斥寻租行为，经济运行的效率目标完全被个人的私利性目标所取代。

自20世纪70年代末改革开放以来，我国进行了以市场为取向的经济体制改革，努力实现以市场来配置资源。但是渐进式的改革方式决定了市场经济的建立需要一个较长的时间，而且改革在空间上是逐步推进的。这就意味着，市场化进程在不同的时间和空间范围内存在差异。市场化进程的差异直接导致了要素配置效率的差异，并进而导致了经济增长的差异。所以，在分析地区差距的过程中，市场化进程是一个十分重要的因素。

二、中国区域差距形成的历史、现状及趋势

(一)中国区域差距形成的历史

中华人民共和国成立前,中国将近80%的现代工业集中在东部沿海的狭长地带,沿海工业的绝大部分又集中在上海、天津、广州、青岛和辽宁南部少数几个大中城市。广大内地特别是边疆少数民族地区,几乎没有什么现代工业。而占国土面积60%的西北和西南地区,工业产值仅占全国工业产值的8%。就是沿海地区仅有的一点工业,设备和原材料也大部分依赖进口,工业生产与广大内地和农村脱节,城乡之间、各工业城市之间缺乏有机联系。我国区域发展在建国之前就是不平衡的,就存在差距。

建国初期,由于基础不同,中国各地区发展的不平衡十分明显。1949年,沿海地区占全国土地面积的11.3%,占全国工业总产值的77.6%;中西部内陆地区占全国国土面积的88.7%,占全国工业总产值的22.4%。1952年,全国钢铁工业80%分布在沿海地区,特别集中在辽宁鞍山;全国纺织工业90%的纱锭和90%的布机分布在沿海地区,其中主要分布在上海、天津、青岛等少数几个工业城市,主要产棉区很少有现代化的纺织业。

改革开放后,中国经济进入高速增长阶段,经济总量成倍增长。据世界银行估计,1980~1992年期间,世界GDP年平均增长率为3.0%,其中低收入国家(除中国和印度外)为3.8%,上中等收入国家为2.6%,高收入国家(地区)为2.9%,中国为9.1%,中国经济增长率相当于世界经济增长率的3倍,是世界上经济增长速度最快的国家之一。但我国各地区之间发展速度不一,差距明显。从各地区国民生产总值1989年相对于1978年发展速度来看,发展速度最快的地区是浙江、广东、黑龙江,最慢的地区是青海、广西、山西。从人口、教育、卫生、科技、文化、环境污染、基础设施、人类发展和社会发展指标看,中国各地区之间的差距也不同程度地有所扩大。

(二)中国区域差距现状

目前我国区域划分主要采用的是国务院发展研究中心于2005年提出的“四大板块、八大经济区”的方案:将全国划分为东部、中部、西部和东北四大板块,并将这四大板块划分为八个经济区,即东部板块划分为北部沿海、东部沿海和南部沿海三个综合经济区,中部板块划分为黄河中游、长江中游两个综合经济区,西部板块分为大西南和大西北两个综合经济区,东北板块即东北综合经济区。其中,北部沿海经济区由北京、天津、河北和山东组成,东部沿海经济区由上海、江苏、浙江组成,南部沿海经济区由福建、广东、海南组成,黄河中游经济区由陕西、山西、河南、内蒙古组成,长江中游经济区由湖北、湖南、江西、安徽组成,大西南经济区由云南、贵州、四川、重庆、广西组成,大西北经济区由甘肃、青海、宁夏、新疆、西藏组成。

当前,在经济发展方面,我国各地区之间差距明显,具体表现为以下几个方面。

第一,在经济总量及人均方面差距明显。2006 年,东部沿海地区 10 省市 GDP 总和为 127 552. 69 亿元,中部地区 8 省区为 52 135. 57 亿元,西部地区为 30 134. 75 亿元,东北三省为 19 723. 06 亿元。东部沿海地区分别是中部、西部和东北地区的 2. 45 倍、4. 23 倍和 6. 47 倍。2006 年,东部地区人均 GDP 为 27 786 元,中部地区为 12 599 元,西部地区为 9 970 元,东北地区为 18 233 元。东部地区分别是中部、西部、东北地区的 2. 2 倍、2. 8 倍和 1. 5 倍。

第二,区域间可持续发展能力相差悬殊。区域生态状况是衡量区域可持续发展能力的重要指标。中科院对生态环境脆弱的分析结果显示:在 8 个极强脆弱省份中,有 7 个处于西部,1 个处于中部;在 7 个强度脆弱省份中,有 3 个处于西部,2 个处于中部,1 个处于东北部,1 个处于东部。中国可持续发展能力呈现由东向西递减的态势。

第三,区域间工业化和城市化水平差距过大。从工业化进程来看,东部沿海地区已经开始进入工业化后期阶段,中部地区的某些省区已经进入工业化中期阶段,而西部地区仍然处于工业化的初期阶段。从城市化进程来看,东部沿海地区城市化水平高,中西部地区城市化水平低。

第四,区域间产业结构"质量"相差很大。首先,从三次产业结构分析,东部地区三次产业结构的比重为 10. 66∶48. 44∶40. 90;中部地区三次产业结构比重为 17. 90∶46. 51∶35. 59;西部地区三次产业结构的比重为 19. 23∶42. 18∶38. 60。从比较可以看出,东部地区工业化程度比较高,同时中西部地区第三产业发展落后于东部。其次,从产业结构趋同程度方面进行比较,中部产业结构趋同程度大大高于东部和西部。产业结构趋同是重复建设的结果,因此,中部地区经济发展质量要落后于东部地区。

(三)中国区域发展趋势

近年来,我国大力推动区域协调发展,取得一定成效。一是区域特色与优势得到有效发挥,区域发展速度全面加快、效益明显提升;二是各地区基础设施状况、投融资环境、体制政策环境等明显改善,区域协调发展的基础逐步确立;三是重点地区和重要经济带的引领支撑作用进一步增强,各地区经济结构调整和优化步伐加快,以区域合作与联动为基础的一体化程度明显提高;四是欠发达地区经济增长加快,发展的活力和主动性显著增强,区域间发展差距扩大的势头有所减缓。

随着西部大开发、振兴东北老工业基地和中部崛起等战略的进一步实施,国家对不发达、欠发达地区的支持力度的加大,区域发展差距的扩大将会得到有效遏制。但由于经济增长惯性、运行机制以及发展基础等方面的差异,加上泛长三角、泛珠三角、环渤海经济圈等战略的进一步实施,东部沿海地区将继续在吸引资金、人才、技术等方面处于优势地位,在未来一段时间内仍将保持旺盛的增长势头。不发达、欠发达地区的发展需要时间,发展潜力不可能在短时期内得到充分发挥。所以各区域之间的发展差距在以后一段时间会继续存在下去,区域差距在今后一段时期内仍将比较明显。

目前我国区域发展还面临一些矛盾和问题,主要是:区域间经济社会发展差距仍然过大,而且继续扩大的总体趋势没有改变;区域间低水平竞争严重,无序开发状况比较突出,全国生产力布局总体上还不尽合理;区域间基本利益关系尚未理顺,基于资源开发与利用、生态环境保护与补偿、生产要素流动与交易等方面的利益关系调整还缺乏科学规范的制度架构,市场机制还不能充分发挥作用,促进区域协调发展的管理体制不够健全、法律制度不够完善;等等。这些矛盾和问题表明,我国区域发展不协调的状况没有发生实质性改变。

三、我国区域发展不平衡的原因

我国是一个幅员辽阔、人口众多、气候和自然条件迥异的多民族大国,区域经济发展不平衡是基本国情且由来已久,造成这种不平衡的因素主要有以下几个方面。

(一)历史因素

我国文明起源于黄河流域,至汉末全国经济重心仍在中原。随着人口的增加,发展强度加大,中原土地承载加重,加上战乱破坏,生存环境趋于恶化,西、北部均为干旱半干旱草原和荒漠,而东部区域水土资源丰富,土地承载力大,交通便利,使得经济重心由中原区域逐渐转移到了东南沿海。

(二)区位因素

区位因素有二。其一,自然条件不同。我国自然环境复杂,南北跨五大温度带,气候差异性很大,对农作物和经济作物的生长有很大影响。东西之间自然地带的差异又严重制约了生存容量与质量的差异。我国东、南部区域自然条件得天独厚,而西部地区以山地、高原为主,大部分区域处于干旱—高原地带,是所有国家和区域中距离海洋最远的封闭内陆区和最大陆地障碍区,生态环境恶劣,开发条件较差。其二,资源分布不均。我国资源丰富,具备良好的经济发展的物质条件,但由于气候各异、地形复杂,造成我国资源分布严重不均。首先是国土资源分布不均。东部地区河网密布,平原广阔,气候温润,交通发达;中部地区河流纵横,平原众多,气候适宜,雨量适中,交通也发达;西部地区多崇山峻岭、沙漠荒原,交通很不发达,而且西北部数省气候干燥、沙漠化严重。其次是矿产资源分布不均。“南缺煤、北缺水”的资源结构是造成我国南北经济差异的重要因素。另外,我国西部区域虽矿产资源极为丰富,但由于地势险峻,开采难度很大,加上交通不便,很难为地方经济发展所利用,有的即便可以利用,又由于技术水平不高而造成资源严重浪费。

(三)政策因素

政策因素有三。其一,设立经济特区、沿海开放城市的政策。1980 年 8 月,我国正式批准在广东省的深圳、珠海、汕头和福建省的厦门设立经济特区。1989 年 5 月,又相继确定了大连、秦皇岛、天津、烟台、青岛、连云港、南通、上海、宁波、温州、福州、广州、湛江、北海 14 个沿海开放城市,并在这些城市逐步兴办经济技术开发区。作为试点，这些特区和沿海开放城市确实在财政、税收和其他一些自主权方面得到了许多优惠政策。其二，财政体制改革。国家为了调动地方的积极性，激励先进，进行了一系列财政体制的改革，这也使得经济发达的区域能够得到更多实惠，而欠发达区域尽管也能从中受益，但与发达区域相比毕竟有一定的差距。其三，产业政策。改革开放以来，我国从重点发展重工业转向加快发展与人民生活密切相关的轻工业，使那些以能源和原材料工业见长的内陆省区丧失了产业优势。相反，以能源相对短缺而加工业见长的东部沿海区域的产业优势迅速占了上风，从而使东部沿海地区的经济迅速发展起来。

（四）产业结构与经济发展战略导向因素

在我国经济地域中，中西部区域一直被当做东部的能源和原材料供应基地。目前在中西部的工业发展中，增值程度较低的采掘工业和原料工业仍占相当大的比重，而在加工工业的发展中，中西部的加工业层次明显低于东部区域。区域间产业结构特别是工业结构的差异，一方面造成东部与中西部之间的不等价交换，严重制约了中西部区域经济的发展和人民生活水平的提高；另一方面，造成了中西部的主导产业与周围区域的经济联系比较松散，难以形成中心城市向周围农村区域扩散的生产要素传递网络，使中西部的广大农村地区，特别是西北、西南的农村地区处于待开发状态，从而降低了中西部经济发展的总体水平。沿海区域经济外向性的不断提高，对促进东部区域的经济发展起了不可忽视的作用。相比之下，中西部区域由于远离海岸线，又缺乏国家必要的优惠政策，致使在吸引外资和开拓国际市场等方面均受到很大限制。中西部经济发展战略的制定和实施往往以其自有资源优势和劳动力价格优势作为基础，以提高其产品在国内市场的占有率为目标。中西部和东部在发展战略上的不同取向，也是造成区域差距的重要原因。

（五）文化素质、思想观念因素

由于所处地理位置、风俗习惯和受教育程度不同，导致了人们文化素质和思想观念上的很大差异，而文化素质和思想观念会对经济发展产生影响。东部沿海区域最早接触西方现代观念，教育水平较高，人们更具有现代意识，加之大批掌握高、精、尖技术的人才涌向东部沿海各省，为这一区域经济的发展提供了人才保障。相比较而言，中西部区域处于内陆，地域封闭，传统的自然经济积淀深厚，计划经济影响严重，受近代、当代文明冲击较少，思想观念保守、封闭，教育水平低下，经济社会发展相对落后。

四、缩小区域差距，促进区域协调发展

目前中国区域经济差距是比较严重的，区域发展非均衡性已经成为区域经济发展中的一个重要特征。协调区域经济发展并缩小区域差距，是构建社会主义和谐社会的应有之义，这不仅可以提高我国社会经济的整体发展水平，而且能够早日实现全

面进入小康社会的目标。

区域协调发展至少包括四方面内容。其一,各地区人均生产总值差距应该保持在适度的范围。人均生产总值是衡量地区之间发展差距的重要指标,但也不能把推动区域协调发展简单理解为缩小地区间生产总值的差距。现阶段促进区域协调发展的主要任务,是遏制地区间人均生产总值差距扩大的趋势,使之保持在可以接受的限度内。其二,各地区群众能够享受均等化的基本公共服务。提供基本公共服务是政府的重要职责,而且这种服务不应因地区和人群的不同而有明显差异。其三,各地区比较优势得到充分发挥。实现区域间优势互补、互惠互利,是促进区域协调发展的重要内容。只有各地区的比较优势充分发挥,才能实现全国整体利益的最大化。其四,各地区人与自然的关系基本处于和谐状态。各地区经济发展必须充分考虑资源环境的承载能力,既要促进欠发达地区经济发展、努力缩小地区差距,也要做到开发有度、开发有序、开发可持续,切实保护好生态环境。

(一)正视区域差距,制定长期发展战略

区域差距是经济增长不可避免的伴生物,也是增长本身的必要条件。不平衡发展战略是世界各国特别是世界大国区域经济发展的一般模式,也是最基本、最普遍的规律。当然,不平衡发展只是手段,而不是目的,当不平衡发展达到一定程度后,就为缩小区域发展差距、实现区域经济的均衡协调发展创造了一定的条件。各种区域经济政策要逐步形成一套完整的政策体系,而且在法律和制度上要实现规范化。显然,这对于我国这样一个地域及人口大国而言,区域间经济差距的调整是一项巨大的系统工程,需要一整套相互配合与协调的政策措施尤其是长期性的政策措施。因此,应发挥政府的主导作用,统筹规划,科学决策,通过国民经济总体布局调整和制定长期的发展战略来缩小各区域经济社会发展的差距。

(二)要素投入的区域协调性

在地区经济发展中,要素投入是一个非常重要的因素。所以,要保证区域间协调发展,必须从生产的源头——投入来调整。对于落后的中西部来说,依靠自身积累实现追赶是比较困难的,一旦陷入贫困陷阱则很难实现经济振兴。所以,如何吸引区域外的资本、人才等要素对于中西部来说就特别重要。

区域外的资本包括外资和其他区域的投资。目前各个地区对于吸引外资的重视程度比较高,但对于吸引其他同级区域的资本则显得重视不足。一个现实的原因是各个地区内吸引外资的数量仍是评价官员政绩的一个重要指标。所以,如何实现这类标准的转换,使得全方位吸引资本成为可能,是中西部各个地区在吸引资本方面应该予以重视的问题。

(三)鼓励发达区域与不发达、欠发达区域间互助合作

没有区域间的平衡发展,和谐社会就难以形成,就没有中华民族的振兴。因此,在加快不发达、欠发达区域发展过程中,发达区域也要积极参与,并与不发达、欠发达

区域互助合作。互助合作发展可以有以下几种方式。其一，资源互助合作方式。资源优势是中西部不发达、欠发达区域的首要优势。这种互助合作既可以通过资源开发，把不发达、欠发达区域的资源优势尽快转化为当地市场的竞争优势，又可以缓解发达区域资源不足的状况，促进双方共同发展。其二，产业互助合作方式。发达区域在产业升级过程中，可以将部分产业适当转移到不发达、欠发达区域，而不发达、欠发达区域在承接发达区域的产业转移中，可以带动自身工业化进程，以此来实现区域生产互补、联动发展。这种模式可以缓解发达区域产业升级与不发达、欠发达区域产业结构调整的矛盾，推进跨区域的产业结构战略性调整，从而形成合理的区域分工。其三，市场与科技的互助合作方式。广泛开展多种方式的技术合作和攻关，共同开发高技术含量、高附加值、高市场占有率的产品，加快科技产业化的速度和效率。

（四）完善基础设施建设，大力发展文化教育事业

国内外经济社会发展的历史经验告诉我们，缺乏必要的基础设施，一系列产业都发展不起来。中西部的经济发展之所以没有东部区域那么快，对境外投资者的吸引力之所以没有东部区域那么大，原因之一就是交通、通讯不畅。西方国家在区域开发过程中都十分重视交通等基础设施建设，因为这方面的建设与完善，能够沟通落后地区与先进区域及落后地区内部的联系，促进落后区域与先进区域之间以及落后区域内部资源、技术、信息和产品的输入与输出，从而增强落后区域经济社会发展的活力。实践证明，把交通运输等基础设施的建设作为落后区域经济社会发展的关键环节是十分必要的。一个区域居民的素质，尤其是科学文化素质，是决定该区域经济长远发展与社会进步的基础性因素。落后区域之所以落后，在很大程度上是因为这些区域居民的科学文化素质低。正因为如此，西方一些国家在谋求落后区域的长远发展时，都非常重视这些区域教育的发展，支持这些区域兴建与增加教育基础设施。我国是一个科学技术和文化发展较慢的国家，落后区域居民总体的科学文化素质较低，因此，更应该高度重视文化教育方面的发展，通过增加财政投入等手段，大力促进这些区域文化教育事业的发展。

（五）发挥后发优势，运用新技术提高生产效率

要素的使用效率是影响区域差距的另外一个重要因素。对于中西部来说，要缩小和东部的差距，就必须大力提高生产的效率。虽然目前中西部和东部相比，存在着经济发展上比较大的落差，但是在引进新技术、适用新技术提高生产率方面，中西部反而因此拥有独有的后发优势。同时也要注意，不能不顾本地经济现状、资源状况盲目引进高新技术。引进技术必须遵循“适用”原则，只有适合本地生产发展的技术才是真正切实可用的。

（六）积极利用有利的空间因素，开发区位资源

中西部地处内陆，和东部相比具有区位劣势。要实现区域经济协调发展，中西部必须扬长避短，积极开发自身的空间优势，推动当地的经济发展。西部地区一些省份

和其他国家有较长的内陆边境线,而且历史上的联系也比较紧密。西部可以通过边境贸易、建立经济合作圈、在一些工程项目上进行合作等方式积极与邻国建立经济联系。而中部地区地处中国中心位置,是承接东、西地带的重要区域,在产业转移、交通等方面都有着发挥自身地域优势的广阔空间。只有积极开发中西部有利的空间因素,利用其独有的区位资源,我国的区域经济才能实现全面、协调发展。

(七)注重实现基本公共服务均等化,引导生产要素跨区域合理流动

党的十七大报告提出,缩小区域发展差距必须注重实现基本公共服务均等化和引导生产要素跨区域合理流动。这一重要方针是从我国实际出发的,是未来十几年缩小区域发展差距的基本目标和促进区域协调发展的基本途径。

1. 实现基本公共服务均等化

实现基本公共服务均等化的基本要求就是政府要发挥主导作用,建立健全基本公共服务体系,合理配置公共服务资源,提供和公平分配公共产品与公共服务,使城乡及不同地区、不同群体的人们都能享受到大致相等的基本公共服务水平,分享经济社会发展成果。

近年来,我国政府重视经济社会的和谐发展,对基本公共服务的投入力度很大。但是总体而言,公共产品和公共服务非均等化现象还十分严重。具体表现在以下几个方面:一是教育服务水平的地区差距很大,农村义务教育落后;二是公共卫生服务的供应严重不均;三是社会保障覆盖面窄,公平性不够。

按照党的十七大的要求,加强实现基本公共服务均等化,建立社会主义公共服务体制,逐步形成惠及全民的基本公共服务体系,既要不断增加公共服务的总量,向社会提供更多更好的公共产品和公共服务,又要着力优化公共服务的结构和布局。实现基本公共服务的均等化的具体思路如下。

第一,转变政府职能,加快建设公共服务型政府。严格规范政府在公共服务领域中的责任和权利,坚决从不适合直接参与的领域中,尤其是经济建设领域中退出来,把主要精力转向公共服务领域,提供公共产品和公共服务。在推进各项社会事业发展与改革中,要避免盲目追求完全市场化的倾向,应建立有效的约束机制,不把那些本应该由政府提供或扶持的公共产品和公共服务盲目推向市场。

第二,明确细化各级政府公共服务职能,建立健全公共服务绩效的评价机制。要建立科学的中央、地方基本公共服务分工体制,完善财政体制,使各级政府的财权与公共服务职责相对称,财力与公共服务的支出相对称。按照公共产品和公共服务公益性涉及范围,中央政府应主要负责公益性覆盖全国范围的公共产品的供给,以城乡和区域的基本公共服务均等化为重点;各级地方政府主要负责各自辖区内公共产品的供给,以辖区内居民的公共服务实际需求为重点。加快现行干部人事制度改革,建立以基本公共服务业绩为导向的干部人事制度,把基本公共服务指标纳入干部考核体系中,使广大民众的评价成为影响干部任免的主要因素。

第三,完善公共财政体系,优化财政支出结构。公共财政的核心就是满足社会公

共事业发展的需要，满足人民公共需要。完善公共财政制度是政府利用再分配手段，保障社会公平、促进社会和谐的内在要求，也是政府强化公共服务和社会管理职能的必要要求。只有不断完善公共财政制度，才能逐步实现基本公共服务均等化和缩小地区间的社会水平差距。

第四，健全财政转移支付制度。要完善和规范中央与地方收入划分方法，完善财政奖励、补助政策及省以下财政管理体制，建立规范的财政转移支付制度，加大转移支付力度，完善一般性转移支付方法，增加一般性转移支付规模，调整优化专项转移支付结构，进一步加大对贫困地区及老区、边疆地区等财力薄弱地区的转移支付力度，增强各级政府提供公共服务的能力，确保不同地区获得大致相当的基本公共服务水平。

第五，引入竞争机制，鼓励社会力量参与公共服务。适当引入竞争机制，鼓励和吸引各种社会力量进入公共服务领域，增加公共产品的供给能力，提高公共服务水平，改善与提高公共服务质量。

2. 引导生产要素跨区域合理流动

区域经济的发展及区域发展的差异不但与区域内部各因素的相互作用有关，同时也与区域间生产要素的合理流动有十分密切的关系。因此，为了推动区域经济持续、稳定、健康、协调的发展，党的十七大提出了要引导生产要素跨区域合理流动。

第一，劳动力由中西部向东部地区流动有助于增强双方的经济增长动力。作为一个典型的人口过剩和城乡差异显著的发展中大国，我国的国情非常接近于劳动力无限供给条件下的两部门模型的基本假设。但从劳动力流动的角度分析，我国中西部地区具有无限的劳动力供给能力，而相对发达的东部地区则不具备劳动力的无限供给能力。由于东部地区劳动力价格高于中西部地区，导致中西部地区劳动力向东部地区转移。同时中西部地区劳动力跨区就业，获得的收益最终将回到其原籍所在地。劳动力跨区就业的结果就是东部地区获得了更大规模的产出；同时中西部地区通过劳动力跨区就业提高了收入水平和总需求水平，这也引致了中西部地区能够获得更大规模的产出。

第二，技术要素由东部地区向中西部地区扩散有利于促进双方的经济增长。根据内生增长理论，技术要素流动一般是对所有参与技术要素流动区域的经济增长均有自己的正面促进作用。实践中，随着我国区域经济一体化水平的提高及技术要素跨区域流动规模的扩大，对现存的每一项技术而言，其所对应的经济规模和资本存量显然是增大了，从而每个区域又有可能获得知识技术传播和经济一体化程度提高所带来的规模收益递增效益，并最终促进了各区域，乃至全国经济增长水平的提高。

第三，区域间资本流动加剧了区域经济差距扩大的趋势。我国东部和中西部地区之间的资本流动总体上符合缪尔达尔提出的“累积因果循环理论”。在区域的某一发展阶段，由于规模效益、外部就业、垄断以及寡头市场结构的存在，资本倾向于向发展基础条件优越的区域集中。而聚集优势的形成和发达区域经济的增长，又会在提高发达地区未来利润预期的基础上导致投资的进一步增加。在发达区域内部资本供给不能满足资本需求的情况下,相对落后区域的资本又将流向发达区域,这样一来又势必会强化发达地区的扩张倾向以及加剧落后区域的衰退趋势。

第四,生产要素跨区域合理流动规模扩大以及国内区域经济一体化水平的提高,既增强了区域经济增长与区域经济波动的关联性,也降低了经济波动强度和同步性。一方面,推进区域经济一体化的目的就是要扩大资源配置的范围和提高资源配置的效率。另一方面,生产要素跨区域流动规模的扩大又构成了区域经济一体化的客观物质基础及推动力量。生产要素跨区域流动规模的扩大,提高了国内区域经济发展的一体化程度,分散了区域性供给或需求波动对区域经济发展的整体冲击力,并进一步强化了改革开放依赖区域经济波动周期延长与强度下降的趋势。同时生产要素跨区域合理流动规模的扩大不仅进一步拓宽与疏通了经济波动的区域间传导渠道,而且也提高了区域间经济增长与波动的相互解释力,增强了彼此间的因果关系和减弱了彼此间的同步性。

(八)推进形成主体功能区,形成若干带动力强、紧密联系的经济圈和经济带

推进形成主体功能区,是优化国土开发格局、促进区域协调发展的重要举措。党的十七大报告中指出:要加强国土规划,按照形成主体功能区的要求,完善区域政策,调整经济布局,遵循市场经济规律,突破行政区划界限,形成若干带动力强、联系紧密的经济圈和经济带。

主体功能区是根据资源环境的承载能力、现有开发密度和发展潜力,统筹考虑未来我国人口分布、经济布局、国土利用和城镇化格局,将国土空间划分为优化开发、重点开发、限制开发和禁止开发四类主体功能区,按照主体功能定位调整完善区域政策和绩效评价,规范空间开发秩序,形成合理的空间开发结构。

主体功能区的主体功能就是聚集经济和人口,但同时要保留相当一部分生态空间和农业空间。推进形成主体功能区的主要目的是,以尽可能少的资源消耗、尽可能小的环境代价实现区域经济社会尽可能好的发展。它的主要任务是,根据不同区域的资源环境承载能力、现有开发密度和发展潜力,确定主体功能定位,合理划分优化开发、重点开发、限制开发、禁止开发区域,统筹谋划全国经济布局、人口分布、资源利用、环境保护和城镇化格局,明确各地开发方向,控制开发强度,规划开发秩序,完善开发政策,逐步形成可持续发展的国土开发格局。

我国目前已经形成了以上海为中心的长江三角洲经济圈、以广州和深圳为中心的珠江三角洲经济圈、以北京和天津为中心的京津冀经济圈。这三大经济圈的国内生产总值约占全国总量的40%,利用外资约占全国的80%,出口贸易额约占全国的70%。经济圈和经济带的实质是突破行政区域限制,按市场经济的原则形成包括要素市场在内的统一市场体系,实现区域资源的优化配置。推进经济圈和经济带的形成,是提高区域整体竞争力的迫切需要,也是加快区域经济一体化进程的必然选择。它符合区域内各方利益,必须以共同(互补)产业为基础,以共同(竞争)市场为支点,

以共同(双赢)利益为纽带。

推动经济圈和经济带形成要把握以下主要原则:一是坚持优势互补的原则;二是坚持资源整合的原则;三是坚持优化布局的原则;四是坚持产业集群带动的原则;五是坚持可持续发展的原则。

推动经济圈和经济带的形成主要对策有:一是突出规划引导,以空间布局的不断融合推动经济圈经济带的形成;二是突出优化结构,以优势产业的不断整合推动经济圈经济带的形成;三是突出改革创新,以管理体制的不断磨合推动经济圈经济带的形成;四是突出交通和信息网络建设,以基础设施的不断接合推动经济圈和经济带的形成;五是突出互利共赢,以多方力量的不断聚合推动经济圈经济带的形成。

第三节　我国区域经济发展战略的演变

区域经济发展战略主要研究如何按照地域分工与合作的原则来组织系统内区域的产业发展与布局,以便能够在一国或一个地区内形成聚集与分散相结合、既能最大限度地发挥各区域的地区优势又能分工协作的区域经济体系。

区域经济发展战略的制定必须建立在特定区域的客观条件和经济发展的现实基础之上。同时,受发展战略制定者关于区域发展理论的认识和接受程度的主观约束,区域经济发展战略在不同历史时期将必然有所差异。新中国成立后,我国区域经济发展战略经历了由均衡—非均衡—协调发展的过程。这个过程深刻地影响着我国区域经济的现实格局,也反映了我国区域经济发展理论的不断深化。

一、中国区域经济均衡发展战略

(一)区域经济均衡发展战略的理论基础

建国之初,我国生产力布局思想主要来自苏联的“社会主义生产布局理论”。该理论的核心除了“生产关系决定论”之外就是“均衡布局论”。恩格斯在论述社会主义生产时曾经说过,大工业在全国尽可能的分布,是消灭城市和乡村分离的条件。列宁也说过:“政治经济发展不平衡是资本主义的绝对规律。”经典作家的论述成为均衡布局论的理论依据。均衡布局理论无疑对我国产业布局理论的建立和发展及大规模的经济建设起到了相当大的推动作用。另外,均衡布局符合我国传统的平均思想理念,极易为我国多数人所接受。因此,从20世纪50年代初到70年代中后期,国家制定和实施区域政策的主线或基调主要基于均衡发展战略,即以内地为投资和建设的重点,追求地方经济的同步发展和自成体系。

(二)区域经济平衡发展战略的主要背景和战略措施

建国后,由于我国实行计划经济,在强调国民经济综合平衡、部门平衡的同时,突出了地区经济的平衡发展。根据区域发展战略制定的历史背景和实施的空间分布差别，这个时期的区域发展大致可以分为以下四个阶段。

1. 以“156项”布局为代表的着重建设内地的阶段(1949～1957年)

建国后头八年，又可以分为三年经济恢复时期(1949～1952年)和“一五”计划时期(1953～1957年)。这八年，国家在区域经济发展和布局的总体格局上，将全国分为沿海和内地两大经济地带。区域发展的重点是强调平衡分布生产力和加强内地建设。沿海侧重于对老工业基地改造，内地侧重于建设新的工业基地，工业布局开始由沿海向内地转移。

近代我国经济发展打上了半殖民地半封建的烙印。1840年鸦片战争使中国开始由一个没落独立的封建社会变为半殖民地半封建社会，在资本主义侵入、外国商品的冲击下，中国自给自足的自然经济逐步被破坏，城乡商品经济得到发展，东西部区域差距迅速拉大。东部沿海地带交通便利，面向世界，文化发达，基础较好，成为外国资本首先光顾和本国资本首先滋长的地方而率先发展起来。以曾国藩、李鸿章、左宗棠为代表的清政府中的洋务派，也在沿海地区创办了一些军事工业和民用工业。中国最早的民族资本主义工业同样产生在沿海租界城市。上海、大连、天津、青岛等地成为当时民族工业资本的主要集聚点。在沿海经济繁荣的同时，西部不断衰落，越来越穷，许多城市因此而衰败。到抗战前，中国资本主义经济虽然有了一些发展，但是发展很不平衡，整个工业发展和工业布局很不合理，大部分集中在东北和沿海地区，内地和边疆省份很少，个别省区甚至没有一家工厂。抗战时期，我国民族经济特别是一些民族军事工业企业逐渐向内地转移，以重庆为中心的西南地区战时经济有了一定的发展，并产生了深远的影响。但是到战后，西部在战时有所发展的经济终因区位和自然条件多种原因的限制明显减弱。

针对旧中国遗留下来的区域经济发展不平衡现象，在三年经济恢复时期，国家要求在恢复老工业基地的基础上，改变工业生产过分集中于沿海的不合理现象，决定将一部分工厂企业迁移到接近原料、市场的内地。1950年召开的全国计划会议确定，今后两三年内不进行大规模的经济建设，而集中力量进行经济恢复和调整。由于工业大部分集中于东部沿海地区，因而经济恢复的重点依次是东北、华东和华北地区，西部地区主要进行了一些交通运输基础设施方面的建设。同时，为了改变工业生产过分集中于东南沿海地区的不合理现象，中央政府在1950年8月就提出，要“改变工业生产过分集中于沿海地区的不合理倾向”，并明确指出要加强西北、西南地区的铁路建设。国家通过采取一定措施，逐步将沿海地区的一部分电力、钢铁、机械制造和轻工企业内迁，使其更接近原料产地。

1949年至1952年，东部沿海地区的工业产值由100.2亿元增加到243.2亿元，内地工业产值则由40亿元增加到100.1亿元，两地分别增长了1.43倍和1.5倍。虽然从表面看，两地呈现同步增长态势，但东部沿海地区经济实力更为增强，东西部差距实际上是在扩大。

“一五”期间，以苏联援助的156个（实际执行150个）重点项目为主体构成了我国比较完整的工业体系框架，奠定了中国工业化的初步基础。“一五”项目主要配置在东北、中部和西部地区。据统计，苏联援建的156个项目的80%在内地。在投资分配上，1952年国家对沿海和内地的投资占全国投资额的比重分别为43.3%和39.3%。到了1957年，这一比例则分别为41.6%和49.7%，内地比沿海高8.1个百分点。

2.“大跃进”追求独立工业体系及以后困难时期的调整阶段（1958～1964年）

大跃进主要表现为盲目地追求速度，这种速度不仅反映在全国经济整体发展速度的追求上，同时也反映在各地区、各省市的经济发展速度上。受大跃进思想的影响，1958年6月，中共中央做出关于加强协作区工作的决定，将全国分为七大协作区，各地开始追求建立独立完整的工业体系，大中小项目“遍地开花”，国家建设重点进一步向内地倾斜。1960年下半年因投资超过国力，不得不对国民经济进行全面调整。这一时期，我国区域经济发展战略出现一定程度的紊乱和调整。一方面，国家总的投资依然偏重于内地，特别是内地的钢铁工业；另一方面，由于片面追求各地区工业自成体系，加之地方又具有投资的自主权，所以工业建设投资也一样遍地开花，处于失控状态。

“二五”计划时期（1958～1962年），在全国基本建设投资中，内地所占比重进一步上升为53.9%，沿海地区比重为42.3%。这一时期，内地工业平均年增长率为5%，沿海地区为3.2%。1962年与1957年相比，内地工业产值在全国工业总产值中的比重由33.5%上升到35.5%。由于建立地方完整独立工业体系的要求，是在经济过热和片面追求布局均衡的形势下提出的，因而难以发挥区域经济的协调作用。1958～1960年，基建投资总额达996亿元，比“一五”计划投资总额增加81%，并在地域分布上呈现出显著的分散化和趋同化特点，建设项目星罗棋布，工业遍地开花。全国各地各个角落，都办起了小钢铁厂，建起了上百万个小土高炉、小土焦炉，用土法炼铁炼钢，造成了巨大的经济浪费和“欲速不达”的困难局面。“大跃进”的速度，使人们只注意多快，不注意好省；只注重数量，不注重质量品种；只顾当前，不做长远打算。所以，1960年国家计划委员会即着手拟定第二个五年计划后两年的国民经济调整计划，不得不压缩指标。可以说，“二五”计划时期，全国经济增长大起大落，波动幅度之大为历次五年计划之最。

3. 向“大三线”地区实施战略转移的阶段（1964～1971年）

20世纪60年代中期至70年代初期，中共中央和毛泽东同志从战备需要出发，根据战略位置不同，将全国划分为“一、二、三线”三大区域。所谓一、二、三线，是按我国地理区域划分的，一线是指国防前线，沿海地区属于一线，后方地区为三线，介于一线和三线之间地区为二线。三线分为两大片，一是包括云、贵、川三省的全部或大部分及湘西、鄂西地区的西南三线；二是包括陕、甘、宁、青四省区的全部或大部分及豫西、晋西地区的西北三线。经济建设和工业布局的重点放在“三线”地区，特别是深入内地的贵州、四川、陕西南部、湖北西部等地区,形成了我国总体战略布局的一次大规模西移,其影响在建国后是空前的。

对形势特别是对战争爆发的可能性和紧迫性的估计,是制定整个区域发展战略的重要因素。鉴于"大跃进"造成人民群众生活困难的状况,1964 年 4 月,国家计划委员会按照中央继续调整国民经济的指导方针,拟定了"三五"计划(1966 ~ 1970 年)的初步设想,把原来以发展重工业为基础调整为以大力发展农业、着重解决人民吃穿住用为中心,反映在基建投资比重计划中,对农业投资占总额的 20%,大大高于"一五"时期的 1.7% 和"二五"时期的 11.3%。这个当时被称为"吃穿用计划"的设想,实际上是"八大"前后党对生产力布局正确探索的继续和发展,但不久便因对战争爆发的可能性和紧迫性估计得过于严重而中断。从当时国际环境来看,60 年代初期,在我国南面,美国在越南发动的战争逐步升级;在我国北面,苏联在中国边境陈兵百万;西部边境自 1962 年印度军队入侵中国被击退后,局势尚未得到缓解;在东南面,盘踞在台湾的蒋介石政权也不断派出武装特务进行骚扰。严峻的国际形势和周边环境,使我们一度认为决不可忽视美苏发动大规模战争的危险性,既要做好早打、大打的准备,又要做好打常规战争的准备,还要做好打核大战的准备。基于这种认识,国家各方面的工作处于临战状态,区域经济发展战略也受到很大影响。

4. 大型建设项目和基础设施建设开始向东部转移的阶段(1972 ~ 1978 年)

1972 年中国对外政策有了重大调整。2 月 28 日,中美两国在上海发表联合公报,标志两国对立了二十多年后,开始走向关系正常化。同年,中日关系也有改善并且实现了建交;同其他西方国家和一些东欧国家的交往也有发展。1974 年,依据毛泽东提出三个世界划分的理论,我国开始加强与日本、中东、西欧(包括大洋洲)、美国的联系。地缘政治的重大变化,国际关系的相对缓和,给东部地区的发展带来了新机遇,东部沿海在逐渐扩大的国际交往中处于有利地位。此外,"三线"建设要求过急、投入过多,选厂定点等失误,导致了严重的浪费和损失,也促使人们思考投资效益和区域经济发展问题。1973 年 1 月,国务院批准国家计委提出的《关于增加设备进口,扩大经济交流的请示报告》,由此开始了以引进项目为中心的工业建设,建国后经济建设中长期偏重内地的倾向开始得到转变,国家大型项目、大笔投资和对外贸易开始转向东部沿海发达地区及内地的主要工业城镇集聚地区。

"四五"(1971 ~ 1975 年)后期和"五五"(1976 ~ 1980 年)前期,国家投资重点开始东移,突出表现在两方面。其一,产业布局由内地向东部特别是沿海经济发达区域逐渐转移。70 年代两批引进的 47 个主要成套项目中,位于东部沿海地带的有 24 个、中部与西部分别为 12 个和 11 个。在东部地带主要集中在辽宁省中部、京津唐、长江三角洲及长江下游沿岸、胶东;中部主要集中在江汉平原;西部主要集中在四川盆地的南部。其二,在基础设施建设上,改变港口面貌,着手新建日照、北仑港口等,较大规模地扩建大连、营口、秦皇岛、天津、宁波、厦门、广州等港口;开始加强晋煤外运铁路通道,实施了胶济、津浦等线路以及一系列铁路枢纽的改扩建等。"四五"计划后期，沿海地区在全国基本建设投资中所占比重逐步加大，至1975年，已经上升到41.5%。“五五”期间，沿海地区基本建设投资占全国比重上升为42.2%，为建国以来的最高水平。沿海地区工业增长速度开始超过内地，平均增长率为9.4%。到1978年，内地工业产值占全国比重达到39.1%；固定资产原值占全国比重也从1952年的28%上升到56.1%。但是，东西部人均GDP的绝对差距继续拉大。

（三）我国均衡发展战略的评价

在均衡发展战略的指导下，整个50年代和60年代以及70年代的部分年份（主要是三线建设时期），国家动员了规模较大的投资集中投入中西部地区，初步建立了近代工业的基本框架和生产体系，在解决中西部地区绝对贫困和初步实现工业化方面取得巨大成绩。同时，也使得中西部地区的一些优势矿产资源得以初步开发和利用，初步改变了旧中国遗留的70%以上的工业和交通设施偏集沿海的状况。从东西部发展差距看，1952年至1965年间，人均国民收入的相对差距缩小了12.6个百分点。显然，广大中西部地区正是由于这一时期奠定的初步工业化基础和铁路、公路、水利等基础设施的初步改善，才有可能在以后实施改革开放的战略过程中有力地支撑东部沿海地区经济快速增长时对国内资源的大量需求。

二、中国区域经济非均衡发展战略

（一）区域经济非均衡发展战略的理论基础

1978年以来，在总结前30年区域经济发展的经验和教训的基础上，根据我国与美国等西方各国之间政治关系趋向积极方向调整所出现的新情况，反思了过去过于以牺牲经济效率为代价追求均衡发展区域经济的得失，认为有必要强调把效率原则和效益目标放在考虑区域经济布局和实施区域发展政策的优先地位。与此同时，国际上盛行的梯度推移理论被引入我国生产力布局与区域经济研究中，并在实践活动中产生了实质上的影响。由于我国各地区生产力水平、经济技术条件和社会发展基础存在着比较大的差别，地区间客观上就存在着一种经济技术梯度，有梯度就有空间推移的顺序。因此，应让有条件的高梯度地区引进和掌握先进技术，先发展一步，然后逐步依次向处于二级梯度、三级梯度的地区转移。随着经济的发展，推移的速度加快，也就可以逐步缩小地区间的差距，实现经济分布的相对均衡和经济发展上的相对均衡。为此，我国开始按照东、中、西部三大经济地带确定区域经济发展战略、组织地带间的经济布局和实施有区别的区域经济政策。

（二）我国区域经济不平衡发展战略的背景及措施

党的十一届三中全会以后，邓小平从我国社会主义初级阶段地区经济文化发展不平衡的基本国情出发，总结过去，立足现实，面向未来，提出了现代化建设“三步走”和“两个大局”的战略构想，创立了有中国特色社会主义区域经济协调发展理论。标志着我国区域经济发展战略从均衡发展到非均衡发展的转变。这期间，区域发展大致可以分为两个阶段。

1. 优先发展东部沿海地区、中西部地区支持东部地区发展的阶段(1981～1985年)

1981～1985年国家在区域经济发展布局的总体格局上,对我国生产力布局和地区经济发展政策作了较大的调整。从过去主要强调均衡、平衡发展,转变为强调有快有慢、注重经济整体发展速度和效益;从过去重视内地发展,转变为重视沿海地区发展。

邓小平在对中国社会主义的新探索中,认真总结了我国区域经济发展的经验教训,认清了我国还处于并将长期处于社会主义初级阶段,认清了这个历史阶段地区经济文化发展很不平衡,提出了优先发展沿海地区,然后让先富裕起来的沿海帮助内地发展,最终达到共同富裕的战略构想。邓小平认为,在较长时间内不发生大规模的世界战争是有可能的,因此我国有必要也有可能集中力量进行现代化建设,为此需要大幅度地调整国家区域经济布局,将发展条件有利的东部沿海地区作为优先发展的重点区域。所以,我国率先在沿海地区创办了四个经济特区,打破了长期以来被人封锁和闭关自守的状态,为加快我国现代化建设创造了良好的国际交往的环境和条件。

"六五"计划(1981～1985年)对区域经济发展的设想是,要积极利用沿海地区的现有基础,充分发挥其特长,带动内地经济进一步发展,同时提出"努力发展内地经济"、"继续积极支持和切实帮助少数民族地区发展生产、繁荣经济"。这一发展战略已经初步提出了区域经济发展要利用和发挥相对优势,形成合理分工的思路框架,沿海地区开始成为最富有经济活力的区域。1979年7月15日,中共中央、国务院转批了广东、福建两省省委关于对外经济活动实行特殊政策和灵活措施的报告,同意在深圳、珠海、汕头、厦门试办出口特区。1980年5月,中共中央和国务院正式将深圳、珠海、汕头、厦门这四个出口特区改称为经济特区。1984年5月,开放了天津、上海、大连、秦皇岛、烟台、青岛、连云港、南通、宁波、温州、福州、广州、湛江和北海14个沿海港口城市。1985年2月,珠江三角洲、长江三角洲和闽南厦漳泉三角洲又被确定为经济开放区,随后将辽东半岛、山东半岛开辟为沿海经济开放区。1988年兴办海南经济特区。我国沿海对外开放格局初步形成。

2. 优先发展东部沿海地区,同时开始强调要兼顾中西部地区发展的阶段(1986～1990年)

"七五"计划(1986～1990年)按照东部、中部和西部进行区域划分并提出开发顺序,充分体现了效率优先、非均衡发展的战略思想。强调东部地区发展继续作为当时开发的重点,中部地区为能源和原材料的开发重点,西部地区作为战略后方,为东中地区发展做好准备工作;依据梯度推移理论,开发顺序应遵循先东部、后中部、再西部的顺序,即由高梯度向低梯度推移。"沿海地区经济发展战略"成为这一时期区域经济发展战略的主要特征。1990年中央决定开放开发上海浦东新区。这一时期,以沿海地区为重点的地区发展战略在中央投资的地区分配上有明确的体现。从1986

年到1989年之间,几乎所有的沿海省份投资份额都有所提高,其中位居前五名的省市依次为广东、上海、辽宁、山东、江苏,全部沿海。

(三)区域经济非均衡发展战略评价

以经济效率为目标、以发挥各个地区的比较优势为出发点的区域非均衡发展战略,符合当时我国经济社会环境发展的要求,其具体实施扭转了改革前的高投入低产出的低效率发展局面。从宏观角度来看,非均衡发展战略造就了能够带动国民经济整体增长的经济核心区和增长极,从而促进了我国国民经济的快速增长,显著提高了广大人民群众的生活水平;从东西部经济发展关系来看,非均衡发展战略注重针对不同地区实施有区别的政策措施,"沿海地区经济发展战略"对沿海地区的政策倾斜及投资倾斜加速了东部地区经济的迅速发展,使东部区域特别是东南沿海地区成为推动我国国民经济持续高速增长的动力源泉,并通过示范效应和扩散效应,一定程度上带动了中西部地区经济的发展;从我国的对外开放格局来看,在非均衡发展战略的影响下,我国20世纪80年代至90年代初,逐步形成了"经济特区—沿海开放城市—沿海经济开放区—沿江经济区—内地中心城市—铁路公路交通沿线和沿边地带"这样一个多层次、有重点的、全方位立体交叉的对外开放新格局,为我国经济融入世界经济、提高在国际市场上的竞争力奠定了基础。同时,在非均衡发展战略的影响下,无论是沿海开放地区还是内陆地区,都对各自区域的比较优势、主导产业和发展方向有了更加充分的认识,这对区域经济发展和总体经济发展都有深远的影响。

作为一种针对区域比较优势区别对待的经济指导思想,非均衡发展战略没有兼顾到区域之间的协调发展,从而也产生了相应的负面效应,主要是导致了东西部发展差距不断扩大。我国非均衡发展战略的具体实践注重在东西部地区形成经济技术梯度,东部地区集中发展资本、技术、知识密集型等高新技术产业,西部地区集中发展能源、原材料及传统的劳动密集型等产业。然而这种根据区域经济技术发展水平而人为制定的区域产业分工格局,容易导致落后地区陷入"比较利益静态陷阱"。因为依靠自然资源优势作为经济发展契机的中西部地区,在经济发展初期还是会给地区带来巨大的经济利益,但随着经济的进一步发展及东部地区较快的发展步伐,如果不给中西部地区以一定的政策倾斜,加大对中西部地区的技术投资和人才输入,那么以传统产业发展的内地区域必然面临比较优势弱化的问题,从而既阻碍了整个国民经济的发展,又限制了本地区产业结构的进一步升级。东西差距的迅速扩大不仅在经济方面对国家和地区经济发展产生了约束,而且也诱发了一些其他问题。

三、区域经济协调发展战略

进入90年代,区域非均衡发展战略的弊端逐渐受到学术界和决策层的普遍关注。针对东西差距日益扩大的现象,社会各界逐渐形成了经济社会发展过程中效率与公平兼顾的目标取向,更加强调区域经济的协调发展,在充分发挥各地区优势的基础上,采取有效措施逐步缩小地区差距。

党中央为解决区域经济发展失衡问题，制定了区域经济协调发展战略。其主要内容是：综合、灵活运用各种区域经济非均衡发展理论，充分发挥各经济区域的比较优势，从经济发展的整体和全局出发，兼顾各经济区域特点并使它们相互协调、共同发展，实现各区域之间的相互关联、优势互补、整体推进，合理布局地区经济结构。

（一）区域经济协调发展的内涵

区域协调发展战略的基本出发点，就是要针对东、中、西部经济发展的实际情况处理好东部与中西部地区之间的关系。区域经济协调发展实质上包含两个方面的内容：一方面是加快中西部地区经济发展速度，另一方面是加强对中西部地区的支持力度。而这一切都必须在保持东部地区经济和总体国民经济较快发展的前提下进行。

1. 区域经济协调发展的基本途径是适度倾斜与协调发展的结合

作为对区域非均衡发展战略的调整，区域协调发展战略必须体现对传统非均衡发展战略的继承，同时，保持国民经济较快发展的需要也要求具有发展优势的东部地区继续发展。所以，区域协调发展战略并非以降低东部地区经济发展速度为代价来谋求中西部地区的经济发展。另外，广大中西部地区内部相互之间在经济基础和发展环境方面的差异，也决定了中西部地区经济发展本身也必然具有非均衡的性质。区域经济协调发展的基本思想，正是通过适度倾斜与协调发展的结合，逐步实现各地区共同富裕的长远目标。

2. 中西部地区要立足于自身优势，大力发展区域特色经济

加快中西部地区经济发展速度，必须建立在中西部地区经济自身发展的基础上。中西部地区幅员辽阔、人口众多、资源多样，各个区域的资源禀赋、区位环境和社会经济基础存在很大差异，都具有自己的特色优势产业。这正是推动区域间相互协调、相互补充、开展经济技术协作和市场交流的内在动力。所以，立足于自身优势，扬长避短，坚持有所为、有所不为的原则，注重发挥自身的优势，大力发展地方特色经济和优势产业，增强自我发展能力，走出一条有自己特点的发展路子，中西部地区才能在日益开放的市场中具有竞争力。

3. 加大对中西部地区的支持力度，进一步发展东部同中西部地区的联合和合作

中西部地区的发展，首先必须充分考虑国内外市场的变化，努力建立统一、开放、竞争、有序的市场环境，消除区域经济发展的体制障碍。但是，实践证明，单靠市场机制解决不了东西部发展的差距问题。由于西部地区的自然条件、区位条件和经济基础等因素的约束，它们与东部地区的市场主体并非处于同一起跑线。在这种情况下，只有通过政府的政策和资金投入，才能为实现西部地区的经济起飞创造良好的外部环境和条件，从而提高西部地区市场主体的竞争实力。同时，东部经济发达地区要采取横向经济联合和对口支援等多种形式，帮助中西部地区和民族地区发展经济。

（二）区域经济协调发展战略的实施过程

1. “八五”时期（1991～1995年）

1991年3月，第七届全国人大第四次会议审议通过国务院《关于国民经济和社

会发展十年规划和第八个五年计划纲要的报告》。“八五”计划时期,我国区域经济发展战略的指导思想是:按照统筹规划、合理分工、优势互补、协调发展、利益兼顾、共同富裕的原则,逐步实现生产力的合理布局。1992 年 10 月,江泽民同志指出:“东部沿海地区要大力发展外向型经济,重点发展附加值高、创汇高、技术含量高、能源和原材料消耗低的产业和产品,多利用一些国外资金、资源,求得经济发展的更高速度和更好效益。中部和西部地区资源丰富,沿边地区还有对外开放的地缘优势,发展潜力很大,国家要在统筹规划下给予支持。”1993 年 3 月 7 日,党的十二届二中全会通过了《中共中央关于调整“八五”计划若干指标的建议》,对区域经济发展战略的指导思想进行了新的调整,进一步明确了十四大提出的充分发挥各地优势,促进地区经济合理布局和协调发展的战略思想。1993 年 3 月 12 日,国务院批准国家计委《关于西北地区经济规划问题的报告》,提出了支持西北地区发展的若干优惠政策。12 月,组建国家开发银行,加强对中西部地区项目建设的支持力度。1995 年 9 月,江泽民在党的十四届五中全会上指出:“对于东部地区与中西部地区经济发展中出现的差距扩大问题,必须认真对待,正确处理。”“要用历史的、辩证的观点,认识和处理地区差距问题。一是要看到各个地区发展不平衡是一个长期的历史的现象,二是要高度重视和采取有效措施正确解决地区差距问题,三是解决地区差距问题需要一个过程。”“解决地区发展差距,坚持区域经济协调发展,是今后改革和发展的一项战略任务。”

2. **“九五”时期(1996～2000 年)**

“九五”计划时期继承了“八五”时期我国区域经济发展战略的指导思想,继续坚持区域经济协调发展的思想,并重点提出了西部大开发的战略措施,为缩小东西部地区经济发展差距指明了切实的发展方向。

1995 年 9 月,中共十四届五中全会通过的《中共中央关于制定国民经济和社会发展“九五”计划和 2010 年远景目标的建议》中提出了坚持区域经济的协调发展,逐步缩小地区发展差距的区域经济协调发展方针。

1996 年 3 月,第八次全国人民代表大会上通过《国民经济和社会发展“九五”计划和 2010 年远景目标规划纲要》(以下简称《纲要》),规定把“坚持区域经济协调发展,逐步缩小地区发展差距”作为一项基本指导方针,并指出,从“九五”开始,逐步加大中西部地区发展力度,促进区域经济协调发展,提出了逐步缩小地区发展差距、促进区域经济协调发展的战略思想,即引导地区经济协调发展,逐步缩小地区发展差距,最终实现共同富裕。这是体现社会主义本质的重要方面。《纲要》进一步提出,要按照市场经济规律和经济内在联系及地理自然特点,突破行政界限,在已有经济布局的基础上,以中心城市和交通要道为依托,逐步形成长江三角洲及沿江地区、环渤海地区、东南沿海地区、西南和华南部分省区、东北地区、中部五省区和西北地区七个跨省区市的经济区域;各经济区重点发展适合本地条件的重点和优势产业,避免地区间产业结构趋同,促进区域经济在更高起点上向前发展。1997 年 9 月,江泽民同志在党的十五大报告中,进一步强调要促进地区经济合理布局和协调发展。其中,东部地区要充分利用有利条件，在推进改革开放中实现更高水平的发展，有条件的地方要率先基本实现现代化。中西部地区要加快改革开放和开发，发挥资源优势，发展优势产业。

“九五”期间，中央政府采取的支持中西部地区经济发展的主要措施包括：优先在中西部地区安排资源开发和基础设施的建设项目；实行规范的中央财政转移支付制度；积极鼓励国内外投资者到中西部投资；理顺资源性产品价格体系；有步骤地引导东部某些资源初级加工和劳动密集型产业转移到中西部地区等。

四、以科学发展观为指导的区域统筹发展战略

党的十六届三中全会首次明确提出了科学发展观，提出了“坚持统筹兼顾，协调好改革进程中的各种利益关系。坚持以人为本，树立全面、协调、可持续的发展观，促进经济社会和人的全面发展”的发展方向，强调按照“五个统筹”的原则推进改革和发展，建立社会主义和谐社会。其中，统筹区域发展在“五个统筹”中具有重要的地位。它是指在科学发展观的指导下，政府从全国区域经济发展格局的角度，通过宏观调控，有重点、分阶段地全面解决各种类型的区域问题，逐步协调区域关系并促进各种类型区域的社会经济发展。以科学发展观为指导的统筹区域发展战略的提出，标志着我国区域经济发展战略的又一次转变。

（一）区域统筹发展的理论基础

区域生命周期理论为统筹区域发展的必要性提供了充分的说明。该理论是J. H. 汤普森在1966年首次提出的。他认为当一个区域步入工业化发展道路后，会遵循从年轻到成熟再到老年的变化次序而发展，在每个阶段，区域发展需要解决不同的问题。在区域发展的年轻期，工业区位优势具有明显的比较优势，企业生产成本低，市场发展广阔，区域成为吸引要素聚集的中心地带；进入成熟期后，工业区域相对来说取得了主宰地位，具备了向周边地区进行技术和人员扩散的能力，同时市场竞争日趋激烈，为了能够继续保持竞争优势，工业发展采取分布的空间布局，将其分散到周边地区甚至更远，此阶段的工业区仍具有比较区位优势；但是到了老年阶段，工业区由于成本优势丧失、技术落后、人才流失等等原因失去了比较优势，其主宰地位已经受到威胁。进入老年期的区域如果没有通过创新进行整改，则极易陷入膨胀或萧条。

从经验来看，老年区域是以传统产业为主的区域，对处于中等发达阶段前后的区域，若不及时调整产业结构和产业布局，便有可能沦为老年区域；而且一旦老年区域陷入萧条的泥潭中，会出现落后病、膨胀病和萧条病这三种典型区域病的并存局面，整个国家的综合发展实力会受到严重影响。因此，从经验角度来说，一个国家的发达地区接近中等发达水平时，必须从全局的角度统筹区域发展，统筹解决已经存在或潜在的区域病。

（二）区域统筹发展战略的实施过程

2003年10月，党的十六届三中全会审议通过了《中共中央关于完善社会主义市

场经济体制若干问题的决定》(以下简称《决定》),针对21世纪以来我国区域发展上出现的区域差距持续扩大、区际产业结构趋同日益强化、地区经济发展与资源短缺矛盾加剧、生态环境遭到严重破坏等严重问题,首次提出了“五个统筹”的发展战略方针,即统筹城乡发展、统筹区域发展、统筹经济社会发展、统筹人与自然和谐发展、统筹国内发展和对外开放。在区域关系上,强调因地制宜,各展所长,优势互补,协调发展。协调是有重点的协调,重点是在协调基础上的重点,目标是区域总体功能的强化。在区域协调发展中,既要对战略产业和重点区域有选择地倾斜,又要对区域经济发展过程中的重大比例关系进行协调。

国务院总理温家宝2004年5日在十届全国人大二次会议上作政府工作报告时指出,促进区域协调发展,是我国现代化建设中的一个重大战略问题。要坚持推进西部大开发,振兴东北地区等老工业基地,促进中部地区崛起,鼓励东部地区加快发展,形成东中西互动、优势互补、相互促进、共同发展的新格局。

十届全国人大四次会议于2006年3月表决通过《关于国民经济和社会发展第十一个五年规划纲要》。“十一五”规划纲要中提出“根据资源环境承载能力、发展基础和潜力,按照发挥比较优势、加强薄弱环节、享受均等化基本公共服务的要求,逐步形成主体功能定位清晰,东中西良性互动,公共服务和人民生活水平差距趋向缩小的区域协调发展格局”。并将我国区域总体发展战略界定为“坚持实施推进西部大开发,振兴东北地区等老工业基地,促进中部地区崛起,鼓励东部地区率先发展的区域发展总体战略,健全区域协调互动机制,形成合理的区域发展格局。”

1. 继续推进西部大开发战略

(1)西部大开发战略提出的背景

2000年实施西部大开发战略,加快中西部地区发展的时机已经成熟。经过20年的改革开放和社会主义现代化建设,到2000年全国人民达到小康水平的目标已经基本实现;我国综合国力大为增强,国家有能力进一步加大对西部大开发的支持力度;东部地区经过多年的快速发展,有条件支持和帮助西部地区;西部地区已有了一定的经济基础,也积累了一些加快发展的经验。根据邓小平的设想,到了沿海地区要顾全加快中西部地区发展这个大局的时候了。

(2)西部大开发战略的主要政策措施及成就

为贯彻邓小平同志的战略构想和江泽民同志的重要指示,1999年8月以来,国务院领导率领有关部门负责同志,深入西部一些省区考察工作。2000年初,国务院西部地区开发领导小组在京召开了西部地区开发会议,学习、领会党中央关于西部大开发战略的重要决策和指示精神,统一思想,提高认识,研究加快西部地区发展的基本思路和战略任务。会议认为,当前和今后一个时期西部大开发的重点工作是:加快基础设施建设;切实加强生态环境保护和建设;积极调整产业结构;发展科技和教育,加快人才培养;加大改革开放力度。

2000年国家计划把国债投资和国家拨款的70%投向中西部地区,把国际上提供的政府优惠贷款和国际金融组织提供贷款的70%投入中西部地区建设，为此在西部地区开工“十大工程”。

西部大开发取得了明显成效。6年中国家累计在西部新开工建设重大项目70项，总投资近1万亿元，基础设施建设迈出了实质性步伐，农村生产生活条件亦有所改善，环境保护与生态治理稳步推进。

(3)西部大开发目前存在的主要问题及解决思路

西部大开发战略实施以来，取得了举世瞩目的伟大成就，但也面临一些新的问题，主要表现在以下两个方面。

第一，东西部差距仍在扩大，经济发展任务艰巨。西部地区虽然取得了很大的成就，但是西部发展仍面临严峻的挑战，西部与发达地区的差距还在扩大。以2006年第一季度为例，我国东部地区经济同比增长14%，而西部地区增长12.7%，东部与西部之间经济增长率的差距由上年同期的0.6个百分点扩大到1.3个百分点。西部地区和全国尤其是东部地区的差距非常明显。与过去的西部比，西部地区发展在加速；与全国和其他地区相比，西部与全国其他地区的差距不是缩小而是在扩大。西部地区仍是我国经济最落后的地区。

第二，生态环境保护与开发的矛盾极其尖锐。加强生态环境建设，是我国经济社会可持续发展的重要基础，是构建社会主义和谐社会的重要内容。西部地区在保障我国生态安全方面具有特殊的重要作用，处理好生态建设、环境保护和经济发展的关系，成为西部地区面临的一个重要问题。党和国家高度重视西部大开发与生态环境建设。在党和国家的支持下，通过退耕还林、退牧还草、天然林保护等重大工程，西部地区生态环境状况得到明显改善。但是从总体上说，西部地区生态环境恶化的总体趋势尚未得到扭转，生态环境保护与开发的矛盾相当尖锐。

解决西部大开发存在的主要问题的思路如下。

第一，把环境综合治理的政策纳入国民经济和社会发展计划之中。西部大开发再也不能走高投入、高消耗、高污染、低效益的外延型的经济增长模式，必须走高效益、低消耗、低污染的以提高经济质量为主要目标的新的增长模式。需要把合理使用资源、保护环境等内容纳入到重大经济社会发展战略中去研究、去决策。

第二，建立生态环境补偿机制。一般而言，河流的下游地区经济比较发达，而上游地区地处山区，经济发展较下游地区落后。但上游地区的水土保持和污染治理得如何，对于下游的水环境质量、人民生产生活都会有直接影响。因此，对于这种环保工作的实施主体与受益主体的不一致，就需要通过设计合理的地区间利益补偿机制，征收生态环境补偿费。中央财政通过支付转移或上下游地区的经济合作等方式，逐步实现下游地区对使上游地区保护水源、保障水量的经济补偿。尽快调整水资源价格，运用经济手段节约用水。下游地区的费用负担和受益上达到相对公平并有利于共同的发展，以实现整体流域系统乃至全国的可持续发展目标。

第三，积极调整产业结构，促进西部经济发展。从经济结构看，西部地区一、二、三产业都很落后，其中第一产业比重高，第二、三产业的比重低。这“一高两低”反映出西部经济不仅面临着艰难的结构调整任务，更为艰巨的是发展任务。如何使西部经济在结构调整中得到发展，在发展中不断提高，是西部大开发中面临的最大问题。西部地区抓住当前世界经济和国内经济结构调整的良好机遇，以市场为导向，从资源特点和自身优势出发，依靠科技进步，发展有市场前景的特色经济和优势产业，培育和形成新的经济增长点，有效提高资源配置效率。

2. 振兴东北地区等老工业基地

工业基地是指工业化过程中形成的工业企业在空间上的聚集，在经济活动中具有突出的作用。所谓老工业基地，则是指发展历史较长的工业基地。主要是指在新中国成立以前及20世纪50～70年代形成的，国家进行了大量投资、生产规模大、历史上曾对全国经济起到很大作用、做出很大贡献的工业基地。

(1)振兴东北等老工业基地战略提出的背景

改革开放后，尤其是在市场经济体制下，各个老工业基地的发展状况出现了分化。一些老工业基地借助市场等有利因素，迅速旧貌换新颜，比如上海、青岛等地；而也有一些老工业基地，由于资金、技术、企业管理、区位等多方面原因，处于老化和运营困难的状态之中，最明显的就是东北老工业基地。由于体制性和结构性的矛盾日趋显著，东北老工业基地发展日趋缓慢，具体表现为：企业设备和技术老化，竞争力下降，就业矛盾突出，资源性城市主导产业衰退。就全国来看，东北老工业基地的经济发展步伐相对比较缓慢，与沿海发达地区的差距在扩大。在这种形势下，加快东北老工业基地的振兴，既是东北等地自身改革发展的迫切要求，也是实现国家经济社会协调发展的重要战略需要。

(2)振兴东北地区等老工业基地的政策措施

2003年10月，党中央、国务院发布了《中共中央国务院关于实施东北地区等老工业基地振兴战略的若干意见》。东北地区等老工业基地振兴战略的实施，是我国区域协调发展的第二个重大战略决策。在这一战略的指引下，振兴东北地区等老工业基地，使其重新展示活力，迈出坚实步伐。

为实施东北地区等老工业基地振兴战略，2003年12月2日，国家决定成立国务院振兴东北地区等老工业基地领导小组，温家宝总理亲自担任组长。2004年4月，国务院正式成立了振兴东北地区等老工业基地办公室，全面启动了振兴战略。同时，为支持东北地区等老工业基地振兴，近年来国家有关部门还制定实施了一些系列的相关政策。

(3)东北等老工业基地在调整改造中面临的困境

面临的困境如下。

第一，市场化程度较低，经济发展内在动力不足；市场体系不完善，市场运行机制不健全，市场配置资源的能力较低，对外开放程度不高。

第二，国有经济比重过高，企业历史包袱沉重。在东北工业企业中，国有企业大约占 70%,大大高于全国平均水平,国有经济分布宽。同时大部分企业承担企业办社会的职能,包袱沉重。

第三,产业结构不合理,城市化进程缓慢。大多数老工业基地是建国初期形成的,技术更新缓慢,高新技术产业比重较少;产业链条短,大部分产品科技含量和附加值低。老工业基地产业发展需要的资源大部分来自外部,地方无力提供配套和服务,造成城市化程度低的状况。

第四,市场化程度低,经济持续增长内在动力不足。由于老工业基地体制和历史方面的原因,经济市场化进程较慢,市场化程度比较低。同时民营企业发展不快,具有较强竞争力的民营企业较少。市场经济对经济的调节作用比较弱,经济发展缺乏持续的内在动力。

第五,环境压力大。老工业基地面临的环境保护方面压力比较大,尤其是一些矿业城市、煤炭城市,问题更为突出。

第六,矿业城市面临矿产资源枯竭的矛盾十分突出。矿业城市的产业形成了一条以采矿业为主导、关联度高的产业链。随着资源衰减,可开采储量减少,开采成本增加,矿业城市产业结构单一,后备资源不足,接续产业规模小,采掘业发展明显跟不上经济增长的需要。

(4)振兴老工业基地的对策建议

第一,加快体制创新和机制创新,推进国有经济战略性调整。加快体制和机制创新,消除不利于经济发展和调整改造的体制性障碍,增强老工业基地调整改造的内在动力,是振兴东北老工业基地的关键和前提。进一步加快国有经济战略性调整,深化国有企业改革,收缩国有经济领域,降低国有经济比重,完善国有资本合理流动的机制,推动国有资本更多地投向关系国家安全和国民经济命脉的重要行业、关键领域。其他行业和领域的国有企业,通过产权制度改革,实现投资主体多元化。改革国有资产管理和监督体制,提高国有资本运营效率。

第二,大力发展非公有制经济,增强经济发展的后劲和活力,是振兴老工业基地的关键所在。消除各种障碍,着力营造非公有制经济加快发展的良好环境。制定积极政策,鼓励、支持和引导非公有资本进入基础设施、公用事业以及法律法规没有禁止的其他行业和领域。凡是对外商开放的投资领域,非公有制企业进入不受限制。鼓励和支持非公有制企业参与国有、集体企业的改革、改组和改造,盘活国有资产,参与老工业基地调整和改造项目建设。

第三,全方位扩大开放,加快经济国际化进程。进一步扩大开放领域,大力优化投资环境,是振兴老工业基地的重要途径。依托资源优势和产业基础,承接国际产业转移,鼓励国内外战略投资者参与老工业基地改造和产业优化升级。鼓励外资以并购、参股等多种方式参与国有企业改组改造或处置不良资产。加快外资进入服务业领域,在商业零售、物流、科研、教育、文化、卫生、旅游、信息咨询等服务业领域提供准入和投资便利。创造条件提前开放金融、保险、证券、会计、律师等领域。大力加强招商引资，充分运用市场化运作，创新招商引资工作机制。运用现代网络技术，建立和完善投资信息服务平台，为国内外投资者提供信息服务。加强开发区建设，增强服务和开发开放功能，发挥东北地区国家级开发区的辐射带动作用。

第四，加强基础设施建设，增强保障能力。水利、能源和交通等基础产业和基础设施是振兴老工业基地的重要保障。合理开发利用水资源，加强水资源保护，大力节约用水，发展节水型农业、工业，建立节水型社会；合理开发能源，加快能源建设，优化能源结构，促进低能耗、高附加值产业发展，降低高耗能行业能耗水平；加快交通基础设施建设，完善路网建设和机场布局，提高等级和标准，增强对外通道和出口的通行能力。加快城市市政基础设施、社会公益事业和住房建设，提高环境质量和城市功能。

第五，加快推进城镇化。适应调整改造的空间布局，加快推进城镇化，是振兴老工业基地的有效载体。坚持大中城市和重点城镇并举的发展方针，建立和完善城镇体系，优化城镇结构。促进生产要素和人口的合理聚集，增强城市的辐射和带动功能。

第六，加强生态环境建设，提高可持续发展能力。保护环境，合理开发资源，走可持续发展道路，是振兴老工业基地的重要条件。大力发展生态环保型效益经济，发挥生态环境和资源的比较优势，合理运作生态资本，开发环保、安全、健康型产品，发展壮大生态经济产业，培育绿色品牌产品，努力拓宽市场营销渠道，扩大绿色消费空间，提高市场占有率。建设生态工业园区，推行清洁生产，实施绿色生态食品、环保汽车、环保建材、绿色农资、生物质能等一批生态经济项目。

3. 中部崛起战略

(1) 中部崛起战略提出的背景

中部崛起是当前我国区域经济发展的重大问题。2003 年 10 月，党的十六届三中全会提出了“有效发挥中部地区的综合优势”。2004 年 3 月 5 日，全国人大二次会议《政府工作报告》明确提出“促进中部地区崛起”。2004 年中央工作会议部署 2005 年经济工作的六项任务时，又一次明确提出“促进中部地区崛起”。

2005 年 10 月 11 日，党的十六届五中全会通过的《中共中央关于制定十一五规划的建议》将区域经济协调发展作为十项发展目标之一，明确了中部崛起的路径，指出“中部地区要抓好粮食主产区建设，发展有比较优势的能源和制造业，加强基础设施建设，加快建立现代市场体系，在发挥承东启西和产业发展优势中崛起”。并指出“形成区域间相互促进、优势互补的互动机制，是实现区域协调发展的重要途径。健全市场机制，打破行政区划的局限，促进生产要素在区域间自由流动，引导产业转移。健全合作机制，鼓励和支持各地区开展多种形式的区域经济协作和技术、人才合作，形成以东带西、东中西共同发展的格局”。

2006 年，中央各部委出台了一系列促进中部崛起的政策措施。《中共中央 国务院关于促进中部地区崛起的若干意见》也正式出台，全面阐述了中部地区崛起的基本思路、总体要求、重要原则和政策措施。至此，国家促进中部地区崛起的指导性政策框架基本形成，促进中部地区崛起战略进入具体实施阶段。这是党中央、国务院制定并实施鼓励东部地区率先发展、进行西部大开发、振兴东北地区等老工业基地战略后，做出的促进区域协调发展第三个重大决策。

从2007年4月起，进入中部崛起战略实质性实施阶段。2007年4月10日，国家促进中部地区崛起工作办公室正式成立，办公室负责研究提出中部地区发展战略、规划和政策措施，促进中部地区崛起有关工作的协调和落实。这是国家继2000年设立西部办、2003年设立东北办之后的第三个区域战略办公机构，标志着中部地区崛起进入更具可操作性的实质性实施阶段。

(2)中部崛起的比较优势

中部地区包括山西、河南、湖北、湖南、江西、安徽六省，面积占全国10.7%，人口占全国28%，人均地区生产总值相当于全国平均值的80%，不足东部发达地区的一半。山西是国家重要的能源基地，煤炭产量和调出量居全国各省之冠。其余5省农业比较发达，都属于农业大省，粮食产量在全国的份额接近30%，油料、棉花产量近40%，是国家重要的粮棉油基地；资源矿产丰富，是国家原材料、水能的重要生产与输出基地；地处全国水陆运输的中枢，具有承东启西、连接南北、吸引四面、辐射八方的区位优势；人口多，人口密度高，经济总量达到相当规模，但人均水平偏低，特别是人均社会发展指标有的比西部省区还低。中部六省地处腹心地带，国脉聚集的战略地位决定了中部六省经济社会发展对国家全面建设小康社会，进而实现现代化的重要意义。

中部崛起要按照可持续发展的要求，巩固、提升中部能源和原材料基地，提高煤炭和各种矿藏的回采率，提高煤炭洗选率，发展煤炭液化、气化，推广煤炭联营，建设新型矿区；适应重化工业阶段的要求，推进中部地区钢铁、有色金属、化工、建材等原材料工业更上一层楼；利用江海联运，有效利用海外铁矿等资源；按照循环经济原理，实行集群发展，建设新型工业区，既提高资源利用率，又有利于维护环境。

作为国家农业基地和粮食主产区，要建设高标准基本农田、实施“沃土工程”，加强良种繁育推广，建设区域化、专业化的优质农产品基地，提高粮食和其他农产品的综合生产能力，发展农区畜牧业和农畜产品的精深加工，延长产业链，提高农业的市场化、产业化程度和比较收益，逐步向现代化农业迈进，并使以农产品为原料和以工矿产品为原料的轻工业同时得到蓬勃发展。

中部地区要充分利用现有基础，引进先进技术和设备，培养自主开发能力，提升中部的汽车及零部件、机车、拖拉机和其他农业机械、重型机械等装备工业；充分利用武汉、长沙、合肥等城市科技人才荟萃的有利条件，有选择有侧重地发展高新技术产业。

为了推进中部地区更快融入全球化、适应国际分工的新形态，以中部六省省会城市为中心，有必要亦有可能发展为城市群或大都市圈，为企业进入国际产业链、供应链提供相应的平台。

(3) 中部崛起面临的问题

面临的问题如下。

第一,中部省份大多是人口大省和农业大省,农业比重大。中部地区第一产业产值比重远远大于全国平均水平,同时工业产值比重低于全国平均水平。

第二,中部地区城乡结构不合理,城市化水平低。

第三,中部地区产业结构落后,传统工业比重高。中部地区是我国重要的能源、原材料基地,矿产资源相对丰富,但高新技术产业和现代服务业相对落后。

第四,市场发育程度低、开放水平低。中部地区农村人口多,市场购买力低。对外贸易和利用外资都比较少。

(4) 中部崛起的基本思路

基本思路如下。

第一,加强"三农"工作。首先,进一步加强农业。要进一步巩固中部地区农业特别是粮食主产区的重要地位,这是中部发展的基础。特别要发展现代农业,提高农业综合生产能力,保证国家粮食安全。其次,加快农村改革和发展,特别是推进农村税费改革和粮食流通体制改革。再次,加快农民增收和农村剩余劳动力转移。农民增收的根本就是大力发展非农产业。中部地区尤其要做好农村剩余劳动力转移的工作。

第二,推进农业产业化、工业化、城镇化和市场化进程。推进农业产业化,大力发展粮食产业,加快农业产业化发展。发展农业龙头企业,采用公司加农户的形式引导农民发展多种经营,实现与市场的对接。推进新型工业化,调整和优化产业结构。中部崛起必须培植和发展一批有竞争力的骨干企业,同时也要注意中小企业的发展。要充分发挥产业优势,形成特色产业。推进城市化进程,统筹城乡协调发展。中部地区正处在城市化快速发展时期,农村人口向城市转移是一个基本的趋势。在城市化进程中,一方面不能削弱农业的基础地位,影响我国的粮食安全;另一方面不能造成城市失业大军。城市化进程必须与提供就业的能力和社会保障能力相适应。发展中部地区大市场。发挥中部地区的区位优势,形成全国商品的集散地和物流中心,以市场化为导向带动经济发展。

第三,加快基础设施建设。首先,加快硬件基础设施建设。中部地区人口密度高,基础设施建设投入产出效益好。其次,加快社会事业的发展,特别是发展教育、科技、卫生事业。再次,加快体制、机制创新。要进一步推进改革开放,落实科学发展观,用新思路、新体制和新机制走出一条发展的新路子。

第四,抓好大中城市、县域经济和民营经济三个环节。首先是发挥大中城市的带动作用。城市是人、财、物的高度聚集区,一个地区的经济实力,关键在大中城市。要加快培育中心城市的经济实力,形成以省会城市为中心的经济增长极和城市经济圈。有重点地规划和发展城市群和城市带。其次是抓好县域经济发展。中部地区县域经济蕴涵巨大的增长潜力。目前,全国经济百强县中,中部地区还很少。因此,要做好县域经济发展。最后是抓好民营经济发展。我国经济发达地区都是民营经济活跃的地区,民营经济激发了这些地区创造财富的能力。发展民营经济关键是要创造促进民营经济发展的环境条件,消除阻碍发展的一切制度因素。

参考文献

[1] 王章留,习谏,等. 区域经济协调发展论[M]. 郑州:河南人民出版社,2006. 10.

[2] 王小鲁,樊纲. 中国地区差距:20 年变化趋势和影响因素[M]. 北京:经济科学出版社,2004.

[3] 练绪宁,周建龙. 我国区域经济差距现状与对策分析[J]. 商场现代化,2006(4):184 - 185.

[4] 范恒山. 区域协调发展:面临的挑战和应对思路[N]. 人民日报,2008-06-04.

[5] 徐晓红. 中国区域经济差距分析和政策建议[J]. 浙江大学学报:人文社会科学版,2006,36(2):103 - 111.

[6] 郑明彩. 实现基本公共服务均等化,促进经济社会协调发展[J]. 发展改革,2007(6):1 - 3.

[7] 蒋满元. 要素跨区域流动对区域经济增长和波动的影响探讨[J]. 财经科学,2007(8):43 - 50.

[8] 杨伟民. 区域协调发展的关键:主体功能区规划[J]. 财经界,2008(3):69 - 70.

[9] 曾培炎. 推进形成主体功能区,促进区域协调发展[J]. 求是,2008(2):15 - 18.

[10] 姜杰. 发挥区域协调发展载体作用,推动经济圈经济带的形成[J]. 山东经济战略研究,2007(11):39 - 40.

[11] 冯之浚,黄保勤,石培华,等. 区域经济发展战略研究[M]. 北京:经济科学出版社,2002.

[12] 朱丽萌,刘镇. 区域经济理论与战略[M]. 南昌:江西人民出版社,2001.

[13] 田蜀华. 论中共领导人与时俱进的区域经济发展战略[J]. 毛泽东思想研究,2007,24(4):117 - 119.

[14] 谢永萍. 中国共产党对区域经济协调发展战略的探索[J]. 喀什师范学院学报,2006,27(4):1 - 4.

[15] 李清泉. 论区域协调发展战略[D]. 中共中央党校博士学位论文,1995.

[16] 李京文. 中国区域经济教程[M]. 桂林:广西人民出版社,2000.

[17] 陈秀山,孙久文. 中国区域经济问题研究[M]. 北京:商务印书馆,2005.

[18] 高新才. 改革开放以来中国区域经济发展战略的嬗变[C]. 中国改革步入 30 年:回顾与展望,2007.

第五章

建立和完善社会主义市场经济体制

第一节　我国计划经济体制的建立及改革的初步探索

社会主义社会的构想最初是作为私有社会种种弊端的矫正物而出现的。科学社会主义者在批判现实资本主义社会的种种弊端，论证社会主义必然代替资本主义的历史规律中对未来社会的基本轮廓做出了预测性描述。未来社会的第一阶段即社会主义阶段的经济特征应该包括以下几个方面：①消灭资本主义的私有制，建立社会共同占有全部生产资料的公有制。马克思、恩格斯在《共产党宣言》中指出："共产党人可用一句话把自己的理论概括起来：消灭私有制。"列宁在《国家与革命》中，则进一步将马克思、恩格斯"社会共同占有生产资料"发展为"国家辛迪加模式"，即社会主义经济是一家由国家垄断经营的大公司，国家是社会主义经济的组织者和生产资料的所有者。②在公有制基础上有计划按比例地组织社会生产。在一个集体的、以共同占有生产资料为基础的社会里，由于生产资料和劳动产品属于同一所有者，商品生产和商品交换将不复存在，货币和市场也将退出经济生活，由社会有计划按比例地组织生产，实行社会主义产品交换。这就消除了资本主义社会生产的社会化和资本主义私人占有制之间的矛盾冲突。随着生产化大社会的发展，社会分工越来越细，部门之间的联系也越来越密切，客观上要求宏观层面的统一协调，有计划地分配社会资源，协调各方比例。但是资本主义私有制度却将社会生产分割为无数利益相互独立甚至是相互对立冲突的"谋求自利的个体"，统一的指挥协调无法实施。所以，计划经济只能建立在公有制度的基础之上。③个人消费品采取按劳分配的方式，劳动成为全体社会成员的义务并具有直接的社会性。个人的劳动不再经过迂回曲折的道路，而是直接作为总劳动的构成部分存在着。个人从社会方面领得一张证书，证明他提供了多少劳动，而他凭这张证书从社会储存中领得和他所提供的劳动相当的一份消费资料。

苏联在社会主义实践中从战时共产主义政策到恢复商品生产和商品交换的新经济政策，最终形成斯大林模式，即社会主义经济的基本特征是公有制（其中国家所有制要占主导和决定作用）和计划经济。这一模式很长时间被视为社会主义国家唯一的也是必然的选择。我国在社会主义制度建立后经济体制的选择上，也深受斯大林模式的影响，并最终形成了高度集中的计划经济体制。

一、中国计划经济体制建立的历史条件和历史作用

（一）中国计划经济体制建立的历史条件

在我国建国初期，高度集中的计划经济体制的选择和最终建立，有特定的历史条件。

第一，实行高度集中的计划经济体制是保持社会稳定的需要。由于帝国主义长期侵略和掠夺，国民党的腐败统治，加上长期战争的破坏，新的领导人首先面对的就是财政枯竭、物资匮乏、城乡交通隔绝、投机倒把猖獗、工人失业、严重的通货膨胀等问题。这些问题的存在不仅使经济发展缺乏必要的基础，而且严重威胁了人民的生活和社会的稳定。依靠税收、物价和信贷控制等间接机制不能有效地缓解上述问题，建国前后不断的军事行动也需要物资资金的保障。1949 年 6 月，中央财政经济委员会成立，1950 年中央政府进行了统一国家财政经济的工作：统一全国财政收支，统一全国物质调度，统一全国现金管理。集中高效的统一管理体制在活跃城乡经济、增加就业、改善城乡人民生活、平抑市场物价方面发挥了重大作用，有效地维护了社会稳定。而这些工作实际上已经形成了我国计划经济体制的雏形。

第二，实行高度集中的计划经济体制是进行经济重建和发展的需要。新中国是在非常贫困落后的基础上建立起来的，农业和手工业占国民经济的 90%，农业人口占全国人口的 80% 以上，现代工商业基础薄弱。1949 年全国国民收入为 358 亿元，人均只有 66.1 元。彻底摧毁帝国主义和封建主义的经济基础，改组半殖民地半封建的经济，实现由农业国向工业国的转变，实现国家的繁荣富强成为新中国面临的最紧迫的任务。在旧中国，关系国民经济命脉的行业大多掌握在官僚资产阶级和外国投资者手中。一旦把国民党反动政府和官僚资产阶级控制的工厂、矿山、铁路、码头、银行、邮电等收归人民政府所有，通过征用、征购、代管、转让等方式将部分外国投资者在华企业转为我国政府所有，人民政府就控制了国民经济的命脉，掌握了国民经济的领导权。并以此为基础，对具有浓重半封建半殖民地色彩的国民经济进行社会主义改造，为大规模经济建设创造条件。此外，在一个落后贫困的农业国家完成大规模工业化所需要的资金积累，对农业的有限剩余进行“剥夺”，对国民收入中积累和消费的比例进行“调整”成为无奈的选择。强大的国家政权作为社会资源配置中心，用“剪刀差”的方式剥夺农业剩余，用尽可能压低消费、提高积累率的方法来完成大规模工业化所需要的资金积累。权力垄断是计划经济体制的典型特征，这种垄断表现在实行计划经济体制可以有效地强化国家对经济资源的集中动员和计划利用的能

力，在特定的历史条件下，将社会的一切经济活动都控制在政府手中，特别是中央政府手中，能够迅速、有效地集中一切可能的资源保障国家经济发展战略中的重点所需。

第三，苏联实行计划经济体制后在一定时期内经济快速增长的示范效应。苏联是世界上第一个社会主义国家，它对社会主义道路的探索和选择对后起的社会主义国家无疑具有很强的示范作用。苏联对国民经济的计划管理，从十月革命胜利后已经开始，1929 年苏共十六大确定国民经济五年计划具有指令性质成为计划经济体制确立的标志。高度集中、全面直接的管理体制在短期内迸发出极大的经济活力。苏联提前完成了“一五”“二五”计划，取得世界罕见的工业增长速度，1928 ~ 1940 年整个工业增长 9 倍，年均增长 16.8%。苏联仅仅用十几年的时间完成了资本主义国家用几十年甚至上百年的时间完成的历程，建立了完整独立的国民经济体系，实现了由落后的农业国向工业化强国的转变。到“二五”计划结束的 1937 年，苏联工业总产值已经跃居欧洲第一位，仅次于美国居世界第二位。而这一切转变，恰恰与自由放任的市场经济的必然产物——资本主义经济危机空前规模的爆发同时发生。危机后，资本主义国家纷纷改变一贯奉行的自由放任政策，开始加强政府的宏观经济调控。当新中国的领导人怀着尽快实现富国强民的美好愿望开始经济建设时，苏联的经济体制自然成为借鉴和学习的榜样。

第四，国际政治经济环境的影响也是我国选择计划经济体制的重要因素。作为最早的社会主义国家，苏联坚持大国主义、大党主义，认为自己建设社会主义的经验具有普遍性，要求其他社会主义国家遵照执行。南斯拉夫共产党领导人铁托对此提出异议，要结合自身实际，独立自主地探索社会主义道路，试图开创新的社会主义模式。苏联指挥其他社会主义国家在政治上孤立和打击南斯拉夫共产党，断绝与南斯拉夫的外交关系，在经济上撕毁各种贸易协定，对南斯拉夫进行经济制裁和军事封锁，使南斯拉夫陷入极其困难和孤立的境地。建国初期帝国主义国家对新中国在政治上孤立，在经济上封锁、禁运，我们采取了“一边倒”的对外政策，即新中国将是一个东方国家，是社会主义阵营的成员，首先是联合苏联，毛泽东把和与苏联的关系置于对外关系首位。新中国在对外关系上面临的迫切问题是：争取获得国际承认，保证国家安全，争取必要的援助发展经济等。这些问题的解决都要依赖苏联的帮助，而苏联提供帮助的前提是中国必须认同苏联模式的社会主义制度，并遵照执行。新中国面临的国际政治经济环境实际上为新中国的经济发展走向规定了一个非常有限的选择空间，加之对于苏联意识形态上基本问题权威地位的认可和尊重，苏联和东欧国家的计划经济体制自然对中国产生了重大影响。

第五，在意识形态上存在对马克思主义教条式的理解，认为计划经济是社会主义的制度性特征。马克思、恩格斯曾经明确指出：无产阶级夺取政权后，首要的任务就是变少数人占有生产资料为大多数人共同占有生产资料。一旦社会占有了生产资料，商品生产就将被消除，资本主义生产的无政府状态被有计划地组织全社会生产的社会主义所代替。必须明确，马克思、恩格斯对未来社会基本特征的原则性阐述是建立在西方国家资本主义发展的现实基础之上的。在自由竞争的资本主义阶段，生产社会化程度不高，社会生产和社会需求之间的矛盾还没有充分展开，市场机制能够有效地实现市场调节。在进入垄断的资本主义阶段后，社会化程度越来越高，彼此间的分工协作越来越密切，对社会有计划发展的要求不断提高。就像列宁所说："资本主义已把劳动社会化推进得这样远，甚至连资产阶级的著作也大声喊叫必须'有计划组织国民经济'了"。要通过宏观层面合理的计划和协调来缓解社会化大生产和资本主义私人占有制之间日趋尖锐的矛盾和冲突。可见计划经济并非社会主义所追求的目的，而是在资本主义私有制已经严重束缚社会生产力发展的条件下，通过计划经济体制的建立来解放和发展生产力，是一种谋求经济更稳定发展的手段。但是在相当长的一段时间里，人们并没有意识到这一点，也没有对社会主义国家的现实生产力水平与经典作家理论的前提假设之间的差异有明确的认识，而是认为计划经济和市场经济都是制度性特征的范畴，是社会主义与资本主义的根本区别，走社会主义道路自然而然应该选择计划经济体制。

计划经济体制的形成在我国并非一蹴而就。1949 年开始，国家首先对关系国计民生的重要行业和产品实行统筹，到 1958 年计划经济体制才完全形成。1949 年到 1952 年，国家首先对金融业和对外贸易进行了计划管理，并对粮食、棉纱和棉布等重要而又短缺的产品实行了统购统销。1952 年底，中央人民政府国家计划委员会成立。1953 年到 1956 年，国家对主要农副产品实行统购统销，对私营企业进行社会主义改造，计划管理的覆盖面大大增加。到 1957 年，国务院各部门直接管理的工业企业已由 1953 年的 2 800 多个增加到 9 300 多个；国家计划管理的工业生产产品由 115 种增加到 290 种；国家统一分配的物资由 220 多种增加到 530 多种；国民收入分配中，国家财政收入所占的比重已经达到 34%，国家财政收入中有 75% 归中央支配；国营企业的利润除少量奖励基金和福利基金可以留归企业外，余者全部上交；全国基本建设项目的投资和建设，绝大部分由国务院各部门直接管理，企业没有基本建设的投资权，地方政府投资权限也很小。1958 年，政社合一的人民公社建立，国家直接控制农村经济运行，计划经济体制完全形成。

(二)中国计划经济体制建立的历史作用

从中华人民共和国成立到 1978 年十一届三中全会，我国依靠高度集中的计划经济体制，经济获得快速发展。工业方面，1949 年到 1978 年工业总产值增长了 38.2 倍，其中重工业总产值增长了 90.6 倍，工业总产值占工农业总产值的比重由 36% 提高到 72.2%，重工业总产值占工业总产值的比重由 26.4% 提高到 57.3%。投入 7 000 多亿元的资金，建设了 3 000 多个大中型项目，建立起了机械、电力、钢铁、石油、煤炭、石化、汽车、国防军工、轻纺等工业部门，有了独立的、比较完备的工业体系和国民经济体系。在农业方面，1949 年到 1978 年，粮食产量增加了 1.7 倍，农业机械化有了一定发展。基础设施也在不断完善。在生产发展的基础上，人民生活也有一定程度的提高。

作为特定历史条件的产物，计划经济体制是当时的最优选择，也曾经对我国经济发展起到过重要的历史作用。首先，计划经济体制对于宏观有效率的强调使国家能够在资源有限的情况下集中力量保障重点，为工业化的实现创造良好的基础条件。以"一五"计划时期为例，重点项目主要集中在钢铁、有色金属、重型机器、汽车、航空、煤炭、石油、电力、电讯和军工等领域，对资金、技术、人员等条件要求较高，分散的地方政府和私人企业很难承担，由中央政府集中使用资源则能有效地满足需要。其次，依靠政府的力量，以公私合营、合作社的形式来实现改组、兼并和重组，可以在不增加投资或少增加投资的条件下，扩大生产规模，提高技术水平，实现由落后、分散的小生产向先进、集中的大生产的逐步转变。再次，我国当时的生产力水平和经济社会发展条件下，通过行政手段分配短缺资源更有利于政治、经济和社会的稳定。在短缺经济条件下，实现供求平衡有两种方法：可以通过市场机制的自发作用，抬高价格来提高供给、抑制需求；也可以通过行政手段分配短缺资源，用"看得见的手"抑制需求，这样做可以避免价格出现较大波动。建国初期，我国不仅是生活资料供应严重不足，生产资料也极度短缺，这就意味着即使提高价格，也很难有效增加产品供给；同时在消费领域，大量基本民生产品匮乏，这就意味着即使提高价格，也很难有效抑制这类产品的需求。而且价格的大幅波动会带来经济秩序的混乱，进而威胁政治和社会稳定。这种情况下，通过基本民生用品的限量供应较为平均地、也只能是较低层次地保证每个城市居民最为基本的消费需求，可以避免价格出现大幅波动，同时在居民最为基本的生活需求得以满足的前提下，资源配置上优先保证社会整体利益。在特定历史条件下，有限资源的集中管理、统筹规划和使用更有利于政治、经济和社会的稳定。

二、计划经济体制的弊端

计划经济体制在我国建国后曾经起到了积极的作用，但是，随着科学技术的进步、国民经济规模的扩大、经济联系和社会分工的日益复杂以及与国内外经济联系的增加，计划管理以不变应万变，用无所不包的指令性计划指挥实际上处于不断变化状态的整个生产、流通和消费过程的管理模式会显露出脱离实际、僵化呆板的固有缺陷，并严重阻碍了我国生产力水平的进一步提高。原有计划经济体制的弊端主要有以下几个方面。

第一，忽视商品生产、价值规律和市场机制的作用，不利于资源的合理配置。资源配置有两种方式：计划配置方式和市场配置方式。计划配置方式是用行政命令、指标分解和调拨等方式配置资源，资源配置决策是由代表社会整体利益的中央计划机关统一做出的；市场配置方式是通过价格机制、供求机制和竞争机制等市场机制的相互作用引导资源的流向，各个经济主体在价格信号的指引下分散决策和自主选择，在谋求自身利益的同时也使公共利益得到满足。计划配置资源方式成败的关键在于计划本身的优劣和执行过程是否严谨，而这又取决于信息是否完备和上下级之间能否有效地进行指令传递和执行反馈及再调整。而实际上，中央计划机关很难完全获知分散出现在社会各个角落的不可胜数的信息；多层级的计划制定和执行体系中指令传递和执行反馈及再调整的通路也很难畅通，传输距离也过于遥远；计划的无所不包让计划的执行监督成本居高不下，这一切必然导致这种资源配置方式的低效率。而市场经济中，价格信号本身就提供了经济决策的基础性信息，经济主体据此可以直接决策，分散决策后执行过程中指令传递、执行反馈和再调整所需要经过的环节也大大减少，可以不断根据现实状况做出有针对性的反应。同时，市场经济主体为了自身的生存和长期发展，会自觉地约束自身行为，大大减少了监督成本。所以，让市场机制在资源配置中起基础性作用更有利于资源的合理高效配置。

第二，政企职责不分，条块分割，国家对企业统得过多过死，在很大程度上束缚了企业的活力。在计划经济体制下，整个社会就是一个大工厂，企业不过是其中的一个车间、一个班组，生产什么、怎样生产、产品如何分配都是事先都由计划管理部门确定的，企业仅仅是被动的计划执行者，就像国家这个大算盘上的算盘珠一样，拨一拨，动一动，拨到哪，停到哪，企业对来自市场的变化反应冷淡，不会自动跟踪市场信号，也很难在生产结构调整、采用新技术、改进经营管理、提高产品质量和降低成本等方面发挥积极性和主动性。不承认企业具有独立的经济利益，企业也就没有为了自身利益努力谋求自我发展的动力。不承认企业是独立的商品生产者和经营者，只是上级行政机构的附属物，企业没有任何自作主张的权力和空间。利润全部上缴，亏损也由国家负担，排斥市场竞争，企业也缺乏提高经济效益的压力。

第三，分配上平均主义严重，干多干少、干好干坏一样，严重压抑了广大职工群众的积极性、主动性和创造性。社会财富是由人创造的，但是在计划经济体制下，个人就业由国家统一分配，工资级别由国家统一规定，这种集中一致的分配制度相对于劳动分工、劳动能力的无限多样和生产条件的千差万别，必然是高度简化的。个人的劳动贡献按照整个社会的简单统一的标准去衡量和计算，模糊了贡献和报酬之间的联系，收入分配的激励作用不能有效发挥。此外，在很长一段时间对社会整体利益的过分强调和对劳动者个人与群体利益的忽视，使得社会经济发展和人民生活水平提高没能同步进行，社会整体利益和局部利益不能有效协调，也会挫伤人们的生产积极性。

第四，片面强调公有制经济特别是国有经济的发展，否定和限制其他经济成分的发展，造成所有制单一，非公有制在发展经济、活跃市场等方面的作用无从发挥。计划经济要求国家必须能够控制企业和个人的生产经营活动，这就要求生产资料必须实行国有或者国家能够控制的集体所有，只有在此基础上，才能排斥市场机制的作用，建立起自上而下、以行政管理为特征的计划经济体制。我国随着社会主义改造的完成，全民所有制和劳动群众集体所有制两种社会主义公有制形式在整个国民经济中占据绝对优势的地位。1949 年以前的我国经济是以私有经济为主的，私营企业在工业总产值中占2/3,在社会零售商品总额中占85%以上。而到1975年,我国工业总产值中已经由公有经济一统天下,其中全民所有制企业占83.2%,集体所有制企业占16.8%;在社会商品零售总额中,全民所有制企业占90.2%,集体所有制企业占7.7%。公有崇拜特别是国有崇拜让非公有制经济成分在发展经济、增加税收、活跃市场、方便人民生活和增加就业等方面的积极作用无法发挥。

针对计划经济体制出现的一些问题,我国从20世纪50年代末到1978年,曾进行过多次调整和变革。由于受到固有观念的束缚,改革只是在放权让利和市场调节力度的适当增加等问题上做文章,不能突破计划经济体制的基本框架,没有从根本上改变高度集中统一的计划经济体制。但我国这段时间为寻找具有中国特色的社会主义建设道路所进行的艰难探索,对党的十一届三中全会以后所进行的经济体制改革的理论和实践,起到了先导作用。

三、对适合中国特点的社会主义经济建设道路的初步探索

建国初期,我们基本上是按照苏联模式进行社会主义建设。由于这一模式的固有弊端和国情差异,我国在照搬苏联经验的过程中出现了不少问题。早在1955年底,毛泽东就谈到过"以苏为鉴"。1956年2月苏共二十大召开,赫鲁晓夫的秘密报告第一次揭露了社会主义社会中存在的阴暗面和斯大林模式的种种弊端,这无疑意味着苏联共产党对斯大林模式的自我否定,也打破了长期以来各国共产党唯书唯上的思维定式。他们开始认识到:斯大林模式并非唯一正确的社会主义模式,各国应该从本国具体实际出发,独立自主地探索适合自身特点的社会主义建设道路。中共中央政治局连续召开扩大会议进行研究。在1956年3月24日召开的政治局扩大会议上,毛泽东说,苏共二十大反斯大林,对我们来讲的确是个突然袭击。但赫鲁晓夫反斯大林,这样也有好处,打破"紧箍咒",破除迷信,帮助我们考虑问题。搞社会主义建设不一定完全按照苏联那一套公式,可以根据本国的具体情况,提出适合本国国情的方针、政策。在4月25日召开的中央政治局扩大会议上,毛泽东发表了《论十大关系》报告,明确提出了"以苏为鉴",走中国自己的社会主义建设道路的问题。在"十大关系"中,涉及经济领域的有五个,包括:重工业和轻工业、农业的关系,要适当增加对轻工业和农业的投资比例;沿海工业和内地工业的关系,在和平时期,要注重发展沿海工业;经济建设和国防建设的关系,要适当降低军政费用的比例;国家、生产单位和生产者个人的关系,三者的利益关系必须同时兼顾;中央和地方的关系,要扩大一点地方的权力,给地方更多的独立性,发挥地方的积极性。

党的八大在探索中国自己的社会主义建设道路方面也取得了一系列积极成果。八大决议宣布:我国社会主义经济运行的具体体制,应该是计划生产、集中经营、国家市场为主体,以由生产单位根据原料和市场情况进行生产、分散经营、国家领导下的自由市场作补充。中央分管经济工作主要负责人陈云在大会讲话中对我国经济体制做出总体设计,提出"三个主体,三个补充"的重要思想:在工商经营方面,国家经营

和集体经营是主体,一定数量的个体经营是补充;在工农业生产方面,计划生产是主体,按照市场变化而在计划许可范围内的自由生产是补充;在市场方面,国家市场是主体,国家领导下的自由市场是补充。这是我国社会主义经济体制第一个比较完整系统的总体构想。

国家经济管理体制的改革随后展开,1957年陈云亲自代国务院起草了关于改进工业、商业和财政管理体制的三个规定,并经人大常委会批准在1958年实行。1958年中共中央举行的春节团拜会上,毛泽东谈到:中央集权太多了,是束缚生产力的。……中央要办一些事,但是不要太多了,大批的事放在省、市去办,他们比我们办得好,要相信他们。……有中央的工业,有省的工业,有专区的工业,有县的工业。这样就手脚多,大家的积极性多。在1958年一年内,中央和国务院多次召开会议,部署经济工作和改进经济管理体制有关事宜,并做出相应的规定,加快经济的发展速度,加快和扩大权限下放的步伐,促进国民经济的跃进。针对条块分割管理体制的问题,刘少奇也主张放权,认为应该使地方、企业、合作社有适当的自治权,有一定范围的经济活动的自由,否则社会主义经济就没有灵活性和多样性。他还提出政企分开,按行业改组工业体系,由企业性机构管企业。陈云则认为应该把市场调节引入到经济管理活动中来:"对某些产品如日用百货、手工业品、小土产的国家计划管理方法应该有适当的变更。应该把国家计划中对这些产品的各项指标只作为一种参考指标,让生产这些日用百货的工厂可以参照市场情况自定指标进行生产,而不受国家参考指标的束缚,而且根据年终的实绩来缴纳应缴纳的利润。"①

在所有制结构上,针对三大改造完成后所有制结构过于单一出现的一些问题,1959年12月,毛泽东在同黄炎培等人的谈话中,创造性地提出了"可以搞国营,也可以搞私营。可以消灭了资本主义,又搞资本主义",还可以对"华侨投资的私营大厂二十年、一百年不没收"。刘少奇、周恩来等中央领导同志也认为可以存在多种经济成分。1956年12月,刘少奇在一届人大常委会第52次会议上谈到:如果资本家要盖工厂,是不是准许他们盖呢?可以的,我们国家有百分之九十几的社会主义,有百分之几的资本主义,我看也不怕。周恩来在"二五计划"建议的报告中提出:今后无论在城市居民区或者农民中,都应保持相当数量的小商小贩。

关于社会主义社会是否存在商品生产的问题,在1959年2、3月间的第二次郑州会议上,毛泽东批评了当时许多地方否认价值法则、否认等价交换的做法,认为在农村中应该存在商品生产和等价交换,农村干部应该懂得价值法则、等价交换,违反这些客观规律、客观法则,会碰得头破血流。刘少奇认为要克服计划经济简单呆板的局限,增加多样性和灵活性,就要利用自由市场。周恩来在"二五计划"建议的报告中提出,与小商小贩的保留相适应,"在国家统一市场的领导下,将有计划地组织一部分自由市场",这样"将会对国家的统一市场起有益的补充作用"。

---

① 《陈云文选(1956—1985)》,12~13页,北京,人民出版社,1986。

60年代初,在八届九中全会"调整、巩固、充实、提高"八字方针的指导下,我们在适合中国特点的社会主义经济建设道路的探索上又提出了许多宝贵思想。肯定三级所有队为基础的所有制形式,允许农民保留少量自留地和家庭副业,作为农村集体经济的有益补充;重新肯定国营企业、供销合作社和农村集市贸易是我国商品流通的三条重要渠道,恢复农村集市;重新肯定商品生产、等价交换和按劳分配原则;肯定国营工业企业既是全民所有制的经济组织,又是独立的生产经营单位,要建立以厂长为首的统一的生产行政指挥系统。

在理论界,一些经济学家以极大的理论勇气对中国应该遵循的社会主义建设模式提出自己的看法。孙冶方认为应该提高利润指标在计划经济管理体制中的地位,应该给企业更多的自主权。顾准在1956年则指出,社会主义经济的问题是废除了市场制度,为了提高效率,社会主义可以选择的经济体制,是由企业根据市场价格的自发涨落来做出决策,换言之,是让市场机制在资源配置中起基础性作用。顾准因此被视为中国改革理论发展史中提出市场取向改革的第一人。

上述探索无疑为我们开辟正确的建设中国特色的社会主义经济建设道路奠定了坚实的基础,提出了许多有启发性的论断,对后来的我国经济体制改革的理论和实践都产生了深远的影响。但是由于"左倾"错误思想的影响,改革探索无法正常进行下去,出现了思想认识和政策的反复,也限制了改革的深度和广度,最终没有从根本上改变传统社会主义经济建设模式。

第二节　中国经济体制改革的目标:建立社会主义市场经济体制

一、社会主义市场经济理论的形成和发展

1976年,中国结束了长达十年的"文化大革命"。1978年12月,党的十一届三中全会召开。这是一次拨乱反正的会议,也是中国社会主义建设事业在历经29年的曲折之后终于迈向胜利之途的重要转折点。全会公报指出:现在,我们要根据新的历史条件和实践经验,采取一系列新的重大的经济措施,对经济管理体制和经营管理方法着手认真地改革,在自力更生的基础上积极发展同世界各国平等互利的经济合作,努力采用世界先进技术和先进设备。自此,中国进入改革开放、加快现代化建设的新时代。如何改革高度集中的经济管理体制?全会公报也明确提出:"现在我国经济管理体制的一个严重缺点是权力过于集中,应该有领导地大胆下放,让地方和工农业企业在国家统一计划的指导下有更多的经营管理自主权。""坚决实行按经济规律办

事,重视价值规律的作用。"①

放权让利、扩大经营自主权的改革首先在农村取得了突破。农村是我国传统计划经济体制最薄弱的环节,多年来除了通过剪刀差的方式被强制性地为工业化积累资金外,并没有形成一套完整的计划经济的组织管理体系,受传统体制的阻碍相对最小。此外,农村的改革有利于中国经济发展和解决人民生活最基本、最关键的问题。因此农村改革成为中国经济体制改革的启动环节和突破口。以家庭承包为基础、统分结合的双层经营体制的建立,把集体经营和劳动者自主经营结合起来,农民获得了劳动和经营自主权;交足国家的,留足集体的,剩下的都是自己的,这样的分配方式让农民的生产成果和利益直接挂钩,极大地调动了农民的生产积极性,迅速解放了长期被压抑的农村劳动力,推动了农村自然经济向商品经济的转变;乡镇企业异军突起,成为国有企业的重要补充、国民经济的一支重要力量。在农村经济体制改革的同时,城市也开始了扩大企业自主权的改革试点。1978 年 10 月,四川省在宁江机床厂等六个国有工厂率先进行了"扩大企业自主权"的试点工作,取得了明显成效。到 1980 年,全国试点的工业企业已经达到 6 600 家,约占全国预算内工业企业总数的 16%、产值的 60%、利润的 70%。随着城乡改革的逐步推进,指令性计划覆盖的范围逐步缩小,价值规律的调节作用不断加强,放权让利的改革从多方面引入了市场因素,并对传统体制形成极大的冲击。社会主义经济中计划和市场的关系仍然是我们在理论上和实践中都无可回避,也亟待解决的重大问题。

早在改革初期,中央一些领导同志就对这一问题阐述了自己的看法。1978 年国务院务虚会上,李先念在会议总结时提出"计划经济与市场经济相结合"。1979 年 3 月,陈云在《计划与市场问题》中指出:"整个社会主义时期必须有两种经济:(1)计划经济部分(有计划按比例的部分);(2)市场调节部分(即不作计划,只根据市场供求的变化进行生产,即带有盲目性调节的部分)。第一部分是基本的主要的;第二部分是从属的次要的,但又是必需的","在今后经济的调整和体制的改革中,实际上计划与市场这两种经济的比例的调整将占很大的比重。不一定计划经济部分愈增加,市场经济部分所占绝对数额就愈缩小,可能是都相应地增加"②。1979 年 11 月 26 日,邓小平在会见美国不列颠百科全书出版社的客人时也谈到:市场经济仅限于资本主义社会,这肯定是不正确的。社会主义为什么不可以搞市场经济?市场经济在封建社会就有了萌芽,社会主义也可以搞市场经济。理论界也有诸多学者从不同角度阐述在经济中引入市场机制的问题。1978 年国务院务虚会上,孙冶方重提"千规律,万规律,价值规律第一律";薛暮桥提出应该为长途贩运平反,要利用市场活跃流通。1979—1980 年间,薛暮桥又多次写文章反复强调两个基本观点:社会主义经济不仅局部地存在商品生产和商品交换,而且从整体上看仍然是一种商品经济;要在计划指

---

① 《十一届三中全会以来重要文献选读》,上册,6 ~ 7 页,北京,人民出版社,1987。

② 《陈云文选》,第 3 卷,244 ~ 245 页,北京,人民出版社,1986。

导下充分发挥市场的作用。1980 年薛暮桥在为国务院经济体制改革办公室起草的《关于经济体制改革的初步意见》中明确指出:“我国经济体制改革的目标和方向应当是:在坚持生产资料公有制占优势的条件下,按照发展商品经济和促进社会化大生产的要求,自觉地运用价值规律”,“把单一的计划调节,改为在计划指导下充分发挥市场调节的作用”。薛暮桥意见的实质,是建立以市场为基础的经济体系。他的意见给国务院主要领导人以极大的影响,但这一改革思路在决策层和理论界却未能形成共识,主张改革“市场取向”和主张继续坚持“计划取向”的决策者和学者各执一词。而经济形势的发展最终让坚持计划取向的思路占据了上风。70 年代放权让利的副作用使我国 1980 年出现了价格上涨、财政赤字增加、经济秩序混乱等问题,一些原本就对发挥市场调节的作用持强烈不同观点的人据此提出了对商品经济的批评。1981 年开始在政策和理论层面重新强调“计划经济”,市场调节必须在计划经济的框架内发挥作用。1982 年的十二大对计划与市场的关系这一问题并无实际进展,仍停留于适当引入市场因素以完善计划体制。十二大报告“提出了计划经济为主、市场调节为辅”的原则,指出:“我国在公有制基础上实行计划经济。有计划的生产和流通,是我国国民经济的主体。同时,允许对于部分产品的生产和流通不作计划,由市场来调节,也就是说,根据不同时期的具体情况,由国家统一计划划出一定的范围,由价值规律自发地起调节作用。”

20 世纪 80 年代初,由于直接的指令性计划仍然被视为社会主义制度的本质和整个经济运行的基础,国有部门的改革进展缓慢,但是强调计划经济为主的同时允许发挥市场调节的作用,而市场机制一旦引入,如果不遇到人为遏制,就会形成不可逆转的趋势,产生自我扩张的力量,并对旧体制的改革提出进一步的要求。农村的改革和农村经济的日益活跃,必然要求重新限定农副产品统购和派购范围,增加自由运销比例,城市长期以来对工业品统购包销也不能适应企业扩大自主权后的购销关系。所以,我国流通体制的改革获得长足进展,在保留国有商业主渠道的同时,集体和个体商业发展迅速。1979 年以来所有制方面的调整打破了公有制经济一统天下的局面,形成了以国有经济和集体经济为主导,其他多种经济形式为补充,互相竞争、相互补充、共同发展的经济模式。在我国各种经济形式纷纷涌现的大潮中,从开始就存在于计划外空间的乡镇企业异军突起,成为我国农村经济发展的重要支柱;三资企业也从无到有地发展起来,到 1983 年底,我国已经有中外合资企业 190 家,中外合作开发海上石油 31 项,中外合作项目 1 129 项,补偿贸易 1 067 项,外商独资企业 53 家,全国通过各种形式利用外资 140 多亿美元,建设大小项目 2 000 多个,对外开放为我国注入了市场经济的新因素。这一时期非国有部门的发展以及对外开放激发出来的经济活力逐渐改变了一些对发挥市场调节的作用持不同观点的人士的看法。此外,日益壮大的城乡非国有制经济的发展,对价格体制、流通体制、金融体制的改革提出了新的要求。在邓小平、陈云、胡耀邦等中央领导的积极推动下,1984 年 10 月,党的十二届三中全会通过的《中共中央关于经济体制改革的决定》(以下简称《决定》)中明确提出:“改革是为了建立充满生机的社会主义经济体制”,“改革计划体制,首先要突破把计划经济同商品经济对立起来的传统观念,明确认识社会主义计划经济必须自觉依据和运用价值规律,是在公有制基础上的有计划的商品经济。商品经济的充分发展,是社会经济发展的不可逾越的阶段,是实现我国经济现代化的必要条件”。尽管文件仍保留了“社会主义计划经济”这一概念,但得出了社会主义经济是有计划的商品经济的结论,实现了社会主义经济理论的重大突破,成为我国经济体制改革的纲领性文件。《决定》的通过既标志着中国由原来的计划经济体制向有计划商品经济体制的全面转变,也标志着中国改革重心由农村转向城市。邓小平对《决定》给予高度评价:说它“是马克思主义基本原理和中国社会主义实践相结合的政治经济学”①,“这次经济体制改革的文件好,就是解释了什么是社会主义,有些是我们老祖宗没有说过的话,有些新话,我看讲清楚了”②。十二届三中全会对于全面改革的讨论和《决定》的发布,对于解放干部思想的作用十分明显。这次会议之后,以城市为重点的经济体制改革全面展开,经济加速发展,市场日趋活跃。但是有计划商品经济理论存在一个很大局限:虽然承认了市场调节和计划调节一样,可以作为调节经济的形式和手段,可是回避了“计划调节和市场调节该如何结合”、“市场调节可不可以占优势”等重大问题。这种理论认识上的局限反映在政策和实践中,计划与市场不是内在有机结合,而是板块说,不同产业、不同部门、不同所有制的企业,在价格、物资、信贷、税收、劳动、工资等各方面都存在计划与市场双轨运行,有的企业实行指令性计划,有的实行指导性计划,还有的受市场调节;企业生产的产品定价时,有的按国家固定价,有的按照国家指导的浮动价,还有的完全按照市场自发调节的市场价格,结果出现了企业之间地位不平等、不平等竞争、价格不统一、经济秩序混乱等问题,双轨运行的结果让企业往往一边盯着市场,一边盯着计划,既要获得计划的好处,又希望不丢掉市场带来的利益,计划难以落实,市场也很难发育和完善。正是因为有计划商品经济在理论和实践上的局限,20 世纪 80 年代中后期开始,我国在经济生活中出现了一些问题:例如同一产品的多重价格,使得流通领域出现大量“寻租”和腐败现象;在短缺经济的背景下市场因素的不断增加推动物价水平持续走高;随着中央政府对地方政府以财政承包方式放权让利之后,地方政府强调地方利益,保护地方市场,出现区域分割倾向,等等。针对这些问题,人们普遍认为:两种体制的相持局面,是当前经济生活中出现困难和原因的症结所在。但是在今后经济体制改革的目标取向上,却仍然存在分歧:一种意见主张计划取向,一种则主张市场取向。

1987 年 10 月中国共产党第十三次全国代表大会通过了《沿着有中国特色的社会主义道路前进》的报告,报告指出:“社会主义有计划商品经济的体制,应该是计划与市场内在统一的体制”,“国家对企业的管理应逐步转向以间接管理为主”,“计划

① 《邓小平文选》,第 3 卷,83 页,北京,人民出版社,1993。
② 《邓小平文选》,第 3 卷,91 页,北京,人民出版社,1993。

和市场的作用范围都是覆盖全社会的。新的经济运行机制,总体上来说应当是'国家调节市场,市场引导企业'的机制”。在新体制中计划与市场不再是各分一块的板块结合,而是内在有机统一。新体制中涵盖了相互联系和影响的三个方面:经济运行市场化,宏观调控间接化,企业形态公司化,市场成为社会主义经济运行的中心环节。报告虽然没有明确提出改革的目标是社会主义市场经济体制,但是改革方向已经非常明确:通过新旧体制的转轨,最终向市场化迈进。新的经济运行机制的核心是市场,让市场机制在资源配置中发挥重要作用,而市场机制的核心是价格机制,价格改革势在必行。早在十二届三中全会《关于经济体制改革的决定》中就曾经指出:“我国现行的价格体系,由于过去长期忽视价值规律的作用和其他历史原因,存在着相当紊乱的现象,不少商品的价格既不反映价值,也不反映供求关系”,“各项经济体制的改革,包括计划体制和工资制度的改革,它们的成效都在很大程度上取决于价格体系的改革。价格是最有效的调节手段,合理的价格是保证国民经济活而不乱的重要条件,价格体系的改革是整个经济体制改革成败的关键”。但是价格改革涉及面太大,中央一直持谨慎态度:1979 年到 1984 年上半年,价格改革主要是调整不合理的价格体系为主,1979 年到 1984 年全国零售物价指数上升幅度年均 2.7%。1984 年下半年开始对价格管理体制进行改革,放开了一些商品的定价权。1985 年到 1987 年三年全国零售物价指数上升幅度年均 7.36%。由于在改革过程中始终坚持稳定物价的方针,价格改革步子一直不大,价格体系扭曲,价格管理体制僵化的问题没有得到根本解决。十三大新的经济运行机制提出后,价格改革的步子明显加快。1988 年 4 月 1 日起,国家物价局、商业部调整部分粮、油的收购价格;4 月 5 日,国务院发出《关于试行主要副食品零售价格变动给职工适当补贴的通知》;5 月,彩电实行浮动价格;7 月,名烟名酒价格放开,同时提高部分高中档卷烟和粮食酿酒的价格……8 月,中共中央政治局在北戴河召开会议,讨论并通过了《关于价格、工资改革的初步方案》。会议认为,价格改革总的方向是少数重要商品和劳务价格由国家管理,绝大多数商品价格放开,由市场调节,以转换价格形成机制,逐步实现“国家调节市场,市场引导企业”的要求。1988 年由于投资需求和消费需求的膨胀,加之价格改革措施的集中出台,到 7 月份,物价上涨幅度已经达到创纪录的 19.3%。此时,关于价格、工资系统改革方案的出台,大大加强了民众对物价上涨的心理预期,出现了席卷全国的抢购风潮。1988 年 8 月,社会商品零售总额达到 636.2 亿元,比上年同期增加 38.6%,其中粮食增销 30.9%,棉布增销 41.2%,绸缎增销 35.5%,洗衣机增销 130%,电冰箱增销 82.8%,电视机增销 56%;同时出现了挤兑银行储蓄存款风潮,8 月城乡储蓄存款减少 26.1 亿元,其中定期存款减少 27.8 亿元,活期存款增加 1.7 亿元。面对严峻的经济形势,国务院 8 月 30 日召开常务会议强调:价格改革方案中提到的“少数重要商品和劳务价格由国家管理,绝大多数商品价格放开,由市场调节”,指的是经过五年或更长一点时间的努力才能达到的目标。随后党的十三届三中全会做出了治理经济环境、整顿经济秩序的决定,为了避免思想上出现的混乱,邓小平及时指出:“我赞成边改革,边治理环境、整顿秩序。”“现在的局面看起来好像很乱,出现了这样那样的问题,如通货膨胀、物价上涨,无论如何不能损害我们的改革开放政策,不能使经济萎缩,要保持适当的发展速度。现在出现的这些问题是能解决的,我们有信心。小错误难免,只要不犯大错误就行了。”①随着治理整顿的进行,仅仅用了一年左右的时间局面就得到控制并稳定下来:经济基本恢复了正常的发展速度;投资需求和消费需求双膨胀的局面明显缓解;流通领域的混乱现象得到明显抑制,经济秩序好转。但是1988年的经济混乱和1989年春夏之交的政治风波,坚持计划取向的人据此对市场经济取向进行强烈的反击,重新提出“计划经济与市场调节相结合”。“市场化”被视为资本主义和平演变的一项重要内容,新的经济运行机制成为理论禁区。在1990年到1991年期间,由于保守思想回潮而使改革进展缓慢。《中共中央关于制定国民经济社会发展十年规划和“八五”计划的建议》中强调“计划经济与市场调节相结合”,“计划的调节重于市场调节”。重新突出计划经济,市场作用下降,市场调节只能管“企业日常的生产经营、一般性技术改造和小型建设等经济活动”。面对社会中否定社会主义市场经济的思潮,邓小平为推进改革做了许多工作。1990年12月24日,邓小平同中央几位负责同志谈话时提到“我们必须从理论上搞懂,资本主义与社会主义的区别不在于是计划还是市场这样的问题。社会主义也有市场经济,资本主义也有计划控制……不要以为搞点市场经济就是资本主义道路,没那么回事。”②1991年初,邓小平在上海考察时指出:“不要以为,一说计划经济就是社会主义,一说市场经济就是资本主义,不是那么回事,两者都是手段,市场也可以为社会主义服务。”③1992年1月到2月南巡期间,邓小平更是明确谈到:“计划多一点还是市场多一点,不是社会主义与资本主义的本质区别。计划经济不等于社会主义,资本主义也有计划;市场经济不等于资本主义,社会主义也有市场。计划和市场都是经济手段。社会主义本质,是解放生产力,发展生产力,消灭剥削,消除两极分化,最终达到共同富裕。”④判断姓“社”姓“资”的标准,“应该主要看是否有利于发展社会主义社会的生产力,是否有利于增强社会主义国家的综合国力,是否有利于提高人民的生活水平。”⑤这些精辟论断从根本上消除了把计划经济和市场经济看做属于社会基本制度范畴的思想束缚,使我们在计划与市场关系问题上的认识有了新的重大突破,统一了全党、全国人民的认识,为最终形成社会主义市场经济理论奠定了坚实的基础。

1992年6月,江泽民总书记在中央党校省部级干部进修班的讲话中第一次提出使用“社会主义市场经济”作为我国新的经济体制的建议,得到邓小平的赞同,并在1992年10月召开的中国共产党第十四次代表大会上被最终确认。十四大报告明确

---

① 《邓小平文选》,第3卷,277页,北京,人民出版社,1993。
② 《邓小平文选》,第3卷,364页,北京,人民出版社,1993。
③ 《邓小平文选》,第3卷,367页,北京,人民出版社,1993。
④ 《邓小平文选》,第3卷,373页,北京,人民出版社,1993。
⑤ 《邓小平文选》,第3卷,372页,北京,人民出版社,1993。

指出:“我国经济体制改革确定什么样的目标模式,是关系整个社会主义现代化建设全局的一个重大问题。这个问题的核心,是正确认识和处理计划与市场的关系”,“我国经济体制改革的目标是建立社会主义市场经济体制,以利于进一步解放和发展生产力”,“我们要建立的社会主义市场经济体制,就是要使市场在社会主义国家宏观调控下对资源配置起基础性作用,使经济活动遵循价值规律的要求,适应供求关系的变化;通过价格杠杆和竞争机制的功能,把资源配置到效益较好的环节中去,并给企业以压力和动力,实现优胜劣汰;运用市场对各种经济信号反应比较灵敏的优点,促进生产和需求的及时协调。同时也要看到市场有自身的弱点和消极方面,必须加强和改善国家对经济的宏观调控。我们要大力发展全国的统一市场,进一步扩大市场的作用,并依据客观规律的要求,运用好经济政策、经济法规、计划指导和必要的行政管理,引导市场健康发展”。报告不仅明确了我国经济体制改革的目标是建立社会主义市场经济体制,而且对社会主义市场经济的内涵和运行机制做出了明确阐述,实现了我党在社会主义经济理论上的又一次重大突破。从实践上看,十四大之后,我国进入了全面推进市场化改革的新的历史时期。

1993 年 11 月,中共十四届三中全会审议并通过了《中共中央关于建立社会主义市场经济体制若干问题的决定》(以下简称《决定》),把党的十四大确定的经济体制改革的目标和基本原则加以系统化、具体化,进一步发展了社会主义市场经济理论。《决定》明确了建立社会主义市场经济理论的基本框架是:“1. 进一步转换国有企业经营机制,建立适应市场经济要求,产权清晰、权责明确、政企分开、管理科学的现代企业制度;2. 建立全国统一开放的市场体系,实现城乡市场紧密结合,国内市场与国际市场相互衔接,促进资源的优化配置;3. 转变政府管理经济的职能,建立以间接手段为主的完善的宏观调控体系,保证国民经济的健康运行;4. 建立以按劳分配为主体,效率优先、兼顾公平的收入分配制度,鼓励一部分地区一部分人先富起来,走共同富裕的道路;5. 建立多层次的社会保障制度,为城乡居民提供同我国国情相适应的社会保障,促进经济发展和社会稳定”,并要求“要紧紧抓住建立现代企业制度、市场体系和金融、财税、计划、投资、外贸等重点领域的改革,制定具体方案,采取实际步骤,取得新的突破”。根据十四大和十四届三中全会的精神,为了加快建立社会主义市场经济体制,1994 年后我国大步推进了财政、税收、金融、外贸、外汇、计划、投资、价格、流通、住房和社会保障等体制改革,中国经济体制改革不断向纵深领域拓展。1995 年 9 月,十四届五中全会通过的《中共中央关于制定国民经济和社会发展“九五”计划和 2010 年远景目标的建议》中,明确规定了经济体制改革的阶段性目标:到 20 世纪末初步建立社会主义市场经济体制,到 2010 年建立起比较完善和成熟的市场经济体制。

1997 年党的十五大提出,要把建立比较完善的社会主义市场经济体制,保持国民经济持续快速健康发展,作为 21 世纪前十年必须解决好的两大课题,并将“公有制为主体、多种所有制经济共同发展”确立为“是我国社会主义初级阶段的一项基本经济制度”。“非公有制经济是我国社会主义市场经济的重要组成部分。对个体、私营等非公有制经济要继续鼓励、引导,使之健康发展。”十五大报告对公有制的内涵作了新的界定,并要求“对国有大中型企业实行规范的公司制改革,使企业成为适应市场的法人实体和竞争主体”。提出要对国有经济布局进行“有退有进”的调整,否定了认为国有经济在国民经济中所占比重愈大愈好的苏联式观点。

2002 年党的十六大进一步提出,完善社会主义市场经济体制,仍然是 21 世纪头 20 年经济建设和改革的主要任务之一。2003 年 10 月中国共产党第十六届三中全会通过的《中共中央关于完善社会主义市场经济体制若干问题的决定》中指出:我国已经初步建立了社会主义市场经济体制,并根据实践发展的要求,对进一步完善社会主义市场经济体制提出了明确的指导思想、原则、目标和任务,这标志着我国社会主义市场经济体制的创建阶段已经结束,中国已经进入深度市场化和完善的社会主义市场经济体制的新阶段。

二、社会主义市场经济体制的基本特征

市场经济是由市场机制在资源配置中发挥基础性作用的一种经济体系,通过价格、供求和竞争等相互依存、相互制约的机制,把人力、物力和财力等社会资源的潜力最大限度地调动起来,并加以合理配置,推动生产力不断发展。市场机制在配置资源方面能有效地发挥作用。但是,市场机制并非万能的,也存在自身的缺陷,这就是通常所说的“市场失灵”或“市场失误”。市场机制的缺陷主要有以下几个方面。

第一,市场机制难以保证国民经济总量的平衡。市场机制可以有效作用于微观决策层面,达到供求双方的平衡,却难以保证宏观层面的国民经济总量平衡。而计划机制难以保证微观经济效率,在决定国民经济发展的基本方向和基本比例关系上则具有优势。

第二,市场调节本身具有盲目性和滞后性。微观经济主体根据市场价格信号分散决策,在难以掌握全面信息的情况下,分散的微观决策难以避免盲目性;而且从价格形成、信号反馈、生产决策到产品生产,存在一定的时间差,这期间供求变化的信息微观经济主体不能完全获知,也有可能带来决策的失误。而计划机制则能够在宏观层面综合评价各种信息,事先规划。

第三,市场机制难以解决收入分配的公平问题。在个人收入分配领域单纯依靠市场机制调节,按生产要素分配,必然会造成两极分化,引发社会矛盾。因此各国在收入分配上都有不同程度的政府干预。

第四,市场机制不能有效提供公共产品和服务。对于社会共同消费的产品和服务,例如国防、治安维护、道路交通和环境维护等,市场不能要求任何个人或企业为消费这些产品和服务而支付费用,也不能要求个人或企业无偿提供。这就需要依靠国家的力量保障供给。

第五,市场机制容易造成外部不经济。在市场条件下,有些微观经济主体的经济

行为产生了不利于其他企业或居民的后果,但却无需为此支付费用。例如,某企业为了节约自己的费用将污染物不加处理地排放出去,污染环境,影响了居民的身体健康,当社会为此支付清洁和医疗费用时,就造成了外部不经济,社会承担了企业应该支付的费用。市场机制无力惩罚产生外部性的企业,同样需要政府的介入,通过对该企业征收税金或罚金的方式使其承担由于污染而增加的社会成本,将企业造成的外部成本内部化。

第六,市场机制不能消除垄断。自由竞争的结果往往导致垄断,而垄断又会排斥竞争,破坏市场机制正常发挥作用,进而影响资源配置效率。所以政府应该在绝大多数领域实行维护正常竞争秩序的反垄断措施。

通过上述分析,可以清楚地发现计划机制和市场机制之间存在很强的互补性,将计划因素引入市场,两者结合能够有效地弥补市场缺陷。江泽民同志对此有明确的阐述:“我们强调充分看到市场的优点,并不是说市场是全面的万能的。市场也有其自身的明显弱点和局限性。……因此,这就要求我们必须发挥计划调节的优势,来弥补和抑制市场调节的这些不足和消极作用,把宏观经济的平衡搞好,以保证整个经济的全面发展。在那些市场调节力所不及的若干环节中,也必须利用计划手段来配置资源。同时,还必须利用计划手段来加强社会保障和社会收入再分配的调节,防止两极分化。”①

市场经济作为资源配置的手段和方式,是一个中性的概念,没有与某种社会制度的必然联系,也并不能反映社会性质,无论是资本主义还是社会主义,都可以把它作为经济手段加以利用,谁利用它,它就为谁服务。从这个角度讲,无论是社会主义条件下的市场经济,还是资本主义条件下的市场经济,在运行机制上是相似的,都具有市场经济的共性特征,这些特征包括如下几方面。

第一,市场机制在资源配置中发挥基础性作用,包括价值规律、供求规律和竞争规律等市场经济规律支配和决定整个经济运行。

第二,微观经济主体自主、能动。生产者和消费者在市场价格信号的指导下自主决策,并对自己的行为承担责任。

第三,政府通过间接手段调控经济。政府宏观调控不是通过直接行政指令实施,而是主要运用经济规划、经济政策引导市场机制作用的方向,调节市场供求,保持国民经济总量平衡。

第四,法治在市场经济中起着基本的保障作用。提高市场经济资源配置效率,需要有相应的立法来保护一系列市场原则不受侵犯,各种市场机制不受变化无常的外力干扰,市场秩序不受破坏,因此,市场经济必然是法治经济。

第五,具有和健康的市场经济相适的文化支撑体系。市场经济的发展需要树立自由平等、公平竞争、开放创新、崇尚理性、注重效益、诚实守信等现代思想意识。

---

① 《十三大以来重要文献选编》,下卷,2071~2072页,北京,人民出版社,1993。

第六,建立覆盖整个社会的社会保障体系。在变化莫测的市场环境中,国家要做出必要的社会保障体系设计来降低市场力量发生作用的负面影响,保持经济社会的持续稳定发展。例如,不管个人和家庭所能提供的商品劳务的市场价值,在任何情况下保证个人和家庭的最低收入、满足社会成员基本生存和发展的需要以及必要的公共品的提供。

第七,建立统一、开放、竞争、有序的市场体系。完善的市场体系是市场经济运行的重要载体,也是市场机制有效性的前提条件。

上述特征是市场经济具有的一般特征和要求,无论是资本主义市场经济还是社会主义市场经济都应该按照这些基本特征和要求进行建设。

但是市场经济又不能脱离某一社会形态而独立存在,市场经济在与不同的社会基本经济制度结合在一起所建立的不同的市场经济体制之间还存在根本的区别。资本主义市场经济是与资本主义制度相结合,而社会主义市场经济则是与社会主义制度相结合,而且即使是资本主义市场经济,也存在不同模式。回顾资本主义市场经济发展的历史,在资本主义发展早期,自由放任的市场经济是资本主义经济的典型形式,市场机制是资源配置的唯一方式,经济运行完全由“看不见的手”支配,在经济领域“管得最少的政府”是最好的政府。随着生产规模的不断扩大和生产社会化水平的不断提高,市场经济的微观性、盲目性和滞后性等固有弊端带来的问题逐渐显现,市场饱和、资源枯竭、环境污染、两极分化和周期性的经济波动等一系列问题阻碍着西方国家经济和社会发展的脚步。1929 年到 1933 年的资本主义经济危机之后,资本主义国家都采取了政府干预经济生活的政策,即在继续发挥“看不见的手”的作用的同时,让“看得见的手”在市场失灵或失误的领域发挥作用,政府的宏观调控成为资源配置的另一种方式。尽管如此,由于各国在历史、文化、政治、社会等背景条件的差异和所面临的发展环境的不同,所采取的市场经济模式也存在很大差异。资本主义市场经济的主要模式包括以下几种。

第一,美国和英国的自由市场经济模式。其特征是:私人经济占绝对主导,国有经济比重小;私人资本集中程度高,垄断性强;市场自发调节力度大,国家干预少,主要通过制定完备的经济制度和法律、法规体系保障市场经济的正常高效运转;劳动力市场自由开放程度高,就业竞争压力大。

第二,德国、法国等为代表的欧洲大陆的社会市场经济模式。其特征是:私人经济不占绝对主导,在法国倡导私人经济、国有经济和合作经济并存的混合经济,在德国尽管政府保障私人企业,但家族式的私人企业已经为数不多,而且以中小企业为主,大企业主要采取股份公司的形式;在市场机制自发作用的同时辅之以有效的政府干预。法国很注重国家的经济计划对经济发展的引导作用,德国则是在强调市场机制作用的同时,主张实行旨在维护市场秩序的国家干预,国家要运用法律和政策维护市场经济运行所必需的正常秩序;强调社会福利、社会保障和注重公平。

第三,日本的政府主导的市场经济模式。其特征是:在私人企业的基础上,政府以强有力的经济计划和经济政策对宏观经济运行加以引导,以达到经济发展的预期目标。

上述三种市场经济模式尽管存在诸多差异,但都是以私有制为基础,这是资本主义市场经济的本质特征,而只要资本主义私有制存在,资本主义国家就无法从根本上克服市场经济的缺陷。正因为如此,20 世纪八九十年代,欧美一些学者曾试图构建一种市场社会主义理论以解决私有制基础上市场经济的种种问题。这种模式是以社会所有制或公有制为基础的,这种模式的主要特征可以表示为:社会所有制(公有制)+市场=公平+效率。

我国社会主义市场经济是与社会主义的制度结合在一起的,必然具有完全不同于资本主义市场经济的制度特征。邓小平同志反复强调,“在改革中坚持社会主义方向,这是一个很重要的问题。”①江泽民同志明确指出:“我们搞的是社会主义市场经济,‘社会主义’这几个字是不能没有的,这并非多余,并非‘画蛇添足’,而恰恰相反,这是‘画龙点睛’。所谓‘点睛’就是点明我们市场经济的性质”,“我们的创造性和特色也就体现在这里”②。“我们要搞的市场经济是社会主义市场经济,社会主义这几个字不能丢掉。为什么呢?因为我们是社会主义国家,政治上坚持四项基本原则,坚持共产党的领导,决不搞多党制;坚持实行人民代表大会制度,绝不能把西方议会民主搬到我们这里来。经济上坚持公有制为主体的多种形式的所有制结构,绝不能搞私有化;坚持按劳分配为主休的多种分配形式,通过一部分人先富起来,最终达到共同富裕,这是我们的基本制度和基本政策。我们要搞的市场经济是同我国的社会主义制度紧密联系并结合在一起的,因而具有自身的本质特征,所以我们把它叫做社会主义市场经济”③。社会主义市场经济的本质特征主要表现在以下几个方面。

第一,社会主义市场经济是与社会主义基本经济制度结合在一起的。在公有制为主体的前提下,公有制企业和其他企业在市场经济中自由竞争,国有经济在国民经济中发挥主导作用。邓小平同志反复强调公有制的主体地位,因为“只要我国经济中公有制占主体地位,就可以避免两极分化”④。

第二,在分配制度上,坚持以按劳分配为主体,多种分配方式并存,把按劳分配和按生产要素分配结合起来。既要有利于优化资源配置,促进经济发展,又要防止两极分化,注重社会公平,让全体人民共享改革发展的成果。

第三,在宏观调控上,我们坚持在国家宏观调控下让市场对资源配置起基础性作用。公有制的制度优势让社会主义国家能够把人民的当前利益与长远利益、局部利益和整体利益结合起来,更好地发挥计划和市场两种资源配置手段的长处。2003 年

---

① 《邓小平文选》,第 3 卷,138 页,北京,人民出版社,1993。

② 《江泽民论有中国特色社会主义》,69 页,北京,中央文献出版社,2002。

③ 《江泽民论有中国特色社会主义》,68 页,北京,中央文献出版社,2002。

④ 《邓小平文选》,第 3 卷,149 页,北京,人民出版社,1993。

11月，胡锦涛在庆祝我国首次载人航天飞行圆满成功大会上的讲话中谈到："在发展社会主义市场经济的条件下，我们仍然要坚持发挥社会主义制度的政治优势，同时要善于把社会主义制度的优势和市场经济体制的优势有机结合起来，努力实现人力、物力、财力的最佳组合，形成巨大的合力，推动国家重大经济、科技等建设项目更快更好地实施和完成。"

在社会主义制度下建设市场经济是一个新的制度创新。三十年来，"摸着石头过河"的渐进式改革尽管取得了巨大的成就，也存在一些问题。例如：计划经济体制和市场经济体制并存，相互之间的矛盾、漏洞、摩擦、冲突带来的负面影响；城乡、区域、经济社会发展很不平衡；收入分配差距迅速扩大；失业压力增加；资源枯竭、环境破坏的问题日益突出；部分社会成员诚信缺失、道德失范；政府的公共服务亟待加强；一些领域的腐败现象比较严重；等等。问题不仅出现在经济方面，还出现在社会、政治、文化方面。面对改革中出现的这些问题，2004 年开始，国内出现了对于中国经济体制改革的反思潮流，有人认为我国贫富差距的扩大和种种社会不公现象的根源在于市场经济的发展，应该缩小市场机制作用的范围；有人认为问题的根源在于政府干预太多，市场机制的作用应该加强；甚至还有人提出公有制与市场经济不相容，搞市场经济就应该实行私有化等等。这实际上是一场要不要坚持中国改革的总体方向和建立什么样的市场经济制度的讨论。2006 年 3 月 6 日，胡锦涛同志在参加十届全国人大四次会议上海代表团会议时明确指出："要在新的历史起点上继续推进社会主义现代化建设，说到底要靠深化改革、扩大开放。要毫不动摇地坚持改革方向，进一步坚定改革的决心和信心，不断完善社会主义市场经济体制，充分发挥市场在资源配置中的基础性作用，同时努力加强和改善宏观调控，保证经济社会又好又快发展。要不失时机地推进改革。切实加大改革力度，在一些重要领域和关键环节实现改革的新突破，同时注重提高改革决策的科学性，增强改革措施的协调性，使改革兼顾到各方面利益、照顾到各方面关切，真正得到广大人民群众拥护和支持。要不断提高对外开放水平，着力转变对外贸易增长方式，优化引进外资结构，支持有条件的企业对外投资和跨国经营，同时注意维护国家的经济安全。"2007 年，胡锦涛在党的十七大报告中指出："事实雄辩地证明，改革开放是决定当代中国命运的关键抉择，是发展中国特色社会主义、实现中华民族伟大复兴的必由之路；只有社会主义才能救中国，只有改革开放才能发展中国、发展社会主义、发展马克思主义。""改革开放作为一场新的伟大革命，不可能一帆风顺，也不可能一蹴而就。最根本的是，改革开放符合党心民心、顺应时代潮流，方向和道路是完全正确的，成效和功绩不容否定，停顿和倒退没有出路。"胡锦涛同志的讲话对于统一全党和全国人民的思想认识，开拓有中国特色社会主义更为广阔的发展前景，具有重要的指导意义。在前进的道路上，无论遇到什么复杂局面，无论遇到什么风险考验，我们都必须毫不动摇地坚持和发展中国特色社会主义，坚定不移地推进改革开放。在前进过程中遇到的矛盾和问题，要通过科学发展来解决，要靠推进改革来解决。

第三节　深化经济体制改革，完善社会主义市场经济体制

一、我国经济体制改革的历史成就

随着市场化取向改革的逐步推进，我国已经由一个典型的计划经济体制的国家，变成初步建立市场经济体制的国家，市场力量已经在总体上占据优势，在经济的主要领域替代计划机制发挥配置资源的基础性作用。在计划经济体制逐渐被市场经济体制替代的动态演进过程中，我国的市场经济体制到底发展到什么程度，对这一问题的分析不仅能够反映出中国经济市场化的整体图景，而且能够为今后的改革提供一个重要的标志物和参照物。

对我国市场经济的进程进行总结和评价，需要进行定性和定量的分析。近年来，有学者认为中国市场经济处于动态过程之中，用“计量”或“定量”的方法难以准确把握，应该把学术的重点放在研究中国经济发展的时代特点、产生原因和走势，以定性方法为主，并以定量方法加以配合支持①。但大多数学者认为对于中国市场经济发展程度的分析和判断，应该建立一个科学的指标体系进行定量分析，用客观的统计指标和调查指标作为计算的基础，避免使用主观评价。

樊纲、王小鲁等完成了“中国各地区市场化相对进程”研究。该研究通过5个方面共25个指标和分指标构成的一个指标体系来分析各地区市场化的相对进程。市场化指数指标体系包括如下内容。

第一，政府与市场的关系：①市场分配资源的比重；②减轻农民的税费负担；③减少政府对企业的干预；④减轻企业的税外负担；⑤缩小政府规模。

第二，非国有经济的发展：①非国有经济在工业企业产品销售收入中所占比重；②非国有经济在全社会固定资产总投资中所占比重；③非国有经济就业人数占城镇总就业人数的比例。

第三，产品市场的发育程度：①价格由市场决定的程度（社会零售商品中价格由市场决定的部分所占比重，生产资料中价格由市场决定部分所占比重，农产品中价格由市场决定的部分所占比重）；②减少商品市场上地方保护的程度。

第四，要素市场的发育程度：①金融业市场化的程度（金融业的竞争、信贷资金分配的市场化）；②引进外资的程度；③劳动力流动的程度；④技术成果市场化的程度。

第五，市场中介组织的发育和法律制度环境：①市场中介组织的发育（律师人

① 何晓星：《中国已属于市场经济国家的理论证明》，载《湖北经济学院学报》，2005(1)。

数/总人口;会计师人数/总人口);②对生产者合法权益的保护;③知识产权保护(三种专利申请受理量/科技人员数;三种专利申请批准量/科技人员数);④消费者权益保护①。

通过上述指标体系的分析,给出了较为完整的各地区市场化相对指数。

还有学者以中国整体的市场经济体制进程为研究对象,指标体系包括政府规模,消费、转移支付及补贴,经济结构与市场的运用,价格的稳定性,使用(获得)不同通货的自由,私人财产权(保护),国际贸易和与外商的自由贸易等②。

还有的研究是从体制构成、产业部门和地区差别三大方面 11 个领域测度局部的指数,然后进行总体市场化程度的合成。11 个领域及其主要测度指标分别如下所述。

第一,工商企业:①企业制度自主选择权;②企业经营者的市场选择率;③企业经营自主权(14 项)的到位率;④利润最大化目标位居第一的企业比重;⑤企业破产法制化程度;⑥履约率;⑦非公有经济的企业比重;⑧非公有经济的资产比重;⑨非公有经济的产值比重。

第二,政府行为:①政府职能身份转变指标(税收占财政收入比重的下降);②政府退出微观活动指标(建设费占财政总支出比重的下降,国家预算内投资占全社会固定资产投资比重的下降);③政府调节方式转变程度指标(财政支出中价格补贴比,价格补贴占 GNP 的比重);④政府官员、公务员占总就业比重;⑤社会集团消费占总消费比重;⑥政府机构占全部社会机构的比重。

第三,商品市场:①零售商品(指令、指导及市场价的比重);②农副产品(指令、指导及市场价的比重);③生产资料(指令、指导及市场价的比重);④服务产品(指令、指导及市场价的比重)。

第四,劳动力市场:①劳动力自由择业程度(在岗职工转岗、再就业者择业,城乡新增劳动力、农业劳动力);②劳动力使用单位的用工自由度(国有企业、非国有企业、事业单位);③劳动力的自由流动性(城镇劳动合同签约率,农村劳动力流动比率);④工资的市场化程度(与效益、行业平均工资、合同的联系及农民收入与价格的联系)。

第五,金融市场:①金融资产与 GNP 之比;②央行及商业银行的独立性;③中央银行的调控方式、对三大金融政策的运用、商业银行的企业化;④有价证券占全部金融资产的比重;⑤利率市场化。

第六,房地产市场:①城镇住房私有率;②住房消费支出比重;③房价收入比;④

---

① 樊纲,王小鲁,朱恒鹏:《中国市场化指数——各地区市场化相对进程 2006 年报告》,北京,经济科学出版社,2007。

② 周业安,赵坚毅:《市场化、经济结构变迁和政府经济结构政策转型——中国经验》,载《管理世界》,2004(5)。

房地产金融深化程度；⑤土地转让市场化程度；⑥住房价格市场化程度。

第七，技术市场：①技术市场成交额的增长；②专利申请受理量的增长；③无职业及国外人士在中国申请专利的受理量的增长；④自筹科技活动经费的增长。

第八，农业：①农村非农产业及进城从业人数占农村总劳动力的比例；②农户各种投入来自市场的比率；③农户在市场上直接交易的产品占全部交易品的比重；④农业固定资产中由集体、个人及少数外资的投资额所占比重；⑤农产品价格由市场决定的比例。

第九，工业：①工业有效劳动就业率；②工业资金比较产值率；③工业产品产销率；④非国有工业企业资产比重；⑤国家直接干预工业逆数（从全部产值中减去计划调节部分的比重）；⑥企业服务的社会化程度。

第十，外贸：①自主对外贸易经营主体的比重；②外商投资企业的进出口总额占进出口总额的比重；③对外贸易依存度提高程度；④外汇汇率市场化程度；⑤关税税率的下降幅度；⑥非关税贸易壁垒下降幅度。

第十一，地区差别：①市场化的前提条件（第三产业的增加值占 GNP 的比重，及其劳动力的比重；非国有经济部门工业增加值占工业总产值的比重；非农产值占农村社会总产值的比重）；②市场体系的建设（各地区每万人中批发零售贸易机构数、从业人员数、城乡集市数、金融机构数等）；③商品的市场化程度（批发零售贸易业工业品购进额占工业总产值的比重；批发零售贸易业农副产品购进额占农业总产值的比重；进口额占批发零售业商品购进额比重；外贸出口总值占工农业总产值的比重）；④要素市场（合同制职工人数占全部工人的比重；劳动力流动登记人数占城镇失业人数的比重；广告营业额占社会总产值的比重；技术市场成交额占工业总产值的比重；商品房销售面积占竣工房屋面积的比重）；⑤市场经济中的社会保障程度（职工保险福利费用占职工工资的比重；建立社会保障网络的乡镇占全部乡镇的比重）①。

强调定量的研究在测度角度、权数分配、计算方法等方面存在较大的差异，对中国市场化进程的测度结果也会有所不同，但近年来不同的研究在一些基本问题上得出的结论却是一致的：如果以 100% 为完全市场化的判定标准，0% 为完全计划化的判定标准，中国改革开放前经济市场化程度不会超过 10%，到 20 世纪初已经达到 60% 以上（见表 5-1）。也就是说，中国已经初步建立了社会主义市场经济体制，成为市场经济国家，但还没有完成转轨任务，经济体制改革需要以更大的努力继续推进。尽管理论上存在 100% 的市场化终极目标，但现实生活中任何国家的市场化程度都不可能达到这一数值，都存在不同程度的政府干预，发达市场经济国家市场化程度大致在 85% ~95% 之间。我国各个地区、各个方面市场化进程很不均衡。在社会主义制度下建设市场经济是一个复杂的、多元的系统工程，除了经济领域的变革，还涉及政治、社会、法律、文化等诸多领域的配套改革。

---

① 陈宗胜：《中国经济体制市场化进程研究》，上海，上海人民出版社，1999 年。

表 5-1　对中国市场化进程的各种测度指数

研究者	1992 年	1995 年	1996 年	1997 年	1999 年	2001 年
卢中原、胡鞍钢	62%					
江晓薇、宋红旭		37%				
国家计委课题组		65%				
顾海兵			40%		50%	
陈宗胜等				60%		
北师大课题组						69%
徐明华	八大类共 31 项指标，对 9 个省份进行市场化排序					
樊纲、王小鲁等	5 个方面共 15 个指标，对各省市进行市场化排序					

社会主义市场经济体制改革是一场前无古人的伟大创举。我国在坚持市场经济改革取向的同时，积极探索社会主义制度和市场经济有机结合的途径和方式，坚持和完善公有制为主体、多种所有制经济共同发展的基本经济制度，坚持和完善按劳分配为主体、多种分配方式并存的分配制度，坚持和完善国家对经济的宏观调控。经济体制改革所取得的伟大成就，已经初步显示出这一独特创举的巨大威力，中国的经济改革在铸就自身辉煌的同时，也开辟了人类社会新的经济发展路径。经过三十年的努力，我国社会主义市场经济体制已经初步建立，市场对资源配置的基础性作用明显增强，社会生产力得到快速发展，人民生活实现了由温饱到小康的历史性跨越，综合国力也大幅跃升。1978 年到 2006 年我国经济平均增长速度为 9.7%，人均 GDP 由 226 美元增加到 2 000 多美元，2006 年我国 GDP 超过 20 万亿元，居世界第四位；对外贸易总额 17 607 亿美元，居世界第三位；外汇储备超过 1 万亿美元，居世界第一位。具体而言，我国经济体制改革的历史成就主要体现在以下几个方面。

第一，所有制结构不断完善，以公有制为主体，多种所有制经济共同发展的基本经济制度已经建立。公有制为主体是社会主义的根本原则，坚持以公有制为主体，国有经济为主导，国有经济掌握国民经济的命脉，有力地保证了市场经济的社会主义性质，有利于增强国家对经济的控制能力，有利于防止两极分化、增加就业和促进公共福利的增长。只有毫不动摇地坚持公有制的主体地位，才能推进中国特色社会主义的健康发展。而多种所有制经济的共同发展促进了商品关系和市场竞争的发展，有利于增强经济活力。在改革中我国所有制结构进一步优化，已经基本形成了国有、集体、个体、私营、外资和合资等多种经济成分共同发展的局面，国民经济的微观活力不断增强。

第二，国有企业改革深入推进，国有经济的控制力、影响力、带动力不断增强。从扩大国有企业经营自主权到承包制，我国国有企业改革围绕放权让利、增强企业活力这一主线进行，并未改变传统体制下国家和国有企业之间关系的基本模式以及国有企业制度的基本框架，因而未能解决我国国有企业的许多深层次问题。1992年党的十四大明确了社会主义市场经济体制改革的目标。1993年11月党的十四届三中全会提出建立深化国有企业改革必须“着力进行企业制度的创新”，建立现代企业制度，中国国有企业改革从政策调整转向制度创新。1997年党的十五大提出要坚持和完善社会主义公有制为主体、多种所有制经济共同发展的基本经济制度，并指出：“公有资产占优势，要有量的优势，更要注重质的提高。国有经济起主导作用，主要体现在控制力上。要从战略上调整国有经济布局……只要坚持公有制为主体，国家控制国民经济命脉，国有经济的控制力和竞争力得到增强，在这个前提下，国有经济比重减少一些，不会影响我国的社会主义性质。”我国国有企业按照有进有退，有所为有所不为的原则，加快国有经济布局和结构的战略性调整。党的十六大确立了深化国有资产管理体制改革的重大任务。2003年国务院成立了国有资产监督管理委员会，第一次在政府机构设置上实现了政府社会公共管理职能与所有者职能的分离。党的十六届三中全会提出建立健全现代产权制度。让国有企业经过改革更具活力，让国有经济通过结构和布局的战略性调整不断增强对整个国民经济的控制力、影响力和带动力，是事关国家的性质的社会主义方向的大事。随着改革的不断推进，我国已经逐步探索出一条具有中国特色的搞好国有企业、发展壮大国有经济的新路。

第三，统一开放、竞争有序的现代市场体系初步形成，市场机制对资源配置的基础性作用显著增强。我国已经初步形成了由商品市场、金融市场、劳动力市场、技术市场、信息市场、房地产市场、产权交易市场等各类市场构成的市场体系。1994年双轨制价格并轨，市场形成价格的机制基本确立，绝大多数商品价格由市场形成，在社会商品零售总额、生产资料销售收入总额、农副产品收购总额中市场调节价所占比重都已经达到90%以上。生产要素市场化程度不断提高。

第四，政府职能转换取得积极进展，从计划经济体制到市场经济体制，政府职能正从“划桨”向“掌舵”、从“全能”向“有限”转变。同时，减少了政府对微观经济活动的直接干预，以间接手段为主的经济调控体系趋向成熟，国家规划、财政政策、货币政策、产业政策、收入分配政策等相互配合的机制初步形成，政府职能逐步向经济调节、市场监管、社会管理和公共服务转变。与社会主义市场经济相适应的行政管理体制逐步形成，加快建设服务政府、责任政府、法治政府，全面推进依法行政。

第五，收入分配改革逐渐推进，社会保障体系建设不断增强。追求社会的公平与公正一直是社会主义的一个基本目标和核心价值，中国特色的社会主义建设不仅仅要有发达的生产力和社会物质财富，更重要的是成果的共享，满足全体社会成员的需要，为人的全面发展创造条件。我国在改革中逐渐形成了按劳分配为主体、多种分配方式并存的分配制度，劳动、资本、技术、管理等生产要素按贡献参与分配。针对我国在收入分配上存在的一些问题，政府强化了税收调节和转移支付力度，整顿分配秩序。同时，以城镇职工养老、医疗、失业保险为主要内容的社会保障制度基本建立。在党的十七大报告中，还提出了加快建立覆盖城乡居民的社会保障体系，保障人民基本生活的奋斗目标。

第六,经济社会法制化程度明显提高。与社会主义市场经济相适应的法律法规体系初步建立。市场经济是逐利经济,必须建立一套科学而严谨的市场法规体系来规范经济主体的行为和政府在市场经济中作用的发挥。改革开放以来,中国在实施一系列经济体制改革措施的同时,加强市场主体、产权制度、市场交易制度、劳动就业、社会保障、市场调控、经济调节和监管方面的立法,把一些比较成熟的制度用法律法规的形式固定下来,形成了由二百多部法律、三百多个行政法规和数以千计的地方法规、行政规章组成的较为完备的法律法规体系。

第七,同时,对外开放水平不断提高,中国已经成为一个深度融入世界经济体系的重要经济体,全方位、宽领域、多层次的对外开放格局已经形成。同时,对外贸易管理体制不断完善,形成各种所有制经济、内外资企业共同参与的多元化进出口经营格局;建立了中央和地方共同负担出口退税的机制;大幅度减少外商投资的地域和行业限制,形成较为完善的外商投资和境外投资项目管理体制;内外贸一体化改革稳步推进,国有内外贸企业改制、改组、改造和建立现代企业制度取得积极进展;建立起了符合中国国情和国际通行做法,并与 WTO 规则相适应的涉外政策法规体系。包括涉外经济体制在内的整个经济体制改革的不断推进,极大地促进了中国开放型经济的迅速发展。我国 2007 年进出口总额首次超过 2 万亿元达到 21 738 亿美元,吸收外资连续 15 年位居发展中国家首位,对外投资快速增长并居发展中国家首位。截止到 2008 年 2 月 28 日,全世界已有 77 个国家承认中国完全市场经济地位。

二、在科学发展观指导下完善社会主义市场经济体制

我国经济体制改革的方向从十四大报告提出的“建立社会主义市场经济体制”到十六届三中全会提出的“完善社会主义市场经济体制”,说明我国经济体制改革已经取得了重大进展,但仍未达到最终目标,需要不断完善。“完善”的含义绝非在“差不多”的基础上修修补补,而是在改革过程中始终未能取得根本性突破的关键环节和重要领域进行攻坚和决战。经过三十年的改革,我国经济体制改革中好改的、能改的都基本完成了,剩下的都是一些难啃的“硬骨头”,必须以攻坚的手段和决战的态度进行更深层次的改革,为经济社会发展提供强有力的体制保障。2003 年 10 月中国共产党十六届三中全会通过的《中共中央关于完善社会主义市场经济体制若干问题的决定》提出了完善社会主义市场经济体制的目标,也就是在科学发展观指导下完善社会主义市场经济体制的系统思路,即“按照统筹城乡发展、统筹区域发展、统筹经济社会发展、统筹人与自然和谐发展、统筹国内发展和对外开放的要求,更大程度地发挥市场在资源配置中的基础性作用,增强企业活力和竞争力,健全国家宏观调控,完善政府社会管理和公共服务职能,为全面建设小康社会提供强有力的体制保障”。中国的经济体制改革已经从局部改革、单项推进阶段进入到全面改革、综合配套阶段,任何一项改革都必须在系统思维的指导下进行,以往改革中的政出多门、各

行其是必须向统一规范、统一政策转变,加强改革的统筹协调。在以更大的力量推进经济体制改革的过程中,要坚持以改革促发展,用改革的方法解决发展中遇到的问题,将改革与发展紧密结合起来;坚持以人为本,把维护群众的切身利益放到重要位置,保证广大人民群众共享改革发展的成果;坚持规范地推进改革,及时把行之有效的改革措施用制度和法律确立下来;坚持把改革的力度、发展的速度和社会可以承受的程度协调起来,确保各项改革平稳推进。

深化社会主义市场经济体制改革需要着重解决以下几个问题。

第一,完善基本经济制度。我国经济体制改革的目标是建立社会主义市场经济体制,这一目标的核心是社会主义基本经济制度和市场经济的结合。我国已经走出了一条把社会主义基本经济制度和市场经济相结合的道路,初步建立了社会主义市场经济体制的基本框架。但是,在保持公有制的主体地位和国有经济的主导作用的同时,如何切实形成各种所有制经济平等竞争、相互促进、共同发展的新格局,这需要搞好公有制经济特别是国有经济的战略调整,逐步扩大非公有制经济的准入领域;深化国有经济、集体经济改革,加强对非公有制经济的鼓励、支持和引导;大力发展规范的混合所有制经济。

第二,深化国有经济改革。国有经济是特殊的商品生产者,既要体现市场机制的要求,面对激烈的市场竞争;又要体现宏观导向的作用,保障资源配置的宏观效率。国有经济改革涵盖两方面的内容:一是国有经济的进退调整,二是国有企业改革。其根本目的是发挥国有经济的主导作用和增强国有经济活力。要按照有进有退、有所为有所不为的原则不断调整国民经济布局,将国有经济改革上升到以公有制为主体的多种所有制经济共同发展的系统改革层面,从系统改革的角度打开局面。要按照国有经济的性质和要求规划国有经济的制度设计。社会主义国有经济的主人是全体人民,要进一步完善广大人民群众参与国有资产管理和监督的社会治理机制,在企业内部要进一步完善企业劳动者参与企业管理和监督的企业治理机制。

第三,转变政府职能。温家宝总理在《关于制定国民经济和社会发展第十一个五年规划建议的说明》中明确指出:“着力推进政府行政管理体制改革,这是全面深化改革和提高对外开放水平的关键。重点是转变政府职能。”社会主义市场经济体制的建设过程,也就是政府职能的转变过程,从计划经济体制下“全能型”政府转变为“服务型”政府。政府是公共产品和公共服务的提供者,是良好社会环境的创造者,是人民群众公共利益的维护者。目前我国政府在职能履行上仍存在越位、错位和缺位的问题,直接影响了其他方面的改革进度。政府自身的改革既是继续深化改革的关键,也是改革的重点和难点。因为这会涉及政府一些部门的既得利益,还涉及整个政治体制改革,具有较大的艰巨性和复杂性。

第四,建设现代市场体系。现代市场体系不仅包括商品市场,还包括金融市场、劳动力市场等要素市场。目前,我国商品市场已经大体发育成熟,但要素市场的建设却明显滞后。生产要素市场化程度低,重要资源和能源价格形成机制不合理,价格信号在资源配置中的作用常常被干扰和扭曲,市场规则不统一,市场准入机制不完善,不同地区市场之间的分割和某些行业的垄断现象仍然存在。十七大报告提出:“加快形成统一开放、竞争有序的现代市场体系,发展各类生产要素市场,完善反映市场供求关系、资源稀缺程度、环境损害成本的生产要素和资源价格形成机制。”要发展多层次资本市场,建立和健全统一规范的劳动力市场,规范发展土地市场,进一步发展技术、咨询等要素市场。要深化价格改革,并以生产要素价格和资源能源价格改革为重点,使它们的价格能够反映市场供求关系和资源稀缺程度。要进一步发展商品市场,整顿和规范市场秩序。要发展现代化流通方式和新型流通业态。要建立健全个人征信系统。要规范发展行业协会和市场中介组织。

第五,深化财税、金融体制改革,完善宏观调控体系。近年来财政收入始终保持高位稳定增长,为财税改革创造了有利的时机。要建立和健全有利于促进科学发展和社会和谐、推动科技进步、节约能源资源、保护生态环境的财税体制;要推进金融体制改革,发展各类金融市场,形成多种所有制和多种经营形式以及结构合理、功能完善、高效安全的现代金融体系。完善国家规划体系,使国家的发展规划和地方的发展规划相衔接。在调控方式上,逐步做到主要运用经济手段和法律手段,辅之以必要的行政手段。以总量调控为主,努力保持总供给和总需求的基本平衡,也要促进重大结构的优化,做到全面协调可持续发展。

第六,进行社会事业领域改革。与经济领域改革相比,我国社会领域的改革仍处于比较滞后的状态。例如,社会保障制度建设亟待完善,政府的公共服务亟待加强,公平与效率的冲突缺乏有效的社会调节机制,两极分化和分配不公的问题引发广泛关注。要从满足广大社会成员的基本公共需求出发,加快社会事业体制改革。改革的重点应集中在民生领域,主要在教育、医药卫生、社会保障和收入分配四大方面,围绕人民群众最关心、最直接、最现实的利益问题创建体制保障,让改革发展的成果惠及全体人民。

在社会主义条件下发展市场经济,是我党把马克思主义基本原理同中国实际相结合的创造。我国改革开放取得的伟大成就,已经充分显示了这一创造的巨大威力。改革开放是前无古人的事业。社会主义市场经济改革需要不断向前推进,社会主义市场经济理论也需要在实践的基础上不断丰富和完善。科学发展观的提出,极大地丰富了社会主义市场经济理论,为完善社会主义市场经济体制奠定了坚实的理论基础。

三、“中国模式”的主要思路及其意义

(一)从“华盛顿共识”到“后华盛顿共识”

“华盛顿共识”是位于美国华盛顿的三大机构——国际货币基金组织、世界银行和美国政府(财政部)在20世纪80年代针对发展中国家的经济转型和经济发展形成的一系列政策主张,同意并接受这些主张往往成为第三世界国家和任何发生危机

的国家接受援助的必要条件。“华盛顿共识”最早的提法出现在1989年，经济学家约翰·威廉姆森撰写了《华盛顿共识》，系统地分析了指导拉美经济改革的各项主张，包括汇率、利率、外贸和外资的自由化，建立和强化私有产权的法制体系，强化预算硬约束，削减财政赤字等，贯彻“小政府、大市场”的思路，追求政府角色的最小化和快速私有化与自由化。这套针对原来已经存在一定的市场经济基础，但是市场体系被扭曲的拉美国家设计的向市场经济转轨的政策组合，是希望通过私有化促使拉美国家国内资本主义生产关系的发展，形成市场经济的微观基础；通过自由化，取消各种障碍，使转型国家纳入全球资本主义市场体系，最大限度减少政府对于经济运行的干预。从实施的效果看，拉美国家除了玻利维亚因为具有一定的市场经济基础、国有企业数量不大和经济总量不大等条件，转型难度小，取得了成功，其他国家的改革都失败了。不仅如此，还出现了三次大的经济衰退：1994年的墨西哥危机，1997年亚洲、俄罗斯金融危机引发的危机和2001年的阿根廷危机及其在整个拉美国家引起的严重衰退。据拉美经委会统计，推行“华盛顿共识”前的1950～1980年，拉美国家平均经济增长率为5.3%；推行“华盛顿共识”后的10年即1990年到2000年这一数字降为3.2%，仅相当于过去的60%。即使是1994年和1997年两个增长最高的年份，也只有5.2%，还没有达到过去30年的平均水平，而且失业率持续攀升，贫困人口明显增加。由于发展中国家私人资本相对弱小，私有化常常意味着削弱民族工业的实力，在此过程中还伴随着巨大的腐败，官僚买办阶层更易和外国资本勾结，为了各自的私利使国内财富外流，私有化成了外国化和腐败化；金融和资本领域的自由化，向外资开放银行和证券市场，使国际资本能够不受约束地迅速流入、流出，随意操纵金融、证券和外汇市场，谋取投机暴利。

“华盛顿共识”还对苏联和东欧国家产生巨大影响。东欧剧变为国际货币基金组织提供了一个新的舞台，使其在苏联和东欧社会主义国家向市场经济体制转轨中发挥作用。于是，“华盛顿共识”就有了一块新的试验田——苏联东欧经济转轨国家。这些前社会主义国家并不具备应用“华盛顿共识”所应具有的必要前提条件，而是缺乏市场基础，国有经济几乎遍及各个经济领域，国家行政机构在经济运行过程中起着极强的调控作用。即便如此，根据“华盛顿共识”所制定的“休克疗法”，还是在一夜之间取消了计划体制，实行私有化。根据美籍波兰学者波兹南斯基在《全球化的负面影响——东欧国家的民族资本被剥夺》一书中的计算，苏联、东欧国家转轨以来，遭受打击最轻的匈牙利和波兰的国内生产总值损失率为20%，而保加利亚、罗马尼亚几乎为40%，俄罗斯为50%，乌克兰为60%。推行以“华盛顿共识”为依据的“休克疗法”的苏联和东欧国家，在经历10年转型后，到2002年仍未能恢复到1989～1990年的生产水平。

“华盛顿共识”在实践中不断暴露出来的问题，引发了学者的反思和总结。1998年1月7日，诺贝尔经济学奖得主、前世界银行首席经济学家、前美国总统经济顾问委员会主席约瑟夫·E.斯蒂格利茨首次提出“后华盛顿共识”的概念，对“华盛顿共识”的“市场本位主义”进行了批判，呼吁经济学家超越“华盛顿共识”，将发展的目标定得更加广泛和长远，强调与发展相关的制度因素，认为发展不仅是经济增长，而且是社会的全面改造。因此，“后华盛顿共识”不仅关注增长，还关注贫困、收入分配、环境可持续性等问题。它还指出市场力量不能自动实现资源的最优配置，应该让政府在经济成长中起更加积极的作用。“后华盛顿共识”是在总结了“华盛顿共识”所倡导的“休克疗法”所造成的巨大损失和倒退后提出的，是对激进式转轨的否定和对以中国为主的渐进式转轨的肯定。斯蒂格利茨提炼“后华盛顿共识”时的实践经验主要来自两个方面：反面经验来自于俄罗斯和东欧实施“休克疗法”的教训，而正面经验则来自中国（还有部分来自波兰）。“后华盛顿共识”在否定“华盛顿共识”的基础上对转轨经济提出了更多“指导性的建议”。

（二）“北京共识”的提出

经过三十年的探索，中国人民逐渐摸索出一条符合中国国情、具有中国特色的发展道路，初步形成了经济发展的中国模式。早在20世纪90年代初，社会主义市场经济体制的改革目标确立后，就有国外学者使用“中国的经济发展道路”、“中国的经济发展模式”等提法。20世纪晚期，在拉美经济危机、东亚金融危机和俄罗斯“休克疗法”失败的同时，中国在独具特色的道路上却创造着高速增长的奇迹，这引发了国际上对中国的改革和经济发展道路的广泛关注。2004年5月7日英国的《金融时报》上，刊登了美国高盛公司高级顾问、清华大学兼职教授乔舒亚·库珀·雷默（Joshua Cooper Ramo）的一篇名为《中国已经发现自己的经济共识》的评论文章。雷默在对照“华盛顿共识”的基础上，基于对中国经济模式及经济成就的分析，提出了“北京共识”。2004年5月11日英国外交政策研究中心全文发表了雷默撰写的研究报告《北京共识》，这一概念随即成为国际社会的研究热点。雷默认为“北京共识”的特点是不受银行家意图的驱使、切合基本需要并寻求公正及高质量增长的一种发展途径，对要求私有化和自由贸易遵循极为慎重的原则。其内涵是艰苦、主动地创新和试验（如经济特区），坚决捍卫国家疆土和利益（如在台湾问题上），深思熟虑、不断积聚能量并以其作为手段（如4 000多亿美元的外汇储备）。其主要目标是在坚持独立的同时寻求增长。其准则是解决问题时灵活应对，因事而异，不强求划一；不仅关注经济发展，也同样注重社会变化，通过发展经济与完善管理来改善社会。其主要经验是使其他国家了解到，如何通过创新和实验找到适合本国发展的道路，而不能一味引进外资或外国公司，一个国家需要创造适合自己发展的环境。除了经济策略，“北京共识”还考虑到了社会和国家安全策略。雷默认为这对于像中国这样的国家的发展很重要。雷默的文章引起了国际社会的强烈反映，中国的快速发展及支撑其快速经济增长的独特的“中国模式”一时成为世界瞩目的焦点。

2004年5月20日，美国的《国际先驱论坛报》刊登了题为《中国将以自己的方式改变》的文章，称赞中国以循序渐进的方式推进政治改革果断机智。英国《卫报》27日在《中国解决亿万人民温饱问题的经验》一文中谈到：中国的崛起为其他国家提供了除西方发展模式之外的一种强有力的选择。墨西哥《每日报》24 日在题为《中国：亚洲的地平线》的文章中，认为中国奇迹是依照自身情况理智制定社会经济政策的结果。《香港经济日报》在《"北京共识"：发展中国家的上位模式》一文中谈到，"北京共识"的核心是按照国情，走自己的路。英国《金融时报》认为，"北京共识"是帮助中国实现和平崛起的工具。它像一种全球模式在吸引着追随者，吸引的速度几乎与美国模式一样快。2005 年 2 月 3 日，香港《信报》刊登 2001 年诺贝尔经济学奖获得者迈克尔・斯彭斯教授的文章——《中国的经济发展模式独一无二》。斯彭斯教授认为，中国经济发展的经验是独一无二的，虽然亚洲国家和地区过去亦曾经历过高速且持续的经济增长，但从未见过像中国那样规模庞大的经济体，在一段长时间内如此强劲增长。它发展的规模和重要性之大和影响人数之多都是空前的。

（三）"中国模式"的主要思路

根据雷默的表述，"北京共识"与"中国模式"在概念上是有区别的。"中国模式"是"北京共识"的一部分，即关于经济的部分，而"北京共识"的范围要更广一些，除了涉及经济发展的思想之外，更多的篇幅是分析中国的外交战略所带来的影响。所以，可以把"中国模式"界定为改革开放以来中国独特的经济发展道路，也就是社会主义与市场经济相结合产生的一个独特的经济发展模式。

"中国模式"主要思路包括：①公有制与市场经济不是对立的，经济体制改革的基本目标是建立社会主义市场经济体制；②建立社会主义市场经济既要遵循市场经济的一般规律，又要符合中国的基本制度和具体国情，是因地制宜的改革和创新；③采取"分步走"的渐进改革方式，从重点突破、分部推进到整体转换；④在坚持公有制主体性和国有经济主导性的同时，积极发展非公有制和非国有经济；⑤把市场机制的基础性调节作用与政府的宏观调控有机结合起来；⑥地方政府在改革与发展中发挥着特殊重要的作用；⑦在积极参与经济全球化的同时，坚持独立自主，把立足点放在依靠自身力量的基础上；⑧向市场经济的过渡是一个包括了经济、政治、文化和社会等各个方面深刻变化的复杂的整体性过程，改革中统筹兼顾，努力实现全面发展；⑨在改革过程中兼顾改革、发展与稳定，市场经济的发展以经济建设为中心，服从以人为本的目标；⑩在经济转型的过程中保持政治体制的相对稳定，逐步推进政治体制改革；⑪在现实中根据实践的需要不断调整改革目标。

党的十七大对于中国近三十年的快速发展经验也做出了总结："在改革开放的历史进程中，我们党把坚持马克思主义基本原理同推进马克思主义中国化结合起来，把坚持四项基本原则同坚持改革开放结合起来，把尊重人民首创精神同加强和改善党的领导结合起来，把坚持社会主义基本制度同发展市场经济结合起来，把推动经济基础变革同推动上层建筑改革结合起来，把发展社会生产力同提高全民族文明素质结合起来，把提高效率同促进社会公平结合起来，把坚持独立自主同参与经济全球化结合起来，把促进改革发展同保持社会稳定结合起来，把推进中国特色社会主义伟大事业同推进党的建设新的伟大工程结合起来，取得了我们这样一个十几亿人口的发展中大国摆脱贫困、加快实现现代化、巩固和发展社会主义的宝贵经验。”

参考文献

[1] 陈云文选(1956—1985)[M]. 北京:人民出版社,1986.
[2] 陈云文选(第3卷)[M]. 北京:人民出版社,1995.
[3] 邓小平文选(第3卷)[M]. 北京:人民出版社,1993.
[4] 陈宗胜. 中国经济体制市场化进程研究[M]. 上海:上海人民出版社,1999.
[5] 樊纲,王小鲁,朱恒鹏. 中国市场化指数——各地区市场化相对进程2006年报告[M]. 北京:经济科学出版社,2007.
[6] 周业安,赵坚毅. 市场化、经济结构变迁和政府经济结构政策转型——中国经验[J]. 管理世界,2004(5):9-17.
[7] 何晓星. 中国已属于市场经济国家的理论证明[J]. 湖北经济学院学报,2005(1):16-21.

第六章

社会主义市场经济的宏观调控和政府职能转变

在社会主义市场经济条件下，要保持宏观经济的总量平衡，促进重大经济结构优化，实现经济平稳较快发展，除了充分发挥市场在资源配置中的基础性作用，还必须加强和改善宏观调控，正确运用各种宏观调控政策和手段，保持宏观经济环境的稳定。尤其是目前我国经济发展正处于经济体制和经济增长方式转变时期，可能造成经济不稳定的因素很多，更需要加强对经济运行的宏观调控，从而实现经济的平稳较快发展。

实施宏观调控的主体是政府，各项宏观调控政策都要依靠各级政府去制定，并结合当地的实际情况贯彻实施。目前我国宏观调控方面存在不足及问题的原因，主要在于政府这一调控主体的行为方式上，而这在很大程度上与政府管理职能和角色定位有关。因此，提高宏观调控水平、完善宏观调控体系必须以政府职能转变为前提。

十六届三中全会通过的《中共中央关于完善社会主义市场经济体制若干问题的决定》强调要继续改善宏观调控，加快转变政府职能。2007 年 10 月，党的十七大报告亦指出："发挥国家发展规划、计划、产业政策在宏观调控中的导向作用，综合运用财政、货币政策，提高宏观调控水平。"2008 年 3 月，十一届全国人大一次会议在人民大会堂开幕，国务院总理温家宝在政府工作报告中指出，要加快转变政府职能，深化政府机构改革。这是贯穿完善社会主义市场经济体制全过程的一个根本性问题。

第一节　社会主义市场经济条件下宏观调控概述

一、宏观调控的概念

宏观调控是指在国民经济运行过程中，政府综合运用各种手段对宏观经济总量及结构进行调节和控制，以引导微观经济主体的决策及活动，保证国民经济持续、稳定、协调发展。

宏观经济与微观经济是相互联系的两个经济范畴。宏观经济是反映和概括经济活动的整体,而微观经济反映和概括的是经济活动的局部;宏观经济是把国民经济作为全局和整体来考察和对待的经济活动,而微观经济则是各个基层经济单位的经济活动。两者是有区别的,但它们又是相互联系的。宏观经济是微观经济的有机结合,微观经济是国民经济的细胞,是宏观经济管理的对象,也是整个国民经济赖以生存和发展的基础。微观经济活动必须在宏观调节和控制下才能实现国民经济平稳较快地发展。

在社会主义市场经济条件下,宏观经济与微观经济在某些方面会产生一些不协调现象。因为企业和个人的经济行为是分散的,缺乏一致性,企业根据自身对市场需求状况的理解和判断决定生产和经营模式;个人也会据此调整消费、投资和储蓄等行为。这些均系微观经济主体从局部利益出发,并未从国民经济全局利益考虑,但会影响到市场供求、货币流通等数量的波动,从而导致宏观经济中某些量的平衡关系的破坏,出现宏观经济与微观经济的不协调。这说明市场机制在进行社会资源优化配置方面虽然能发挥巨大的作用,但由于受微观局部利益的驱动,市场调节经济活动还有一定的自发性、盲目性,市场机制的效率往往在微观经济中有效体现出来,而在宏观经济中受到很大的限制。目前我国许多重大问题,如国民经济和社会发展目标的选择、经济总量和结构的平衡、经济社会的协调发展、生产力发展的空间布局、收入分配中公平与效率的兼顾、居民生活消费价格的持续上涨以及资源与环境的保护等,亟需加大宏观调控力度,在充分发挥市场配置资源的基础性作用的同时,克服市场机制的弱点,弥补市场调节的不足,保证国民经济平稳较快地发展。

二、宏观调控的产生与发展

宏观经济调控理论是从20世纪30年代发展起来的。美国是世界上第一个在市场经济条件下对经济活动实行宏观调控的国家,因为导致宏观调控产生的20世纪30年代世界经济大危机发源地就在美国。面对当时几乎崩溃的经济形势,美国总统富兰克林·罗斯福采取了政府干预经济的措施,实行了一系列新政计划。在20世纪30年代之前,西方经济理论和经济政策的主流是主张对经济实行自由放任。经济学家们认为自由竞争的经济体系,通过价格机制能使所有生产要素都实现最佳配置。通过市场机制这只"看不见的手"的自动调节,可以实现市场供给与需求之间的均衡,达到充分就业。他们主张国家对经济的干预应受到严格的限制,对企业、家庭和消费者的经济行为不加干预,采取放任政策,不主张对经济进行宏观调控。

资本主义进入垄断阶段后,垄断和其他形式的完全竞争导致了资源的不适当配置,加上经济危机日益深化,这些都加剧了劳动人民的贫困化,加深了劳资之间的阶级矛盾。由于销售市场的缩小,失业人员的增加,资本主义本身的矛盾更加尖锐。在两次大战之间不到20年的时间,爆发了三次危机,其中1929年到1933年的世界经济危机最为严重。这次危机使西方主要国家的工农业生产下降了1/3～1/2,生产率水平倒退了20～30年,失业人数达到劳动人数的1/3。这种情况下,要靠资本主义自由竞争体系的自发调节来克服巨大的经济危机，显然是不可能的。这时，主张加强政府对经济进行干预，由政府来调节生产、投资、消费、货币等以消除危机和失业的凯恩斯主义应运而生。

1936年，约翰·梅纳德·凯恩斯（John Maynard Keynes）出版了著名的《就业、利息和货币通论》一书，为西方国家政府干预经济活动奠定了理论基础。该书指出政府应为实现充分就业做出努力，政府有必要干预经济活动，运用财政和信用手段，以增加投资、扩大有效需求，实现充分就业。通过财政政策，增加政府支出，扩大需求，降低失业；通过税收政策鼓励投资；通过货币政策，降低利率，扩大贷款，刺激投资和消费支出，扩大社会购买力，以维持与充分就业相适应的国民收入水平。凯恩斯主义提出以后，很快成为风靡西方各国的主导经济学说，长期成为官方制定经济政策的主要依据。

第二次世界大战以后，西方各国推行凯恩斯主义，国家全面干预国民经济的运行，其中1944年英国政府发表了《就业政策白皮书》，1946年美国通过了《就业法》。西方各国推行凯恩斯主义取得了一定的成效，西方各国战后的经济都有相当大的增长。同时，凯恩斯主义在长期推行中也产生了许多凯恩斯理论所无法解决的问题，其中最严重的就是20世纪70年代以来持续不断的滞胀问题。从此，经济危机进入了以"滞胀"为基本特征的新的发展阶段。为解决这些问题，西方经济界出现了各种各样的经济学派和宏观调控政策，形成了不同派别的宏观调控理论。

我国是社会主义国家，中华人民共和国成立后开始实行计划经济政策，强调以政府的直接调控为主，政府牢牢控制经济主体的活动，出现了国民经济比例严重失调现象。改革开放以后，政府逐步放松对经济主体的控制，改变了计划经济体制，经过多年的摸索和实践，1993年11月，中共十四届三中全会明确提出建立社会主义市场经济体系。在社会主义市场经济体系下，直接调控手段逐渐减少，更多使用了以经济手段和法律手段为主的间接调控措施。

三、社会主义宏观调控的特点和意义

（一）社会主义宏观调控的特点

在社会主义市场经济条件下，宏观调控具有以下特点。

1. 计划调节与市场调节相结合，市场起基础性的作用

在市场经济中，微观经济的调节机制就是市场机制，微观经济的运行在于解决生产什么、生产多少和为谁生产的问题。在价格的涨落、供求的变动中，由市场机制对资源进行配置，政府对这一过程的宏观调控便是通过各种经济政策和经济杠杆的调节和诱导，使市场机制调节下的微观生产结构符合国民经济和社会发展战略目标的要求，使计划调节与市场紧密结合，并在政府宏观调控下使市场对资源配置起基础性的作用。

2. 由计划经济时期的直接调控为主转变为间接调控为主

直接调控指政府运用行政手段对企业的生产经营活动进行直接干预,表现为层层下达指令性计划,把企业的产供销和人财物全部纳入国家计划;间接控制指政府不再直接干预企业的经营活动,而是借助于市场的力量,通过制定经济政策,以经济手段、法律手段为主,行政手段为辅调节市场供求关系,创造良好经济运行环境,间接地引导和影响企业的经营决策和经济活动。直接调控忽视了市场机制作用,忽视了价值规律,严重束缚了企业的自主经营。因此,由直接调控转变为间接调控,是我国国民经济管理体制的重大转变,是社会主义市场经济体制的重要标志,必须建立以间接调控为主体的宏观调控体系,综合运用经济手段、法律手段和必要的行政手段来调控经济运行。

3. 由静态控制为主转变为动态控制为主

在计划经济时代,国民经济的管理主要以各种计划指标为指标,通过自上而下的指令性计划来实现。虽然在执行的过程中,可能会对计划做一些细微的调整,但不会有大的变动,是一种以静态控制为主的经济调节方式。随着我国社会主义市场经济体制的建立,经济环境复杂、多变,宏观调控应着眼于社会经济活动的跟踪监测,根据经济环境中的各种信息来研究影响社会经济生活的诸多因素的发展变化情况,并据此对原来设定的某些目标、规模、水平等要素进行必要的调整,实行动态性的反馈调节。因此,静态控制的方式已不能适应社会主义市场经济发展的要求,须以动态、权变的控制方式引导经济的发展。

4. 以国家发展规划为依据,以经济手段为核心进行宏观调控

我国自 1953 年开始实施第一个五年计划以来,国民经济的发展一直以国家发展规划作为指导,国家发展规划是一定时期内国民经济发展目标和实施步骤的具体体现,对国民经济发展具有较好的导向性作用,因此宏观调控必须以国家发展规划作为调控的依据。在社会主义市场条件下,充分发挥市场对资源的基础性配置作用,以经济手段为核心对地区利益、部门利益、企业集体利益以及个人利益进行调节。

(二)社会主义宏观调控的意义和作用

宏观调控机制的有效实施,对于整个国民经济持续、稳定、协调发展,对于社会的发展和进步具有重要的意义和作用。

1. 保持国民经济的合理结构

有效实施宏观调控,能保持社会总供给与总需求的大体平衡,保持国民经济合理的结构。这对于防止国民经济重大比例关系的失调,实现产业结构的合理化,保持国民经济稳定增长都是十分重要的。

2. 提高经济效益和社会效益

有效实施宏观调控,能够提高经济效益和社会效益,保证合理开发利用自然资源和逐步改善自然生态环境。这对于促进综合国力的增强,不断提高人民物质文化生活水平,也都是十分必要的。

3. 促进产业结构合理化

通过国家的宏观调控措施，促进产业合理布局，优化产业结构，实现经济快速、健康发展。

4. 保持资源和环境的良性循环，实现可持续发展

通过国家计划、产业引导、节能减排降耗、环境影响评估等一系列措施在节约资源、保护环境等方面发挥重要作用，促进经济的可持续发展。

5. 维护以企业为核心的市场经济秩序

一方面，通过国家的宏观调控措施减少了政府对市场的直接干预；另一方面通过法律和经济手段来规范以企业为核心的微观经济主体的行为，使市场经济朝着健康有序的方向发展，有利于健全市场经济运行机制。

四、宏观调控的目标

要确保宏观经济调控的准确性、稳定性、及时性和战略性，政府制定正确的调控目标和采用适当的调控手段是非常重要的。宏观调控的总体目标是保持经济总量平衡，即保持总需求和总供给的平衡，以实现经济持续稳定的增长。宏观调控的具体目标，西方经济学界基本一致地界定为经济增长、稳定物价、充分就业和国际收支平衡四个方面。这四个方面目标基本反映了宏观经济运行的主要方面，既考虑到了封闭经济条件下的宏观经济问题，又考虑到了开放经济条件下的宏观经济问题。同时这四个方面目标都有充足的理论依据，相应政策的可操作性强。

1. 促进经济增长

我国要全面建设小康社会，缩小同发达国家的差距，必须保持一个较快的增长速度。只有保持国民经济平稳较快发展，才能如期实现全面建设小康社会的目标。我国的中长期经济增长率，主要依据发展战略的需要和经济增长潜力确定。“十一五”规划中确定“十一五”期间国内生产总值年均增长目标为7.5%，“十一五”开局的2006年、2007年我国GDP实际增长速度分别为11.6%和11.9%，2008年上半年增长趋势减缓，但也达到了10.4%，大幅超过了预定的目标。劳动生产率的高低直接关系到经济增长的速度和效率，我国各产业和各部门之间的劳动生产率差异较大。市场机制的作用可以逐步实现产业结构的升级，但其速度相对缓慢。而通过政府实施产业政策，能够加快产业结构的调整和升级，如加快第三产业的发展速度、调整各产业内部的生产结构等。此外，我国还应搞好生产力布局，使区域经济协调发展，如进行西部大开发、中部崛起和振兴东北老工业基地等。

2. 充分就业

充分就业不等于完全就业，是指存在自然失业条件下的就业水平。就业是民生之本，也是安国之策。增加就业，不仅可以使劳动力资源得到充分利用，促进经济增长和居民收入的增长，而且有助于社会的稳定，为经济发展创造良好的社会环境。要增加就业就必须深化改革、促进发展、调整结构，特别要把发展经济作为解决就业问题的根本途径。我国经济每增长 1 个百分点，将增加 100 万至 150 万个就业岗位。经济增长与就业增长紧密相关，但经济增长不完全等于就业增长。因为就业不仅与经济增长的速度、规模有关，也与经济结构有关。我国在推进工业化、农业产业化、城镇化战略的进程中，必须选择正确的经济增长路径，实现经济增长和扩大就业的良性互动。2007 年末，我国城镇登记失业率为 4.0%，比 2006 年同期下降 0.1 个百分点。2008 年上半年，全国城镇新增就业人数 640 万人，完成全年目标任务的 64%，城镇失业率将稳中有降。十六大报告明确强调"就业是民生之本"，并把千方百计扩大就业作为一个重大问题。十七大报告同样强调就业是民生之本，提出建立统一规范的人力资源市场，形成城乡劳动者平等就业的制度，同时要实施扩大就业的发展战略，促进以创业带动就业，把鼓励创业、支持创业摆到就业工作更加突出的位置。因此，扩大就业渠道和实施再就业工程，是今后一段时期宏观调控所要完成的最为重要的任务之一。

3. 稳定物价

稳定物价，是指保持物价总水平的基本稳定。物价稳定，宏观经济环境才能相对稳定，投资者、经营者才能有稳定的收益，各种经济行为和利益分配关系才不会扭曲。物价稳定是实现国民经济持续、快速、协调、健康发展的重要保证。物价与就业是一个问题的两个方面。就业率上升，需求转旺，一旦总需求超过总供给，就会造成通货膨胀，导致物价上涨；就业率下降，需求不足，一旦总供给大于总需求，就会造成通货紧缩，导致物价下跌。这两种现象对经济增长都有害。稳定物价，既要防通货膨胀，又要防通货紧缩。

西方经济学以物价上涨速度为分类标志，把通货膨胀分为四类：价格涨幅在 2% ~3% 为爬行的通货膨胀；涨幅 3% ~10% 为温和的通货膨胀；涨幅在二位数之间的为飞奔的通货膨胀；涨幅超过两位数的为恶性通货膨胀。相反，通货紧缩，是指一定时期价格总水平的持续下降。

2007 年以来，我国居民生活消费价格持续上涨，2007 年居民消费价格指数（CPI）累计同比增长 4.8%，2008 年上半年上涨 7.9%，创近十多年来的新高。国家目前已采取一些措施平抑物价的过快上涨。

4. 保持国际收支平衡

随着国际交往的密切，平衡国际收支已成为宏观调控的重要目标之一。在当前国际分工深入发展、我国对外开放不断扩大的条件下，保持国际收支平衡，对促进国内经济增长、维护国家独立和主权具有积极作用。在国际收支方面，我国连续多年实现贸易顺差，其中 2007 年贸易顺差高达 2 622 亿美元，较 2006 年扩大了 47.7%，2008 年上半年贸易顺差有所减少，为 990 亿美元，同比减少了 132 亿美元。巨额顺差给中国带来了庞大的外汇储备和过剩的流动性。2008 年 6 月末，国家外汇储备余额 18 088 亿美元，同比增长 35.7%。

上述四个目标可能是一致的，也可能是不一致的。一般来说，增加就业和经济增长之间呈正相关:经济增长,就业增加;经济下滑,失业增加。除此之外,各个目标之间可能存在矛盾:经济增长与物价稳定之间可能出现矛盾,因为经济增长就要增加投资,政府投资增加会导致财政赤字,民间投资会使利率降低、货币供应增加,进而导致物价波动。经济增长与国际收支平衡的矛盾,经济增长一般导致进口商品增加,同时由于国民收入增加带来支付能力的增强,可能会增加对一部分本来用于出口商品的需求,这样可能会使出口增长慢于进口的增长,导致贸易差额的恶化。另外,目前中国经济高速增长,但严重依赖出口,导致国际贸易顺差巨大。增加就业与稳定物价有矛盾。为增加就业,通常采取扩张性财政政策和货币政策,此举通常会影响物价稳定。另外,采取紧缩性的财政政策和货币政策控制物价,可能导致失业的增加。

宏观经济调控主要就在于恰当处理这四方面的关系,以寻求一个最佳均衡点。因此,西方经济学家把这四个方面的宏观经济现象或变量称为“神秘的四角”。“神秘的四角”呈现异常变化或严重不协调,则是经济波动的征兆。

中共十六大报告指出,“要把促进经济增长,增加就业,稳定物价,保持国际收支平衡作为宏观调控的主要目标”。这与目前其他一般市场经济国家的宏观调控目标基本一致,说明我国的宏观调控在加入 WTO 和经济全球化趋势深入发展的背景下,正逐步与国际通行规则相衔接。目前,我国在年度计划中的宏观调控指标,除上述四大目标外,根据国情还使用了全社会固定资产投资增长率、中央财政赤字、货币供应量增长率和人口自然增长率。

第二节　社会主义市场经济宏观调控政策

我国社会主义市场经济宏观调控政策有财政政策、货币政策、产业政策、收入分配政策、区域政策、投资政策、价格管理政策和对外经济政策等,本节主要介绍财政政策、货币政策和产业政策。

一、财政政策

财政政策是指一国政府为实现一定的宏观经济目标而调整财政收入规模、收支平衡的指导原则及其相应的措施。财政政策贯穿于财政工作的全过程,体现在财政收入、支出、预算平衡和国家债务等各个方面,是政府宏观经济政策的重要组成部分,是宏观调控的重要手段。

(一)财政政策目标

财政政策目标从根本上说是为了满足社会公共需要,促进经济社会的全面发展,与国家总的经济政策目标是一致的。由于财政政策是通过国家参与国民收入的分配与再分配活动而对经济与社会发展产生影响,因而财政政策有其自身利益特殊性,并与一般的经济政策相区别。总体而言,财政政策的目标取向要根据宏观经济形势和宏观经济调控总目标确定,为宏观经济调控总目标服务。在社会主义市场经济条件下,财政政策目标具有多元性。

1. 促进经济平稳较快发展

国民经济平稳较快发展,是经济社会发展与人民生活水平提高的前提和基础,是社会主义国家宏观经济调控的总目标。财政政策必须为实现国民经济平稳较快发展这一宏观经济调控总目标服务。国民经济平稳较快发展是以社会总供给与社会总需求的均衡为基础的。财政政策既可以通过预算收支平衡、赤字或盈余政策、财政补贴政策、国债政策和税收政策影响社会总需求,又可以通过政府投资政策和税收政策影响社会总供给,促进社会总供给与社会总需求保持或趋向均衡,为国民经济平稳较快发展创造良好的宏观环境。

2. 调整产业结构,优化资源配置

资源的合理配置和高效利用,是国民经济平稳较快发展的基础。由于财政分配既是生产成果的分配,又是生产要素的分配,因而财政政策能对优化产业结构和资源配置产生全方位的影响。首先,在社会主义市场经济体制下,政府财政承担着市场机制不能或不宜从事的公共产品和准公共产品的资源配置,促进资源配置的合理化,满足社会对公共产品的需求。其次,财政政策可通过改变财政支出方向和支出结构,直接作用于经济结构的调整,并通过财政贴息、差别税率等手段,引导社会投资方向,调节微观经济主体的资源配置,以配合产业政策,推动产业结构调整,促进产业结构优化和升级,使经济发展保持持续增长的能力和态势。最后,财政政策通过税收等手段,营造一个公平竞争的宏观经济环境,促进竞争健康发展,推动社会资源合理流动,实现社会资源的优化配置和高效利用。总之,财政政策以调整产业结构、优化资源配置为目标,可弥补市场机制的缺陷,有效纠正市场机制调节所带来的宏观经济失调,有助于社会主义宏观经济调控目标的实现。

3. 实现收入的公平分配

在社会收入分配中应正确处理效率与公平的关系,既保证效率最大化,又防止个人收入差距过分悬殊而导致两极分化,实现收入分配相对公平,促进社会主义共同富裕目标的实现。这是社会主义市场经济发展中的重大问题,也是国家宏观经济调控的重要目标。财政政策在收入分配的调节上能够发挥独特的作用。这一财政政策目标也是为实现宏观经济调控目标服务的。促进经济社会稳定协调发展的重要任务之一是正确处理效率与公平的关系。在社会主义市场经济条件下,运用财政政策中的税收和支付转移及社会保障等手段调节各地区和各阶层的收入差距,让广大人民群众共享改革发展成果,实现经济社会持续、稳定、协调发展的目标。

(二)财政政策的构成及类别

财政政策由三个相互联系的要素组成,即政策目标、政策手段和政策效应。政策目标是指通过政府财政政策的实施所要达到或实现的调控和管理目标,是财政政策的核心内容,具有导向性作用。政策手段是指政府为实现既定的政策目标所选择的具体工具或方式方法，包括所使用的财政杠杆、财政制度及措施等。政策手段是为政策目标服务的，如果没有政策手段，政策目标就无从实现；政策手段选择不当，则会导致政策目标的偏离。政策效应是指政策实施的最终反应和结果，但在制定政策时，则是指政策手段的选择和运用可能达到的预期作用，用以预测政策目标实现的程度和态势以及把握政策目标与手段之间的协调关系。财政政策按照不同标准主要可以分成以下几类。

1. 按财政收入、支出和管理活动划分

按财政收入、支出和管理活动划分，财政政策可分为税收政策、支出政策、投资政策、财政信用政策、补贴政策、固定资产折旧政策、国有资产政策和国家监督政策等。

2. 按财政收支活动与社会经济活动之间的关系划分

按财政收支活动与社会经济活动之间的关系划分，财政政策可分为总量政策和个量政策。总量财政政策是对经济总量发生作用和影响经济总量增减变化的政策，通常也被称为宏观财政政策。宏观财政政策通常被概括为三种类型：膨胀性财政政策、紧缩性财政政策和中性（平衡性）财政政策。膨胀性财政政策，即宽松的财政政策，指通过降低财政收入或增加财政支出以刺激社会总需求增长的政策。由于减收增支的结果集中表现为财政赤字，因此，膨胀性财政政策也称为赤字财政政策。紧缩性财政政策是指通过增加财政收入或减少财政支出以抵制社会总需求增长的政策。由于增收减支的结果集中表现为财政结余，因此紧缩性财政政策也称盈余性财政政策。中性财政政策是指通过保持财政收支平衡以实现社会总需求与总供给平衡的财政政策。

3. 按财政政策的长短期目标划分

按财政政策的长短期目标划分，可分为长期财政政策和短期财政政策。长期财政政策是为国民经济发展的战略目标服务的财政政策，具有长期稳定性的特点。短期财政政策属于战术性政策，适用于特定时期和特定范围。

（三）财政政策的特征

在社会主义市场经济条件下，由于财政活动是以国家为主体直接参与社会资源配置，并在国民收入中处于总枢纽的地位，所以可直接影响和制约国民经济。因此，我国财政政策具有如下特征。

1. 具有相对稳定性和一定的灵活性

财政政策由财政政策目标、财政政策手段和财政政策效应组成，并随着社会主义经济发展条件和环境的变化而改变。财政政策的变化有时是根本性的，有时是局部的调整、补充和完善。但是，财政政策内容一旦确立，在一个时期内应具有一定的稳定性，以利于财政政策目标的实现。在实施过程中，财政政策既要保持政策的稳定，同时又要保持必要的灵活性。因为由于调节对象和经济运行环境复杂，社会经济发展处于经常变化之中，所以，保持财政政策的相对灵活性，使其随着社会经济发展条件和环境的变化做出相应的调整，是财政政策本身的内在要求。只有这样，才能实现财政政策对经济调节的有效性。

2. 集经济、法律和行政手段于一体

在市场经济条件下,财政政策是国家宏观经济调控的重要经济手段之一。但是,由于财政是以国家为主体的分配活动及所体现的分配关系,因而财政政策的制定需要经过必要的法律程序,同时在其实施过程中,为了保证财政政策的顺利落实,有时也进行必要的行政干预。因此,财政政策除具有经济手段的本质特征外,又具有法律手段和行政手段的特征。由此使财政政策对经济的调节力度更强,更能体现国家的意志。

3. 对经济的调节的直接性和间接性相结合

财政政策在实施过程中主要是通过间接作用调控经济的,即通过财政政策手段影响各经济主体的经济利益,调节各经济主体的利益关系,从而引导各经济主体的经济行为,实现对宏观经济的调节。同时,某些财政政策手段对经济运行的调节又具有直接性,政府公共支出和政府投资的扩大或缩减可直接影响社会总供求,财政支出结构的改变可直接作用于结构调整等。因此,财政政策在调节社会供求总量和社会供求结构以及收入分配方面,有着特殊的重要的作用。

4. 有较强的可控性和可操作性

由于财政活动的主体是政府,财政政策由政府制定和实施,因而政府能够对财政政策实施的结果进行全面的和经常性的分析,发现问题及时改进和调整,使财政政策在运行中对既定目标的偏差尽快予以纠正。同时,财政政策目标在财政政策的实际运行中也可以细化和分解,针对不同情况层层落实,通过各方面的共同努力实现财政政策的目标。

(四)财政政策工具

财政政策工具是政府为实现既定的财政政策目标而采取的财政手段。选择财政政策工具是制定财政政策的重要环节。作为财政政策工具至少应具备两个条件:其一,它必须是为实现财政政策目标所需要的,能有效地为实现财政政策目标服务;其二,它必须是政府直接控制的。因为财政是以国家为主体的分配,财政政策是国家有意识的产物,因而财政政策工具必须能由政府直接控制和支配,这样才能实现国家对宏观经济运行进行有目的的调控。在社会主义市场经济条件下,可供国家选择的财政政策工具主要有以下几种。

1. 税收

税收是社会经济再分配的强有力工具,具有强制性、无偿性和固定性等特点,是重要的财政政策工具。它对总供给和总需求都会产生影响,作用形式是税种选择、税率确定、税负转嫁、税收优惠和惩罚。由于税收是国家凭借政治权力取得的收入,税种的开征与废止、税率的确定以及税收优惠规定等,都必须通过立法程序确定,因而税收是国家依据法律而加以控制和运用的一个可靠的财政政策工具。国家通过税种选择、税率确定和税收优惠等规定,体现国家对社会经济活动的鼓励或限制政策,从而调节经济结构和社会总供给与社会总需求；鼓励或限制某些行业、部门、企业、产品的生产和流通；通过税收调节收入分配格局，可有效促进社会收入分配公平的实现。

2. 国家预算

国家预算是政府直接集中和使用货币资金的总和，是财政年度预期收支的总计划，具有综合性、计划性和法制性等特点。国家预算的作用形式是预算规模、预算结构、预算差额和预算执行过程中的追加或追减。国家预算是政府的基本财政收支计划，它不但可以有效地调节社会总供求的关系，还可以调节国民经济中的各种比例关系和经济结构，因而是重要的财政政策工具。国家预算收支的规模和收支的平衡状态对社会供求的总量平衡会产生直接影响；国家预算的支出方向和结构对社会总供求结构能进行直接调节。

3. 国债

国债是一国政府对本国人民或外国政府、团体等举借债务的一种财政信用形式。国债的作用形式是国债发行额、国债发行对象和国债利率。国债最初只是用来弥补财政赤字，随着信用制度的发展和经济发展的需要，国债已逐渐成为调节货币供求、协调财政与金融关系的重要政策手段。中央政府发行的国债的规模、对象及利率由国家直接控制。国家用国债资金进行经济建设，可加快农业、能源、交通、基础设施和基础产业等国民经济薄弱部门和“瓶颈”产业的发展，促进经济结构优化。同时，国家通过国债规模、发行对象的确定以及利率的调整，能够调节市场上的货币流通量，进而调节社会供求的总量平衡和结构平衡。

4. 公共支出

公共支出是指政府为满足公共需要的一般性支出，包括购买性支出和转移性支出两个部分。购买性支出是政府的消费性支出，包括政府对商品和劳务的购买，会增加消费总量，是政府拉动内需的一种方法。转移性支出是政府按照一定的方式，把来自市场体系的一部分财政资金无偿地转移给居民或其他受益者而形成的财政支出。公共支出的作用形式是公共支出的规模（或占财政支出的比重）和支出结构。政府的公共支出是社会总需求的一个重要构成部分，国家通过对公共支出的追加、退减或结构调整，可以直接影响社会需求总量和构成，从而有助于社会供求总量和结构平衡。

5. 财政投资

财政投资是指财政用于资本项目的建设支出。财政投资的作用是通过财政投资的规模、方向和方式来体现的。财政投资规模可在短期内直接影响国民经济的发展和社会总需求，在长期内影响社会总供给，对经济结构的调整往往起着关键性作用。财政投资的方式包括财政拨款和财政贷款两种。处理好二者的适用对象、比重以及各自的合理运用，是提高财政投资效益的主要途径。

6. 财政补贴

财政补贴是国家为了某种特定需要，将一部分财政资金直接补助给企业或居民的一种再分配形式。财政补贴的作用是通过财政补贴的对象、规模、结构和范围来体现的。通过财政补贴的调整,可贯彻国家对经济活动的鼓励或限制政策,既调节社会总需求,又调节社会总供给。同时,财政补贴配合价格政策,可调节个人收入,稳定物价,减缓经济振荡;对出口商品实行财政补贴,可扶持和鼓励出口,促进对外贸易收支的平衡。

7. 转移支付

转移支付的作用形式是转移支付的规模、对象、方向和范围。中央政府通过转移支付,可调整中央政府与地方政府之间的财政纵向不平衡,以及调整地区间的财政横向不平衡;维护国家的统一和民族的团结,加强宏观调控,保证中央的政治和经济政策的贯彻和实施;协调地区间的经济利益,促进地区间经济协调均衡发展;调节整个国家的生产力布局,引导资源在地区间合理流动;鼓励地方政府积极组织收入,合理安排支出,防止资金浪费,提高财政资金的使用效益。

由于以上各种财政政策工具的性能不同,作用的范围和作用的程度也不一样,因而有着不同的特点。因此,在财政政策的实际操作中,要从实际出发,结合每种财政政策工具的特点,使各种财政政策工具相互配合和协调。

二、货币政策

货币政策是指一国政府为实现宏观经济目标制定的调整货币供应量及信用条件的基本方针及其相应措施,是国家用来管理货币流通和信用活动的最基本的政策,是国家宏观经济政策的重要组成部分。货币政策一般包括信贷政策、利率政策、汇率政策、货币发行政策、储蓄政策以及其他金融政策和金融法规等。

(一)货币政策的目标

货币政策的目标是指通过货币政策的制定和实施期望达到的最终目的,是货币政策的制定和实施者中央银行的最高行为准则。明确货币政策目标是整个货币政策制定与实施过程的首要任务,只有确立了货币政策目标才能有的放矢地围绕目标选择货币政策的操作指标和政策工具,进而建立货币政策体系,发挥货币调控经济的功效。一般来讲,按照中央银行对货币政策目标的影响程度、影响速度以及影响方式,货币政策目标可划分为最终目标、操作目标和中介目标三个层次。

1. 最终目标

最终目标是中央银行通过货币政策在一段较长的时期所要达到的目标,基本上与宏观经济目标相一致,具体包括物价稳定、充分就业、经济增长和国际收支平衡等。稳定物价(或稳定币值)即中央银行通过货币政策的实施,使一般物价水平或总体水平保持基本稳定,在短期内不发生显著的或急剧的波动;充分就业即中央银行通过货币政策的实施,将失业率维持在社会可以接受的水平上;保持经济增长是各国政府追求的最终目标,作为宏观经济政策重要组成部分的货币政策,自然要将它作为自己的一项重要的调控目标;国际收支平衡是一国经济稳定、快速、健康发展的必要条件,国际收支平衡依赖于良好的货币政策,同时中央银行通过货币政策措施的具体实施,能够解决和预防国际收支的失衡。由于这四个目标难以同时达到,因此各国根据自身所处的经济发展阶段和条件的不同,选择货币政策目标的优先顺序和侧重点。对我国货币政策目标的定位,看法一直存在分歧,主要有双重目标(通货稳定、经济增长)和单一目标(通货稳定)。1993 年,国务院《关于金融体制改革的决定》把我国货币政策最终目标规定为“保持货币的稳定,并以此促进经济增长”。1995 年颁布的《中华人民共和国银行法》进一步以法律的形式对此予以确认。

另外,中央银行并不能对这些目标直接加以控制,而只能通过货币政策工具对它们施加间接的影响和调节。由于从货币政策工具的运用到货币政策的最终目标实现之间有一个相当长的作用过程,为了及时准确地判断货币政策的力度和效果,中央银行需要有一套便于决策和控制的中间指标(包括操作目标与中介目标),将货币政策工具的操作与货币政策最终目标的实现联系起来。

2. 操作目标

操作目标是接近货币政策工具的金融变量,具体包括准备金、基础货币、短期货币市场利率等。它们直接受货币政策工具的影响,对货币政策工具的变动反映较为灵敏,是政策工具操作直接控制的指标,但它与最终目标的因果关系不太稳定。

3. 中介目标

中介目标处于最终目标和操作目标之间,与最终目标联系密切,是中央银行在一定的时期内和某种特定的经济状况下,能够以一定的精度达到的目标,其变动可以较好地预告最终目标可能出现的变动。主要的中介目标包括货币供给量和长期利率,在一定条件下,银行信贷规模和汇率等也可以充当中介目标。

操作目标、中介目标和最终目标与宏观经济的相关性从弱到强,受中央银行的控制程度从强到弱,三者有机构成了货币政策的目标体系。

(二)货币政策工具

货币政策工具是通过货币供应量和信贷规模实施总量控制,从而对整个经济运行施加影响的手段。按照影响范围不同,一般将其划分为一般性货币政策工具、选择性货币政策工具和其他货币政策工具。

1. 一般性货币政策工具

一般性货币政策工具即市场经济国家经常采用的以下三大政策工具,主要用于调节货币总量。

第一,法定存款准备金率,即以法律形式规定商业银行等金融机构将吸收存款的一部分上缴中央银行作为准备金的比率。中国人民银行自 1984 年专门行使中央银行职能后,就开始实行存款准备金制度。法定存款准备金率的主要作用有:一是保证存款机构资金的流动性;二是可以使中央银行集中一部分信贷资金用于再贴现、再贷款或办理清算;三是它通过决定或改变货币乘数来调节货币供应总量,这种调节直接且见效快。但从另一方面说,亦有一定的局限性:容易造成商业银行资金周转不灵,对经济的冲击力大，其调整会在很大程度上影响整个经济和社会的心理预期，所以，不宜作为中央银行调节货币供给的日常性工具。

第二，再贴现政策，即中央银行对商业银行持有未到期票据向中央银行申请再贴现时所作的政策性规定，包括再贴现率的确定与调整以及申请再贴现的资格条件。中央银行根据市场资金供求情况，调整再贴现率，能够影响商业银行借入资金的成本从而调节货币供给总量；同时再贴率的调整在一定程度上反映了中央银行的政策意图，起到一种告示效应，调节市场利率。中央银行对再贴现资格条件的规定主要着眼于长期，起到抑制或扶持的作用，调节资金流向，进而调节信贷结构和经济结构。再贴现政策的局限性在于主动权并非只在中央银行，调节作用是有限度的。

第三，公开市场业务，即中央银行在金融市场上公开买卖有价证券，以此来调节市场货币量的政策行为。这一政策工具具有明显的优越性，即主动性强、灵活性高、调节效果和缓、震动性小、影响范围大。公开市场业务这一政策工具的顺利实施必须具备一定的条件：一是中央银行必须具有强大的、足以干预和控制金融市场的金融实力；二是要有一个发达的、完善的金融市场，且市场必须是全国性的，证券种类齐全并达到一定规模。

2. 选择性货币政策工具

选择性货币政策工具是指为了调整经济结构，依靠国家授予中央银行的权力，从调整信贷部门入手，对某些特定领域或特殊用途的信用加以调节和影响的措施。这些工具一般都是有选择使用的，主要包括消费者信用控制、证券市场信用控制、不动产信用控制、优惠利率、预缴进口保证金。

3. 补充性货币政策工具

补充性货币政策工具是指在利用一般性货币政策工具和选择性政策工具对宏观经济进行调控时采取的一些辅助性调控措施，主要包括直接信用控制和间接信用控制两大类。直接信用控制是以行政命令或其他方式，直接对金融机构尤其是商业银行的信用活动进行控制。其主要手段包括规定贷款利率下限和存款利率上限及信贷总额高限，规定金融机构的流通性比率和直接干预等。间接信用控制是指中央银行以通过道义劝告、窗口指导等办法间接影响商业银行等金融机构行为的做法。

中央银行使用什么样的货币政策工具实现其特定的货币政策目标，并无一成不变的固定模式，只能根据现实的经济和金融环境及客观条件而定。我国货币政策工具的运用必须立足于我国客观经济环境，从实际出发。

随着我国社会主义市场经济的发展和金融体制改革日趋深化与金融市场的日趋完善，我国货币政策工具选择与运用也按照社会主义市场经济体制的要求，逐步由直接调控为主向间接调控为主转化，转轨时期共存的货币政策工具有贷款规模控制、再贷款、利率、存款准备金、公开市场业务与再贴现等数种。其中直接调控工具的影响日趋淡化，间接调控工具的作用逐步强化。

三、产业政策

产业政策是国家根据经济发展要求和一定时期内产业的现状和变动趋势，以市场机制的作用为基础，对产业结构、产业发展方向、产业组织和产业布局等进行规划、干预和引导一系列政策的总和。产业政策的内容主要包括产业发展及其结构优化的目标、产业发展及其结构配置与调整的基本原则和手段、制定和实施产业政策的基本原则或规则。因此，中共十七大报告指出要深化投资体制改革，健全和严格市场准入制度。完善国家规划体系，发挥国家发展规划、计划、产业政策在宏观调控中的导向作用，并与财政政策与倾向政策相结合，来提高宏观调控水平。

（一）产业政策的特征

产业政策是我国政府引导企业进行产业结构调整，优化企业素质，提高企业在国内外市场的竞争能力，促进市场合理的资源配置，以调节供给总量与调整结构为对象的宏观经济管理政策。它与财政政策、货币政策等相比更着重于调节供给，可以更深入地干预产业部门之间与各类产业内部的资源分配及使用过程，因此，具有如下主要特征。

1. 政策目标具有多重性

政策目标既包括经济目标，也包括社会目标，产业政策更注重于克服资源配置方面的市场缺陷，并加快其优化过程；保护和促进幼稚产业的发展，帮助落后产业进行结构调整；给企业提供透明度较高的发展环境；提高产品的竞争力和本国经济与世界市场的参与度，使产业结构不断适应世界科技的新发展。

2. 产业政策充分发挥市场机制的作用

在我国的社会主义市场经济体制条件下，产业政策将以市场机制为依托，政策制定过程在很大程度上以市场供求状况及其发展趋势为依据，以市场价格体系为资源配置的效率评价系统；产业政策的实施也将着眼于对市场过程的调节，并与市场机制的运行有机地结合起来。

3. 注重引导和调节作用

产业政策主要着眼于引导企业自主地做出符合产业发展规律和客观要求的决策，政府对某些产业或企业实行产业倾斜政策，主要是引导企业的经营向产业发展重点转移。企业主要是通过符合自己产业政策的有效经营活动，积极参加市场竞争，发展企业生产，提高经济效益。

4. 具有明显的阶段性和相对稳定性

在经济发展的不同阶段，都具有不同的目标，与此相适应财政政策的目标和内容也具有一定的阶段性。然而财政政策的任何一个目标被确定之后，要实现它就要经过一个时间长短不一的过程。在这一目标实现之前，这种财政政策一般不会终止，因而使财政政策又具有相对稳定性。这种稳定性与阶段变化性的统一，正是财政政策中长期战略与短期战略的体现。

5. 产业政策具有最明显的间接性

国家在掌握部分资源直接分配权的基础上，对于大部分产业结构的调整和增长速度分布的调控，主要是采取管理要素市场、产权转让市场以及规范和引导各经济主体投资行为的政策手段，贯彻产业政策意图，实现产业政策目标。

（二）产业政策的作用

我国产业政策的制定应立足于国民经济全局发展的结构性安排，以及现有工业体系的更新改造与解决生产和基础设施之间的矛盾等方面。

20 世纪 80 年代后期以来，我国产业政策作用的重要性日益显现出来，主要表现在以下几个方面。

1. 产业政策能促进宏观经济的总体平衡

产业政策以供给管理政策的形式，通过对产业结构和产业组织形式的调整影响生产，促进了生产要素的合理流动和产品结构的升级换代；通过建立合理的竞争秩序和最佳企业规模，促使企业走专业化、联合化的道路，进而达到增加社会有效供给，改善供给结构的目的，这就为社会总供求的总量与结构平衡创造了有利条件。

2. 产业政策是宏观调控的有力工具

我国政府在社会主义市场经济基础之上制定的产业政策，既与国家计划相联系，体现了计划的宏观性，又能发挥市场机制的作用，保证企业的灵活性，因而起到连接计划与市场两种机制的纽带作用，是政府实行间接调控的重要手段。

3. 产业政策的实施有利于促进科技进步

通过产业政策鼓励发展高新技术产业和改造传统产业，支持采用先进技术，淘汰落后技术，必然会加快技术进步，提高科技进步在经济增长中的比重，促进国民经济由粗放经营向集约经营的转变，必将有利于提高宏观经济效益。

4. 产业政策能弥补市场的缺陷

产业政策促进了市场经济的发展，它在弥补市场缺陷的同时，依靠市场机制的有效运行不断补充和完善自己。通过产业政策引导企业的更新换代和重新组合，对市场的自然垄断进行干预，保护公平竞争，克服市场的人为垄断，有利于促进市场机制发挥优势作用。

正确的产业政策可引导合理的结构升级，并且与现代工业化过程相结合，最终使需求结构、劳动资源、全生产要素增长率、国际贸易等多方面因素，对经济增长都会起到一定促进作用的。

（三）产业政策的类型

产业政策一般可以分为产业结构政策、产业组织政策、产业导向政策和产业技术政策等。这些政策相互联系、彼此影响，各自的政策对象和手段都涉及国民经济的各个部门和各个层次。

1. 产业结构政策

产业结构政策是产业政策的核心。它是根据经济发展的内在联系，揭示一定时期产业结构变化趋势及其过程，按照产业结构的发展规律，规定各产业部门在社会经济发展中的地位与作用，提出协调产业结构内部比例关系及保证产业结构顺利发展的政策措施。产业结构涉及两个方面问题，一是不同产业的协调，二是产业结构的升级。对产业结构政策可以从不同的角度进行划分，大致分为产业结构调整政策、基础产业扶持政策、高新技术产业发展政策、传统产业更新改造政策以及主导产业选择政策。

2. 产业组织政策

产业组织政策是国家对各产业内部企业间关系的指导方针，是一系列政策措施的总和。它主要用来规划产业内部企业规模和市场秩序的发展方向，处理竞争与垄断、规模效益与竞争活力之间的关系，指导产业组织形式科学化；在市场经济活动中，主要解决规模效益和竞争活力之间常见的矛盾。产业组织政策包括相互配套的两大类政策，即鼓励竞争、抵制垄断的维护市场竞争秩序的政策和鼓励规模经济、限制过度竞争的产业合理化政策。产业组织政策具体表现为规范市场竞争行为政策、反垄断政策、企业兼并政策和中小企业政策等。

3. 产业技术政策

产业技术政策主要运用于规划和指导产业开发，引进和消化先进技术，推动产业技术改造和技术进步。产业技术政策的制定应该有利于改进现有技术，采用先进新技术，为形成和发展新兴产业开辟道路；有利于把产业政策与科技知识紧密结合起来，推动经济发展；有利于提高科技管理水平，缩小与发达国家的差距，创造最优的社会经济技术效益。

4. 产业布局政策

产业布局政策主要是用来规划和指导产业在各地区间的合理布局。制定国家产业布局政策必须遵循以下原则：①符合工业化和现代化进程的客观规律，密切结合我国国情和产业结构变化的特点；②符合建立社会主义市场经济体制的要求，充分发挥市场在国家宏观调控下对资源配置的基础性作用；③突出重点，集中力量解决关系国民经济全局的重大问题；④具有可操作性，主要通过经济手段、法律手段和必要的行政手段保证产业政策的实施。

（四）当前我国产业政策的发展方向

发展方向有如下几点。

第一，重点支持技术密集型产业发展，减少对一般加工工业的投资。

第二，促进资源节约、环境友好型产业发展，抑制高耗能、高污染产业发展。

第三，鼓励能源、原材料进口，适当控制纺织等低附加值产品出口，严格控制高耗能、高污染、资源性（简称“两高一资”）产品出口。

第四，当前产业政策确定的四个重点发展领域：一是加快发展高新技术产业；二是振兴装备制造业；三是积极发展能源和原材料工业；四是鼓励和支持服务业加快发展。

第三节 我国近年来宏观调控实践

改革开放以来，我国经济整体发展态势良好，经济持续快速发展，但在经济运行中也存在一些问题，如近年来我国的经济出现了周期性波动。政府根据经济的发展态势和体制环境，进行了七次宏观调控，分别是 1979 ~ 1981 年、1985 ~ 1986 年、1988 ~ 1989 年、1993 ~ 1996 年、1998 ~ 2002 年、2003 ~ 2004 年和 2006 年至今。其中 1998 ~ 2002 年的宏观调控是旨在拉动经济的扩张性调控，其他六次均为紧缩性调控。

图 6-1 显示了改革开放以来中国经济增长率的变动状况。在中国经济取得高速增长的同时，周期性波动也十分显著，反映我国经济波浪式的发展进程。1990 年增长率最低为 3. 8% ，而 1984 年则高达 15. 2% ，发展速度相差很大。1978 年至 2007 年的 29 年间，经济增长速度超过 10% 的年份达 16 年之多。20 世纪 80 年代以来，中国的经济增长经历了三次大的起伏：第一次出现在 20 世纪 80 年代初期，经济从 1982 年开始快速增长，到 1984 年达到最高点，然后逐渐减速，于 1990 年到达最低点，形成了改革开放以来的第一个周期性循环；第二次出现在 20 世纪 90 年代初期，经济从 1991 年开始启动，到 1992 年达到最高点，然后逐渐减速，于 1999 年前后到达最低点，形成了第二个周期性循环；第三次出现在本世纪初期，也就是目前正经历的这个新的经济发展周期。到 2007 年的数据显示经济运行仍处于上升中。

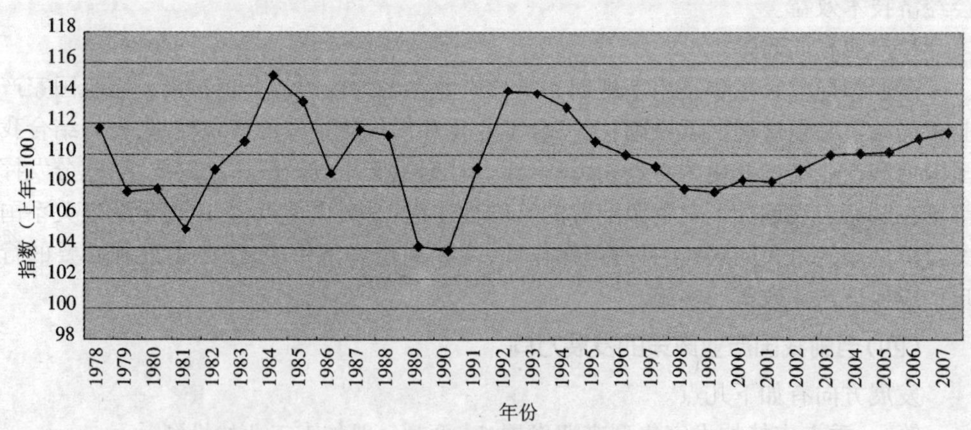

图 6-1 中国近年来经济走势

1. 1979 ~ 1981 年的宏观调控

第一次宏观调控主要是针对 1978 年开始的经济过热。“文化大革命”对国民经济增长造成了严重的破坏，百废待举。“文革”后在经济建设方面扩大投资，大量进口物资设备，一批批建设项目纷纷上马。1979 年全国在建大中型项目 1 100 多个，1980 年又新增加了 1 100 多个。这一庞大的基建规模远远超过了当时国民经济的承受能力,造成了投资过热和国民经济重大比例关系严重失调。同时社会购买力迅速增长,物资紧缺,引起市场物价的快速上涨。大规模的投资造成了财政支出增加,并出现了较严重的财政赤字,进而带来货币的超量发行,因此引发了改革开放后的第一次通货膨胀。

1978 年 12 月召开党的十一届三中全会提出全党工作重心转移到社会主义现代化建设上来,对于当时的经济过热现象采取了一系列的调控措施,主要有:搞好综合平衡,正确处理积累与消费的比例关系,缩短基本建设战线,停建缓建一批项目,严格控制新项目上马;加强物价管理,坚决制止乱涨价。在本次宏观调控的初期,中央与地方认识并未完全统一,致使宏观调控执行不力,1980 年宏观经济运行一度出现严重混乱的局面。1981 年进一步加大调控力度,提出"调整、巩固、整顿、提高"的八字方针对经济实行调控,大规模压缩基建投资,减少财政支出。1979 年和 1980 年先后停建缓建了 400 多个大中型项目,1981 年又停建缓建了 22 个大型外资引进项目。投资总规模被大规模压缩,固定资产交付使用率有所提高。财政方面对地方实行"划分收支、分级包干"的财政体制,明确各级财政的责权利关系,减少财政赤字。由于控制投资力度过大,GDP 增长率出现较大幅度的下降。从 1978 年 11.7% 下降到 1979 的 7.6% 和 1980 年 7.8%,到 1981 年仅为 5.2%。另外本次宏观调控是在当时的计划经济体制下实行的,采取的主要调控措施是行政手段和财政手段。

2. 1985 ~ 1986 年的宏观调控

经历第一次宏观调控后,中国经济 1982 年又出现了 9.1% 的快速增长势头,1984 年的 GDP 增长率更是达到了改革开放后的最高值 15.2%,经济再次出现过热。1984 年实行了分税制改革和减税让利措施,造成了投资需求和消费需求的膨胀。下半年对信贷资金和消费基金管理不严,银行信贷和消费基金急剧增长,货币发行量过大,投资规模膨胀。另外,由于当时物资紧缺和价格双轨制的存在,乱涨价现象普遍,物价上涨势头明显。1985 年 3 月 17 日,国务院要求各地加强物价管理和监督检查,坚决制止乱涨价之风,开始了新一轮的宏观调控。这次宏观调控主要采取了三个方面的措施:在金融政策方面,统一制定信贷计划和金融政策,加强中国人民银行对宏观经济的控制与调节职能,严格控制信贷总规模和现金投放;在控制投资规模方面,从严控制固定资产投资,特别是预算外投资的规模;在加强物价管理与监督检查,制止乱涨价之风方面,压缩社会集团购买力,严格控制消费基金的盲目增长,严禁任何单位和个人在财务上乱开口子,乱提工资,乱发奖金、津贴和实物。

经过本次宏观调控,GDP 增长率由 1984 年 15.2% 的峰值下降到了 1986 年的 8.8%,通货膨胀率由 1985 年的 9.3% 下降到了 1986 年的 6.5%,但随后又出现反弹。从本次宏观调控开始,货币政策开始在宏观调控中发挥作用。当然,本次宏观调控的手段仍以行政手段为主,但经济手段的力度大为增强,并发挥了明显的作用。本次宏观调控也是我国在宏观经济管理方式上由直接的行政和计划干预向运用宏观经济政策进行间接调控转变的一次尝试。

3. 1988～1989 年的宏观调控

由于计划经济体制的束缚，1985～1986 年的宏观调控手段仍以行政手段为主，故上次的经济过热很快出现反弹。1984 年到 1987 年期间，银行贷款平均增长速度为 23.7%，固定资产投资贷款的年均增长速度更高达 39.3%；价格改革的步伐加快，同时消费基金增长过快，刺激了物价的上涨；农业生产停滞不前，工农业增长比例严重失调；扩张性财政政策的实施，包括扩大财政支出，通过赤字财政来维持投资和消费需求增长，尤其 1988 年财政体制实行“包干制”后，中央财政收入在整个财政收入中所占的份额继续下降，致使中央政府的宏观调控能力减弱，而地方财政收入得到增长，导致投资需求和消费需求迅猛扩张。

这次经济过热主要表现有：货币发行量过大，信贷和固定资产投资过高增长，消费基金也增长过快，物价上涨过快，1988 年 GDP 增长率为 11.3%，通货膨胀率达到 18.8%，1989 年为 18%。1987 年和 1988 年，预算外资金支出分别为 1 840.75 亿元和 2 145.27 亿元，分别占当年全社会固定资产投资的 50.6% 和 47.7%，相当于预算内总支出的 81.4% 和 86.1%。为弥补财政赤字，货币连年超量发行。1987 和 1988 年分别增发货币 236.1 亿元和 679.5 亿元，分别比上年增长 31.7% 和 49.6%。1988 年 8 月中旬出现大规模抢购的风潮和挤兑银行存款的现象，造成商品脱销和储蓄下降。

针对上述情况，1988 年 9 月党的十三届三中全会报告制定了宏观调控的基本方针。同月，国务院发出了进行税收、财务、物价大检查的通知，并采取了一系列措施进行宏观调控。主要措施有：紧缩财政和信贷来遏制经济过热，压缩社会总需求，解决国民收入超额分配的问题，调整产业结构，增加有效供给，整顿经济秩序，克服生产、建设、流通、分配领域的严重混乱现象。国家还采取了一些行政手段压缩投资，包括明确规定压缩幅度、停建缓建各种项目的指令性计划、向各地派出固定资产投资检查小组等。

这一次的调控无论是投资规模还是货币供应量，调整力度都非常大，虽然有效遏制了通货膨胀，但经济增长率出现较大的下滑。1989 年、1990 年 GDP 增长率大幅下降，较第一次宏观调控后 1981 年 5.2% 还低，仅为 4.1% 和 3.8%，是改革以来历年经济增长率最低的年份。另外此次宏观调控运用的行政手段较多，出现了 1990 年的经济“硬着陆”现象。值得一提的是，在这一次的宏观调控中企业、财政、税收、金融、价格、外贸等体制改革的配套进行，减少了经济的结构摩擦和交易成本，确立了宏观调控体系的初步框架。

4. 1993～1996 年的宏观调控

1992 年邓小平南巡讲话和中共十四大社会主义市场经济体制的确立，中国开始了新一轮的经济增长。1992 年 GDP 增长率高达 14.2%，达到改革以来第二个历史高峰。从投资和物价两方面来看，1992 年全年固定资产投资完成 8 080 亿元，增长速度达到创纪录的 44.4%，而 1993 年又在此基础上提高到 61.8%，同时 1993 年消费价格指数上升到仅次于1988年与1989年价格闯关的最高值14.7%，1994年更达到了24.1%，通货膨胀十分严重，经济出现了“四热、四高、四紧、一乱”现象。“四热”指房地产热、开发区热、集资热和股票热；“四高”是高投资膨胀、高工业增长、高物价上涨、高货币发行和信贷投放；“四紧”是交通运输紧张、能源紧张、重要原材料紧张和资金紧张；“一乱”是经济秩序混乱。

1993年6月24日，中央做出《关于当前经济情况和加强宏观调控的意见》，提出16条宏观调控措施。主要内容包括提高存贷款利率、加强中国人民银行的央行地位等金融政策、削减行政管理费等财政政策、重新审查地方批准建设的开发区、压缩基建投资规模、增加能源交通运输等基础设施投资等投资计划措施及其他措施。

经过实施这些措施后，固定资产投资增长得到遏制，金融秩序有了一定好转，货币供应增长下降，财政收支趋向平衡，经济增长速度放缓。1996年居民消费价格指数(CPI)从1994年24.5%、1995年17.1%的高位降至8.3%，经济增长速度也恢复到正常的范围内，国际收支也趋向平衡，成功地实现了经济“软着陆”。至此，一直困扰我国经济的总需求严重大于总供给的问题业已得到解决。

5. 1998～2002年的宏观调控

1996年我国经济实现“软着陆”以后一路下滑，1997年东南亚爆发了严重的金融危机，对我国的经济造成了较大的冲击，1998年我国又遭遇了历史上罕见的特大洪涝灾害，再加上体制转轨、经济转型等因素的影响，国内商品供求逐步开始由卖方市场转向买方市场，出现了需求不足和通货紧缩的问题。1998年上半年社会消费品零售总额增长6%，增幅回落8.1个百分点；居民消费价格指数1998年、1999年分别下降0.8%和1.4%，而同期国内生产总值增长较前几年有了一定的下降，不足8%，是1991年以来的最低值。

由于这次宏观调控所面临的是需求不足，加上亚洲金融危机和特大水灾对我国经济造成重大的影响，政府的宏观调控政策由“适度从紧”转向了“扩大内需”。采取财政政策为主并与货币政策相互配合的积极宏观调控政策，积极稳妥地推进各项改革，调整经济结构，改善经济运行质量和效益，采取鼓励民间投资和提高收入等启动消费需求措施、提高出口退税率等鼓励出口的措施，还实施了调整收入分配，适当增加中低收入阶层居民收入等政策措施。

通过连续发行国债和政府投资的扩张为特征的积极财政政策开始发挥重要作用，拉动了内需，启动了经济增长。2000～2002年GDP增长率分别为8.4%、8.3%和9.1%。物价也停止了下跌，2000年、2001年的CPI分别为0.4%和0.7%。

6. 2003～2004年的宏观调控

1997年至2002年6年间我国GDP增长率一直处于10%以下。2003年GDP增长率再次达到10%，投资增长势头迅猛，全社会固定资产投资达5.5万亿元，涨幅高达26.7%，是1993年以来的最高水平。2004年第一季度固定资产投资增长率甚至达到了43%，这也导致了货币信贷投放过多。部分行业投资增长几乎翻番，如钢铁投资增长96.6%，水泥投资增长121.9%，电解铝增长92.9%，投资过剩问题极为严重。2004年前两个月，钢铁工业的投资增速达到了172.6%，水泥行业投资同比增长133%。这些行业的过热投资进一步引发了生产资料的全面紧张，粮食供求关系也日趋紧张。另外，物价再度出现了上涨苗头，通货膨胀压力日渐加大。2004年居民消费价格指数累计比上年同期上涨了3.9%。一些地方政府违法违规使用土地的现象日益严重，致使土地问题成为农民、集体、政府、企业等矛盾的焦点。

这一次宏观调控，政府采取措施较早。从2003年下半年开始，政府针对经济运行中出现的部分行业投资增长过快与物价上涨压力增大问题，采取了加强宏观调控的政策措施，主要有收缩银根、加强对信贷规模和结构的调控。2003年6月份出台了加强房地产信贷业务管理的措施；从2003年8月至2004年4月，三次调整存款准备金率，并扩大了再贷款浮息范围。2004年4月25日开始实行差别存款准备金率制度，同时实行再贷款浮息制度。2004年4月25日再次调高金融机构存款准备金率0.5个百分点。2004年4月，国家发展与改革委员会会同有关部门将钢铁、电解铝、水泥等行业建设项目资本金比例提高了15个百分点，对上述行业进行总量控制，扶优限劣。2004年5月初，央行、国家发改委与银监会联合下发了《关于进一步加强产业政策和信贷政策的协调配合，控制信贷风险有关问题的通知》，对加强信贷政策与产业政策的有机结合，强化对投资膨胀行业的信贷管理，提出了明确要求。10月底，央行决定从2004年10月29日起，上调金融机构存贷款基准利率，并放宽人民币贷款利率浮动区间和允许人民币存款利率下浮。这是我国九年以来的首次加息，也是宏观调控手段的一个重要转折。

由于部分行业投资过热与开发区失控和乱占耕地是紧密联系在一起的，因此必须规范房地产发展、加强土地监管。2004年初，国务院把土地管理定位为国家最重要的宏观经济管理手段。3月30日，国土资源部与监察部联合下发文件（即71号文），把土地纳入国家土地储备体系。4月29日，国务院办公厅下发了《关于深入开展土地市场治理整顿严格土地管理的紧急通知》，决定花半年左右时间集中整顿土地市场。国务院和国土资源部还相继出台了一系列其他宏观调控措施。

这些调控措施综合运用经济、法律手段和必要的行政手段，调控力度较大，取得了显著的政策效果，经济运行中不稳定、不健康的因素得到有效抑制。2004年、2005年国民经济保持了平稳较快的增长速度，经济增长率分别为10.1%和10.2%；固定资产投资增长过猛的势头得到遏制，增长速度逐年下降，2004年和2005年已连续两年增长速度低于2003年；同时居民消费价格指数涨幅逐月扩大的趋势也得到控制，2004年、2005年分别上升3.9%和1.8%，物价平稳，实现了低通货膨胀下的经济高速增长。

7.2006至今的宏观调控

2006年至2007年经济增长偏快，2006年、2007年GDP增长率分别为11.6%和11.9%。2006年物价相对平稳，CPI增长1.5%，但房价涨幅仍然偏高，全年70个大中城市房屋销售价格比2005年上涨5.5%，比上年回落2.1个百分点。2007年物价上涨幅度较大，CPI上涨4.8%，2008年上半年CPI上涨达7.9%，创近十多年来的新高。生产资料价格大幅上涨，2008年进口铁矿石涨幅达71%，原油价格在2008年7月达146美元。外贸出口快速增长，贸易顺差不断攀升，2006年底外汇储备达10 663.44亿美元，2007年达1.53万亿美元，2008年6月末更是高达18 088亿美元。2006年完成固定资产投资额93 472.36亿元，同比增长24.5%，2007年完成固定资产投资137 239亿元，同比增长24.8%。财政收入增长快于居民收入增长，投资和出口增长快于消费增长。我国贸易顺差明显增加，并呈继续发展的态势。2006年我国对外贸易规模高达17 606.9亿美元，比上年净增3 387.8亿美元，增长23.8%，实现贸易顺差1 774.7亿美元，2007年贸易顺差高达2 622亿美元，较2006年扩大了47.7%，国际收支不平衡的矛盾日益突出。上述数据表明国内消费不足，经济主要依靠出口和投资尤其是地方政府推动的投资来拉动。

2006年第一季度，中国经济增长率达到10.3%。由于经济增长速度偏快，投资增长了近30%，一个季度就完成了全年贷款总额的50%以上。这些现象引起了中央和有关部门的高度注意，及时出台了一系列的宏观调控措施。4月起宏观调控措施相继出台，多次提高金融机构贷款基准利率和存款准备金率，通过发布《关于调整住房供应结构稳定住房价格的意见》以调控房地产市场。逐项清理各地“亿元级”新开工项目、处理违规项目的地方政府负责人，通过出台《国务院关于加强土地调控有关问题的通知》以收紧“地根”，投资过热成为矛头所指，土地和信贷闸门双双收紧。国务院督查组督查12个省区新开工项目清理工作。针对贸易顺差明显增加，国际收支不平衡的矛盾日益突出，国务院采取了一系列政策措施，包括改革人民币汇率形成机制，扩大汇率弹性。2008年7月21人民币汇率形成机制改革3周年之际，人民币相对于美元累计升值达21%。同时，取消部分商品出口退税，开征出口税，降低进口关税总水平，促进进口。这些措施取得了一定效果。2008年上半年贸易顺差有所减少，为990亿美元，同比减少了132亿美元。全面清理宽进严出的外汇管理政策，放宽居民、企业用汇管制，鼓励企业“走出去”等。这些措施在一定程度上缓解了国际收支不平衡的矛盾。我们既要看到贸易顺差持续增加是我国国际竞争力提高的综合表现，对于提高我国的综合国力、提高产能利用率、增加劳动力就业和增强抵御金融风险的能力等多方面的积极作用，同时也要看到它对货币政策的有效性，对改善国际贸易环境、减少贸易摩擦等方面的不利影响。当前我国贸易顺差增加是经济全球化和加入世界贸易组织后的必然结果，是我国比较优势的客观反映，也与我国当前的发展阶段有关。

本次宏观调控一是多手用力，既重视货币政策，也使用财政政策，既重视用经济、法律手段，也适当运用必要的行政手段；二是边看边调，在2007年4月份上调金融机构贷款基准利率效果不明显的情况下，7、8月间再度上调利率和存款准备金率；三是微量频调，半年内动用四次货币政策，每次调整幅度都不大。

我国改革开放以来宏观调控的基本情况可见表6-1。

表6-1 我国改革开放以来宏观调控基本情况

时间	经济背景	调控重点	政策特征	调控手段	政策工具
1979~1981年	投资猛增,需求膨胀,财政赤字	控制投资与消费	紧缩型	以行政手段为主,经济手段为辅	以财政政策为主,货币政策为辅
1985~1986年	经济过热,物价上涨,投资迅猛,信贷及货币供给增长过快	通货膨胀	紧缩型	行政手段为主,经济手段增强	货币政策工具为主
1988~1989年	投资与需求膨胀引发通货膨胀,经济过热	通货膨胀	紧缩型	较多的行政手段,经济手段进一步加强	财政、货币、价格、外贸等政策工具配套使用
1993~1996年	经济全面过热,通货膨胀	通货膨胀	紧缩型	行政手段减弱,经济手段广泛运用	适度从紧的财政货币政策
1998~2002年	有效需求不足,通货紧缩	扩大内需,启动经济	扩张型	经济与法律手段为主	积极财政政策
2003~2004年	投资增长过快,局部经济过热	信贷与土地	紧缩型为主	经济、法律手段为主,行政手段为辅	各种政策工具综合运用
2006年至今	物价上涨过快,投资及信贷投放增长过快,低层次产能过剩	通货膨胀、控制投资、土地、信贷	紧缩型	经济、法律手段为主	各种政策工具综合运用

第四节 深化财税、金融等体制改革,完善宏观调控体系

财政税收体制、金融体制是宏观调控体系的依托,深化财政税收体制和金融体制改革对于健全宏观调控体系十分重要。

一、我国宏观经济运行中的问题

近年来,我国宏观经济整体运行情况良好,但也出现了包括前文所述的一些问题。综合起来,具体表现如下。

1. 我国财政体制存在着财权分散、财政职能调整滞后的不足

这些不足包括：财政包揽过多的分配格局尚未完全打破，加重了财政的负担；财政税收不能满足社会公共事务和重点建设的财力需要；财政税收管理的诸多方面存在严重的粗放和弱化现象。

2. 经济快速增长与结构失衡并存

经济增长过度依赖投资和出口拉动，消费率过低、储蓄率过高的矛盾依然突出。经常项目顺差占 GDP 比重在大国中已处于最高水平，贸易摩擦日益加大。同时，资源和能源消耗过多，环境污染日趋严重，节能减排形势不容乐观。

3. 经济增长由偏快转为过热的趋势尚未有效缓解

经济快速发展有利于企业效益改善，企业发展意愿十分强烈。特别是在经济主体资本实力上升、负债能力显著增强、预期普遍乐观时，风险往往被低估，货币信贷扩张压力较大，容易形成投、融资行为之间相互强化的自我膨胀格局，未来投资反弹压力依然较大。

4. 物价由结构性上涨演变为明显通货膨胀的风险加大

2007 年以来，物价上涨幅度较大，近期内食品价格上行压力较大，劳动力成本有所提升，资源类产品价格上涨较快，全球通货膨胀压力加大，通货膨胀预期也会增强。在这些因素的综合作用下，未来一段时期国内物价高位上行压力依然较大。

5. 资产价格持续大幅度上涨导致资产泡沫不断累积

近年来，我国房地产、股票市场发展很快，部分城市房地产价格涨幅过高，股票价格指数在高位震荡。资产价格上涨过快，导致资产泡沫集聚，潜在风险不断积累，增加了经济运行特别是金融运行的不稳定因素。

6. 货币信贷扩张压力加大

近年来，由于我国国际收支持续双顺差，通过外汇占款渠道投放的货币不断增长，形成货币供应过快增长的巨大压力。同时，在流动性偏多的背景下，由于金融机构利润约束增强、信贷需求旺盛，信贷扩张动力强劲。这些新情况新问题，在很大程度上是我国基本国情和发展阶段特征的客观反映。

改革开放以来，我国金融市场体系初步建立起来，在依照市场规则对资源进行优化配置的过程中发挥着越来越重要的作用。但金融体制改革仍然明显滞后于整个改革的进程，成为宏观经济管理体制中的一个薄弱环节。2006 年 11 月，我国金融市场对外资全面开放，外资金融机构大量涌入，加大了金融市场风险。为此，必须针对现行财政税收和金融体制中存在的问题和市场经济发展的要求，调整和规范中央与地方、地方各级政府间的收支关系，建立健全财税体制和金融体制。

二、深化财税、金融体制改革，完善宏观调控体系的措施

针对上述出现的问题，2007 年 10 月中共十七大报告指出："围绕推进基本公共服务均等化和主体功能区建设，完善公共财政体系。深化预算制度改革，强化预算管

理和监督，健全中央和地方财力与事权相匹配的体制，加快形成统一规范透明的财政转移支付制度，提高一般性转移支付规模和比例，加大公共服务领域投入。完善省以下财政体制，增强基层政府提供公共服务能力。实行有利于科学发展的财税制度，建立健全资源有偿使用制度和生态环境补偿机制。”同时，还要“推进金融体制改革，发展各类金融市场，形成多种所有制和多种经营形式、结构合理、功能完善、高效安全的现代金融体系。提高银行业、证券业、保险业竞争力。优化资本市场结构，多渠道提高直接融资比重。加强和改进金融监管，防范和化解金融风险。完善人民币汇率形成机制，逐步实现资本项目可兑换。”2007 年 12 月召开的中央经济工作会议首次提出实施从紧的货币政策，取代已实施了十年之久的稳健的货币政策。

根据上述会议精神，深化财税、金融等体制改革，完善宏观调控体系的措施有以下几项。

1. 完善财政体制

要围绕推进基本公共服务均等化和主体功能区建设，完善公共财政体系，实现财政体系从经济建设型向公共服务型转变。

(1)加快公共财政体系建设

明确界定各级政府的财政支出责任，合理调整政府间财政收入划分。其一，按照公共性、市场化和引导性原则，进一步明确政府支出范围。妥善解决政府支出的“缺位”和“越位”问题，并注意发挥财政的杠杆作用，积极引导社会资金支持经济社会发展。其二，在支持经济发展、做大财政收入的基础上，调整和优化财政支出结构。一方面，要逐步减少直至退出对一般性竞争领域的直接投入，严格控制并努力节约一般性开支；另一方面，要加大对重点支出项目的财政保障力度，向农村、社会事业等薄弱环节倾斜，向困难群众、困难地区倾斜，向体制改革倾斜，进一步完善社会主义市场经济体制，着力推进经济社会事业全面协调可持续发展。其三，根据支出受益范围等原则，进一步界定各级政府的财政支出责任。全国性基本公共产品和服务以及具有调节收入分配性质的支出责任，由中央政府承担；地区性公共产品和服务的支出责任，由地方政府承担；对具有跨地区性质的公共产品和服务的支出责任，分清主次责任，由中央与地方各级政府共同承担。其四，按照财力与事权相匹配的原则，进一步调整和规范中央与地方的收入划分。在此基础上，科学界定中央与地方的税收管理权限，统一税政，维护国家的整体利益。同时，结合实际，研究适当扩大政府间收入划分的覆盖面，赋予地方适当的税政管理权限。

(2)加快形成统一规范透明的财政转移支付制度

在保持现行财政体制框架总体稳定的基础上，积极探索政府间支出责任界定，为建立事权与财力相匹配的财政体制奠定基础。完善中央和省级政府的财政转移支付制度，理顺省级以下财政管理体制，有条件的地方可实行省级直接对县的管理体制，逐步推进基本公共服务均等化。改革和完善中央对地方的转移支付制度。其一，完善一般性转移支付分配办法，增加支付规模，特别是要加大对中西部地区的财政支持力度。其二,调整专项转移支付项目和规模,充分发挥专项转移支付的作用。其三,完善激励约束机制,建立监督评价体系,提高转移支付使用效益。加快调整完善省级以下财政管理体制。要进一步明确省级以下各级政府的财政支出责任和管理权限,继续规范省级以下各级政府间收入划分。省级财政要通过优化支出结构、增加一般性转移支付等措施,加大对财政困难县乡的支持力度。

加大中央对地方财政转移支付力度,提高一般性转移支付规模和比例,促进地区间财力均衡。各级政府都要加大公共服务领域投入,改善民生,逐渐做到在义务教育、公共卫生与基本医疗服务、基本社会保障、公共就业服务、饮用水安全、公路与公共交通、环境保护、廉租房供应、治安、法治环境等方面的基本公共服务均等化。财政税收政策(如出口退税政策等)要促进经济发展方式转变和资源节约型、环境友好型社会建设。完善省级以下各级财政体制,不断提高转移支付的有效性,增强基层政府提供公共服务的能力。

(3)深化预算制度改革

要逐步做到把政府收入(包括地方政府土地收入和各类基金、收费)统统纳入预算管理,接受人大和社会各方面的监督。改革预算编制制度,完善预算编制与执行的制衡机制,提高预算的规范性和透明度,加强预算审计监督。继续深化部门预算、国库集中收付、政府采购和收支两条线管理制度改革。扩大部门预算编制的部门和单位,完善定额标准体系和项目预算管理模式。深化国库集中收付制度改革,规范国库单一账户管理,建立健全现代财政国库管理体系。进一步扩大政府采购范围和规模。

(4)建立国库现金管理和国债余额管理制度,推进政府会计改革

建立财政预算绩效评价体系,制定统一规范的绩效评价管理办法,提高财政资金使用效率。加强政府债务管理,防范政府债务风险。完善非税收入管理制度,规范对土地和探矿权、采矿权出让收入的管理。

2. 完善税收制度

(1)完善中央与地方税收分配比例

完善中央与地方税收分配比例,适当提高中央财政收入比重,增强中央政府宏观调控能力。同时要完善地方税收体系,清理、规范非税收入,取消不合理的收费项目,将收入稳定、具有税收性质的收费纳入"费改税"范围,增强税收收入在地方财政收入中的地位。开征物业税,充实基层财力。

(2)进一步完善流转税和所得税制度

完善流转税制度,统一各类企业所得税制度,改进个人所得税制度。在全国范围内实现增值税由生产型转为消费型。适当调整消费税征收范围,合理调整部分应税品目税负水平和征缴办法。适时开征燃油税。合理调整营业税征税范围和税目。

(3)调整资源类税收

调整资源税,实施燃油税,推行物业税,规范土地出让金收入。其一,择机出台燃油税。其二,在条件具备时,研究合并房产税和土地使用税等税种,稳步建立统一的

物业税。其三，调整和完善资源税，对资源占用、开采等均实行征税，同时要完善税制，改变税率偏低等状况，抑制对矿产资源的滥采滥挖和掠夺性开采，保护矿产资源。其四，调整完善国有土地出让金征收管理政策，逐步建立国有土地收益基金，研究调整国有土地出让金收入分配政策，规范土地出让收入管理。

3. 加快金融体制改革

只有加快金融体制改革，建立现代金融体系和制度，才能根本解决金融领域存在的突出矛盾和问题，才能适应更加开放新形势的要求，全面提升我国金融业的国际竞争力，实现金融业持续健康安全发展，充分发挥金融的重要功能，有力地促进经济社会发展。

当前要推进金融体制改革，发展各类金融市场，形成多种所有制和多种经营形式且结构合理、功能完善、高效安全的现代金融体系。

(1)深化金融企业改革

继续深化国有商业银行改革，稳步推进政策性银行改革。深化农村信用社改革，使之成为服务“三农”的社区性金融机构。加大城市商业银行改革力度，发展地方中小金融机构，推进金融资产管理公司改革。鼓励和引导各类社会资金投资发展金融业。积极推进国有商业银行综合改革，通过加快处置不良资产、充实资本金、股份制改造和上市等途径，完善公司治理结构，健全内控机制，建设具有国际竞争力的现代股份制银行。合理确定政策性银行职能定位，健全自我约束机制、风险调控机制和风险补偿机制。加快其他商业银行、邮政储蓄机构等金融机构改革。稳步发展多种所有制金融企业，鼓励社会资金参与中小金融机构的设立、重组与改造。完善金融机构规范运作的基本制度，稳步推进金融业综合经营试点。推进金融资产管理公司改革。完善保险公司治理结构，深化保险资金运用管理体制改革。

(2)加快发展直接融资

大力发展公司债券市场和多层次资本市场，优化资本市场结构，多渠道提高直接融资比重。积极发展股票、债券等资本市场，稳步发展期货市场。推进证券发行、交易、并购等基础性制度建设，促进上市公司、证券经营机构规范运作，建立多层次市场体系，完善市场功能，拓宽资金入市渠道，提高直接融资比重。发展创业投资，做好产业投资基金试点工作。加快创业板市场建设，形成更有效率的场外交易市场，稳步推进金融衍生品市场建设，建立适合中国国情的多层次市场体系。

(3)健全金融调控机制

加强货币政策与其他宏观政策的相互协调配合，完善金融调控体系。在货币政策方面，根据2007年10月的中共十七大和2007年12月的中央经济工作会议精神，着力做好以下几点。

第一，严格控制货币信贷增长。在国际收支平衡未取得实质性进展前，继续通过上调存款准备金率和公开市场操作等方式，大力对冲流动性。加强窗口指导，引导商业银行控制信贷投放，抑制银行体系的货币创造能力。

第二,继续增大汇率弹性。要关注有效汇率的变化,进一步发展汇率在调节国际收支、引导结构调整、提升经济平衡增长能力及抑制物价上涨中的作用,增强货币政策的自主性和有效性。

第三,合理运用利率杠杆。在衡量实际利率水平时,应充分考虑当前我国消费物价指数偏高中的国际价格传递和资源价格改革等结构性因素。在利率政策上,要对这些特殊因素留出一定空间。在此基础上,尽可能发挥利率杠杆在防范经济过热和控制通货膨胀中的作用。同时,加强对公众通胀预期的引导。

第四,充分发挥信贷政策在促进结构调整中的积极作用。进一步加强信贷政策制度建设,改进信贷政策实施方式,引导金融机构优化信贷结构,促进经济发展方式转变。继续加强货币信贷政策与金融监管政策、财税政策、产业政策的协调配合,增强落实宏观调控任务的联动效应。

第五,需要尽快在平衡增长的治本方面取得新进展,推动实施扩大内需的一揽子结构性政策,促进国际收支趋于平衡。要利用好当前经济持续较快增长、财政收入大幅增加的好时机,推动有关部门加大结构改革力度,理顺国内资源能源价格,加大环境保护执法力度,提高劳动报酬在初次分配中的份额,加快完善社会保障体系。

另外要建立健全货币市场、资本市场、保险市场有机结合、协调发展的机制,维护金融稳定和金融安全。稳步发展货币市场,理顺货币政策传导机制,推进利率市场化改革。完善有管理的浮动汇率制度,逐步实现人民币资本项目可兑换。深化外汇管理体制改革,放宽境内企业、个人使用和持有外汇的限制。

(4)完善金融监管体制

加强和改进金融监管,防范和化解金融风险。坚持国家对大型商业银行的控股地位,加强登记、托管、交易、清算等金融基础建设,确保对外开放格局下的国家金融安全。在继续实行银行、证券、保险分业监管的同时,顺应金融业务的综合经营趋势,强化按照金融产品和业务属性实施的功能监管,完善对金融控股公司、交叉性金融业务的监管。建立健全存款保险、投资者保护和保险保障制度。建立有效防范系统性金融风险、维护金融稳定的应急处置机制。加大反洗钱工作力度。建立金融风险识别、预警和控制体系,防范和化解系统性金融风险。规范金融机构市场退出机制,建立相应的存款保险、投资者保护和保险保障制度。提高金融监管水平,加强风险监管和资本充足率约束,建立健全银行、证券、保险监管机构间以及同宏观调控部门的协调机制,进一步加强监管工作的相互配合,做到分业监管与协调配合的紧密结合。健全金融法制,加强监管能力建设,坚持全面监管与重点监管相结合,改进金融监管方式,积极采取先进的监控和检查技术手段,提高金融监管水平。加快建立存款保险制度。继续深入整顿规范金融秩序,依法打击各种金融违法犯罪行为。

(5)加快农村金融改革

加大农村金融改革力度,加快建立健全适应“三农”特点的多层次、广覆盖、可持续的农村金融体系。健全农村金融组织体系,充分发挥商业性金融、政策性金融、合作性金融和其他金融组织的作用。深化中国农业银行改革,稳定和发展农村地区的网点和业务。完善中国农业发展银行的功能定位和运作机制,适当扩大政策性业务范围。继续深化改革农村信用社,不断完善产权制度、组织形式和内控机制。增强中国邮政储蓄银行为"三农"服务功能,鼓励和促进邮政储蓄资金回流农村。推进农村金融组织创新,适度调整和放宽农村地区金融机构准入政策,降低准入门槛,鼓励和支持发展适合农村需求特点的多种所有制金融组织,积极培育多种形式的小额信贷组织。大力推进农村金融产品和服务创新。推进农业保险改革,完善农村保险体系。发展农产品期货市场,开发农产品期货新品种。

4.进一步完善国家规划体系

要推进国家规划改革,完善国家规划体系,使国家的发展规划和地方的发展规划相衔接。深化投资体制改革,减少审批,需保留审批的要规范和简化程序。按照科学发展、节约资源和保护环境的要求,健全和严格市场准入制度。发挥国家发展规划(如五年规划、年度计划)和产业政策在宏观调控中的导向作用和协调作用,并综合运用财政、货币政策,不断提高宏观调控水平,为国民经济的运行提供稳定的环境。在调控方式上,逐步做到主要运用经济手段和法律手段,辅之以必要的行政手段。以总量调控为主,努力保持总供给和总需求的基本平衡,也要促进重大结构的优化,做到全面协调可持续发展。

第五节 社会主义市场经济条件下的政府职能

政府职能亦称行政职能,是国家行政机关依法对国家和社会公共事务进行管理时所应履行的职责和所具有的功能。它反映着公共行政的基本内容和活动方向,是公共行政的本质表现。

一、政府职能的构成

政府职能有以下几个方面的内容。

1.政治职能

政治职能是指政府为维护国家统治阶级的利益,对外保护国家安全、对内维持社会秩序的职能。政治职能具有防御性、保卫性和强制性特点。我国政府主要有四大政治职能,即军事保卫职能、外交职能、治安职能和民主政治建设职能。这些政治职能又可以分为对外政治职能和对内政治职能。前者主要指政府维护国家主权和领土的完整,保卫国家安全,防御外来侵略;后者即政府维护有利于统治阶级的社会秩序,制裁危害社会秩序的行为,打击犯罪。对外政治职能的目的在于为国家创造一个良好的外部环境,对内政治职能的目的是提供社会正常生活所需的内部环境。总之,这两方面的职能对于政治职能的实现都是不可缺少的。

2. 经济职能

经济职能是指政府为了国家经济的稳定和发展,对社会经济生活进行管理的职能,包括宏观调控职能和微观管理职能两个方面。前者是政府通过制定和执行计划、财政、金融和产业等政策,保证国民经济总体结构的合理性,保证总需求和总供给的平衡,维护国民经济社会发展的良性循环;后者就是政府对农业、工业、商贸、交通运输等经济活动的各领域进行直接管理,促进国有经济发展,不断增加国家的经济实力。总之,无论是宏观调控职能,还是微观管理职能,都是政府管理国家经济事务的职能。它们相辅相成,共同促进社会生产力的发展。当然,应当注意到,由于两者的侧重点不同,功能也不同,政府应根据环境的变化适时调整两者的侧重。

随着我国计划经济体制向社会主义市场经济体制的转变,我国政府主要有三大经济职能:宏观经济调控职能、提供公共产品与服务职能和市场监管职能。

3. 文化职能

文化职能是指政府为满足人民群众日益增长的文化生活的需要,依法对文化事业实施的管理。它是加强社会主义精神文明、促进经济与社会协调发展的重要保证。我国政府的文化职能主要是:发展科学技术、发展教育事业、发展文化事业和发展卫生体育事业。

4. 社会职能

社会职能是指除政治、经济、文化职能以外的政府必须承担的其他职能。这类事务一般具有社会公共性,无法完全由市场解决,应当由政府从全社会的角度加以引导、调节和管理。目前,政府的社会职能主要有:调节社会分配和组织社会保障的职能,保护生态环境和自然资源的职能,促进社会化服务体系建立的职能,提高人口质量、实行计划生育的职能。

也有将文化职能和社会职能统称为社会公共事务管理职能。社会公共事务管理是政府赖以存在的基础。改革开放以来,我国政府始终把这项职能作为自己的重要职能之一,并投入了大量人力、物力和财力,取得了巨大成绩,保持了社会稳定,为实现社会主义现代化建设奠定了牢固的社会基础。

二、转变政府职能的必要性

随着我国改革开放的深入和社会主义市场经济体制的逐步完善,在全球经济一体化的背景下,当前政府职能的划分逐渐不能适应当前的需要,在实际运行中暴露出一系列问题。

1. 行政垄断大量存在

行政垄断在我国主要表现为行业垄断和地区垄断两种形式。行业垄断是指行业部门利用自身的行政特权阻止其他经营者进入本行业参与经营活动,如电力垄断、电信垄断、铁路运输垄断等;地区垄断(即地方保护主义)是指地方政府利用地方行政权力阻止其他地区的商品进入本地区,以保证本地区商品的垄断地位。行业垄断和地区垄断的大量存在使本来应该统一的全国市场分割成了许多条条和块块,阻碍了生产要素在全国的自由流通,与经济全球化和市场化的要求背道而驰。同时这还破坏了经济主体间的平等地位,造成分配不公,严重影响了市场机制作用的发挥和市场经济的健康发展。

2. 对经济的宏观调控能力仍然较弱

20世纪90年代,我国政府灵活运用财政政策和货币政策等经济调控手段,先后实行了经济"软着陆",成功地克服了亚洲金融危机对我国的不利影响,并顺利地走出了通货紧缩的阴影,充分显示了我国政府在宏观调控方面的能力。但是也应该清醒地注意到,我国政府的宏观调控能力还有待加强。一是金融体系不完善、资本市场不健全导致了货币政策传导机制不通畅,影响了货币政策的效果;二是财政政策作为我国主要的宏观调控手段有长期化趋势,不利于经济的长期增长;三是个人收入差距、城乡差距和地区差距拉大的现象突出;四是产业结构的优化升级仍然没有到位,经济增长与环境治理难以协调。

3. 政府对微观领域干预过多

干预过多主要表现在以下几方面。

第一,政府既作裁判员又作运动员,妨碍了公平竞争市场环境的形成。应当说我国市场秩序存在的某些问题与政府的这种角色转换不到位有着直接或间接的关系。如政府在国有企业的资产管理上多层次委托代理,所有者不到位与内部人控制问题十分复杂,导致国有资产的流失。一些地方政府和垄断行业的主管部门集决策、执行、监督于一身,自己制定规则,自己来做事。这既破坏了市场信用和社会公正,又不利于企业的发展和市场竞争机制的形成。

第二,政府主导微观领域,逐步强化了部门利益,既不利于加快推进国企改革,又不利于民营经济的发展。如果政府主导的大格局不变,市场调节的基础性作用就很难充分发挥出来。在我国市场经济体制初步建立的大背景下,政府主导,既容易抑制企业尤其是民营企业的发展,又可能造成市场化改革停滞。

第三,由于政府直接掌握大量的经济资源和一定的干预微观经济活动的权力,使腐败问题不仅难以得到有效解决,而且某些集团性、体制性的腐败在一定程度上得以扩大。实践证明,不断扩张的行政权力和资本结合,就会抑制市场资源的合理配置。

4. 公共管理较为薄弱

近几年,政府把工作重心放在GDP的增长上,在一定程度上忽视了基本的公共服务和公共产品的供给,以至于政府对经济的干预强而对社会公共事务管理弱,造成经济与社会发展的不协调。

(1)政府机构设置不合理,挤占了稀缺的公共资源

巨额的行政管理费用支撑着过多的政府供养人口,在职人员过多,侵蚀了政府财力,使社会急需的公共产品和服务,如公共设施、社会保障、基础教育、公共卫生等方面的供给不足或无力供给。

(2)劳动就业等社会保障体系不健全

我国劳动就业保障制度不完善,再就业率偏低,城市最低生活保障金标准过低,因此无法给予失业人员真正的保障。此外,医疗、养老等社会保障也才刚刚建立,且覆盖面极为有限。

(3)教育发展不均衡

我国教育投入比例较低,尽管近几年国家加大了对教育的投入,但大多都投向了高等教育,九年制义务教育投入增长缓慢。同时,我国城乡教育的发展极不平衡,全国现有的文盲、半文盲,3/4 以上集中在西部农村和国家级贫困县。

(4)公共卫生管理落后

在经济体制改革过程中,医疗卫生领域出现了“市场化过度”和“市场化不足”并存的现象。我国中央财政将公共卫生支出甩给了地方政府,而地方政府没有动力将公共卫生支出推到最优值。一些本该由政府承担的服务和产品却转由市场提供,使农村较贫困的人口无法获得基本的医疗卫生服务;而一些本应由市场提供和分配的医疗服务资源,却由政府负担。如政府医疗卫生资源集中投放于城市,占总资源80%,其中 2/3 又集中在大医院,造成我国的医疗卫生资源分配公正指数低下。

(5)环保投入严重不足

随着我国经济的快速发展,许多地方环境持续恶化,严重的环境污染造成了高昂的经济成本和环境成本,已成为制约我国经济可持续发展的主要障碍之一。然而我国城市环境污染的防治工作却普遍薄弱,部分地区污染程度非常严重,而环境保护不由政府牵头并投入主要力量,是很难有效实施的。

5. 对国际风险的抵御能力较弱

加入 WTO 之后,我国经济进一步融入全球经济之中,面临着更大的国际经济风险。油价上涨、原材料涨价、国际游资流向变化、国际股市波动等都会给我国经济带来强弱不等的影响。面对这些可能存在的外来风险的冲击,我国经济大安全防护网并没有建立起来。首先,我国当前的金融体系薄弱,监管不力,在金融开放下难以承受外来冲击,另外我国的不良贷款率大大高于世界平均水平。其次,政府的财政赤字和债务膨胀隐含较大的风险。近年来,我国政府的财政赤字逐年递增。可见,必须加快转变政府职能,把那些不符合市场经济要求的、可以由市场调节和企业自主决策的交给企业,放权于市场,以市场为主体,减少地方政府对微观经济活动的直接干预,这样政府才能切实履行好宏观调控等主要职能。

三、转变政府职能

党中央、国务院历来高度重视行政管理体制改革。改革开放特别是党的十六大以来,不断推进行政管理体制改革,加强政府自身建设,取得了明显成效。经过多年努力,政府职能转变迈出重要步伐,市场配置资源的基础性作用显著增强,社会管理和公共服务得到加强;政府组织机构逐步优化,公务员队伍结构明显改善;科学民主决策水平不断提高，依法行政稳步推进，行政监督进一步强化；廉政建设和反腐败工作深入开展。从总体上看，我国的行政管理体制基本适应经济社会发展的要求，有力保障了改革开放和社会主义现代化建设事业的发展。

当前，我国正处于全面建设小康社会新的历史起点，改革开放进入关键时期。面对新形势、新任务，现行行政管理体制仍然存在一些不相适应的方面。政府对微观经济运行干预过多，社会管理和公共服务仍比较薄弱；部门职责交叉、权责脱节和效率不高的问题仍比较突出；政府机构设置不尽合理，行政运行和管理制度不够健全；对行政权力的监督制约机制还不完善，滥用职权、以权谋私、贪污腐败等现象仍然存在。这些问题直接影响政府全面正确履行职能，在一定程度上制约经济社会发展。深化行政管理体制改革势在必行。

按照中共十七大报告提出要加快行政管理体制改革、建设服务型政府的目标，要从以下方面加快推进政府职能转变。

1. 进一步推进政市分开、政企分开、政事分开以及政府与行业组织和中介机构分开

推进政市分开、政企分开、政事分开及政府与行业组织和中介机构分开，坚决把不该由政府管的事交给市场、企业、行业组织和中介机构。根据现代政府行政管理规律和我国国情，建设科学高效的行政管理体制，必须进一步理顺政府与市场、企业、事业及社会中介组织的关系。在政府与市场的关系上，政府最重要的是制定市场规则，在市场失灵时通过政府“看得见的手”实施宏观调控，着力建设统一、开放、竞争、有序的现代市场体系。在政府与企业的关系上，必须坚决实行政企分开、政资分开，政府既不能直接介入和干预企业生产经营，也不能以出资人身份直接参与企业投资决策；必须履行出资人职能的，要实行所有权与经营权分离，并加强对经营权的监管。在政府与事业单位的关系上，要以有利于社会事业发展为原则，分类推进事业单位改革。必须由国家创办的纯粹公益性事业，应划入公共部门系列；能够走向市场的事业单位，应转制为企业。在政府与行业组织和社会中介机构的关系上，应将目前政府承担的某些技术性、行业性、服务性、协调性职能转交给行业组织和社会中介机构。总之，要切实转变政府管理经济的方式，着力为各类市场主体创造宽松和平等竞争的环境。

2. 继续深化行政审批制度改革

减少、规范行政许可和行政审批，努力建设法治政府，是转变政府职能的关键环节。要深入贯彻《行政许可法》和《全面实施依法行政纲要》，巩固近几年行政审批制度改革成果，进一步增强各级政府依法行政能力。要尽快把取消、调整和保留的行政许可项目和非行政许可审批项目落实到位；对已经取消或下放的审批项目，绝不能搞变相审批和权力上收；对保留的审批项目，要规范审批行为，完善审批方式，提高审批效率；对取消审批后需要监管的事项，特别是涉及多个部门的事项，应明确责任，理顺关系，防止管理脱节；对交由行业组织、中介机构管理的事项，要制定监督制约措施。当前，深化行政审批制度改革特别要与推进投资体制改革相结合。要全面落实《国务院关于投资体制改革的决定》，重点是合理界定政府投资范围，规范政府投资行为，对政府投资的项目要严格按标准和程序审批；同时加强对投资行为的监管，建立政府投资责任制和责任追究制；对社会性投资项目，要按市场准入条件和程序核准，认真落实放宽非公有制企业市场准入条件的措施，探索建立“一个窗口对外”的审批和许可管理机制。

3. 建设服务型政府

全面履行政府职能，特别要强化社会管理和公共服务职能，努力建设服务型政府。要正确履行经济调节职能，依法加强和改善宏观调控，促进经济持续平稳较快发展。当前和今后一个时期，特别要强化政府的市场监管职能。其一，强化对国有资产的监管，进一步完善国有资产监管的法规体系、管理体制和监管方式，重点加强对国有企业产权交易的监管，加强对境外企业国有产权的监管，防止国有资产流失；其二，强化金融监管，切实加强完善银行内控机制和各项规章制度，加强内部管理和监督，依法严厉打击内外勾结的金融犯罪，确保金融安全和稳定。在正确履行经济调节和市场监管职能的同时，继续强化社会管理和公共服务职能。政府日常工作要更多地放在建设和谐社会上，政府财力、物力等公共资源要更多地用于社会发展领域。要把应急管理作为政府的重要任务，全力做好突发公共事件预防工作，常备不懈，防患于未然。要进一步提高政府行政效率。政府各部门都要认真履行职责，各司其职，恪尽职守，切实解决职能交叉、职责不清、权责脱节、相互推诿、办事效率不高的问题。中央政府各部门要注意多听取地方、基层和企业的意见；中央与地方之间要加强沟通，部门之间要提倡分工协作，减少掣肘，形成合力，共同做好工作。

4. 大力推行政务公开，提高政府工作透明度

各级政府机关办理行政事项，能够公开的都要向社会公开，公开是原则，不公开是例外。其一，进一步完善政务公开制度。要围绕行政机关决策、执行、监督的工作程序和工作方法、工作结果等事项，进一步增加、拓展政务公开的内容和范围。应当让社会公众广泛知晓的事项，要及时向全社会公开；只涉及少部分人的事项，依照当事人申请，按规定及时向申请人公开；机关和单位的内部事务，按规定需要公开的，要在机关和单位内部公开；应当实行民主、公开决策的事项，要通过社会公示、社会听证和专家咨询、论证等，公开决策的过程和结果。其二，采取切实有效措施，在各级各类公用事业单位全面推行办事公开制度。继续把涉及广大群众切身利益的就业、上学、医疗等热点、难点问题作为政务公开的重点，充分保障人民群众的知情权、参与权和监督权。其三，不断丰富政务公开的形式。要充分利用电子政务系统和报刊、广播、电视等媒体公开政务信息，设立政务公开栏、公开电话、公开办事指南等。进一步完善行政服务中心、办事大厅、政府网站等政务公开服务设施，完善政府信息发布制度，全面推行新闻发言人、新闻发布会制度。加强政府网站建设，建立和完善“网上投诉”、“网上举报”平台，强化政务公开的监督机制。

5. 坚持全面、协调和可持续的发展观

要注重统筹兼顾，促进经济与社会、城市与农村、东部地区与中西部地区、人与自然的协调发展，全面提高人民的物质文化生活水平和健康水平。

6. 实现政府运行机制转变和管理方式转变

要完善科学民主决策机制，健全重大问题集体决策制度和专家咨询制度，实行社会公示和社会听证制度；大力推进依法行政，严格按照法律规定的权限和程序行使权力、履行职责；加强对行政权力的制约和监督，充分发挥行政系统内部监督、新闻舆论监督和人民群众监督的作用。要按照统筹规划、资源共享、面向公众、保障安全的要求，加强电子政务建设。

7. 建设高素质的公务员队伍

广大公务员特别是各级领导干部要加强学习，掌握广博知识；要解放思想，勇于改革创新；要勤政廉洁，树立良好政风。特别要深入实际，深入群众，倾听群众呼声，关心群众疾苦，为群众办实事，努力使各级政府成为人民群众满意的政府。

四、我国政府机构改革实践

改革开放以来，我国共进行了六次重要的政府机构改革，时间分别是 1982 年、1988 年、1993 年、1998 年、2003 年和 2008 年。

1. 1982 年的政府机构改革

党的十一届三中全会以后，中国进入了一个新的发展时期，开始了经济体制改革和对外开放。与此相适应，从 1982 年开始，首先从国务院做起，自上而下地展开各级机构改革。这次改革不仅以精兵简政为原则，而且注意到了经济体制改革的进一步发展可能对政府机构设置提出的新要求，力求使机构调整为经济体制改革的深化提供有利条件，较大幅度地撤并了经济管理部门，并将其中一些条件成熟的单位改革成了经济组织。

1981 年，国务院的工作部门有 100 个，达到建国以来的最高峰。臃肿的管理机构已不能适应改革开放和经济社会发展的需要，亟待改革。在同年 12 月五届全国人大四次会议的政府工作报告中，国务院决定，从国务院各部门首先做起进行机构改革限期完成。

1982 年 3 月 8 日，五届全国人大常委会第二十二次会议通过了关于国务院机构改革问题的决议。这次改革明确规定了各级各部的职数、年龄和文化结构，减少了副职，提高了素质；在精简机构方面，国务院各部门从 100 个减为 61 个，人员编制从原来的 5.1 万人减为 3 万人。改革之后，国务院各部委正副职是一正二副或者一正四副，领导班子平均年龄也有所下降，部委平均年龄由 64 岁降到 60 岁，局级平均年龄由 58 岁降到 54 岁。

这次改革历时 3 年，是建国以来规模较大、目的性较强的一次建设和完善行政体制的努力。通过精简各级领导班子和废除领导职务终身制，加快了干部队伍的年轻化，是一个很大的突破。但是，由于当时经济体制改革的重点在农村，对于行政管理没有提出全面变革的要求，所以政府机构和人员都没有真正减下来。这次改革是一次有益的探索，加快了干部队伍的年轻化，但没有触动高度集中的计划经济管理体制，没有实现政府职能的转变。

1982年的政府机构改革，开始废除领导干部职务终身制，精简了各级领导班子，同时加快了干部队伍年轻化建设步伐。

2. 1988年的政府机构改革

由于1982年的机构改革没有触动高度集中的计划经济管理体制，没有实现政府职能的转变等原因，政府机构不久又呈膨胀趋势。因此国务院决定再次进行机构改革。

1988年4月9日，七届全国人大一次会议通过了国务院机构改革方案，启动了新一轮的机构改革。

这次改革着重于大力推进政府职能的转变。政府的经济管理部门要从直接管理为主转变为间接管理为主，强化宏观管理职能，淡化微观管理职能。其内容主要是合理配置职能，科学划分职责分工，调整机构设置，转变职能，改变工作方式，提高行政效率，完善运行机制，加速行政立法。改革的重点是那些与经济体制改革关系密切的经济管理部门。改革采取了自上而下、先中央政府后地方政府及分步实施的方式进行。

通过改革，国务院部委由原有的45个减为41个，直属机构从22个减为19个，非常设机构从75个减到44个，部委内司局机构减少20%。在国务院66个部、委、局中，人员编制比原来减少了9 700多人。但是，由于经济过热，这次精简的机构很快又膨胀起来了。

这是一次弱化专业经济部门直接干预企业经营活动职能、以达到增强政府宏观调控能力和转向行业管理目的的改革。此次改革是在推动政治体制改革、深化经济体制改革的大背景下出现的，其历史性的贡献是首次提出"转变政府职能是机构改革的关键"这一命题。由于后来一系列复杂的政治经济原因，这一命题在实践中没有及时"破题"，再加上治理、整顿工作的需要，原定于1989年开展的地方机构改革暂缓进行。

3. 1993年的政府机构改革

1993年的政府机构改革是在确立社会主义市场经济体制的背景下进行的，它的核心任务是在推进经济体制改革、建立市场经济的同时，建立起有中国特色的、适应社会主义市场经济体制的行政管理体制。这次改革的指导思想是，适应建立社会主义市场经济体制的要求，按照政企职责分开和精简、统一、效能的原则，转变职能，理顺关系，精兵简政，提高效率。改革的重点是转变政府职能。

1993年3月2日，第八届全国人大一次会议审议通过了《关于国务院机构改革方案的决定》。根据这一方案，改革后国务院组成部门设置41个，加上直属机构、办事机构 18 个,共 59 个,比原有的 86 个减少 27 个,人员减少 20%。1993 年 4 月,国务院决定,将国务院的直属机构由 19 个调整为 13 个,办事机构由 9 个调整为 5 个,国务院不再设置部委归口管理的国家局,国务院直属事业单位调整为 8 个,还设置了国务院台湾事务办公室与国务院新闻办公室。

这次机构改革的历史性贡献在于:首次提出政府机构改革的目的是适应建设社会主义市场经济体制的需要。建立社会主义市场经济体制的一个重要改革任务就是要减少、压缩甚至撤销工业专业经济部门,但从 1993 年机构设置来看,这类部门合并、撤销的少,保留、增加的多。

此后 1994 年,继续推进并力求尽早完成中央政府机构改革,积极推进地方政府机构改革。1995 年,机构改革的工作重点是抓好省级机构改革的方案和市地县乡的改革,制定事业单位机构改革的方案和主要措施,推动事业单位改革的不断深化。1997 年,随着 1 月国家电力公司的组建成立,政府机构改革进一步深化,国家其他专业经济部门也进一步深化改革,逐步改组为不具有政府职能的经济实体,或改为国家授权经营国有资产的单位,或改为行业管理组织,将原有的政府管理职能转移给政府综合部门负责。

4. 1998 年的政府机构改革

1998 年 3 月 10 日,九届全国人大一次会议审议通过了《关于国务院机构改革方案的决定》。改革的目标是:建立办事高效、运转协调、行为规范的政府行政管理体系,完善国家公务员制度,建设高素质的专业化行政管理队伍,逐步建立适应社会主义市场经济体制的有中国特色的政府行政管理体制。

经过 1998 年的机构改革,政府职能转变有了重大进展,突出体现是撤销了几乎所有的工业专业经济部门,政企不分的组织基础在很大程度上得以消除。根据改革方案,国务院不再保留的有 15 个部、委。新组建了 4 个部、委,更名的有 3 个部、委,保留的有 22 个部、委、行、署。改革后除国务院办公厅外,国务院组成部门由原有的 40 个减少到 29 个,包括国家政务部门 12 个,宏观调控部门 4 个,专业经济管理部门 8 个,教育科技文化、社会保障和资源管理部门 5 个。

从 1998 年开始,国务院机构改革首先进行,随后中共中央各部门和其他国家机关及群众团体的机构改革陆续展开;1999 年以后,省级政府和党委的机构改革分别展开;2000 年,市县乡机构改革全面启动。截至 2002 年 6 月,经过四年半的机构改革,全国各级党政群机关共精简行政编制 115 万人。

5. 2003 年的政府机构改革

2003 年 3 月 6 日,国务院机构改革方案提请十届全国人大一次会议审议,启动了改革开放以来的第五次大规模的机构改革。3 月 10 日,十届全国人大一次会议第三次全体会议通过了关于国务院机构改革方案的决定。方案特别提出了“决策、执行、监督”三权相协调的要求。除国务院办公厅外,国务院 29 个组成部门经过改革调整为 28 个,不再保留国家经贸委和外经贸部,其职能并入新组建的商务部。

改革的目的是：进一步转变政府职能，改进管理方式，推进电子政务，提高行政效率，降低行政成本。改革目标是，逐步形成行为规范、运转协调、公正透明、廉洁高效的行政管理体制。改革的重点是深化国有资产管理体制改革，完善宏观调控体系，健全金融监管体制，继续推进流通体制改革，加强食品安全和安全生产监管体制建设。这次改革的重大历史进步在于抓住当时社会经济发展阶段的突出问题，进一步转变政府职能。

根据方案，为完善宏观调控体系，国家发展计划委员会改组为国家发展和改革委员会，其任务是研究拟订经济和社会发展政策，进行总量平衡，指导总体经济体制改革；为深化国有资产管理体制改革，设立国务院国有资产监督管理委员会，以指导推进国有企业改革和重组；为健全金融监管体制，设立中国银行业监督管理委员会，以加强金融监管，确保金融机构安全、稳健、高效运行；为继续推进流通管理体制改革，组建商务部；为加强食品安全和安全生产监管体制建设，国家药品监督管理局重组为国家食品药品监督管理局。原属于国家经贸委管理的国家安全生产监督管理局改为国务院直属机构，同时，将国家计划生育委员会更名为国家人口和计划生育委员会。

6. 2008 年的政府机构改革

加快行政管理体制改革，建设服务型政府，这是党的十七大做出的重要战略部署。党的十七届二中全会审议通过了《关于深化行政管理体制改革的意见》，确立了我国深化行政管理体制改革的指导思想、基本原则，确立了到 2020 年我国深化行政管理体制改革的总体目标和今后 5 年的重点任务，确立了组织实施这项重大改革的具体要求。

根据党的十七大和十七届二中全会精神，2008 年 3 月 11 日，国务院机构改革方案出台。这次改革的主要任务是，围绕转变政府职能和理顺部门职责关系，探索实行职能有机统一的大部门体制，合理配置宏观调控部门职能，加强能源环境管理机构，整合完善工业和信息化、交通运输行业管理体制，以改善民生为重点加强与整合社会管理和公共服务部门。

本次国务院机构改革方案主要包括以下内容。

(1) 合理配置宏观调控部门职能

国家发展和改革委员会要进一步转变职能，减少微观管理事务和具体审批事项，集中精力抓好宏观调控。财政部要改革完善预算和税政管理，健全中央和地方财力与事权相匹配的体制，完善公共财政体系。中国人民银行要进一步健全货币政策体系，加强与金融监管部门的统筹协调，维护国家金融安全。国家发展和改革委员会、财政部、中国人民银行等部门要建立健全协调机制，形成更加完善的宏观调控体系。

(2) 加强能源管理机构

进一步提升能源的战略地位，设立高层次议事协调机构国家能源委员会，组建国家能源局。

(3)组建新部委

组建了工业和信息化部、交通运输部、人力资源和社会保障部、环境保护部与住房和城乡建设部,并将国家食品药品监督管理局改由卫生部管理,明确卫生部承担食品安全综合协调、组织查处食品安全重大事故的责任。

这次国务院机构改革,涉及调整变动的机构15个,正部级机构减少4个(表6-2)。改革后,除国务院办公厅外,国务院组成部门设置27个。改革突出了三个重点:一是加强和改善宏观调控,促进科学发展;二是着眼于保障和改善民生,加强社会管理和公共服务;三是按照探索职能有机统一的大部门体制要求,对一些职能相近的部门进行整合,实行综合设置,理顺部门职责关系。总的看来,改革从促进经济社会又好又快发展的需要出发,着力解决一些长期存在的突出矛盾和问题,既迈出了重要的改革步伐,又保持了国务院机构相对稳定和改革的连续性,并为今后的改革奠定了坚实基础。

表6-2 2008年政府机构调整情况

调整后的部委名称	合并或包含的原部委	新增下级机构	隶属关系调整
国家发展与改革委员会	发改委(部制不变)	国家能源局	
工业和信息化部	国防科工委、信息产业部、国务院信息化工作办公室、国家烟草专卖局	国家国防科技工业局	烟草专卖局改由工业和信息化部管理
交通运输部	交通部、民航总局、国家邮政局	国家民用航空局	国家邮政局改由交通运输部管理
人力资源和社会保障部	人事部、劳动和社会保障部	国家公务员局	
环境保护部	国家环境保护总局		
住房和城乡建设部	建设部		
卫生部	卫生部、药监局		国家食品药品监督管理局改由卫生部管理

深化行政管理体制改革和转变政府职能是全面落实科学发展观的根本要求,是完善社会主义市场经济体制、推进改革开放和现代化建设的重要环节。要加快政府职能的根本性转变,形成行为规范、运转协调、公正透明、廉洁高效的行政管理体制。

参考文献

[1] 卫兴华,张宇. 社会主义经济理论[M]. 北京:高等教育出版社,2007.
[2] 谷书堂. 社会主义经济学通论——中国转型期经济问题研究[M]. 北京:高等教育出版社,2006.
[3] 王军旗,白永秀. 社会主义市场经济理论与实践[M]. 北京:中国人民大学出版社,2006.

[4] 杨干忠.社会主义市场经济概论[M].北京:中国人民大学出版社,2004.
[5] 北京大学中国国民经济核算与经济增长研究中心.中国经济增长报告2004[D].北京:中国经济出版社,2004.
[6] 刘伟,蔡志洲.中国宏观调控方式面临挑战和改革[J].经济导刊,2006(6).
[7] 刘树成.我国五次宏观调控比较分析[J].经济学动态,2004(12).
[8] 刘国光.对几个宏观经济问题的看法[J].改革,2002(2).
[9] 庞明川.转轨以来中国的宏观调控与经济发展[J].财经问题研究,2006(2).
[10] 王韬光.经济杠杆的法律调控[M].北京:中国卓越出版公司,1990.
[11] 张厚明.可贵的探索　成功的实践——对"十四大"以来三次宏观调控的认识[J].现代经济探讨,2006(3).
[12] 汪同三.宏观调控:经验与当前应注意的问题[J].人民论坛,2005(1).
[13] 楼继伟.深化财税体制改革　完善公共财政体制[J].中国投资,2005(8).
[14] 金太军.政府职能梳理与重构[M].广州:广东人民出版社,2002.
[15] 李文良.中国政府职能转变问题报告:问题·现状·挑战·对策[M].北京:中国发展出版社,2003.

第七章

社会主义经济制度

第一节　社会主义初级阶段的基本经济制度

马克思主义政治经济学以研究生产关系为主线，任何一种社会形态的生产关系都形成了一个体系，生产资料所有制是这个体系的基础和核心，居于决定和主导的地位，生产资料所有制形式决定人们在生产中的地位和相互关系、交换关系和产品分配关系。生产资料所有制也因此被称为一切生产的基本前提和社会制度变革的基础。在社会主义经济体制改革的过程中，生产资料所有制问题也始终是关系全局和影响整个经济运行方式的重大问题。

一、马克思主义创始人关于社会主义公有制的论述及早期社会主义实践

一定的经济制度是以一定的生产资料所有制为基础的生产关系的总和。马克思、恩格斯通过对资本主义制度的深入分析，借鉴前人的理论成果，提出了生产资料公有制的先进理想。在《共产党宣言》中指出："一切所有制关系都经历了经常的历史更替，经常的历史变更……共产主义的特征并不是要废除一般的所有制，而是要废除资产阶级的所有制。但是，现代的资产阶级所有制是建筑在阶级对立上面，建筑在一些人对另一些的剥削上面的生产和产品占有的最后而又最完备的表现。从这个意义上说，共产党人可以用一句话把自己的理论概括起来：消灭私有制。"①恩格斯在《社会主义从空想到科学的发展》中写道："一旦社会占有了生产资料，商品生产就将被消除，而产品对生产者的统治也将随生产消除。社会生产内部的无政府状态将为有计划的自觉的组织所代替。"②生产资料公有制成为资本主义生产方式内在矛盾发

---

① 《马克思恩格斯选集》，第1卷，265页，北京，人民出版社，1972。

② 《马克思恩格斯选集》，第3卷，441页，北京，人民出版社，1972。

展的必然要求,也是人获得自由全面发展的现实路径。

经典作家的所有制理论是一个内容丰富的理论体系,包括以下要点。

第一,生产力发展的水平和状况决定了生产资料所有制的性质和特点。特定的所有制及其结构是一定生产力发展的结果,是生产力的一种自然选择。

第二,在人类社会经济发展的不同阶段,不同的社会经济形态有不同的所有制关系体系;即使在同一社会经济形态,不同的发展阶段在所有制关系中的侧重点和主导方面也有所不同。因为作为生产力发展的表现形式的社会生产关系本身会随着社会生产力的发展而不断地变化和发展。

第三,所有制包括对财产的所有、占有、支配、使用、处置和收益等权益体系,生产资料的所有制形式和性质包含了这一系列的权益。这些权益可以分离和组合以及归属于不同权能主体来行使。这一理论对今天的所有制改革具有重要的指导意义。

第四,在人类社会的再生产过程中,生产过程、交换过程、分配过程、消费过程都受所有制关系权益体系的制约和支配。所有制关系在再生产过程的各个环节中都起着支配和核心的作用。

第五,对未来社会所有制形式的方向性预测。马克思主义创始人并没有经历社会主义实践,他们通过对西方社会现实资本主义制度的批判,对在社会主义制度下公有制应采取什么样的具体形式的问题给出了方向性的预测:在存在国家的情况下,社会主义公有制采取国有的形式。《共产党宣言》中指出:无产阶级将利用自己的政治统治,把一切生产工具集中在国家即组织成为统治阶级的无产阶级手中。恩格斯在《反杜林论》中也明确表述:无产阶级将取得国家政权,并且首先把生产资料变为国家财产。国家所有,是公有或社会所有的一种形式。在国家所有的具体表述上,马克思和恩格斯是很多样化的,例如"财产公有"、"社会占有"、"社会化"、"社会的生产资料"、"国家财产"、"集体占有形式"、"集体占有制"、"国家所有"、"集体在国家手里"、"公共占有"、"公有制是原始形式"、"生产资料的全国性的集中"、"土地国有化",等等。其中,"集体占有制"的含义和今天使用的部分劳动群众共同占有生产资料的内涵也有所不同,其本意就是社会所有制或公有制。至于公有制的具体形式,恩格斯曾经这样讲道:"关于未来社会组织方面的详细情况的预定看法吗?您在我们这里连它们的影子也找不到。当我们把生产资料转交到整个社会手里的时候,我们就会心满意足了……"①也就是说,马克思恩格斯并没有提供公有制的具体形式,这个问题要由后来社会主义社会的实践者在实践中给出答案。

遵循马克思主义创始人的论述,列宁、斯大林等社会主义实践的领导者通过对私有制的改造建立起生产资料的公有制。列宁的社会主义所有制理论具有鲜明的阶段性特征。第一阶段是十月革命前后与"战时共产主义"时期,列宁认为社会主义必须实行公有制,必须剥夺大地主的土地、厂主的工厂、银行家的货币资本,消灭他们的私

---

① 《马克思恩格斯全集》,第22卷,第629页,北京,人民出版社,1965。

有财产并把它转交给全国劳动人民。在公有制的形式上，列宁认为应该实行国有化。在写于十月革命前的《国家与革命》中，列宁把社会主义经济比拟为一家“国家辛迪加”，即一家由国家垄断经营的大公司。在共产主义社会第一阶段即社会主义社会里，“全体公民都变成了国家的职员，全体公民都成了一个全民的、国家的‘辛迪加’的职员和工人”，“整个社会将成为一个管理处，成为一个劳动平等、报酬平等的工厂”①。这一时期列宁认为以国家为主体的社会主义生产资料国有制是社会主义公有制的主要形式，这和马克思主义创始人的经典理论是基本一致的。第二阶段是1920年新经济政策实施直到列宁去世，这一时期列宁在马克思主义经典理论与本国社会主义实践的结合上做出了有益的探索，关于社会主义所有制的理论观点也发生了明显的变化。在公有制问题上，应该根据生产力和经济发展的实际状况，从现实出发，在从资本主义转变为社会主义的过渡时期，难免会出现资本主义和社会主义两种社会经济结构并存的特点。处于过渡时期的俄国存在五种经济成分：①宗法式的，即在很大程度上属于自然经济的农民经济；②小商品生产（这里包括大多数出卖粮食的农民）；③私人资本主义；④国家资本主义；⑤社会主义。在新经济政策实施后，列宁改变了在军事共产主义时期力图建立单一的社会主义公有制的做法，通过租赁、租让、下放等方法，允许多种经济成分并存。从1921年起将国家一时无力经营的企业租让给资本家或租借给外国资本家经营，利用资本主义的已有成果为社会主义建设服务。同时，列宁还主张重视发展合作制，认为这是农民最容易接受的方法，是引导农民过渡到社会主义的唯一道路。列宁领导社会主义实践时间并不长，加之当时国内外环境的限制，列宁对于社会主义所有制理论的探索只是初步的，而且他的构想并未能完全付诸实施。但是这些理论和实践极大地丰富和发展了马克思主义所有制理论，并对后来许多社会主义国家的经济体制改革具有重要的启示作用。

新经济政策本来是要长期坚持的经济主张，但是1924年1月列宁去世后，苏共内部对于该政策存在不同的看法。到20世纪20年代末，新经济政策停止执行，斯大林宣布实行新的社会主义经济体制，这一体制的基本经济特征之一就是生产资料公有制。他认为社会主义公有制有两种基本形式：一种是国家所有制形式，即全民所有制；一种是集体农庄的形式，即集体所有制。全民所有制企业的生产资料和产品都是国家的，是在社会主义社会中占优势的、起指导作用的所有制形式。集体所有制企业生产资料（土地、机器）属于国家，产品则是属于集体经济组织所有，是在农业生产力发展水平不够高的情况下作为一种权宜之计保留下来的。当农业生产力得到一定程度的提高，集体所有制就应当逐步向全民所有制过渡。斯大林认为国家所有制是高级的最发达的社会主义所有制形式，体现着最成熟、最彻底的社会主义生产关系，在整个国民经济中起着主导和决定性的作用。集体所有制具有社会主义性质，但却是一种处于过渡形式的公有制，发展方向是全民所有制。斯大林对社会主义的认识存

① 《列宁选集》，第3卷，202页，北京，人民出版社，1995。

在一定缺陷，确立的社会主义模式也有特定的历史条件和时代背景，但他的观点却长期被许多社会主义国家视为金科玉律，并在实践中遵照执行。

二、新中国在所有制方面的初步探索及实践

近代中国是一个半殖民地半封建的社会，其所有制结构由外国资本主义经济、官僚资本主义经济、民族资本主义经济、封建地主经济、劳动者个体经济等组成。其中，外国资本和官僚资本控制着我国国民经济命脉，封建地主经济主宰着我国农村经济。1936年，帝国主义工业资本约占当时中国整个中国工业资本的41%。1946年，在全部工业总资本中，帝国主义在华资本（不包括东北地区和台湾）占到32.8%。官僚资本在抗战胜利后，接收战败帝国主义国家在华企业和汉奸财产而达到高峰，在国统区的全部工业资本中，官僚资本约占2/3。封建地主经济占有农村的大部分土地，占农村人口总数不到10%的地主和富农，占有全部耕地的70%～80%，广大劳动人民由于缺乏生产资料处于受剥削、受压迫的地位。毛泽东认为必须改变现有生产关系，将私有制逐步变为公有制。在新中国成立前和建国后的一段时期，毛泽东对于中国国情的认识是比较清晰的：在中国这样一个落后的农业大国，社会主义所有制的建立必须逐步进行。私有制的存在也仍然是合法的，要让私有制逐步变为不合法。而且认为社会主义的两种公有制，即全民所有制和集体所有制，两者是不能混淆的。其中，全民所有制在现有的各种所有制中居于主导地位，而集体所有制转变为全民所有制将是逐步发展的过程，不可能在一个短时间内完成，需要很长的时间。1940年，毛泽东在《新民主主义论》中就指出："在无产阶级领导下的民主主义共和国的国营经济是社会主义的性质，是整个国民经济的领导力量，但这个共和国并不没收其他资本主义的私有财产，并不禁止'不能操纵国计民生'的资本主义生产的发展，这是因为中国经济还十分落后的缘故。"在七届二中全会中毛泽东也谈到："在革命胜利以后一个相当长的时期内，还需要尽可能地利用城乡私人资本主义的积极性，以利于国民经济的向前发展。在这个时期内，一切不是于国民经济有害而是于国民经济有利的城乡资本主义成分，都应当容许其存在和发展。这不但是不可避免的，而且是经济上必要的。但是中国资本主义的存在和发展，不是如同资本主义国家那样不受限制任其泛滥的。"新民主主义社会的所有制结构应该是："国营经济是社会主义性质的，合作社经济是半社会主义性质的，加上私人资本主义，加上个体经济，加上国家和私人合作的国家资本主义经济，这些就是人民共和国的几种主要经济成分，这些就构成新民主主义的经济形态。"同时提出使中国"稳步地由新民主主义国家转变为社会主义国家"。在此前召开的中共中央政治局会议上，毛泽东提出新民主主义革命在全国胜利后，大约还需要经过10年、15年或20年再向社会主义过渡的设想。可见，毛泽东曾经明确意识到在中国现有条件下建设社会主义，在所有制问题上不能很快实现马克思的设想，而应该是在社会主义性质的国营经济领导下的多种经济成分并存的结构，然后不断壮大国营经济，逐步将资本主义经济和个体经济转变为社会主义经济，

使社会主义经济逐步成为我国经济的基础。

1949年到1952年,党领导人民在集中力量恢复国民经济的同时,开始向社会主义过渡:没收官僚资本,建立社会主义性质的国营经济;没收封建地主的土地归农民所有;按照自愿、互利的原则鼓励广大农民和手工业者组织起来,走互助合作的道路,集体经济有了一定发展;国家通过加工订货将民族资本主义经济纳入国家计划的轨道,创造了国家资本主义的初级形式。我国的所有制结构发生了重大变化:逐步形成了社会主义国营经济领导下的国营经济、个体经济、私人资本主义经济、合作社经济和国家资本主义经济五种成分并存的所有制结构。经过三年时间,到1952年我国国民经济得到恢复,国家面貌发生了很大变化,毛泽东认为我国向社会主义过渡的时机已经来临,开始重新考虑向社会主义过渡的时间和步骤问题。1953年党提出"一化三改"的过渡时期总路线,并提出:"党在过渡时期的总路线的实质,就是使生产资料的社会主义所有制成为我国国家和社会的唯一的经济基础。"随后很快在全国范围内掀起"社会主义改造"的高潮。到1956年底,我国对农业、手工业和资本主义工商业的社会主义改造基本完成,社会主义基本经济制度在我国初步建立,社会主义公有制已成为我国社会的经济基础。据统计,在国民收入结构上,1956年同1952年比,国营经济的比重由19.1%上升到32.2%,合作社经济由1.5%上升到53.4%,公私合营经济由0.7%上升到7.3%。这三种经济合计占国民收入的92.9%。个体经济由71.8%下降到7.1%,资本主义经济由6.9%下降到接近于零。在工业总产值中,1956年同1952年相比,社会主义工业由56%上升到67.5%,国家资本主义工业由26.9%上升到32.5%,资本主义工业由17.1%下降到接近于零。在商品零售额中,国营商业和供销合作社商业由42.6%上升到68.3%,国家资本主义商业和由原来的小私商组织的合作化商业由0.2%上升到27.5%,私营商业由57.2%下降到4.2%。从这些情况可以看出,中国几千年来以生产资料私有制为基础的阶级剥削制度已经基本上被消灭,以生产资料公有制为基础的社会主义经济制度已经建立起来。但是,几乎单一公有制的所有制结构和我国的生产力实际并不相符,特别是在20世纪50年代后期,当整个指导思想发生偏差之后,开始在所有制结构上盲目追求"一大二公",即公有制的规模越大越好,公有化的程度越高越好,集体所有制要逐步向全民所有制过渡。在1958—1960年的"大跃进"期间,曾经试图推行"四个过渡":高级农业生产合作社向人民公社过渡,人民公社的基本队所有制向基本社所有制过渡,集体所有制向全民所有制过渡,社会主义向共产主义过渡。由于在认识上把集体所有制看做是向全民所有制过渡的一种形式,因而在实践上,总是试图把集体所有制纳入全民所有制经济运行的轨道,纳入国家计划的轨道。在管理模式上,集体所有制和全民所有制也没有本质区别,成为计划经济色彩浓厚的"二国营"。在所有制关系问题上盲目升级,对集体经济内部关系上进行不适当的过多过急的变动,混淆了集体所有制和全民所有制的界限,对城乡个体经济和私营经济存在的价值认识不足,在农业合作化和对个体手工业、私营工商业进行改造时要求过急、方法单一、改变过快。这些认识和实践的错误最终形成了与较为落后的、多层次的生产力水平不相适应的所有制关系。

“文化大革命”期间,在“左”的指导思想的指导下,将“一大二公”作为判断所有制形式先进与否的标准,一方面片面强调全民所有制的优越性,另一方面把各种非公有制经济看成是社会主义的异己物和不稳定因素,完全排斥非公有制经济的存在。据统计,到“文革”结束前的1975年,中国的所有制结构是:在工业总产值中,国家所有制占83.2%,集体所有制占16.8%;在社会商品零售额中,国家所有制占56.8%,集体所有制占43.0%,个体所有制占0.2%,非公有制经济基本消失。这种公有制基本上一统天下、国有制又占绝对优势的所有制结构,严重束缚了生产力的发展。

三、所有制理论上的拨乱反正和社会主义初级阶段基本经济制度的确立

党的十一届三中以后,中国进入改革开放的新的历史阶段。以邓小平同志为核心的党的第二代领导集体坚持解放思想、实事求是的思想路线,坚持“三个有利于”标准,在所有制问题上大胆探索,在总结建国以来正反两方面的经验的基础上,突破了唯生产关系论和唯意志论,重新树立了由生产力发展水平及其客观要求决定所有制关系的唯物史观。1981年党的十一届六中全会通过的《关于建国以来党的若干历史问题的决议》把中国所处的历史阶段定位于“我们的社会主义制度还是处于初级的阶段”,重申了生产关系与生产力相互关系的原理,明确指出“社会主义生产关系的发展并不存在一种固定的模式,我们的任务是要根据中国生产力发展的要求,在每一个阶段上创造出与之相适应和便于继续前进的生产关系的具体形式”①。

“社会主义经济制度”与“社会主义初级阶段的基本经济制度”这是两个既相联系又有区别的概念。社会主义社会是以社会主义经济制度为依托的,而社会主义经济制度是以社会主义公有制为基础的社会主义生产关系体系或社会主义生产关系总和。社会主义经济制度本身有个不断成熟与完善的过程。在社会主义初级阶段,社会主义经济制度的各个方面,无论在制度上、体制上和运行机制上,都处在探索的阶段,在许多方面还不成熟和不完善。只有到高级阶段,社会主义经济制度才达到成熟阶段。社会主义初级阶段的基本经济制度,具有初级阶段的特点。在社会主义初级阶段,除生产力总体水平较低以外,由于经济发展不平衡,还存在生产力结构多层次的问题。这就要求不可能仅有单一的公有制,而应该允许非公有制经济的存在与发展。

我们对公有制为主体、多种所有制经济共同发展的社会主义初级阶段基本经济制度有一个从不完全认识到逐步深化认识的过程,传统所有制的观念和政策在改革开放的实践中逐步松动。1978年党的十一届三中全会确立了改革开放的方针,要求

① 《三中全会以来重要文献选编》(下),841页,北京,人民出版社,1982。

"在自力更生的基础上积极发展同世界各国平等互利的经济合作"。1979年颁布了《中外合资企业法》，标志着中国从禁止外商直接投资转变为鼓励外商直接投资，通过这种方式获得国外先进的现代技术和管理经验。面对大批知青回城等待安置工作产生的急迫的就业问题。经济学家薛暮桥1979年在全国改革工资制度座谈会上发表《谈谈劳动工资问题》的讲话，提出现在还不能使资本主义绝种，留一点资本主义和个体经济，利多害少；解决就业问题的办法是适当调整所有制结构和产业结构，允许自找门路自谋职业。他提出城市劳动者除劳动部门统一安排外，待业人员可以自找就业门路或者组织起来就业（组织合作社或合作小组）。同年国务院批转的国家工商行政管理局的报告指出：各级工商行政管理局"可以根据当地市场需要，在征得有关业务主管部门同意后，批准一些有正式户口的闲散劳动力从事修理、服务和手工业的个体劳动，但不准雇工"。1980年中共中央《关于转发全国劳动就业会议文件的通知》确认了"劳动部门介绍就业、自愿组织起来就业和自谋职业相结合的方针"，要求"鼓励和扶植城镇个体经济的发展"。1981年党的十一届六中全会通过的《关于建国以来党的若干历史问题的决议》提出"一定范围的劳动者个体经济是公有制经济的必要的补充"。1982年党的十二大报告在论述了国有经济和集体经济重要性的基础上，对多种经济形式的存在和发展进行了理论展开和初步的政策设计。报告中谈到："由于中国生产力发展水平总的说来还比较低，又很不平衡，在很长时期还需要各种经济形式同时并存。""城镇青年和其他居民集资经营的合作经济，近几年在许多地方发展起来，起了很好的作用。党和政府应当给予支持和指导，决不允许任何方面对它们排挤和打击。在农村和城市，都要鼓励劳动者个体经济在国家规定的范围内和工商行政管理下适当发展，作为公有制经济的必要的、有益的补充。只有多种经济形式的合理配置和发展，才能繁荣城乡经济，方便人民生活。"1982年五届人大五次会议通过的宪法确认了个体经济的合法地位。1984年党的十二届三中全会通过的《中共中央关于经济体制改革的决定》指出："全民所有制经济是我国社会主义经济的主导力量，对于保证社会主义方向和整个经济的稳定发展起着决定性的作用，但是全民所有制经济的巩固和发展决不应以限制和排斥其他经济形式和经营方式的发展为条件。""要在自愿互利的基础上广泛发展全民、集体、个体经济相互之间灵活多样的合作经营和经济联合，有些小型全民所有制企业还可以租给或包给集体或劳动者个人经营。"并谈到外资在中国社会经济中的地位和作用："利用外资，吸引外商来中国举办合资经营企业、合作经营企业和独资企业，也是对中国社会主义经济必要的有益的补充。"至此，以公有制为主体、多种经济成分并存的理论已具雏形。尽管在改革初期，对全民所有制统治地位的任何威胁都会遇到来自传统意识形态的极大反对，但中国共产党人仍然以极大的远见、勇气和魄力在极"左"的所有制理论的坚冰上打开了第一个缺口，为中国共产党对社会主义社会所有制结构问题认识的进一步深化开辟了道路。

1987年以前，中央文献中没有公开提出要发展私营经济的问题。但是鼓励和扶持个体经济适当发展的政策必然使有些个体业主生产经营规模逐步扩大,产生雇工需求。在当时的环境下,“雇工”和“剥削”有着必然的思维联系,很难被接受。不突破这一思想束缚,个体经济的发展空间必然受到限制。1982 年底中共中央《当前农村经济政策的若干问题》中指出:“农村个体工商户和种养业的能手,请帮手、带徒弟,可参照《国务院关于城镇非农业个体经济若干政策性规定》执行。对超过上述规定雇请较多帮工的,不宜提倡,不要公开宣传,也不要急于取缔,而应因势利导,使之向不同形式的合作经济发展。”面对是否在中国已经出现资本主义,是否应该对此加以限制和打击的争议,邓小平在 1983 年 1 月 12 日的一次谈话中说:“有个别雇工超过了国务院的规定,这冲击不了社会主义。只要方向正确,头脑清醒,这个问题容易解决。十年、八年以后解决也来得及,没有什么危险。”这些政策和主张事实上为私营经济的发展打开了大门。1987 年党的十三大报告进一步指出:“目前全民所有制以外的其他经济成分,不是发展得太多了,而是还很不够。对于城乡合作经济、个体经济和私营经济,都要继续鼓励它们发展。”“实践证明,私营经济一定程度的发展,有利于促进生产,活跃市场,扩大就业,更好地满足人民多方面的生活需求,是公有制经济必要的和有益的补充。必须尽快制定有关私营经济的政策和法律,保护它们的合法利益,加强对它们的引导、监督和管理。”“中外合资企业、合作经营企业和外商独资企业,也是我国社会主义经济必要的和有益的补充。应当切实保护国外投资者的合法利益,进一步改善投资环境。”“私营企业雇用一定数量劳动力,会给企业主带来部分非劳动收入。以上这些收入,只要是合法的,就应当允许。”1988 年全国人大修订《宪法》,明确规定:“国家允许私营企业在法律规定的范围内存在和发展。私营经济是公有制经济的补充。国家保护私营经济的合法权利与利益,对私营经济实行引导、监督和管理。”1987 年 8 月、1988 年 6 月,国务院相继颁布了《城乡个体工商户管理暂行条例》和《私营企业暂行条例》,为个体工商户、私营企业的发展提供了有力的法律保障。这一时期,我国私营企业发展迅速。到 1988 年第一季度,我国私营企业已有 25 万户,雇员约 400 万人,产值占全国工业总产值的 1% 以上。在登记注册的私营企业中,资本在 10 万元以上的占 45%。

1992 年初邓小平同志南巡讲话,明确回答了长期以来困扰和束缚人们思想的许多重大认识问题,提出“三个有利于”标准,要求思想更解放一点,改革开放的胆子更大一点,建设的步子更快一点,千万不可丧失时机。随后召开的党的十四大确立了社会主义市场经济体制的改革目标,并指出:“社会主义市场经济体制是同社会主义基本制度结合在一起的。在所有制结构上,以公有制包括全民所有制和集体所有制经济为主体,个体经济、私营经济、外资经济为补充,多种经济成分长期共同发展,不同经济成分还可以自愿实行多种形式的联合经营。国有企业、集体企业和其他企业都进入市场,通过平等竞争发挥国有企业的主导作用。”十四大将国营经济改为国有经济,更准确地反映出社会主义初级阶段全民所有制企业的性质。“不同经济成分还可以自愿实行多种形式的联合经营”为不同所有制企业的资产流动或重组打开政策的大门。1993 年党的十四届三中全会通过的《中共中央关于建立社会主义市场经济体制若干问题的决定》中指出："坚持以公有制为主体、多种经济成分共同发展的方针。在积极促进国有经济和集体经济发展的同时，鼓励个体、私营、外资经济发展，并依法加强管理。随着产权的流动和重组，财产混合所有的经济单位越来越多，将会形成新的财产所有结构。就全国来说，公有制在国民经济中应占主体地位，有的地方、有的产业可以有所差别。公有制的主体地位主要体现在国家和集体所有的资产在社会总资产中占优势，国有经济控制国民经济命脉及其对经济发展的主导作用等方面。"

到 1993 年，我国已经形成了公有制经济为主体、国有制经济为主导、多种经济成分并存的所有制格局。1978 年国民生产总值的构成中，公有制经济占 99%，其中全民所有制经济占 56%，集体经济占 43%，个体和私营经济占 1%。1993 年国民生产总值的构成中，全民所有制经济占的比重已下降到 41.5%，集体所有制经济所占的比重略有上升，为 43.9%，非公有制经济上升到 14.6%。1978 年工业总产值中，全民所有制工业占 77.2%，集体所有制工业占 22%，个体及私营工业占 0.8%。1993 年这三者比例则分别为 46.95%、34.02% 和 19.03%。1980 年社会商品零售总额中，全民、集体、非公有制成分分别占 84.2%、11.9% 和 3.9%，1993 年则分别为 39.7%、26.3% 和 34%。改革开放后，我国所有制结构变动的基本趋势是国有经济在国民经济中的比重逐步下降，非国有经济特别是非公有制经济的比重迅速上升。非公有制经济的发展引发了一些人的担忧，在理论界也引发了不少争论。1997 年党的十五大在所有制问题上继续解放思想，对社会主义所有制理论做出了重要突破：①确立了以公有制为主体、多种所有制经济共同发展的基本经济制度，对非公有制经济的政策做出了重大调整，把非公有制经济由"制度"外纳入"制度"内；把非公有制经济从"补充"地位提升到"社会主义市场经济的重要组成部分"的地位。②对公有制经济的含义有了新的更全面的认识：公有制经济不仅包括国有经济和集体经济，还包括混合所有制经济中的国有成分和集体成分。③强调所有制与所有制的实现形式是两个既有联系又相互区别的概念。在社会主义市场经济中，公有制的实现形式可以而且应当多样化，一切反映社会化生产规律的经营方式和组织形式都可以大胆利用。要努力寻找能够极大促进生产力发展的公有制实现形式。跳出公有制与其实现形式等同的误区。④明确公有制数量扩张不等于质量增长的概念。公有资产占优势，要有量的优势，更要注意质的提高。1999 年全国人大通过宪法修正案，确立了非公有制经济作为市场经济中平等的产权主体地位。

党的十六大针对深化经济体制改革的深层次矛盾以及如何处理公有制与非公有制的关系等问题，明确提出坚持和完善公有制为主体、多种所有制经济共同发展的基本经济制度。"必须毫不动摇地巩固和发展公有制经济，必须毫不动摇地鼓励、支持和引导非公有制经济展"。"坚持公有制为主体，促进非公有制经济发展，统一于现代化建设的进程中"，并对多年来影响和困惑个体私营经济发展的重大理论问题进行了集中阐述，实现了所有制理论的重大创新，丰富和完善了基本经济制度。报告还主张放宽国内民间资本的市场准入领域，在投融资、税收、土地使用和对外贸易方面采取措施，实现公平竞争。党的十六届三中全会通过的《中共中央关于完善社会主义市场经济体制若干问题的决定》，提出了完善基本经济制度的具体方向和可操作的措施，进一步丰富了在新的历史条件下建立和完善社会主义基本经济制度的理论内涵。

党的十七大报告继续强调："坚持和完善公有制为主体、多种所有制经济共同发展的基本经济制度，毫不动摇地巩固和发展公有制经济，毫不动摇地鼓励、支持、引导非公有制经济发展，坚持平等保护物权，形成各种所有制经济平等竞争、相互促进新格局。"

以公有制为主体、多种所有制经济共同发展的基本经济制度，是中国共产党根据马克思主义关于生产力与生产关系相互关系的理论，结合我国社会主义初级阶段基本国情提出的，是我国广大人民在中国共产党领导下长期奋斗和实践探索的巨大成果，是中国共产党人应用马克思主义基本理论解决中国实际问题的伟大创造。

第二节 坚持和完善公有制为主体、多种所有制经济共同发展的基本经济制度

党的十五大报告明确指出："公有制为主体、多种所有制经济共同发展，是我国社会主义初级阶段的一项基本经济制度。这一制度的确立，是由社会主义性质和初级阶段国情决定的：第一，我国是社会主义国家，必须坚持公有制作为社会主义经济制度的基础；第二，我国处在社会主义初级阶段，需要在公有制为主体的条件下发展多种所有制经济；第三，一切符合'三个有利于'的所有制形式都可以而且应该用来为社会主义服务。"这一基本经济制度的确定，是在马克思主义、毛泽东思想、邓小平理论的指引下，立足于中国实际，把马克思主义基本原理与中国实际相结合的产物，是中国共产党人和中国人民的伟大创造。作为社会主义生产关系体系的核心问题，改革必然涉及所有制关系的创新。一方面，要解放思想，重新理解和认识公有制的内涵及主体地位；另一方面，还要根据生产力的实际情况，给予非公有制经济合法地位。十五大报告提出的我国社会主义初级阶段基本经济制度，以公有制为主体决定和保障了我国经济制度的社会主义性质及其发展方向，多种所有制共同发展满足了生产力发展的现实需求，公有制经济和非公有制经济紧密结合于中国特色社会主义的伟大实践中。

一、对公有制含义及其实现形式的再认识

(一)正确理解公有制的含义

坚持以公有制为主体,必须对公有制经济的定义有清楚的认识。经典作家预言社会主义将在最发达的资本主义国家取得胜利,与生产高度社会化的条件相适应,社会的全部生产资料都将归整个社会所有,一切社会成员对生产资料的权利将完全相同。但是历史的进程却没有完全按照他们的设想发展,社会主义不是在高度发达的资本主义国家,而是在生产力相对落后的国家首先取得胜利。归全社会所有的只是部分生产资料,除了全民所有制以外,社会上还存在着生产资料归部分劳动者共同所有的集体所有制。斯大林注意到苏联的所有制状况与马克思、恩格斯预言之间的差别,在《政治经济学教科书》中,他承认公有制包括全民所有制和集体所有制,但前者是社会主义社会中占优势的、起主导作用的所有制形式,体现着最成熟、最彻底的社会主义生产关系,在整个国民经济中起着领导和决定的作用。由此可见,传统的公有制定义强调生产资料归劳动者共同占有,每个成员对全部生产资料拥有平等的、无差别的权利。在此平等基础上,每个成员都是劳动者,拥有与共同占有的生产资料相结合的权利,收入的差别取决于劳动贡献的差别。依照这个定义,在所有制问题上长期存在两种占主导地位的倾向:其一,认为公有制只有国家所有和集体所有这两种形式;其二,认为所有制的发展方向是要在尽可能短的时间内完成由小集体到大集体再到国有即全民所有的过渡,只有实现了一大二公、纯而又纯的国家所有,社会主义才具备了坚实的基础。这些思想倾向曾经长期影响我国社会主义实践。改革开放以来,我党不断总结历史经验,把实事求是的思想路线和科学方法运用于社会主义初级阶段所有制结构的研究,把“三个有利于”作为判断标准,告别“国有崇拜”,积极发展多种经济成分,并且鼓励不同经济成分资源可以实行多种形式的联合经营,出现了以公有制为主体、多种所有制经济共同发展的所有制结构。不同所有制形式之间的相互交流日益增加,相互投资、相互渗透持股的现象越来越普遍,特别是在深化企业改革的过程中出现了大量跨所有制的企业,其中在中外合资、中外合作、股份制等企业中国家和集体所有的部分,明显具有公有制经济的性质。如果对公有制经济的理解只局限于原有的两种形式,就不能准确把握我国所有制结构。因此,党的十五大报告提出:“要全面认识公有制经济的含义。公有制经济不仅包括国有经济和集体经济,还包括混合所有制经济中的国有成分和集体成分。”将混合所有制经济中的公有成分纳入公有制经济的范围内,有助于正确判断我国公有制经济的实际状况,也有助于更大胆地探索公有制的有效实现形式。

近年来,有些学者提出“新公有制”的概念,认为我国企业改制与发展到现阶段已经出现了社会主义公有制企业的新形式,主要包括经过改制的新的国家所有制企业、由国家控股或参股的混合所有制企业、由公众持股的公众所有制企业、公益性基金所有制企业。这些新公有制企业采用的主要企业组织形式是股份制。对此观点,

我们必须有清醒的认识。不是任何一种形式上属于共同所有的企业和组织都是社会主义公有制。社会主义公有制作为一种生产关系的理论范畴,实质和核心是全体社会成员或部分社会成员共同占有生产资料,实现了人们在生产资料面前的平等,收入分配上只能按劳分配,任何成员在生产资料占有和收入分配上都不能享有特权。而现实中的股份制企业,成员在生产资料的所有权上并非完全平等,股东之间在资本所有权上往往存在巨大的差异,即使开放员工持股也不可能使员工真正成为企业的主人,使员工在总体上对企业具有控制力。企业仍然控制在大股东手中,大股东对企业的生产经营有绝对的支配权。在收入分配上,股份公司是根据占有股份的大小来分配盈余的,大股东享有最大的剩余产品的索取权。综合上述分析,所谓"新公有制"不符合社会主义公有制经济生产资料占有关系的平等和收益公有的基本特征。

(二)对公有制实现形式的探讨

经典作家在对资本主义私有制进行现实批判的基础上,提出了未来社会将在生产力高度发达的基础上实行生产资料公有制的科学论断,但并未对未来社会公有制的具体形式及其实现形式做出先验的规定。后来的社会主义者在很长时间内形成一种理论误区:认为社会主义只有全民所有(即国家所有)和集体所有两种公有制形式,并且把所有制形式与所有制的实现形式混淆在一起,认为只能公有公营、国有国营。其实,所有制和所有制的实现形式是两个不同层次的概念。所有制指生产资料所有制,是生产资料归谁(个人、集团、阶级、社会)所有的经济制度,是人与人之间在占有生产资料方面所形成的社会关系,具有作为生产关系基础的制度性属性,存在公有制和私有制、社会主义与资本主义的区别。所有制实现形式,是一定所有制下资产的组织形式和经营方式,属于社会经济运行形式范畴,不具有"公"与"私"、"社"与"资"的区别。同样的所有制可以采取不同的实现形式,如当前我国国有经济就有五种具体的实现形式:传统意义的国有企业、国有独资公司、国家控股公司、国家参股公司、国家投资的其他类型企业。而不同的所有制可以采取相同的实现形式。在社会化生产条件下,业主制、合伙制、股份制、股份合作制等企业组织形式和承包、租赁、托管、委托、联合等经营方式,都是所有制的实现形式。

十五大报告指出:"公有制实现形式可以而且应当多样化。一切反映社会化生产规律的经营方式和组织形式都可以大胆利用。要努力寻找能够极大促进生产力发展的公有制实现形式。股份制是现代企业的一种资本组织形式,有利于所有权和经营权的分离,有利于提高企业和资本的运作效率,资本主义可以用,社会主义也可以用。"党的十六大报告进一步提出:"要深化国有企业改革,进一步探索公有制特别是国有制的多种有效实现形式,大力推进企业的体制、技术和管理创新。除极少数必须由国家独资经营的企业外,积极推行股份制,发展混合所有制经济。实行投资主体多元化,重要的企业由国家控股。"2003 年在党的十六届三中全会通过了《中共中央关于完善社会主义市场经济体制若干问题的决定》,明确指出:"坚持公有制的主体地位,发挥国有经济的主导作用。积极推行公有制的多种有效实现形式,加快调整国有经济布局和结构。要适应经济市场化不断发展的趋势,进一步增强公有制经济的活力,大力发展国有资本、集体资本和非公有资本等参股的混合所有制经济,实现投资主体多元化,使股份制成为公有制的主要实现形式。”

所谓股份制,即通过发起设立或募集设立的方式,募集不同投资者的资本设立公司,并通过公司章程明确投资者及公司运作架构,在公司成立后由公司对投资者支付股权,投资者以其所持股份参与公司经营,公司运作由公司经营集团具体操作的投资经营制度。作为一种现代企业的组织形式和科学的产权制度,股份制在适应生产社会化和市场经济发展要求方面具有多种优势。股份制的核心内容和主要特点:一是股东的出资者所有权与企业的法人财产权相分离,即资本所有权和使用权分离,能够较好地处理投资与经营、所有与占有的关系;二是属于不同所有者的分散的小额资本集中形成一个归公司支配的巨额法人财产,突破了有限的个人资本对企业发展的局限和制约,有效地提高了资本的社会化程度;三是股东对企业所担负的责任以投入的资本为限,实现了经营风险的分担;四是股东大会、董事会、经理班子、监事会各司其职,相互制衡,组成科学的法人治理结构。股份制是现代社会化大生产最有效率的经营组织形式。将股份制确立为公有制的主要实现形式,是对马克思所有制理论的一个重大突破和发展,对我国现代化建设也具有重大的现实意义。其一,有利于消除我国国有企业的弊端,如投资主体单一、政企不分、所有者缺位、内部人控制等。其二,通过股份制的多种形式实现绝对控股或相对控股,完善国有资本的有进有退的合理流动的运行机制,使国有经济布局和结构更加合理化。其三,重要的企业由国家控股,使国有资本具有“放大效应”和“乘数效应”,起到“四两拨千斤”的作用,极大地增强了国有资本对国民经济的控制力和主导作用。其四,在企业生产经营形式上更好地与国际接轨,有利于增强对外经济联系与合作。

二、坚持公有制的主体地位

(一)公有制为主体的基本经济制度具有巨大的制度优势

邓小平指出:“一个公有制占主体,一个共同富裕,这是我们所必须坚持的社会主义的根本原则。”①公有制体现了社会主义性质的生产关系,坚持公有制在所有制结构中的主体地位是我们的制度要求。此外,和私有制相比,以公有制为主体的基本经济制度还具有巨大的制度优势。

第一,社会主义公有制主体地位的确立,结束了私有社会中生产资料与创造使用生产资料的广大劳动者分离的状态,消除了社会化大生产与生产资料私人占有的基本矛盾,使劳动者的地位及其与生产资料的关系发生了根本性的变化,劳动者从根本意义上成为生产资料的主人,国家、社会和企业的主人。他们不仅决定生产资料使用

① 《邓小平文选》,第3卷,111页,北京,人民出版社,1993。

方向和使用方式,决定生产交换过程,决定产品和收入分配方式和使用途径,而且管理国家、社会和企业事务,极大地激发了劳动者的积极性、主动性和创造性。

第二,公有制的主体地位使国家可以按照社会发展要求在宏观范围有效地配置资源,能够根据劳动人民的根本利益和社会发展的客观需求配置生产力,统筹兼顾,加强重点,集中力量发展关系全局的最重要的生产力,表现出私有制条件下所不具有的巨大优越性。

第三,公有制的主体地位能够有效地优化全国经济布局,统筹城乡和地区经济发展。我国城乡之间、地区之间生产力水平存在很大差异,统筹城乡、地区经济发展需要发挥市场的积极作用,但在现有条件下仅仅依靠市场自发地配置资源有可能使现有差距不断加大,因此必须发挥公有制主体地位的优势,平衡国民经济的空间布局。

第四,公有制为主体使我们具备了从劳动人民根本利益和社会发展大局出发,自觉地调节总供给和总需求的关系,在社会范围内保持总量基本平衡的条件。国家通过制定经济社会长期规划以及年度计划,指明经济发展战略和发展方向;国家通过国家银行的货币发行、利率信贷关系和财政金融政策,调节经济运行;国有大中型企业掌握经济命脉,通过投资规模、投资方向和生产方向调节国民经济结构,支持和引导国民经济发展;国家通过国家和地方预算及财政税收政策,控制投资方向,调节国民收入再分配,等等。这些都建立在公有制为主体的经济基础上,并主要依靠占主体地位的公有制经济为载体进行调节。

第五,能够有效保障共同富裕目标的实现。公有制经济中,依据劳动者向企业(进而向社会)所提供的劳动产品和服务的质量和数量进行分配。由于公有制经济占主体地位,决定了在分配关系中按劳分配是主要的方式;私人凭借资本所有权获取利润、利息,在全社会范围内不占主体地位。所以,只有坚持公有制的主体地位,才能保持社会制度的社会主义性质,才能保证按劳分配原则的贯彻执行,才能充分调动广大群众的积极性和创造性,促进我国社会生产力的迅速增长和人民生活的明显改善。

坚持公有制的主体地位,并不意味着公有经济在整个国民经济中的比重越大越好,公有制的主体地位主要体现在以下两个方面。其一,公有资产在社会总资产中占优势,这个优势要有量的优势,更要注重质的提高。从质量上来说,公有制经济的素质特别是国有经济的素质应该优于非公有制。其二,国有经济控制国民经济命脉,对经济发展起主导作用。这个主导作用,主要体现在控制力上,应该对国民经济的发展和整个经济运行的态势具有影响和控制能力。要特别注意的是,公有制的主体地位是从全国角度而言的,并不是一定要求各部门、各地方都要在各自范围内保持公有制的主体地位,地区之间、城乡之间、产业之间都可以有所差别。

(二)增强国有经济的控制力

在我国,国有经济是社会主义制度的主要经济基础,处于国民经济中的主导地位,发挥支柱作用。增强国有经济的控制力,主要体现在以下几个环节上:一是国有经济要在关系国民经济命脉的重要行业、关键领域起到支配作用,引导、支撑和带动整个国民经济的发展；二是国有经济要保持必要的数量，但同时要特别注重国有经济布局和结构的调整，注意国有经济的经济素质、技术素质和管理素质的提高，影响力的扩大；三是国有经济对国民经济的控制作用，不仅要依靠国有独资企业的力量实现，还要依靠由国家控股或参股的混合所有制企业实现。也正是因为国有经济在中国经济中的巨大影响力，国有企业改革在建立和完善社会主义市场经济体制的过程中始终居于关键地位。

1. 中国国有企业改革的历程

改革前，我国的国有企业是与高度集中的计划经济体制结合在一起的。按照马克思和恩格斯的设想，在公有制的条件下，社会的全体成员将要组织成为"自由人的联合体"共同进行社会化的生产。究竟如何组织？经典作家并没有详细阐述，只是根据资本不断积聚和集中、企业规模日益扩大的事实，提出"社会大工厂"的概念。在资本主义社会中，出现了企业规模日渐扩大、逐渐合并为唯一的资本主义企业的趋势。在社会主义社会中，当这个企业拥有的生产资料转归社会共同占有时，自然整个社会就变成一座在"自由人的联合体"共同控制下的大工厂。经典作家的理论假设建立在"生产的社会化等同于企业的大型化"之上。列宁的社会主义经济模式的看法与马克思的设想基本一致，但是做出了一个重大修正：列宁用国家这个政治一行政组织代替了马克思的"自由人的联合体"，社会主义大工厂成为一家政府大公司。他把社会主义经济比拟为一家由国家经营的辛迪加（大公司）。在《国家与革命》中他曾经表述：在共产主义社会的第一阶段即社会主义社会里，"把全体公民变为一个大'辛迪加'即整个国家的工作者和职员，并使这整个辛迪加的全部工作完全服从真正民主的国家，即工兵代表苏维埃国家"，"全体公民都成了国家雇用的职员。全体公民都成了一个全民的、国家的'辛迪加'的职员和工人"，"整个社会将成为一个管理处，成为一个劳动平等、报酬平等的工厂"①。在具体实践上，生产在总的国家计划的基础上，由最高国民经济委员会及其下属各级工业局层层管理，所有工业部门联合成为一个巨大的整体。1956 年中国社会主义制度确立之后，我国也效仿苏联建立了"国有国营"的企业制度。国家对国有企业实行直接管理，直接安排企业的日常生产经营活动。国有企业生产什么、经营什么，都由上级主管部门下达指令性计划。所需原材料、燃料和机器设备，也通过物资部门统一调拨供应，产品由物资部门或商业机构统一收购。价格等经济信号由政府通过行政办法制定，企业财务由国家实行统收统支，统负盈亏。企业既不能自主地从事生产经营，又没有独立的经济利益。企业的主要任务，不是发挥"活力"进行自主经营活动，而是作为政府行政机关的附属物，拨一拨动一动的"算盘珠子"，不折不扣地执行上级下达的计划任务，完成各项生产指标。这种生产组织形式在经济发展水平较低、建设规模较小、经济结构比较简单、发展目标比较单纯的情况下，能够取得较好的效果。但是，随着社会分工的深化和

---

① 《列宁选集》，第 3 卷，199 ~ 203 页，北京，人民出版社，1995。

社会需求的多样化，需求信息数量纷繁庞大而且又瞬息多变，上级主管机关很难对全社会的信息做出及时精确的搜集、处理和判断，往往造成供求失衡，效率低下。同时，由于职工的劳动报酬与企业的经营成果之间没有直接联系，难以调动生产经营者的积极性。此外，传统体制下的国有企业还存在产权关系不清的问题。国家所有，但是所有者的各项权能被各部门分别行使，政出多门，多头指挥，责任主体不明，谁都负责，谁又都不真正负责，由此造成国有企业营运效率低下。鉴于传统体制下国有企业存在的种种问题，20 世纪 80 年代中期以来，我国在国有企业的改革上不断探索。到目前为止，中国的国企改革经历了三个阶段：放权让利—两权分离—国有企业建立现代企业制度的制度创新和国有资产管理体制改革。

鉴于传统体制下国有企业存在的种种问题，我国国有企业改革首先把改革的思路定位于调整国家与企业的经济关系上。第一、第二阶段的改革都是都是以此为主线进行的。

(1)“放权让利”，扩大企业自主权的改革阶段(1978—1984 年)

1978 年四川省首先在 6 个地方国营工业企业进行扩权试点，赋予企业管理层的权限包括：在增产节约的基础上，企业可以提取一定数额的利润留成，职工个人得到一定数额的奖金；在完成国家计划的前提下，增产市场需要的产品，承接来料加工；销售多余物资、销售商业部门不收购的产品和试销新产品；在全面完成国家计划的前提下，提取企业基金和实行利润留成；提拔中层干部。在取得良好效果的基础上，四川省决定从 1979 年起，把扩权试点扩大为 100 个工业企业。这些改革措施给四川的工业企业带来了前所未有的活力，取得了显著的经济效果。1979 年，国务院有关部门公布了扩大企业自主权、实行利润留成等 5 个文件。当时的主要措施，一是通过下放财政和物资分配权敦促各级地方政府和部门关注企业经营效益，二是通过向企业“放权让利”诱发企业职工和经理的生产积极性。“放权让利”试点的扩大立即引起广大企业和职工的强烈反响，许多地方和部门自行仿照试点企业的做法进行改革。从 1979 年到 1980 年，扩大企业自主权的试点工作不断发展，并具有相当规模。到 1980 年底，除西藏外，各省、市、自治区参加试点的国营工业企业已达到六千多个，约占全国预算内工业企业 15%，产值占 60%，利润占 70%。对试点企业的统计表明，扩大企业自主权，实现了增产增收，国家和企业都增加了收入。但同时也出现了一些问题，主要是在搞活微观经济的同时，宏观的控制和指导没有及时地跟上，出现了一些不按国家计划生产、重复建设、多发和滥发奖金的现象。并且，改革缺乏必要的理论依据和明确的改革取向，改革的举措大都停留在浅层次上，一些改革措施相互之间不够配套，存在一定程度的混乱和盲目性。

为了正确引导企业改革，从 1980 年起，国家在四百多家国有企业中进行了“自主经营、以税代利、自负盈亏”的试点，进一步明确国家在同企业分配关系上所处的主导地位。1982 年召开的党的十二大，要求制止“不顾生产和利润的实际情况而滥发奖金和各种津贴的现象”。1983 年，国务院转发了财政部关于全国利改税工作会议的报告和《关于国营企业利改税试行办法》,以“国家拿大头、企业得中头、个人得小头”为原则，对凡有赢利的国有大中型企业，实行“利改税”改革。在企业实现利润中,先征收一定比例的所得税和地方税,然后对税后利润采取多种形式在国家和企业之间进行合理分配。1984 年 10 月 1 日起,试行第二步利改税。第二步利改税的主要内容是将国有企业原来上缴国家财政的税利改为向国家缴税,即由原来税利并存改为完全缴税。利改税在激发了企业和职工生产积极性的同时,也出现了一些问题。例如,有些政府部门层层截留本该属于企业的自主权,力图维持政府对企业的控制力;有些企业高层管理者在政府控制减少后,掌握了企业的实际控制权,谋求个人利益,损害国家、企业和劳动者个人利益;由于其他改革没有到位,不能保证企业经营有平等的外部环境,等等。利改税并没有从根本上解决政企分开以及使企业成为自主经营、自负盈亏的市场主体问题。

(2)在一定程度上所有权和经营权的“两权分离”阶段(1984—1992 年)

1984 年 10 月，党的十二届三中全会通过了《中共中央关于经济体制改革的决定》(以下简称《决定》)。《决定》把增强企业活力当成经济体制改革的中心环节，并在确立社会主义商品经济理论的基础上，提出了全民所有制企业的“所有权与经营权可以适当分开”，使企业成为自主经营、自负盈亏的相对独立的社会主义商品生产者和经营者的改革目标。在 1984～1992 年期间,国有企业进行了以“两权”分离为特征的改革。这项改革主要包括以下几个方面：对国有大中型工业企业实行承包责任制;对国有小型工业企业实行租赁经营责任制;对少数有条件的大中型工业企业实行股份制试点。承包制力图解决企业日常经营管理权限的扩大与约束企业经营责任、维护国家资产权益之间的矛盾,以契约合同的方式确定企业的权利及对国家资产收益的责任，基本内容是“包死基数、确保上交、超收多留、歉收自补”。承包制实行以后，原有指令性计划体制对整个经济活动的覆盖面明显缩小,市场机制的作用明显扩大,使经济体制呈现出“新旧体制并存状态”。而与总的体制改革进程相适应,承包制更明确了企业相对独立的商品生产者和经营者的地位。1987 年 10 月党的十三大肯定了承包制，认为它是国有企业改革的“有益探索”,应当进一步完善。十三大报告进而提出了“国家调控市场、市场引导企业”的改革模式。但是，承包制也存在不少问题。

第一,承包制仍然没有清晰划分国家与企业之间在国有资产的所有、占有、使用、处置上的产权边界及其职能，也没有改变国家对企业承担无限责任的状况。企业普遍“只负盈不负亏”。

第二，承包制需要一个合理的外部环境才能有效实施,对价格体系和价格形成机制的规范性要求很高。如果价格体系和价格形成机制不合理,特别是实践中又实行着生产资料价格双轨制，则很难分清企业的效益究竟有多少是由价格体系和价格形成机制的偏差形成的,有多少是由企业自身的努力程度形成的。这样,承包制的激励作用也就难以有效发挥。

第三,发包人将自己的财产交给承包人经营,双方达成协议,保证所有者得到固定数额的收益。超额部分归承包者所有,或双方按比例再分配。所有者把大部分剩余控制权和一部分剩余索取权转让给承包人,实质是一种层级制的产权安排。1988年《全民所有制企业法》规定:"企业的财产属于全民所有,国家按照所有权和经营权分离的原则授予企业经营管理。企业对国家授予其经营管理的财产享有占有、使用和依法处分的权利。"这就出现了"一物二主"的现象,企业的产权界定更加模糊。

第四,靠承包合同界定政府主管部门和企业承包人之间的责权利划分,并不能保障企业行为合理,承包人往往竭泽而渔,出现大量短期行为。从根本上说来,承包经营责任制的局限性在于,它不能真正做到政企分开,并使企业成为自主经营、自负盈亏的市场主体,不可能使企业经营机制发生根本转变,因而不能从根本上解决企业活力问题。

在一些中小企业中进行的租赁经营责任制的试点,由于两权分离的程度大,企业的自主权更大,在它适用的国有小型企业范围内增强企业活力的作用也更大。1984年以后,在实现所有权与经营权适当分开,使企业成为相对独立的经济实体的精神指导下,股份制的试点也正式展开。股份制试点企业的经验表明:实行这种企业组织形式,有利于根本转变企业经营机制,使企业成为自主经营、自负盈亏的市场主体,有利于增强企业活力,有利于国有资产的保值和增值,有利于筹集资金,有利于促进经济结构的调整。

国企改革的第一、第二阶段是以调整政府和企业的关系为主线进行的,希望通过改革减少政府对企业的干预,调动企业的积极性。这一改革取得了一定成效:企业、职工可以和国家分享企业利润,激励机制的确立调动了干部职工的生产积极性;政府干预减少,企业管理者被赋予更多的经营决策权,能够根据市场需求状况及时调整经营思路,国有企业的生产效率有所提高。但是,这一改革并未触及中国国有企业制度的基本框架:从外部看,国家仍然是企业的所有者,企业的经营决策权越来越多地掌握在并非是企业真实所有者的内部人手中,这就难免出现"内部人控制",解决办法仍然是强化党政机关对内部人的监管和干预,产权关系的混乱使政企不分的问题始终难以解决。而且,国有产权仅仅在抽象意义上是清晰的,但在实际运行过程中不同层级的政府和主管部门都可以行使支配权力,存在一系列纵横交错的委托—代理关系,"谁都有权",但谁都不是"所有者",出现"所有者缺位"的问题。从内部看,传统国有企业的所有权结构是封闭的,不能容纳多元的投资主体,治理上只能依靠"党委领导下的厂长负责制",靠党委、职工、上级主管机关和厂长之间的相互制衡,但是由于权责不清,管理不科学现象在所难免。

(3)制度创新、结构调整和体制转换(1992年至今)

1992年党的十四大提出转换国有企业特别是大中型企业的经营机制,中国的国企改革从政策调整进入制度创新的新阶段。而1997年9月召开的党的第十五次代表大会,对国有企业改革的思路又进行了重大的战略性调整,摆脱了以往国有企业单项改革的局限,把国有企业改革放在了宏观经济全局的大背景中重新审视,从而得出了不同于以往的改革思路。它从所有制结构的角度,重新审视了国有经济与其他经济成分的关系,特别是肯定了非公有制经济在社会主义初级阶段的必要性和重要性,为国有经济今后发展的定位提供了理论和客观依据。这就把国有企业改革的思路从搞活每个国有企业调整到搞活整个国有经济上来,是国有企业改革思路的重大根本性转变。十五大后的国企改革,是在微观层面和宏观层面同时推进的。微观层面是建立现代企业制度,宏观层面则是国有经济战略性调整和国有资产管理体制改革。

1)建立现代企业制度

1992年10月党的十四大上提出了建立社会主义市场经济体制的改革目标,并把“转换国有企业特别是大中型企业的经营机制,把企业推向市场”确定为“建立社会主义市场经济的中心环节”。1993年党的十四届三中全会全面制定了建立社会主义市场经济体制的总体框架。在国有企业改革方面,提出了建立“产权清晰、权责明确、政企分开、管理科学”的“现代企业制度”的改革方向。产权清晰是指企业中的国有资产的所有权属于国家,企业拥有包括国家在内的出资者投资形成的全部法人财产权,成为享有民事权利、承担民事责任的法人实体。权责明确是指企业以全部法人财产,依法自主经营、自负盈亏、照章纳税,对出资者承担保值增值的责任。出资者按投入企业的资本额享有所有者权益。企业破产时,出资者以投入企业的资本额对企业债务承担有限责任。政企分开是指企业按照市场需求组织生产经营,政府不直接干预企业的生产经营活动。管理科学是指建立科学的法人治理结构,调节所有者、经营者和职工之间的关系,形成激励和约束相结合的经营机制。建立现代企业制度的核心是理顺产权关系。全会第一次提出“出资者所有权和企业法人财产权”分离的概念,为国有企业的股份制改造奠定了基础。党的十五大报告要求:“对国有大中型企业实行规范的公司制改革,使企业成为适应市场的法人实体和竞争主体。”十五届四中全会将十五大关于国有企业改革和发展的原则规定进一步具体化,在《中共中央关于国有企业改革和发展若干重大问题的决定》明确提出:“国有企业改革是整个经济体制改革的中心环节。建立和完善社会主义市场经济体制,实现公有制与市场经济的有效结合,最重要的是使国有企业形成适应市场经济要求的管理体制和经营机制。”提出除极少数需要由国家垄断经营的企业外,绝大多数原有的国有企业都应改造成为多元持股的公司制企业,并建立起能够让所有者与经营者相互制衡的法人治理结构,将建立公司法人治理结构作为国有大中型企业进行规范的公司制改革的核心。十六大提出:“按照现代企业制度的要求,国有大中型企业继续实行规范的公司制改革,完善法人治理结构。”党的十六届三中全会对国有企业改革的市场化方向进一步加以明确,提出要按照现代企业制度的要求,规范公司股东会、董事会、监事会和经营管理者的权责,完善企业领导人员的聘任制度;要形成权力机构、决策机构、监督机构和经营管理者之间的制衡机制,股东会决定董事会和监事会成员,董事会选择经营管理者,经营管理者行使企业日常经营管理权。党的十七大要求:“深化国有企业公司制股份制改革,健全现代企业制度。”近年来,我国以国有大型企业股份制改革、完善公司法人治理结构、建立市场化选人用人机制等为重点,加快推进国有企业改革,取得了明显成效。

2)国有经济的结构调整

在计划经济体制下,我国国有经济在整个国民经济中占据绝对的结构优势,但是国有经济摊子铺得过大,战线拉得太长,数目过多的结果导致国有企业的规模过小。20个世纪90年代中期我国有国有企业约30万家,平均每家企业能够真正用于生产经营的国有资本仅有1 000万元左右,这就使国有企业难以取得规模效益。在改革开放初期,由于外资和非国有企业竞争还不激烈,加上国家通过财政、银行各部门的扶持,国有企业还保持着相对的优势,还有较宽裕的生存空间。但随着改革开放的深入,非国有经济的发展,国有企业面临严峻的挑战,传统的优势逐渐丧失,国有资产过度分散布局的弊端日益显露出来。这些弊端是:难以形成具有国际竞争力的大企业;在技术研究与开发方面的投入不足,企业发展后劲不足;国有企业生存条件恶化,大量国有企业高负债经营,政府负担过重;国有资本大量分散于一般竞争行业和中小型企业,限制了民营资本和民营企业的发展空间。总之,过度分散的国民经济布局,给国民经济发展带来了严重的负效应,成了国有企业乃至整个国民经济发展的重大障碍。要改革国有企业,加快国民经济发展,必须进行国有经济布局调整。党的十四届五中全会提出具体要求:“要研究制定国有经济的发展战略和布局,按照建立现代企业制度的目标积极推进国有企业改革,集中力量抓好大型国有企业,对一般小型国有企业进一步放开放活。”并对“公有制的主体地位”应该如何体现作了明确说明。我国“抓大放小,从整体上搞活国有经济”的步伐加速。党的十五大报告从国民经济结构全局的角度,重新认识了国有经济的作用,特别对公有制的主体地位以及国有经济的主导作用提出了一系列新的见解,进而对国有企业改革提出了新的思路:“国有经济起主导作用,主要体现在控制力上。要从战略上调整国有经济布局。对关系国民经济命脉的重要行业和关键领域,国有经济必须占支配地位。在其他领域,可以通过资产重组和结构调整,以加强重点,提高国有资产的整体质量。”“要着眼于搞好整个国有经济,抓好大的,放活小的,对国有企业实施战略性改组。”十五届四中全会通过了《中共中央关于国有企业改革和发展若干重大问题的决定》这一个跨世纪的战略决策,明确指出:“从战略上调整国有经济布局,要同产业结构的优化升级和所有制结构的调整完善结合起来,坚持有进有退、有所为有所不为。”并对国有经济的作用作了如下解释:①国有经济的作用既要通过国有独资企业来实现,更要大力发展股份制,探索通过国有控股和参股企业来实现。②国有经济在关系国民经济命脉的重要行业和关键领域占支配地位,支撑、引导和带动整个社会经济的发展,在实现国家宏观调控目标中发挥重要作用。③国有经济应保持必要的数量,更要有分布的优化和质量的提高;在经济发展的不同阶段,国有经济在不同产业和地区的比重可以有所差别,布局要相应调整。并明确“国有经济需要控制的行业和领域主要包括:涉及国家安全的行业,自然垄断的行业,提供重要公共产品和服务的行业,以及支柱产业和高新技术产业中的重要骨干企业。其他行业和领域,可以通过资产重组和结构调整,集中力量,加强重点,提高国有经济的整体素质。"党的十六大报告继续强调:"继续调整国有经济的布局和结构,改革国有资产管理体制,是深化经济体制改革的重大任务。"《中共中央关于制定国民经济和社会发展第十一个五年规划的建议》指出:加大国民经济布局和结构调整力度,进一步推动国有资本向关系国家安全和国民经济命脉的重要行业与关键领域集中,增强国有经济的控制力,发挥主导作用。2007 年 10 月党的十七次代表大会报告指出:"优化国有经济布局和结构,增强国有经济活力、控制力、影响力。"

我国国有经济布局调整已经取得了明显成效。国有企业数量虽然减少了,但国有经济的整体素质和竞争力不断提高,国有经济的控制力、影响力和带动力大大增强。截止到 2006 年底,全国国有企业户数共计 11. 9 万户,比 2003 年减少 3. 1 万户,年均减少 8% ,但户均资产 2. 4 亿元,比 2003 年增长 84. 6% ,年均增长 22. 7% 。国有资本向能源、原材料、交通、军工、重大装备制造和冶金等行业集中的态势明显。2006 年基础行业的国有资本 3. 3 万亿元,占全部国有企业占用国有资本总量的 70. 6% ,比 2003 年提高 5. 1% 。国有资本的控制力不断增强,国有资本直接支配或控制的社会资本为 1. 2 万亿元,比 2003 年增长 1. 1 倍。目前,中央企业 80% 以上的国有资产集中在军工、能源、交通、重大装备制造、重要矿产资源开发等领域,承担着我国几乎全部的原油、天然气和乙烯生产,提供了全部的基础电信服务和大部分增值服务,发电量约占全国的 55% ,民航运输总周转量占全国的 82% ,水运货物周转量占全国的 89% ,汽车产量占全国的 48% ,生产的高附加值钢材约占全国的 60% ,生产的水电设备占全国的 70% ,火电设备占全国的 75% 。在"十一五"期间,我国将继续通过改制重组、引入战略投资者等多种形式,对国有企业实施有进有退的调整,发展形成一批对地方经济具有影响力和带动力的优势企业,国有资本进一步向重点行业、关键领域和优势企业集中。

3) 国有资产管理体制改革

在国企改革的过程中,许多问题涉及国有资产的管理。例如,在企业实行承包、租赁、股份制等项改革中,国有资产所有者的权能如何界定、如何行使,利益如何维护;企业管理层的责任如何规定、如何行使,利益如何取得;谁来决定企业兼并、拍卖等产权转让行为;国有资产如何处置、价值如何评估、收益如何分配等等,这都涉及国有资产管理问题。1988 年国家成立了国有资产管理局,为国务院直属机构,归口财政部管理。随后地方各级政府亦成立了相应的国有资产管理部门,对国有资产依法进行行政管理。但是由于政府机构改革的滞后,国有资产管理局成立后,政府各部门作为国有资产管理者的权利和范围没有相应调整,国有资产管理局的职能与有关行政部门的职能出现交叉,将各行政部门国有资产管理者职能集中的目标并没能很好实现。1993 年十四届三中全会提出"对国有资产实行国家统一所有,政府分级监管,企业自主经营的体制”,同时提出要“按照政府的社会经济管理职能和国有资产所有者职能分开的原则,积极探索国有资产管理和经营的合理形式和途径”。党的十五大报告提出:“积极推进各项配套改革。建立有效的国有资产管理、监督和营运机制,保证国有资产的保值增值,防止国有资产流失。”十五届四中全会把国有经济的战略性调整和国有企业的改组,作为推进国有企业改革和发展的一项重要指导方针:“从战略上调整国有经济布局和改组国有企业。着眼于搞好整个国有经济,推进国有资产合理流动和重组,调整国有经济布局和结构,积极发展大型企业和企业集团,放开搞活中小企业。”并对国有资产管理体制的改革提出明确要求:“要按照国家所有、分级管理、授权经营、分工监督的原则,逐步建立国有资产管理、监督、营运体系和机制,建立与健全严格的责任制度。”这次全会集中研究国有企业的问题,确定了到2010年国有企业改革和发展的主要目标和必须坚持的指导方针,为改革的进一步深化指明了方向。但由于涉及政府职能转变、部门间权力和利益调整等深层次的问题,国有资产管理体制改革在实践中进展缓慢。1998年政府机构改革,撤销了国家国有资产管理局,将其职能并入财政部。这次机构改革,撤销了政府专业经济部门,解决了按照条块分割的方式管理国有企业的问题,但专业经济部门撤销后出现了出资人职责由政府多个部门分别行使的新问题:财政部管理资产财务权,国家计委掌管投资立项权,中央大企业工委和组织部门掌管经营者监督权和任免权,国家经贸委掌管企业营运权,劳动和社会保障部掌管职工劳动和工资权。“五龙治水”的现象产生了一些新的矛盾。因此,继续推进国有资产管理体制改革和国有企业改革对于推动我国经济社会持续全面快速发展具有重要意义。

党的十六大报告提出:“在坚持国家所有的前提下,充分发挥中央和地方两个积极性。国家要制定法律法规,建立中央政府和地方政府分别代表国家履行出资人职责,享有所有者权益,权利、义务和责任相统一,管资产和管人、管事相结合的国有资产管理体制。关系国民经济命脉和国家安全的大型国有企业、基础设施和重要自然资源等,由中央政府代表国家履行出资人职责。其他国有资产由地方政府代表国家履行出资人职责。中央政府和省、市(地)两级地方政府设立国有资产管理机构。继续探索有效的国有资产经营体制和方式。”我国过去国有资产管理体制的一个重要特征,是国有资产归中央所有,地方分级管理,地方政府没有所有权,只有管理权,这就容易导致地方政府对国有资产漠不关心。报告明确中央政府作为出资人的权利应主要体现在基础设施、资源性资产、涉及国计民生的国有企业的资产方面,别的方面的国有资产的出资人权利,都交给地方政府。十六大关于国有资产管理体制改革明确了几个重大问题:一是建立专门的国有资产管理机构;二是坚持在国家所有的前提下,中央和地方政府分别代表国家履行出资人的职责,充分发挥了中央和地方两个积极性;三是实现管资产和管人、管事相结合。在党的十六大精神指导下,2003年4月,国家成立了国有资产的专门管理机构——国有资产监督管理委员会(以下简称国资委)。它的成立不仅仅是简单的企业产权制度创新,也是政府管理体制的创新。

国资委成为国家授权的权威机构统一行使所有者权能,“履行出资人职责,享有所有者权益”,依法享有财产支配控制权和处置权,并承担保值增值的责任。从政府组织机构上解决了政资分开的问题,使出资人到位。此后,各省市级的国有资产监督管理委员会也陆续成立。党的十六届三中全会进一步指出:“积极探索国有资产监管和经营的有效形式,完善授权经营制度。”“扩大大型企业集团投资决策权”,对国有独资企业和国有控股企业,将主要采取授权经营的方式;而对于其他类型的股份制企业,则采取股权经营的形式。党的十七大报告指出:“加快建设国有资本经营预算制度。完善各类国有资产管理体制和制度。”

2. 国企改革进一步深化面临的主要问题

改革开放以来,国有企业改革在经济体制改革中始终处于关键地位。在党中央、国务院的正确领导下,国有企业改革经历放权让利、利改税、实行承包经营、探索建立现代企业制度和以国资管理体制改革推动国企改革等阶段,在艰难、曲折中步步前行,并不断深化、发展和完善,形成了一整套行之有效的方针政策。主要包括:坚持公有制为主体、多种所有制经济共同发展的基本经济制度;坚持国有经济的主导地位,增强国有经济的控制力、影响力和带动力;坚持推行公有制的多种有效实现形式,使股份制成为公有制的主要实现形式,大力发展国有资本、集体资本、非公有资本参股的混合所有制经济,实现投资主体多元化;坚持政企分开、所有权与经营权相分离;坚持在国家所有的前提下,中央政府和地方政府分别代表国家履行出资人职责,权利、义务和责任相统一,管资产与管人、管事相结合;坚持有进有退、有所为有所不为,从战略上调整和优化国有经济布局和结构;坚持把建立现代企业制度作为国有企业改革的方向,把建立现代产权制度作为构建现代企业制度的重要基础,健全和完善公司治理结构和产权结构;坚持规范改制,采取多种形式转制搞活国有中小企业等。经过不断的调整和改革,我国国有企业发生了根本性变化:企业的活力和市场竞争力明显增强,对经济发展贡献越来越大;国有企业内部的机制更加健全,适应市场经济的能力明显增强,微观基础的作用更加提高;国民经济的支柱功能愈加突出。

国有企业改革发展已经取得了重要进展和明显成效,但改革的任务还远远没有完成,一些改革的措施还没有落实到位,一些深层次的矛盾和问题还没有得到有效解决。改革中遇到的重点难点问题主要有以下方面。

(1)建立规范的董事会,完善公司法人治理结构

完善公司法人治理结构,是国有企业改革的核心问题,因为这既是企业可持续发展的需要,也是完善国有资产监管体制、确保国有资产保值增值责任层层落实的客观要求。完善公司法人治理结构,关键是要建立规范的董事会。目前国有企业法人治理结构不完善主要是两方面的问题:一是许多企业特别是中央企业集团一级的公司仍然是总经理负责制,没有建立董事会;二是一些国有及国有控股企业即使建立了董事会,也是董事会、经理层、党委会高度重合,所有权和经营权没有分开,董事会形同虚设,难以真正实现集体决策。国资委成立后,我国曾在中央企业开展了建立规范董

事会试点。试点中发现一些重点难点问题:外部董事如何选聘,如何防止决策层对执行层的不当干预,怎样让企业党组织发挥政治核心作用,职工董事如何产生和更好地发挥作用。

(2)建立市场化选人用人机制

建立市场化选人用人机制，是建立完善现代企业制度的重要内容，也是搞好国有企业的重要条件。长期以来，企业经营管理者基本沿用党政领导干部选拔方式，与现代企业制度要求的选人用人机制不相适应。近年来,我国在改革实践中以公开招聘中央企业高级经营管理者为切入点，把党管干部原则和市场化选聘相结合，积极建立适应现代企业制度要求的选人用人新机制。实践证明，公开招聘是坚持党管干部原则与市场化选聘经营管理者相结合的成功探索，对建立适应现代企业制度要求的选人用人新机制产生了积极的推动作用。今后需在下列方面继续探索:其一,取消国有企业负责人的行政任命制。按权责一致的原则将出资人用人权与党管干部原则结合起来，实现出资人代表和企业经营管理者分层管理。其二,建立市场化的国有企业经营管理者管理制度。对企业经营管理者实行全面的契约化管理。通过签订合同明确对经营管理者的聘任、考核和奖惩，落实资产经营责任。其三,完善经营管理者激励约束机制。采用年薪、股权和期权等多种形式，把经营者的利益与出资人的利益紧密联系起来，同时强化对经营管理者重大失误的责任追究。

(3)加快国有经济布局结构

国有经济布局结构调整工作取得了积极进展,但今后的任务仍然十分艰巨。从总体上看，国有经济战线过长、过于分散、结构趋同等问题仍很突出,布局和结构不合理的状况尚未根本改变。到2007年,我国中央企业在国民经济的95个大类行业中，三级以上企业涉足86个行业，行业分布面为90.5%。国有资本集中度仍然处于较低水平，“大企业不大，小企业过多”的局面仍未根本转变。加快国有经济布局结构调整，主要有两大任务:一是要使国有资本更多地向关系国家安全和国民经济命脉的关键领域集中;二是要培育具有国际竞争力的大公司大企业集团。

(4)克服国有资产管理的体制性障碍

目前,国有资产管理还存在运营效率偏低、产权转让不规范、资产流失、政府干预等问题,这就需要突破体制性障碍,对国有资产管理体制的整体架构、运作模式进一步创新。

三、积极鼓励、支持和引导非公有制经济的发展

(一)非公有制经济在我国经济、社会发展中的作用

党的十七大报告中指出:“毫不动摇地巩固和发展公有制经济,毫不动摇地鼓励、支持、引导非公有制经济发展,坚持平等保护物权,形成各种所有制经济平等竞争、相互促进新格局。”同时还指出:“要推进公平准入,改善融资条件,破除体制障碍,促进个体、私营和中小企业发展。”毫不动摇地鼓励、支持和引导非公有制经济的

发展,是坚持和完善社会主义初级阶段基本经济制度必须遵循的又一条基本原则。

在我国现阶段,非公有制经济包括以下几种形式:个体经济——劳动者个人占有生产资料并从事劳动的所有制形式;私营经济——生产资料属于私人所有并存在雇佣关系的所有制形式;外资经济——指各种中外合资、中外合作和外商独资经济形式。在改革开放之前,由于思想认识上的局限,我国把公有制和私有制置于完全对立的地位,形成了完全排斥非公有制经济发展的单一的公有制模式。这一模式超越了我国生产力发展的现实水平,脱离了国情,严重制约了我国的经济发展和社会进步。改革开放以来,我国对非公有制经济的认识经历了“限制发展”、“有益补充”、“重要组成部分”三个阶段,非公有制经济已经从无到有,从小到大,成为发展社会生产力和完善社会主义市场经济的重要力量,在我国经济社会发展中发挥着重要的、不可替代的作用。这主要表现在以下几方面。

第一,有利于推动生产力的快速发展。非公有制经济由于和个人利益紧密结合在一起,因而具有强烈的内生动力和发展驱力,有利于发挥生产经营者的积极性、能动性和创造性;非公有制经济具有明晰的产权、明确的利益关系,是最具有内生发展动力的市场经济主体。在外在压力和内在动力的驱动下,非公有经济有较强的创新动力,自发进行一系列的创新活动。非公有制经济的发展有利于促进产业结构的优化和升级,有利于在竞争中推动新兴行业和产业的发展。公有制经济和非公有制经济可以在相互竞争、相互融合中共同促进生产力水平的提高。

第二,有利于推动中国经济体制改革和制度变迁。非公有制经济的发展推动了我国市场体系的建立和市场机制的日趋完善,政策、法规的调整,政府宏观调控方式的转变。非公有制经济和公有制经济多种形式的结合或融合进一步推动了国企改革。

第三,有利于实现充分就业。实现充分就业是保持社会稳定的重要社会条件,我国人口众多,就业压力很大。非公有制经济的发展可以开辟更多的就业渠道和就业机会,为解决贫困问题、维护社会安定起到了重要作用。

第四,有利于我国更好地参与国际竞争,非公有制经济已经成为我国走向国际市场、参与国际竞争、利用国际资源的重要力量。

第五,有利于快速提高广大人民群众的物质文化生活水平。大力发展非公有制经济,在活跃城乡市场、方便居民生活、满足人民多层次的需求方面有积极的意义,同时,在推动生产力发展、增加就业、增加税收并通过财政转移支付发展社会各项事业方面也具有积极的意义,因而有利于快速提高广大人民群众的物质文化生活水平。

截止到2006年底,我国非公有制(不包括港澳台)注册企业3 130.4万户(含个体工商户),占全国企业总数比重95.7%。城镇非公有制经济从业人员23 780.4万人,占全国城镇就业人数比重84.0%。2006年,我国非公有制经济城镇固定投资总量58 265.9亿元,占全社会城镇固定资产投资总额比重的62.3%。2007年1~3月,非公有制经济(不包括个体工商户)进出口总额3 365.6亿美元,占全国进出口总额比重的73.5%。2005年,我国非公有制经济占全国GDP比重为65%。2006年,我国非公有制经济(不包括规模以下私营企业及个体工商户)实现工业增加值3.93万亿元,占全国工业增加值总额比重的49.3%;我国非公有制经济(不包括外商投资企业)实现社会消费品零售额33 523.6亿元,占全国社会消费品零售总额(76 410亿元)比重的43.9%;非公有制经济(不包括港澳台及国有控股企业的非国有部分)共缴纳税收总额12 666.84亿元,占全国税收总额37 636亿元(不包括关税、耕地占用税和契税)的33.6%。非公有经济已经成为我国社会主义现代化建设的重要力量。

(二)非公有制经济发展的困难和问题

由于历史、文化、经济、社会、法制等原因以及当前非公有制经济自身存在的一些问题,在非公有制经济获得快速发展的同时,仍面临着一些困难和问题:如一些地方和部门观念转变滞后,社会服务体系不健全,政府监管和服务尚未到位,相关法律法规还不够健全和配套;市场准入存在不适当的限制,企业融资渠道窄;一些非公有制企业素质有待提高等。具体说来,包括以下几点。

1.外部原因

外部原因如下。

第一,一些领域中仍然存在对非公有制经济的歧视性规定。比如在行政审批、市场准入、土地征用、技术改造、金融政策、社会保险、对外贸易等方面,非公有制企业难以享受与国有企业平等的国民待遇。政府对非公有制经济的管理欠规范,有些地方还存在乱收费、乱罚款、乱摊派现象。

第二,企业融资难。首先,现有金融政策和资金向大中型企业倾斜,许多非公有制经济企业是租用厂房,没有不动产和雄厚的资金抵押给银行,所以难以获得银行贷款;加之非公有制企业相当一部分规模小,制度体系不够规范完善,抵御市场风险的能力不够强,银行往往不愿意贷款给这些企业。根据全国工商联的统计:截至2006年底,我国私营企业498.1万户,而工、农、中、建、交等五大银行的小企业受信户数只有68.43万户,相当于私营企业总数的13.7%。中国人民银行的研究显示,到2006年底,我国个体私营经济贷款占国有商业银行的8.81%,占政策性银行的0.27%,占股份制商业银行的5.9%,占城市商业银行的7.96%,占中小金融机构的25.38%。融资问题成为非公有制经济发展的最大的问题。

第三,私有财产保护问题。在计划经济体制下,存在着将公有制经济和非公有制经济割裂、对立的倾向,认为公有财产神圣不可侵犯,而私有财产则可以任意处置。我国改革开放三十年来,很多非公有制企业的经营者和劳动者,通过自己的辛苦努力积累了个人财产,但是,由于对私有财产缺乏像对待公有财产那样严格的法律保障,侵害非公有制企业的经营者和劳动者私有财产的事情时有发生。

第四,针对非公有制企业提供的社会服务欠缺。非公有制经济中大量个体和私营经济在发展中迫切需要的创业辅导、管理咨询、信息传递、人才培训、筹资融资、政府采购等社会化服务供给不足,严重制约了非公有制经济的发展。

2. 内部原因

内部原因如下。

第一，管理制度不规范。大多数个体、私营企业的规模小，无法建立一套完善的内部结构和运行机制，管理手段和管理制度不健全，“家族式”管理模式普遍存在，缺乏规范、科学的决策机制。

第二，人才匮乏，技术水平普遍偏低。这是大量个体、私营企业存在的突出问题。

第三，有些非公有制企业存在经营上的违法违章行为。在个体、私营经济中偷税、逃税、漏税行为比较普遍。此外，有些非公有制企业还存在制造销售伪劣产品、污染环境、掠夺性开发资源、搞不正当竞争、恶意拖欠和克扣工人工资、侵害消费者权益等违法经营行为。

（三）积极促进非公有制经济发展的建议

针对非公有制经济存在的这些问题，2005 年 2 月，《国务院鼓励支持非公有制经济发展的若干意见》发布，也被称为“ 非公经济 36 条”。其主要内容为放宽非公有制经济市场准入、加大对非公有制经济的财税金融支持、完善对非公有制经济的社会服务等等。这是国内第一个促进非公经济发展的系统性政策文件，对于推动非公有制经济跨入历史发展的新阶段，实现更快更好的发展，具有重要的现实意义和深远的历史影响。党的十七大报告进一步提出：“推进公平准入，改善融资条件，破除体制障碍，促进个体、私营经济和中小企业发展。”应该全面贯彻落实中央关于促进非公有制经济发展的一系列重大方针，积极引导非公有制经济的健康发展，针对现实中存在的问题，提出以下对策措施。

第一，在政策上消除对非公有制经济的“歧视”，一视同仁，并对非公有制经济实行一定程度的优惠扶持，放宽行业准入。凡是未被法律法规禁止的行业，非公有制经济可以进入，包括以前被国有经济垄断的电力、电信，铁路、民航、石油以及金融等领域。同时，鼓励非公有制经济参与各类公用事业和基础设施的投资、建设和运营，允许进入社会公共事业，如教育、卫生、医疗、科技行业。制定专门的针对非公有制企业进入这些领域的法律政策。

第二，加大对非公有制经济的财税金融支持。财政预算应设立相应的专项资金，鼓励国有银行和股份制银行提高对非公有制企业的贷款比重，拓宽直接融资渠道，加快完善中小企业板块，要针对非公有制经济的特点开展金融创新，开发满足非公有制企业需求的金融产品和服务。

第三，进一步完善私有财产保护制度。为一切合法财产提供切实、有效的保护，才能坚定非公有制经济长期发展的信心，才能形成高效运作的市场竞争环境，才能最终为我国社会主义现代化建设提供持久的动力源泉。

第四，改进对非公有制企业的服务和监管。各级政府应定期制定一些引导非公有制企业发展的计划，比如对人才的教育培训、产品的创新、税收的减免、贷款的优惠、管理水平的提高等，加强舆论引导，形成有利于非公有制经济发展的良好社会服务环境。在积极服务的同时,对非公有制企业存在的违法违规行为加强监管。引导非公有制企业贯彻执行国家法律法规,依法经营,照章纳税;服从国家的宏观调控,严格执行有关技术法规,自觉遵守环境保护和安全生产等有关规定,主动调整和优化产业、产品结构。

第五,完善非公有制企业管理制度。引导非公有制企业建立公司制为主体的现代企业制度,形成科学化、民主化、程序化的决策机制,提高管理水平和决策水平。

参考文献

[1] 马克思恩格斯选集(第1卷)[M].北京:人民出版社,1972.
[2] 马克思恩格斯选集(第3卷)[M].北京:人民出版社,1972.
[3] 马克思恩格斯全集(第22卷)[M].北京:人民出版社,1965.
[4] 列宁选集(第3卷)[M].北京:人民出版社,1995.
[5] 邓小平文选(第3卷)[M].北京:人民出版社,1993.
[6] 毛泽东思想、邓小平理论和"三个代表"重要思想概论[M].北京:高等教育出版社,2008.

第八章

社会主义初级阶段的个人收入分配制度

与社会主义初级阶段以公有制为主体、多种经济成分并存的所有制结构相适应，我国社会主义初级阶段的个人收入分配制度以按劳分配为主体、多种分配方式并存。并把按劳分配和按生产要素分配结合起来，初次分配和再分配都要求处理好效率和公平的关系，再分配时，更加注重公平。在实行先富政策的同时，坚持共同富裕的目标，逐步建立和完善我国的社会保障制度。

第一节　坚持以按劳分配为主体

一、马克思主义经典作家的个人收入分配理论

按劳分配最早是由英国古典政治经济学家亚当·斯密提出。亚当·斯密认为劳动决定价值，每一个商品中所包含的劳动量是衡量商品价值的尺度，劳动成果的分配应按劳动量的大小。但是，由于阶级的局限和认识水平的限制，亚当·斯密没有对个人劳动和社会劳动进行区分，因此不能正确地解决单位商品价值量的衡量问题，更不能科学地阐明劳动量的度量。他的按劳分配思想有着不可克服的缺陷。后来空想社会主义者汲取了亚当·斯密的按劳分配思想，对资本主义社会的剥削和不劳而获进行了批判，提出了按能力计报酬、按工效定能力的原则，但由于所处时代生产力水平的制约，阶级矛盾并没有充分展现，他们的按劳分配思想没有丰富的实践支撑和科学的理论依据，只是天才的设想和空想。尽管如此，二者的按劳分配思想对马克思按劳分配理论仍具有重要的启发作用。

马克思按劳分配学说的形成经历了从 19 世纪 40 年代到 70 年代的连续发展过程，其中质的飞跃有两次。第一次，1867 年《资本论》第一卷出版，马克思在这本被称为“工人阶级的圣经”的著作中提出了“社会必要劳动时间”的概念，为科学度量价值量和劳动量奠定了理论依据。第二次，1875 年写作《哥达纲领批判》。他在该书中指出：“每一个生产者，在作了各项扣除之后，从社会方面正好领回他所给予社会的

一切。”“他以一种形式给予社会的劳动量,又以另一种形式全部领回来”,“生产者的权利是和他们提供的劳动成比例的;平等就在于以同一的尺度——劳动——来计量。”马克思认为,在共产主义的第一阶段,只能采取这种分配形式,因为“权利永远不能超出社会的经济结构以及由经济结构所制约的社会文化发展”。只有在共产主义的高级阶段,社会才能在自己的旗帜上“各尽所能,按需分配”。

概括而言,马克思的按劳分配理论有四个主要内容。

第一,按劳分配适用的社会阶段是“共产主义初级阶段”,即社会主义阶段。马克思指出,“经过长久阵痛刚刚从资本主义社会里产生出来的”共产主义的第一阶段,有实行按劳分配的必要性。在这一阶段,社会生产力没有充分全面地发展,社会财富没有达到极大丰富的程度,存在着脑力劳动与体力劳动、复杂劳动的区别,劳动不是生活的第一需要,而仅仅是谋生的必需手段。

第二,劳动成果的分配是合理积累和必要扣除之后的分配,必须反对“不折不扣的劳动所得”的所谓平均分配。

第三,按劳分配的“劳”指的是社会劳动,个人劳动只有转化为社会劳动,才能够进行分配。“劳”的衡量标准是劳动时间。劳动时间不是指个体劳动时间而是指社会必要劳动时间,即在现有的社会正常的生产条件下,在平均的劳动熟练程度和劳动强度下,生产某种商品所需要的劳动时间。

第四,以劳动时间为标准进行劳动成果的分配,存在着不可避免的弊端,即掩盖了个体劳动能力的差异。个体劳动能力差异可以通过物质和精神的方式进行一定程度的弥补。但是,当时并没有社会主义实践检验这一理论成果。马克思阐述的按劳分配理论是基于对未来社会的科学构想。由于现实中的社会主义社会与马克思的设想有很大区别,社会主义社会个人收入分配的具体形式和原则也就与马克思的设想有所不同。

二、马克思按劳分配的前提和我国现阶段的实际

我国现阶段实行按劳分配原则,是以马克思关于在共产主义社会的第一阶段必须实行等量劳动领取等量产品的理论为依据的。但是,马克思的等量劳动领取等量产品的理论,首先是基于这样一个历史前提:“在一个集体中,以共同占有生产资料为基础的社会里,生产者并不交换自己的产品;消耗在产品生产上的劳动,在这里也不表现为这些产品的价值,不表现为它们所具有的某种物的属性。因为这时和资本主义社会相反,个人的劳动不再经过迂回曲折的道路,而是直接地作为总劳动的构成部分存在着。”①这个前提主要包括三层意思:一是在一个单一的全民所有制社会之中;二是在商品生产和商品交换已经消失的情况下;三是个别劳动就是社会总劳动的一部分。也就是说,在这样一个历史前提之下,整个社会就是一个统一的经济核算单

① 《马克思恩格斯选集》,第2卷,155页,北京,人民出版社,1956。

位,不存在劳动是否为社会劳动,劳动的量可以直接用劳动时间计算,个人消费品的分配是全社会范围的事。因此,按劳分配就是全社会统一对个人消费品按劳动者提供的劳动进行分配。

然而,我国现阶段的实际情况是:我国的社会主义制度不是在生产力高度发达的资本主义基础上建立起来的,而是由一个半殖民地半封建社会,在没有经过资本主义发展阶段的基础上直接建立起来的。我国生产力总水平低、发展的多层次性和不平衡性决定了我国社会主义现阶段必然采取与之相适应的多种所有制形式和多种经营方式。商品生产和商品交换不是已经消失,而是需要大力发展;劳动首先要取得社会的承认,个别劳动才会成为整个社会总劳动的组成部分。因此,马克思设想的按劳分配的三个基本前提在我国现阶段还不可能完全达到。所以,我国不能完全照搬马克思按劳分配理论提出的具体做法。

三、传统计划经济体制下的个人收入分配制度

(一)苏联社会主义时期的个人收入分配制度

第一个社会主义国家苏联的建立,实现了社会主义从理论到实践的飞跃,为马克思按劳分配理论提供了广阔的实践空间。列宁和斯大林相继探索了按劳分配的实现形式,形成了社会主义分配理论的“ 苏联模式”。列宁时期,苏维埃政权外受资本主义的围攻,内受敌对势力的威胁。为了巩固苏维埃政权,列宁领导党和人民首先实行战时共产主义制度,后又实行新经济政策。列宁对按劳分配理论的贡献主要有三个方面:一是将马克思按劳分配理论付诸于苏维埃政权的实践,推行苏维埃工资制度,取消高薪制;二是把平等的原则运用于分配制度中,不分民族、种族、性别和年龄,一律同工同酬;三是在国家机关和国营企业中实行统一工资制,对农民实行粮食税,以代替余粮收集制,调动各方面的积极性。

列宁逝世后,斯大林对马克思和列宁的按劳分配理论作了进一步的阐释、概括、发挥和发展。斯大林时期的苏联按劳分配已经制度化和程式化。以苏联的工资制度为例,国家机关工作人员和工程技术人员普遍实行职务工资制,职务越高,享有的工资和待遇越高,形成了庞大的官僚集团;工业部门普遍实行 8 级工资制和计时奖励制。随着时间的推移,这种工资制度调动劳动者积极性的作用越来越弱化。斯大林以后的苏联,一直没有改变集中划一的按劳分配制度。集中划一的按劳分配模式是对马克思主义的教条理解的结果。

(二)改革开放前我国的个人收入分配制度

1949 年中华人民共和国建立以及完成“没收官僚资本”和“土地改革”后,在多种经济成分并存发展的基础上,实行了“公私兼顾、劳资两利”、“低工资、多就业”和“劳动致富”的收入分配政策。1953 年以后,在中国共产党“过渡时期总路线”的指导下,我国开始向单一公有制和计划经济的社会主义过渡。到 1956 年底,我国基本

上完成了生产资料的社会主义改造。在城市,建立了以国营经济、集体经济为主体包括少量个体经济的所有制结构,绝大多数就业居民变成了国家企事业单位的职工或集体企业职工,收入完全被纳入国家统一规定的工资体系和级别中。当然,还有大量的隐性收入和福利(如低廉的房租、公费医疗),并且毫无失业的后顾之忧。在农村,以家庭经营为特征的个体农民,经过合作化和人民公社化,形成了"三级所有、队为基础"的集体经济。农民作为集体经济的成员,也实行以按劳分配为主、兼顾平等的分配体制。

改革开放前我国居民的收入分配呈现低水平、单一化和平均化的特点。这固然有所有制结构和以毛泽东为首的第一代领导集体选择传统社会主义的原因,但却也是在当时人口多、底子薄、资金少的条件下推行工业化"赶超战略"难以避免的结果。实行"赶超战略"有以下三个条件。其一,最大限度地提取剩余,并主要投入到重工业中,以建立独立的工业体系。其二,高度的集权化和计划化,以便集中资源配置,低成本地保证第一个条件。既然要最大限度地提取剩余,即最大限度地提高积累的比例,那么消费的比例必然要压缩到最低,居民的低收入水平的出现因此也是必然的。其三,高积累、低消费条件下实现社会稳定。在当时生产力水平下,高积累、低消费政策最多只能保证人民的温饱,只有实行"平均"的分配方式,才能保证全体人民的生存和社会安定。1978 年以前以城乡分隔为基础、以平均分配为特点的分配制度,再加上"大跃进"和"文化大革命"极"左"思潮的影响,单一公有制和计划经济限制了劳动者和经营管理者的"多劳多得",大多数时期抑制了他们的积极性。就微观经济来说,收入分配体制促进生产发展的绩效不大。正如邓小平所说:"过去搞平均主义,吃'大锅饭',实际上是共同落后,共同贫穷,我们就是吃了这个亏。"①但是从宏观经济来看,这种分配制度却大大提高了国民经济的积累率。这对于中国走出因经济落后、积累过低而形成的所谓贫困"陷阱"意义重大。它对保障中国在短短的 28 年间,基本建立起独立的工业体系起到了至关重要的作用。另外,这种按照人口定量供应主要生活必需品、普遍且低水平地提供公共产品(医疗、教育)和社会保障(农村以集体为单位)方式,对于维持高积累条件下的社会稳定和人力资本积累发挥了重要的作用。

四、按劳分配为主体、多种分配方式并存的个人收入分配制度

(一)收入改革开放以来我国个人收入分配制度的变化

个人分配制度改革是我国经济体制改革的重要内容。过去 30 年来,从传统计划经济体制下的分配逐步转向社会主义市场经济中的分配,基本建立起按劳分配为主体、多种分配方式并存的个人收入分配制度,初步形成了各种生产要素按贡献参与分

① 《邓小平文选集》,第 3 卷, 155 页,北京, 人民出版社,1993。

配的局面。

分配理论创新与制度变迁过程大体可以分为四个时期和阶段。

1. 按劳分配的恢复时期(1979—1986 年)

按劳分配的恢复时期,我国首先在农村实行家庭联产计酬制,在城市给企业下放决定职工工资的自主权,在业内扩大工资差距,拉开档次;冲破长期以来存在的平均主义分配观念,形成由部分先富带动共同富裕的富民政策。改革开放之前,我国分配体制中平均主义相当严重,严重束缚了人们的劳动积极性。党的十一届三中全会指出:必须认真执行按劳分配的社会主义原则,克服平均主义。由此拉开了分配制度改革的序幕。1984 年,党的十二届三中全会通过的《中共中央关于经济体制改革的决定》以大量的篇幅分析了平均主义的根源和危害,通过部分先富带动共同富裕的富民政策由此形成,并推动分配制度改革。

2. 多种分配方式的探索时期(1986—1992 年)

在多种分配方式的探索时期,我国的个人收入分配制度实现了第一次突破。党的十三大提出了社会主义初级阶段的理论,并在此基础上明确提出:"社会主义初级阶段的分配方式不可能是单一的,我们必须坚持的原则是,以按劳分配为主体,其他分配方式为补充,兼顾效率与公平。"各种合法的除按劳分配外的劳动收入、资本收入、经营收入也得到允许和保护。

3. 按劳分配和按生产要素分配的结合时期(1992—1996 年)

在按劳分配和按生产要素分配的结合时期,我国的个人分配制度实现了第二次突破,即党的十四届三中全会通过的《关于建立社会主义市场经济体制若干问题的决定》,在继续坚持以按劳分配为主体、多种分配方式并存制度的基础上又有如下重大发展。其一,提出个人收入分配制度要体现效率优先、兼顾公平的原则。这意味着个人收入分配将主要遵循市场调节的原则,从而为个人收入分配的市场化奠定了理论基础。其二,提出"国家依法保护法人和居民的一切合法收入和财产,鼓励城乡居民储蓄和投资,允许属于个人的资本等生产要素参与收益分配"。这是我国第一次使用"生产要素分配"的概念,并使其合理化,从而使按生产要素分配不仅在实践上而且在理论上都得以承认和确立,但这时的按生产要素分配只是在比较狭小的含义上被使用。

4. 新的个人收入分配制度的确立时期(1997 至今)

在新的个人收入分配制度的确立时期,初步建立起社会主义市场经济的个人收入分配制度。党的十五大报告就明确提出把按劳分配和按生产要素分配结合起来。党的十六大确立了劳动、资本、技术和管理等生产要素按贡献参与分配的原则。十六届三中全会《中共中央关于完善社会主义市场经济体制若干问题的决定》进一步强调各种生产要素按贡献参与分配。党的十七大报告又进一步健全了各种生产要素按贡献参与分配的制度,初次分配和再分配都要处理好效率和公平的关系,再分配更加注重公平。

(二)我国实行按劳分配为主体的个人收入分配制度的客观必然性

按劳分配的内容是:凡是有劳动能力的人都应尽自己的能力为社会劳动,社会以劳动作为分配尺度,按照劳动者提供的劳动数量和质量分配个人消费品,等量劳动领取等量报酬,多劳多得、少劳少得。

社会主义公有制经济中实行按劳分配是由客观经济条件决定的。

(1)生产资料由劳动者共有是按劳分配的前提条件

生产资料所有制的性质决定消费品分配的性质。马克思说过:"消费资料的任何一种分配,都不过是生产条件本身分配的结果;而生产条件的分配,则表现生产方式本身的性质。"社会主义生产资料公有制的建立,实现了劳动者在生产资料面前的平等,消灭了依靠生产资料所有权无偿占有他人劳动成果这一经济形式。在公有制经济中,每个人所提供的,除了自己的劳动,没有任何其他的东西,因此必然以劳动作为个人消费品的分配尺度。

(2)社会产品没有极大丰富是实现按劳分配的物质条件

分配方式本质上毕竟要取决于可分配的产品的数量,而可分配的产品数量取决于生产力的发展水平。社会主义初级阶段的生产力发展水平已远远高于原始社会实行平均分配的生产力水平,但也没有达到共产主义社会那样社会产品极大丰富、可以实行按需分配的地步。因此,在社会主义初级阶段的公有制经济中,个人收入只能实行按劳分配。

(3)劳动存在重大差别且是个人谋生手段是按劳分配的直接原因

在社会主义初级阶段,社会主义公有制经济的发展程度还不高,还没有使劳动者得到全面的发展,旧的社会分工还没有消失,劳动者向社会提供的劳动也有明显的质和量的差别。同时,在社会主义初级阶段,劳动仍然是人们谋生的手段,还没有成为人们生活的第一需要。在这种情况下,必须承认劳动的差别,以劳动合作作为分配个人消费品的尺度。只有把劳动贡献同劳动报酬紧密结合起来,才能充分调动劳动者的积极性,并促使他们不断学习,提高自己的劳动技能,从而推动社会主义生产的发展。

由此可见,按劳分配是社会主义社会特有的分配制度。社会主义社会以公有制为主体,在分配方式上就必然以按劳分配为主体。

(三)在社会主义市场经济条件下实行按劳分配的特点

在社会主义初级阶段,公有制还存在着多种实现形式。国有企业实行自主经营、自负盈亏,具有自身经济利益的经济实体。社会主义经济是商品经济,实行社会主义市场经济体制。因而,实行按劳分配原则还具有以下特点:其一,它不能直接以劳动时间为分配尺度,而只能依据通过商品交换所实现的价值量曲折反映的劳动量为分配尺度。其二,等量劳动领取等量消费品的原则还不可能在全社会范围内按统一尺度实现,而只能先根据各个企业提供给社会的有效的劳动量,在各企业之间进行分配,然后各个企业根据等量劳动领取等量报酬的原则,再对本企业的劳动者进行分配。在这种情况下,劳动者的个人收入不仅取决于自己的劳动贡献,而且还取决于所在企业的经营成果。

第二节 坚持多种分配方式并存

一、生产要素按贡献参与分配这一原则提出的时代背景

三十年来,随着我国以市场为取向的改革开放不断深入发展个人,收入分配制度也随之不断调整完善。对于在社会主义市场经济条件下究竟实行何种分配原则、何种分配制度的认识也不断深化和逐渐成熟。“生产要素按贡献参与分配”这一原则的提出正是在改革开放实践中,对社会主义市场经济以及社会主义市场经济条件下分配制度的认识不断深化的结果。

改革开放初期,在邓小平同志的指导下“摸着石头过河”,走过了“计划经济为主,市场调节为辅”、“公有制基础上的有计划的商品经济”的经济阶段,确立了“市场经济在封建社会时期就有了发展,社会主义也可以搞市场经济”①的经济体制。市场经济不存在姓社姓资问题。1987 年,党的十三大明确了社会主义有计划商品经济的体制应该是“计划与市场内在统一的体制”,“社会主义初级阶段的分配方式不可能是单一的,我们必须坚持的原则是,以按劳分配为主体,其他分配方式为补充”。这时,分配制度发生了一定改变,诸如扩大企业收入分配自主权、在收入分配中引入市场机制等一些收入分配新思想。这些思想为确立“生产要素按贡献参与分配”原则提供了理论准备。

人们在改革开放实践中逐渐认识到, 在现今的社会主义初级阶段,不仅可以搞市场经济,而且必须搞市场经济。市场经济是不可逾越的发展阶段。在以前很长一段时间,我国经济的发展陷入了一个误区,认为社会主义就是应该“一大二公”,越公就越是社会主义。在这种认识的指导下,我国选择了计划经济体制模式, 然而这种脱离实际的做法导致了企业上无压力、内无动力的局面,国民经济持续稳定快速发展成为空谈。直到上世纪七八十年代,人们才从沉痛的现实中醒悟过来,“市场和计划都是资源配置的一种手段”,“资本主义可以搞市场经济,社会主义也可以搞”。1992 年,党的十四大确立了社会主义市场经济体制的改革目标,与此相适应,在分配制度方面, 人们也有了新的认识,并做了相应的调整。1993 年,党的十四届三中全会提出了允许属于个人的资本等生产要素参与分配的新理论和新政策,为按生产要素分配的提出作了铺垫。党的十五大在坚持强调“按劳分配为主体,多种分配方式并存的

① 《邓小平文选》,第 2 卷,167 页,北京,人民出版社,1994。

分配制度”的同时，提出了“把按劳分配与按要素分配相结合”。党的十六大再次提出：“要调整和规范国家、企业和个人的分配关系，确立劳动、资本、技术和管理等生产要素按贡献参与分配的原则，完善按劳分配为主体、多种分配方式并存的分配制度。”党的十七大进一步强调：“要坚持和完善按劳分配为主体、多种分配方式并存的分配制度，健全劳动、资本、技术、管理等生产要素按贡献参与分配的制度，初次分配和再分配都要处理好效率和公平的关系，再分配更加注重公平。”

现如今，我国整体上已达小康，人民生活水平大幅度提高，实现了“三步走”的第二步，正进行“全面建设小康社会”，大踏步向第三步战略目标迈进，力争在本世纪中叶达到中等发达国家水平。实践证明，以市场为取向的改革开放为我们带来了丰硕成果。现在，要想进一步发展，达到下一步目标，就必须深化改革，坚持和完善社会主义市场经济体制。反映在分配制度上就是要“确立劳动、资本、技术和管理等生产要素按贡献参与分配的原则”，从理论上明确“劳动、资本、技术和管理四大要素是基本的生产要素，同时也没有否认知识、自然资源、信息等生产要素在财富创造中的积极作用”。

二、按劳分配和按生产要素分配结合起来

生产要素包括资本、劳动力、土地、技术、信息、管理等。所谓按生产要素分配，是指资本、技术等生产要素的所有者按直接或间接投入生产经营活动的数量、质量或贡献率获取收益的分配方式，也就是要素所有者根据投入的要素取得相应的报酬或收益。报酬和收益的多少取决于各要素的实际贡献大小，使收入与要素的实际贡献紧密联系，如资产收益、经营收入、按劳动力价值和资本取得的收入等。

我国经济体制改革的目标是建立社会主义市场经济体制，按生产要素分配方式的存在具有客观性与必要性。市场经济存在着价格、供求及竞争，意味着生产要素不再是无偿使用，由于参与了社会财富的创造过程，因而也要求获得相应的报酬。同时，市场经济需要实行多种分配方式，以调动各方面投资、生产经营的积极性，从而充分利用社会经济资源。把按劳分配与按生产要素分配结合起来，坚持效率优先、兼顾公平，有利于优化资源配置，促进经济发展，保持社会稳定。因此生产要素按贡献参与分配的形式是社会主义按劳分配的有益补充，两者并不相悖。

按劳分配与按生产要素分配相结合是我国现阶段个人收入分配制度的一大特色，体现了多种所有制经济并存和市场分配机制的必然要求，也是市场经济发展的必然趋势。生产关系是要由分配关系实现的，中国渐进式改革的过程也是分配制度逐步深化的过程。要素生产权是收入分配的依据。当社会经济中占支配地位的生产要素发生更替时，分配方式必然会相应地发生改变。中国经济发展过程中生产要素在经济增长中所起的相对作用是逐渐发生变化的，这就决定了各要素的贡献不是一成不变的。为了保护要素产权主体的利益，使生产要素得到合理配置和高效率运营，分配制度也必须适应新形势的发展。所以，社会主义市场经济条件下的分配制度一方

面应体现一般劳动的价值，调动广大劳动者的积极性和创造性；另一方面，也应体现科学技术、经营管理等复杂劳动的价值，激发广大科技人员和管理工作者的创业精神和创新能力，包括土地、资本、知识产权等生产要素的价值，集中各种生产要素投入经济建设。也就是说，要形成与社会主义初级阶段基本经济制度相适应的分配制度，让一切劳动、知识、技术、管理和资本的活力竞相迸发，让一切创造财富的源泉充分涌流，以造福于民，造福于社会。

三、确立生产要素按贡献参与分配这一原则具有重大意义

确立“劳动、资本、技术和管理等生产要素按贡献参与分配”原则，是社会主义经济建设伟大实践中，人们对社会主义市场经济认识逐渐深化的结果，是对马克思主义分配理论的新贡献，确立这一原则具有重大意义。

第一，丰富和发展了马克思主义分配理论。马克思主义认为，共产主义要经历两个阶段，即社会主义阶段和共产主义阶段。在社会主义阶段，生产力比较落后，产品还没有极大丰富，劳动仅仅是人们谋生的手段。在这样的情况下，相对公平的分配方式只能是按劳分配；而当生产力发展到一定程度，社会财富极大丰富时，劳动成为人们的一种需要，就可以实行按需分配，各尽所能，各取所需。而在目前，我国还处在社会主义初级阶段，也就是不发达阶段。在这个阶段，最大的任务是进行社会主义市场经济建设，解放生产力，发展生产力。发展市场经济是我国经济建设的必经阶段，要想解放思想和发展生产力就必须遵循市场经济规律，按市场经济规律办事。现如今所处的阶段决定了不能实行单纯的按劳分配。这是我们坚持社会主义方向的根本原则，要把按劳分配和按要素分配结合起来，坚持“劳动、资本、技术和管理等生产要素按贡献参与分配”的原则。

第二，有利于健全现代市场体系。市场体系的建立只有各种要素的加入，才有可能形成统一、开放、竞争、有序的局面，而确立各生产要素按贡献参与分配原则能够促使要素市场的真正形成和完善。长期以来，与消费品市场相比，生产要素市场的发育还很不成熟，与社会主义市场经济发展的要求也是不相符的。只有建立了完善的生产要素市场，才有可能实现各生产要素按贡献参与分配，形成合理的生产要素价格，健全统一、开放、竞争、有序的现代市场体系，最终实现资源的真正优化配置。

第三，有利于合理配置资源，不断优化产业结构。在社会主义市场经济条件下，市场对资源配置起基础作用，主要表现在它能够起到合理配置资源和优化产业结构的作用[①]。这是通过建立完善的市场体系实现的。没有生产要素按贡献分配这一原则，就不可能有生产要素市场，也不可能有完善的市场机制；而生产要素市场供求及价格变动，必然引起生产要素在不同企业、部门、地区之间的充分流动。

第四，有利于所有制结构的调整和完善。生产要素与分配是所有制决定的。什

① 广研，李仙娥：《中国市场经济理论与运行》，55页，西安，西安交通大学出版社，2002。

么样的所有制结构决定实行什么样的分配方式。同时,分配方式对所有制结构本身又有一定的反作用。没有多元化的要素索取权也就否定了多元化的要素所有权①。"如果出租土地而不收取地租,那就意味着土地所有权的取消,土地所有权的废除。"②同样,如果劳动、资本、技术、管理等生产要素不能按贡献获得报酬,这些生产要素的所有权也将名存实亡。因而,确立生产要素按贡献参与分配有利于坚持当前的所有制结构,并促使其不断调整和完善。

第五,有利于实现全面建设小康社会的宏伟目标。生产要素按贡献参与分配必然调动劳动、资本、技术、管理拥有者投身社会主义现代化建设的积极性,激发不同生产要素所有者追求高效率的热情,从而在更短的时间内创造出更多的社会财富,为全面建设小康社会,实现共同富裕奠定坚实的物质基础。同时,"全面建设小康社会"是一个多目标综合发展的过程,是使"经济更加发展、民主更加健全、科教更加进步、文化更加繁荣、社会更加和谐、人民生活更加殷实"③的过程。而每个目标的实现都离不开劳动、资本、技术、管理等生产要素所有者积极性、主动性、创造性的发挥。所以,在建设小康社会的伟大实践中,要始终坚持各种生产要素按贡献参与分配,调动各方面的积极性。

21世纪是机遇和挑战并存的时代,也是我们必须牢牢抓住机会、努力发展的关键阶段。形势逼人,不进则退。采取什么样的分配原则是至关重要的。因而,在"全面建设小康社会"的伟大实践中,在社会主义现代化建设中,要始终坚持"生产要素按贡献参与分配",准确把握其科学内涵,并确实贯彻好这一原则,不断推进中国特色社会主义事业向前发展,共同创造幸福生活和美好未来。

四、建立和完善社会保障制度

社会保障作为能够让全体国民共享发展成果的基本制度,近百年来构成了绝大多数国家社会发展的主体内容,成为社会文明进步的重要标志。纵观世界,可以发现这样一个有目共睹的现象,即凡是追求社会公平并想获得和谐发展的国家,必定高度重视社会保障制度的建设。凡是社会保障制度健全、完备的国家,都可以说是和谐发展的国家。反之,不重视社会保障或者社会保障制度残缺不全的国家,通常也是社会矛盾相对尖锐、社会排斥与社会对抗相对严重的国家。例如:作为现代社会保障体系主体内容的社会保险制度,19世纪80年代在德国产生,就是为了化解当时对抗尖锐的劳资矛盾及缓和德国工人阶级的反抗,结果因增进了工人阶级的福利和减轻了无产者的风险而促成了劳资双方由全面对抗走向妥协与合作,社会保险制度也因此而为众多国家所采用。迄今,全世界已有一百七十多个国家不同程度地建立了自己的

---

① 蒋学模:《高级政治经济学——社会主义本体论》,37页,上海,复旦大学出版社,2001。

② 《资本论》:第3卷,299页,北京,人民出版社,1975。

③ 江泽民:《在中国共产党第十六次全国代表大会上的报告》,北京,人民出版社,2002。

社会保险制度。

20 世纪 30 年代美国将建立社会保障制度作为罗斯福新政的重要内容,于 1935 年通过综合性的社会保障立法并由此确立社会保障制度。这不仅有效地化解了全球性经济大危机带来的一系列国内社会问题与社会矛盾,而且有助于美国经济持续多年的高速发展和社会文明的进步。20 世纪 40 年代末,英国率先建立福利国家,迅速化解了第二次世界大战期间因希特勒德国狂轰滥炸等放大了的各种国内社会矛盾与阶层对抗,更是将社会公平正义与社会文明程度提高到一个崭新的高度。福利国家亦风靡一时,被加拿大、澳大利亚以及西欧、北欧的众多国家所仿效,并成为这些国家走进和谐社会、实现社会公平的制度保障。尽管福利国家遭到了一些经济组织与部分人的攻击,但福利国家确实是这些国家民众引以为自豪的成果。日本在战后的经济发展奇迹,事实上也与其迅速建立、健全自己的社会保障体系密切相关,因为接近福利国家水平的社会保障制度为日本经济的起飞和持续增长奠定了稳定与公平的社会基础。即使是韩国、新加坡等新兴工业化国家以及中国台湾、香港地区,也都在通过努力健全自己的社会保障体系来促进社会公平与社会和谐。那种单纯、片面地追求经济增长的时代已经被多数国家和地区摒弃。许多国家和地区的发展实践表明,社会保障制度与社会和谐发展构成了一种密不可分的、正相关的内在联系。在当代世界,尤其是在市场经济条件下,没有社会保障制度的维系,便不可能有社会和谐。因此,社会保障制度的建立与维系不仅是社会和谐发展的客观基础,而且是社会和谐发展的必要条件。

(一)我国建立社会保障体系的原因

在社会主义计划经济体制下,我国建立的是单一的社会保障体系。它虽然也包含社会保险、社会救助、社会福利和优抚安置四个社会保障子系统,但各个系统下覆盖的人群是很少的一部分,尤其是农村没有任何形式的社会保障,即使是城市,也只有国有企业和机关事业单位才能享有养老、医疗、工伤、生育等社会保障,甚至有的企业存在拖欠保险的现象。社会救助也只是覆盖城市和农村的“三无人员”(无劳动能力,无经济来源,无法定抚养、扶养、赡养人)。而且,我国社会保障制度基本上采取的是“全包式”,完全由国家和企业负担,特别是国有企业,长期以来走的是“大而全”、“企业办社会”的社会保障道路。企业负担太重,承担了相当一部分应由社会承担的职能,背上沉重的包袱,难以提高效益、参与市场竞争。20 世纪 90 年代以来,随着我国经济体制改革的进行,随着市场取向改革逐步深入,国有企业机制不活、效率低下的问题日渐突出。国有企业改革需要建立“产权清晰、权责明确、政企分开、管理科学”的现代企业制度,实行规范公司制度,进行股份制改革,通过兼并、破产、重组等手段,使企业成为市场的法人实体和竞争主体,适应社会主义市场经济要求,让市场在资源配置中起决定性作用。我国的社会保障制度改革就是随着国有企业改革的深入而逐渐提上议事日程的。如果没有配套改革特别是社会保障体系的建立,国有企业改革也无法顺利进行。社会保障制度就是要在这一过程中,为职工提供基本生活保障，建立有效的社会“安全网”，保证国有经济资产重组的顺利进行。

完善的社会保障制度具有保障基本生活、调节收入分配、协调利益关系、促进社会和谐的功能。十六届六中全会的《决定》指出，将建立健全社会保障制度作为社会制度建设的重要方面，以适应我国人口老龄化、城镇化、就业方式多样化的现状。进一步明确要逐步建立社会保险、社会救助、社会福利和慈善事业相衔接的覆盖城乡居民的社会保障体系。由此可见，完善社会保障制度是广大群众共享社会发展成果的重要途径，也是构建社会主义和谐社会的基本要求。

（二）我国社会保障制度的建立

我国社会保障制度的建设大致可以分为四个阶段。第一阶段是我党创建革命根据地后开始的。1932 年由临时中央政府颁布的第一个《劳动法》和其后重新修改的《中华苏维埃共和国劳动法》表明当时的苏区已建立了现代社会保障的主体框架。第二阶段是建国以后到“文化大革命”时期。这一时期我国社会保障制度的一个显著特征是企业的社会保险具有统筹、互济使用的社会特征。第三阶段是“文化大革命”至 1986 年。1969 年 2 月财政部颁发了《关于国营企业财务工作中几项制度的改革意见》。这一规定的直接后果是：原《中华人民共和国劳动保险条例》中规定的社会保险的统筹工作停止，社会保险的统筹调剂职能丧失，社会保险基金停止积累，由企业实报实销，加上原规定中的职工福利，我国社会保障完全单位化了，形成了严重的单位办社会现象。第四阶段是从 1986 年至今。1986 年是中国进入社会保障制度改革时代的一个标志性年份，7 月出台了《国营企业实行劳动合同制度暂行规定》、《国营企业职工待业保险暂行规定》，由此掀开了我国社会保障制度改革的序幕。我国政府自 1998 年以来，在全面推进社会保障制度改革的同时，社会保障制度建设的重心进一步倾向城镇弱势群体。“两个确保”和“三条保障线”构成了整个社会保障制度建设中的重中之重。

（三）我国社会保障体系的主要内容

社会保障制度，是指国家和社会通过立法对国民收入进行分配与再分配，对社会成员特别是生活有特殊困难人员的基本生活权利给予保障的社会安全制度。社会保障的主体是国家和社会，社会保障的对象是社会全体成员，社会保障的基本目标是满足人们最基本的生活需要，保证劳动力的再生产，实现社会保障的资金是国民收入中用于消费基金的一部分。社会保障体系包括社会保险、社会救济、社会福利、社会优抚和安置等方面。其中，社会保险是指缴纳社会保险费的社会成员在暂时或永久丧失劳动能力以及遇到其他生活困难时，可以得到国家、社会或有关部门的帮助，它一般由养老保险、失业保险、医疗保险、工伤保险和生育保险等构成。社会救济是指国家和社会对遭到自然灾害、不幸事故和生活贫困者提供的物质援助。社会福利是指国家和社会在居民住宅、公共卫生、环保、基础教育等领域，向全体公民普遍提供的帮助和服务。优抚安置是指政府对以军队及其家属为主体的优抚安置对象进行的物质照顾和精神抚慰。

(四)完善现有社会保障制度的措施

社会保障制度是社会稳定的“安全网”，关系到我国改革、发展、稳定的大局，关系到国家的长治久安。要把改革不断推向前进，必须相应推进社会保障制度改革，探索建立一套适应社会主义初级阶段基本国情的、符合社会主义市场经济要求的社会保障制度。

1. 加快社会保障的立法进程

社会保障制度是一个国家重要的社会制度，必须纳入法治轨道，并依靠法制保证实施。同时，有无完备的法律法规，也是一个国家社会保障制度是否成熟的基本标志，只有体制、机制、法制“三制”健全完善，才能保证社会保障事业顺利发展。目前，由于社会保障的法律、法规及立法层次较低，现有的社会保障法规中，比较普遍地存在着缺乏法律责任的现象，从而无法发挥法律规范的强制作用，无法确保社会保障措施的有效实施。因此，国家必须加快制定《社会保障法》。

2. 以扩大覆盖面为重点，加快完善城镇社会保险体系

社会统筹必须具有“低门槛、广覆盖、多层次”特征，目的是为了更好地互济。互济功能的发挥取决于社会统筹的层次，而社会统筹的层次又取决于现实的经济发展水平和各方面的承受能力。社会保险遵循“大数法则”，即参加保险的人数越多(覆盖面越大)，互济功能就越大，抗御风险的能力就越强。人数的广覆盖是做大做强社会保险的坚实基础。因此，我国社会保障制度改革的目标是要覆盖全体劳动者。社会保险应该是面向社会全体成员的，所有在统筹范围内的社会成员和单位都要无一例外地参加社会保险。

为了调动民营企业参保的积极性，对于非公有企业，可以采取“低门槛进入、低标准享受”的养老保险参保办法。在降低缴费标准的同时，调低基础养老金的待遇标准。同时，社会保障必须实行多层次，不能“单打一”。我国正处在社会主义初级阶段，基本保障的标准不可能高，只能保基本。但为了体现效率优先的原则，为了满足不同企业、不同行业、不同人群多层次的社会保障需求，为了调动家庭及社会各界的力量，必须通过大力发展补充保险和商业保险、积极开展社会救助、鼓励进行个人储蓄性积累保障等多种形式，建立多层次的社会保障体系。

3. 加大对社会保障的资金投入，增收节支

社会保险的制度运行有赖于资金的支撑，社会保险远期基金支付压力较大。若要缓冲压力，填补缺口，必须逐步做实个人账户，真正实现现收现付向部分积累的模式转换，同时要加大对社会保障的资金投入，增收节支。其一，各级财政预算用于社会保障的支出必须提高比例，应从国有资产收益、国有土地出让收入等预算外收入中提取社会保障资金，以实现社会保险基金保值增值。其二，将日益增大的社会保障基金投入资本市场，把保值增值的压力转变为良好的投资回报。但是必须坚持始终把社会保障基金的安全放在第一位，实现社会保障积累基金和国家经济建设的良性循环,严格监管，确保完好。其三,建议在全国推行厦门等地已实行多年的社会保险费由地税部门统一征收的办法，以强化征缴管理，做到应收尽收。其四,降低待遇，减少替代率。其五,适当推迟退休年龄。

4. 完善社保基金的管理，加强社会保险经办机构能力的建设

要完善社保基金的管理，打击骗保行为。首先，要建立信息联网,这是社会保险管理方面非常重要的一个领域，也是基础性工作。要广泛运用现代化信息管理技术，健全养老、失业、医保信息监控体系，利用信息系统进行异常数据的监控、分析，有针对性地进行监督检查；同时，采取宏观与微观、常规与突击、全面与重点等方法,提高监管水平和效率。其次，大力加强宣传举报制度，将养老、失业、医保政策执行过程置于全社会的监督之下。再次，加大处罚力度。

社会保障是一项技术性、专业性非常强的事业，需要大批熟悉政策、精通业务的高素质管理人才(如精算师、基金管理人和基金投资人等）和一支既有理论和政策水平、又有实际操作能力的干部队伍，应当加强这类专业人才的教育与培养，保证新的社会保障体制的有效运作，更好地行使社保机构的管理职能。

5. 逐步建立农村社会保障制度

要逐步建立农村社会保障制度,加快中国特色社会主义建设的进程。其一,建立和实行农村居民的最低生活保障制度。其二,建立和实行失地农民的养老保险和失业保险。以土地换保障，率先建立失地农民的养老和失业保险已是势在必行。其三,积极探索国家粮补资金用于农村社保建设的途径。应把粮补资金用于建立基本养老保险和基本医疗保险。其四,加快农村新型合作医疗制度建设步伐。要按照“风险共担、互助共济”的原则，着力完善政府推进、农民互动、社会参与的工作机制，加快以大病医疗统筹为主的农村新型合作医疗制度，不断提高农民的医疗保障水平。其五,切实保护农民工的合法权益。目前，最迫切的是尽快建立农民工的工伤保险制度、养老保险制度和大病、疾病的住院保障机制,以及合法权益受损或遭遇不公平待遇时的社会救援制度。

6. 缩小机关事业与企业职工的退休待遇差距

目前，企业职工的退休金与机关事业单位的退休金差别很大，由此引发了一些社会问题。因此，应适当节制机关事业单位退休金上涨的幅度，同时提升企业职工退休金的水平，逐步缩小差距，并根据国际通行做法，对公务员专门研究制定社会保险相关政策规定。

完善社会主义市场经济体制,全面建设小康社会,构建社会主义和谐社会,保持社会稳定和国家的长治久安,必须加快建立和完善与经济发展水平相适应的社会保障体系。根据十七大的要求,社会保障体系的建立和完善,必须从我国的实际国情出发,加快建立覆盖城乡居民的社会保障体系,保障人民基本生活,构建有中国特色的社会保障体系。坚持社会统筹与个人账户相结合的基本养老和基本医疗制度,进一步完善失业保险制度。建立管理可靠、稳定的社会基金筹措机制和有效运营、严格管理机制。加强和完善城镇居民最低生活保障制度,并逐步提高标准。积极发展社会福利、社会救济、优抚安置以及社会互助、社区服务和个人储蓄相结合的多层次的社会保障事业。发挥基层组织和社区组织在社会保障对象管理和服务方面的作用。

第三节 收入分配中的公平与效率

收入分配作为社会生产和再生产的重要环节,是生产关系即经济利益关系的重要方面,直接影响着社会的效率和公平。分配制度的变动会引起生产要素配置效率的变化和社会分配公平状况的变化。反过来,社会居民对效率与公平状况的关注和评价会促使人们努力去调整和创新分配制度。所以,社会主义初级阶段的分配要正确处理公平和效率的关系,这对于促进生产力的发展起到了积极的推动作用。

公平与效率是人类社会追求的两大价值目标,是判断社会主义制度是否优越的根本尺度。改革开放以来,公平与效率的关系问题在我国得到广泛关注。特别是1987年召开的中国共产党第十三次代表大会的报告中正式提出"公平与效率"的关系以来,以后的历次代表大会的正式文件在谈到分配问题时对其都有明确的阐述。十七大报告中又提出"初次分配和再分配都要处理好效率和公平的关系,再分配更加注重公平"。由此可见,公平与效率的问题引起了人们的极大关注。在探讨这个问题之前,我们首先应该搞清楚公平与效率的含义。

一、公平的含义

党的十六届六中全会审议通过了《中共中央关于构建社会主义和谐社会若干重大问题的决定》,专门研究了构建社会主义和谐社会的若干重大问题。全会指出,社会和谐是中国特色社会主义的本质属性,是国家富强、民族振兴、人民幸福的重要保证。社会公平正义是社会和谐的基本条件。

公平,并不是平均主义,相反,它会反映一定的不平均。人类社会各成员的能力是不同的,因此,各人的收入必然不均等。但是,不均等可以是公平的,或者不均等不一定不公平。

公平指人与人的利益关系及利益关系的原则、制度、做法、行为等都合乎社会发展的需要,是和谐社会的重要特征之一。对于公平的内涵,从不同的角度、不同的社会、不同的阶级乃至个人可以给出不同的提法。从马克思主义观点来看,任何社会的公平都不是抽象的、绝对的和永恒的,而是具体的、相对的和历史的。但公平又是一个客观范畴,公平是社会存在的反映,具有客观性。一般来说,可以从以下几个不同的方面理解按劳分配中公平的含义。

第一,条件的公平或平等,其基本要求是人们为实现经济利益而相互竞争的外部条件相同。在市场经济中衡量公平的标准是等价交换原则,实现手段是消除垄断与特权,使经济主体之间能够公平竞争。这也包括人们从事生产经营活动所必需的物质生产条件的平等,即人们在生产资料的关系上是平等的。这种平等关系就是生产资料公有制。与社会主义公有制和按劳分配相适应的劳动公平的含义是:既强调要消灭剥削和两极分化,又强调劳动者之间利益的差别。只有在公有制条件下才能实现人们在生产资料关系上的平等,并可从形式上的平等过渡到实践中的平等。在公有制经济中,劳动者结成劳动者联合体。作为生产资料的主人,他们共同占有、支配、使用公有的劳动生产资料,生产出来的产品也归他们共同所有。并且,在作了各项扣除之后,按照他们向社会提供的劳动数量和质量进行分配,以满足个人的消费需要,这就实现了占有关系的平等。

第二,机会的公平,是指人们参与社会竞争的过程中有平等的竞争权利。由于我国存在着地区差别、城乡差别以及群体差别等问题,只有不断地完善教育、就业体制,统一城乡劳动力市场等,才能使每个人参与社会实践的过程都是公平的。人只有在公平的竞争环境中,才能发挥出最大的创造力。社会一切有利于获取利益、满足需要的机会对所有人一律平等,教育和发展的机会应向所有社会成员平等开放,这就实现了机会的公平。这种公平表明所有社会成员在教育、医疗、就业、社保、生活资料供给、生产资料占用等方面都拥有同等的机会。但是,最终一个人能否成功,能为社会做出多少贡献,不仅取决于社会提供的机会大小,而且还取决于自身在竞争中的实力和条件。而社会的发展又取决于各个社会成员的共同努力,只有在机会公平的条件下才能发挥出个人的最大潜力,社会要实现快速发展必须先实现机会的公平。

第三,收入分配的公平,是指按照投入要素的数量和质量进行收入分配。具体来说,就是政府在公平、公正原则的指导下,制定出完备的分配方案,成功地实现人们在收入分配中的公平,但是分配公平不同于分配平均,它不是绝对的。分配公平只能体现在一定的限度内,其含义反映出不同社会阶层或不同社会成员之间在国民收入再分配后形成的收入差距的大小。在按劳分配中,“生产者的权利是和他们提供的劳动成比例的;平等就在于以同一的尺度——劳动——来计量”①。马克思说:“说到消费品在各个生产者中间的分配,那么这里通行着在商品等价物的交换里也通行的那个原则,即一种形态的一定数量的劳动可以与另一种形态的同量劳动交换。”可见两者都是一种形态的一定数量的劳动与另一种形态的“同量劳动交换”,即都是等量的劳动交换。劳动成了计量劳动者分得个人消费品多少的唯一尺度。虽然社会主义市场经济中按劳分配“劳”的计量尺度不是劳动者的直接社会劳动,而是社会必要劳动,但仍未改变作为分配尺度的“劳”的本质,这就实现了收入分配计量标准的平等。但是,在现实中,每个人都存在智力、家庭背景、社会关系及政治地位等方面的差异,如果只注重过程的公平而忽视结果的公平,必然容易导致社会的两极分化,强者愈强,弱者愈弱。这种量的差别,也会由于社会主义国家的集体福利和各种社会保障而

① 《马克思恩格斯选集》:第3卷,11页,北京,人民出版社,1972。

得到弥补,从而使按劳分配实现收入分配结果的平等。所以,国家应该注重收入分配的公平,即关注结果公平,通过适当的社会政策调整分配。

从以上三个含义理解公平,可以更加科学地把握公平在社会主义市场经济中的作用和意义。公平为每个参与社会竞争的人提供平等的权利和机会,使每个社会成员的生存和发展有保障;公平还可以调动全民的积极性,因为它保证人们通过诚实的劳动可以得到自己应得的东西,从而满足自己合理的期望。这样,整个社会才能人人各司其职、各尽所能、各得其所,共同推动社会持续发展。社会是一个有机整体,是一个由各个阶层共同组成的社会有机体。在公平的条件下,各个阶层在分工的同时也相互依赖,保持着一种真诚合作、良性互动的关系。要促进社会的共同发展,社会的各个阶层之间应该通过合作来获得一种"共赢"的状态。这就要求社会各个阶层的人都能积极参与到社会活动中来,发挥个人的潜力,处在较高位置的阶层的利益增进不能以损害处在较低位置的阶层的利益为前提条件;相反,在较高位置的阶层的利益增进的同时,较低位置阶层的处境应当随之得到改善;处在相似位置的社会阶层之间应当保持一种协调的状态。这样才能实现社会的和谐发展。

二、分配制度中的效率

效率,是指最有效地使用社会资源以满足人类的愿望和需要。在给定投入和技术的条件下,经济资源应该没有浪费或对经济资源做了最充分的利用。经济学认为,在不会使其他人境况变坏的前提下,如果一项经济活动不再有可能增进任何人的经济福利,则该项经济活动就被认为是有效率的。

效率是一个实证性的概念,反映的是投入与产出的比率关系。投入(成本)是生产产品或提供服务所需要的资源;产出(收益)是投入资源后生产出来的产品或提供的服务。就投入产出关系来看,同量投入获得较大产出,或同量产出所需投入较小,或以最小投入获得最大产出,都意味着效率提高;反之,则相反。其次,效率又是一个多维的概念。从经济运行来看,效率可分为生产效率、交换效率、分配效率;从时间角度来看,效率可分为短期效率和长期效率;从空间范围来看,效率可分为企业经营效率、市场调节效率和宏观调控效率。

在经济学上,效率的另一个更为普遍的含义是资源配置效率的概念。这个概念是意大利经济学家帕累托在20世纪初提出来的,用以度量市场机制在资源配置方面的有效程度。它不仅包括企业内部的资源配置效率,而且包括整个社会要素和产品的配置是否实现最优。就资源配置来说,同量资源由于配置得当而获得较大产出,则意味着效率较高;反之,则相反。从科斯开始,甚至从更早的制度学派开始,人们也关心制度运行的效率。科斯成功地证明了任何一种制度运行都是有成本的。对于完成同样的交易或者说资源流动和配置,人们总是寻找运行成本最低的制度。

实际上,效率并不完全是一个中性的、客观的概念,而是与一定的制度和价值相关的,诸如资源配置效率、生产效率和分配制度本身的运行效率都受分配制度的影响。从以上对效率不同角度的定义可以总结出，一种分配制度的实行，对资源配置效率、生产效率和分配制度本身的运行效率都是有影响的，下面从这三个方面进行分析。

分配制度对资源配置效率的影响主要是讨论分配制度对生产要素的优化配置作用。我国的分配制度要求生产要素按贡献参与分配，这就使得要素所有者的收入与贡献相联系，此贡献率可以由市场价格反映出来。价格进而引导着资源的流动。这种流动不仅发生在国家之间、地区之间、不同行业之间、企业之间，甚至发生在企业内部的不同部门之间。社会资源在流动中实现了配置优化。

不同的分配制度对生产效率和企业绩效的影响主要通过收入分配制度的激励效应发挥作用。一种良好的激励机制能使经营者致力于企业经营管理活动，愿意承担一定的风险，追求企业的长期效益及加强长期赢利能力。按要素分配的引入和按劳分配相结合从以下几个方面增强了激励：首先，劳动收入与贡献相联系；其次，按要素分配增强了私人投资的激励，不仅包括物质资本，也包括人力资本；最后，按生产要素分配可以改善对国有企业经营管理者的激励。

制度的运行效率关心的是制度的运行费用问题。不同的制度有不同的运行费用。运行费用越低，该制度的运行就越具有效率。按劳分配和按生产要素分配相结合使得国民收入的最初分配更多地由市场完成，而国家则主要通过税收和转移支付的方式进行国民收入的再分配。这样的变化极大地降低了收入分配制度运行的信息费用和监督费用。

邓小平同志在南巡讲话中提出的“发展才是硬道理”，既是一个非常深刻的命题，又是一个非常普遍的真理。它是在总结了我党近半个世纪以来社会主义建设经验以后，得出的具有深远意义的结论，为我国如何建设有中国特色社会主义指明了前进的方向。而发展需要效率，由此可见，效率对于一国经济的发展起着多么重要的作用。同时，邓小平也看到，保持健康持续的发展，必须在实现效率、推进经济增长的前提下，承认一定差距的公平。

三、从效率优先兼顾公平到注重社会公平

效率与公平是生产力与生产关系的体现。所谓公平，归根结底是对一定生产关系的价值肯定，涉及人与人的关系；所谓效率，归根结底表现为生产力水平的提高，涉及人与自然的关系。公平与效率问题关系到经济发展活力和社会稳定，是世界各国都十分关注的热点问题。20 世纪 60 年代以前，西方学者只看到二者的对立性，看不到二者的统一性，以至于在效率和公平发生冲突和矛盾的时候无法做出抉择。60 年代以后，他们对公平和效率关系的看法发生了变化，逐步由对立转向统一，并设计了使二者有机统一的种种方案，诸如在保持经济高效率的前提下，以实现社会公平为重点，建立和完善社会保障制度，增加政府用于公共福利的开支等。然而，这些方案都只是杯水车薪，不能从根本上解决贫富分化、收入不平等的问题。其根本原因在于，

他们选择的分配方式仍是在资本主义私有制的前提下建立的,他们不敢触动资本主义私有制,消除对财产所有权的不平等,来设计一套不同于资本主义的收入分配方式。而在我国,建国以来尤其是改革开放以来正反两面的实践证明,效率和公平不是对立的,是互为基础、互相促进的,市场化的按劳分配已经把公平和效率统一起来了,并成功地解决了这一矛盾。其原因在于它坚持了社会主义公有制,消除了财产所有权的不平等,从而废除了损害公平和效率并使二者对立起来的经济基础。

在我国的收入分配政策中,个人收入分配原则随着社会历史条件的变化相应地发生了变化,对于如何处理公平和效率的关系也是经过一系列的探索和发展过程而逐渐确立下来的。在1987年召开的中国共产党十三大报告中第一次正式提到公平与效率的关系。报告中指出:"我们的分配政策,既要有利于善于经营的企业和诚实劳动的个人先富起来,合理拉开收入差距,又要防止贫富悬殊,坚持共同富裕的方向,在促进效率提高的前提下体现社会公平。"在1992年召开的中国共产党十四大报告中,关于公平和效率的提法有了些改变:"在分配制度上,以按劳分配为主体,其他分配方式为补充,兼顾效率与公平。"一年以后,中国共产党十四届三中全会通过的《中共中央关于建立社会主义市场经济体制若干问题的决定》中提出:"个人收入分配要坚持以按劳分配为主体,多种分配方式并存的制度,体现效率优先,兼顾公平的原则。"这是中国共产党第一次在正式文件中明确提出"效率优先,兼顾公平"。在之后的中国共产党十五大报告以至十五大以后的《中共中央关于国有企业改革和发展若干重大问题的决定》等重要文件中都提出了"坚持效率优先,兼顾公平"这一政策原则。党的十六大报告在坚持"效率优先,兼顾公平"这个原则的同时,进一步发展为初次分配注重效率,再分配注重公平。具体阐述为:"初次分配注重效率,发挥市场的作用,鼓励一部分人通过诚实劳动、合法经营先富起来。再分配注重公平,加强政府对收入分配的调节功能,调节差距过大的收入。"这就明确了"效率"和"公平"各自在分配领域中的具体环节。党的十六届五中全会提出,要"注重社会公平,特别要关注就业机会和分配过程的公平"。党的十六届六中全会进一步指出,要"在经济发展的基础上,更加注重社会公平"。党的十七大进一步提出,"初次分配和再分配都要处理好效率和公平的关系,再分配更加注重公平";还强调要"提高劳动报酬在初次分配中的比重"。由此可以看出,前几次代表大会较侧重于效率问题,十六大则开始侧重于公平问题。这些论述都既坚持了"效率优先、兼顾公平"的原则,又增强了解决收入分配领域矛盾和问题的针对性,是从实际出发对效率和公平关系认识的不断深化和完善。这对克服平均主义,提高资源配置的效率,建立合理的分配制度和推动生产力的发展起到了重要作用。下面从几个方面来说明效率与公平是相互统一的,只有正确处理好效率与公平的关系,才可以促进经济的健康、平稳发展。

第一,强调效率优先,允许和鼓励一部分人通过诚实劳动和合法经营先富起来,建立健全收入分配的激励机制,承认差别,合理拉开个人收入的差距,有利于调动各方面的积极性,促进生产力的发展。生产力的发展始终是处在第一位的,而效率是衡量生产力的指标,所以也应该优先发展,用较少的投入来最大限度地发展生产力,是巩固和发展社会主义制度所必需的,也符合人民群众的根本利益和长远利益。生产力发展了,社会财富增加了,就可以在更高层次上实现社会公平,所以效率优先是实现社会公平的物质基础和发展动力。只有社会总体的经济效率提高了,可供分配的财富增加了,国家才能通过国民收入的再分配来调节各地区经济发展的不平衡,缩短收入差距。市场经济的本质是竞争和优胜劣汰,效率自然是第一位的。所以,效率优先也是与社会主义市场经济相适应的目标追求。

第二,强调效率优先并不是不讲社会公平,实现社会公平是收入分配中不容忽视的目标。这是因为公平是效率的前提和保证,公平竞争基础上的收入差距可以刺激人们提高工作效率。在机会均等的市场竞争中,通过价值规律的作用,可以推动劳动者缩短个别劳动时间,提高要素生产率的增长率;自发调节社会劳动和社会资源在各个部门的合理流动,提高资源配置效率。反过来,如果收入分配不公或收入差距太大,也会影响效率的进一步提高,因为实现高效率的一个重要条件是建立合理的激励机制,其核心内容是保证每个人通过努力工作取得合理收入。如果低收入者通过主观努力不能改善自己的处境,就不仅无法激励低收入者的奋斗精神,反而会激发各种社会矛盾。所以,党提出的更加注重社会公平是在效率优先原则指导下以获得生产力发展为前提的。效率和公平作为社会主义追求的基本目标,公平问题解决得不好,不仅有违社会主义发展目标,也影响社会稳定,从而最终也会影响效率的提高。

第三,更加注重社会公平不但没有否定效率优先的原则,而且还完善和发展了"效率优先,兼顾公平"的原则。以前讲"效率优先,兼顾公平"着重强调的是在分配结果上的公平以达到不应出现两极分化的现象。不可否认,这种在结果上考察的分配方式确实给老百姓带来了不少的实惠,但同样也出现了一些问题,即在总体生活水平提高的前提下,贫富差距却反而越来越大,说明仅仅在这种结果上公平的分配并不理想。针对这种情况,党及时地做出了重大的理论调整。十六届五中全会提出了"更加注重社会公平"的决定。主要表现在:强调了分配过程的公平或是机会均等,并把社会公平纳入了和谐社会的建设中。十六届六中全会公报中指出:"社会公平正义是社会和谐的基本条件,制度是社会公平正义的根本保证,必须加紧建设对保障社会公平正义具有重大作用的制度。"可以看出,公平已经不仅仅是分配领域内的公平了,还包括要正确处理新形式下的人民内部矛盾,认真解决人民群众最关心、最直接、最现实的利益问题。所以,更加注重社会公平是对"兼顾公平"原则的完善和发展,而且和"效率优先"的前提不相排斥。

第四,初次分配和再分配都要处理好效率和公平的关系。初次分配应该更重视效率,而在再分配中要更注意公平。初次分配和再分配是国民生产总值分配的两个环节。初次分配是指在生产活动中,企业作为分配主体,将国民生产总值在国家、企业、个人之间进行分配,生产要素的提供与报酬支付的关系是最基本的初次分配关系。在市场经济条件下,初次分配关系主要由市场机制形成,生产要素价格由市场供求决定,政府通过法律法规和税收进行调节和规范,不直接干预。企业作为市场主体,为了在激烈的市场竞争中生存和发展,必须使用企业所有的机制来激发企业的活力,以提高经济效率。因此,企业在要素投入和收入分配上必须实行效率原则。初次分配注重效率,必将促进经济迅速发展。再分配是指在初次分配结果的基础上政府对要素收入进行再次调节的过程。主要通过税收、提供社会保障和社会福利、转移支付等调节手段进行,重点调节地区之间、城乡之间、部门之间、不同群体之间、在职与退休人员之间的收入关系,防止收入差距过大,保障低收入者基本生活。再分配注重公平,有利于保持社会稳定。在市场机制的作用下,由于人们所拥有的禀赋不同和对生产要素占有的差异,必然带来社会成员收入上的差距,差距过大则有失社会公平。而且,收入结构的失衡会导致消费结构的失衡,最终影响经济总量的增长和经济结构的平衡,反过来又影响企业的效率。所以,再分配要充分发挥政府的调节功能,实现收入分配的相对公平,限制社会各类人员之间收入差距的过分悬殊,通过税收、财政转移支付等政策措施,使高收入者个人、阶层、行业或机构收入的一部分再转化为社会的收入,并使低收入阶层成为收入再分配的主要获益者。

总之,公平和效率具有复杂的辩证统一关系,既相互矛盾,又互为前提,应该正确处理好公平和效率的关系。强调初次分配注重效率、再分配注重公平,能调节效率与公平的矛盾,实现共同富裕。初次分配强调效率优先,可以促进生产力的迅速发展,适当拉开收入差距,对社会贡献越大,收入越高,这本身也体现了公平;再分配注重公平,照顾到大多数人的利益,可以防止两极分化,有利于普遍调动劳动者的积极性,这时公平也促进了效率的提高。这样,政府按照初次分配注重效率的原则,制定路线方针政策,促进企业生产效率的提高和国民经济的迅速发展;按照再分配注重公平的原则,通过强化政府在收入再分配中的主导作用,理顺分配关系以控制收入差距,制定相关法律以营造公平竞争的环境,健全以养老、医疗为主的社会保障制度,积极扩大就业和再就业渠道,从而为经济持续健康快速地发展奠定稳定的社会基础。

第四节 正确看待我国现阶段收入差距问题

一、我国现阶段收入差距的现状

在改革的不断深化和经济快速发展的情况下,我国居民收入得到了快速增长,城乡居民生活水平也在不断提高。国家统计局公布,2006 年全国城镇居民年人均可支配收入达到 11 759 元,比上年增长 12.1%,扣除价格因素,实际增长 10.4%,加快 0.8 个百分点。统计局并公布,同期农村居民人均纯收入 3 587 元,比上年增长 10.2%,扣除价格因素,实际增长 7.4%,加快 1.2 个百分点。城乡居民收入水平的大幅度提高,直接促进了城乡居民消费支出的持续增长,消费水平显著提高。2006

年相对于收入的快速增长,城镇居民消费支出平稳,全年人均消费性支出约 8 697 元,比 2002 年增长了 44.2%,扣除价格因素,年均实际增长 7.6%。2006 年,农村居民人均生活消费支出 2 829 元,比 2002 年增加 995 元,扣除价格因素影响,年均实际增长 8.0%。过去四年消费支出的年均实际增速比收入年均实际增速快 1.8 个百分点。由此也可以看出,城乡居民的生活质量随着经济的发展得到了明显改善。

但是,居民收入增加的同时,居民收入差距也在不断扩大。根据中国社科院农村发展研究所和国家统计局等等部门发布的 2006 年《农村经济绿皮书》,2005 年中国城乡人均收入比例是 3.22∶1。据国家统计局数据显示,2005 年农民人均纯收入 3 255 元,而城市居民人均可支配收入达到 10 493 元。同时,农村居民消费水平也远远低于城市居民。2007 年城镇居民人均消费性支出约 9 997 元,比 2002 年增长了 65.8%,扣除价格因素,年均实际增长 8.1%。农村居民人均生活消费支出由 2002 年的 1 834 元提高到 2007 年的 3 224 元,增长了 75.8%,年均递增 11.9%,扣除物价因素,实际增长 47.2%,年均实际增长 8.0%。

为了分析考察居民内部收入分配的差异状况,这里引入基尼系数。基尼系数值处于 0.2 以下为绝对平均,处于 0.2~0.3 为比较平均,处于 0.3~0.4 为比较合理,处于 0.4~0.5 为差距较大,处在 0.5 以上为差距悬殊,0.4 是警戒线。自 2000 年以来,我国基尼系数开始越过 0.4 的国际警戒线,并连续几年直线上升。统计局的数据显示,2003 年,我国人均 GDP 首次突破 1 000 美元。在迎来这一历史性跨越的同时,居民收入的差距也在急剧拉大,全国基尼系数接近 0.45,2006 年达到了 0.46,贫富差距不断恶化。而事实也表明,我国收入最低的 20% 的人群,只拥有 4.66% 的收入份额;收入最低的 40% 的人群,也只拥有 13.6% 的收入份额。尽管我国在 GDP 等货币性指标上成就惊人,但在非货币性的软性指标方面,如基础教育、儿童和母亲健康水平、环境保护、饮用水和卫生设施的获得等,贫困地区和贫困群体较之富裕地区和富裕群体还有较大差距。

(一)城乡居民收入差距扩大

2006 年我国反映收入分配差异的基尼系数为 0.46,收入分配相当不均。但是从城乡分别来看,城市的基尼系数是 0.34,农村的基尼系数是 0.37,也就是城乡作为两个部分各自的差距不是很大,但是把城乡综合在一起就达到 0.46,这说明主要是城乡差距造成了基尼系数的扩大。有统计数据显示,城镇居民可支配收入占农村居民可支配收入比例在逐年拉大,1984 年为 1.74∶1,1997 年为 2.47∶1,1998 年为 2.51∶1,1999 年为 2.65∶1,2000 年为 2.19∶1,2001 年为 2.9∶1,2002 年为 3.11∶1,2003 年为 3.23∶1,2006 年为 3.28∶1,2007 年为 3.12∶1,而国际上二者的平均比例是 1.5∶1。从国家发改委、国家统计局、国家信息中心得到近 22 年城乡居民人均收入及指数的统计数据,如表 8-1 所示。通过从表内各统计数据中可以得出的结论是,城镇居民和农村居民的人均收入差距在不断拉大。

表 8-1 城乡居民家庭人均收入及指数

年份	农村居民家庭人均纯收入		城镇居民家庭人均可支配收入	
	金额(元)	指数(1978 年为 100)	金额(元)	指数(1978 年为 100)
2006	3 587.04	670.7	11 759.45	670.7
2005	3 254.93	624.5	10 493.03	607.4
2004	2 936.4	588	9 421.6	554.2
2003	2 622.24	550.6	8 472.2	514.6
2002	2 475.6	527.9	7 702.8	472.1
2001	2 366.4	503.7	6 859.6	416.3
2000	2 253.42	483.4	6 279.98	383.7
1999	2 210.3	473.5	5 854	360.6
1998	2 162	456.1	5 425.1	329.9
1997	2 090.1	437.3	5 160.3	311.9
1996	1 926.1	418.1	4 838.9	301.6
1995	1 577.74	383.6	4 282.95	290.3
1994	1 221	364.3	3 496.2	276.8
1993	921.6	346.9	2 577.4	255.1
1992	784	336.2	2 026.6	232.9
1991	708.6	317.4	1 700.6	212.4
1990	686.31	311.2	1 510.16	198.1
1989	601.5	305.7	1 373.9	182.5
1988	544.9	310.7	1 180.2	182.3
1987	462.6	292	1 002.1	186.8
1986	423.8	277.6	900.9	182.7
1985	397.6	268.9	739.1	160.4

注:本表指数按可比价格计算。

(二)地区收入差距拉大

一个国家的各个地区在经济发展的早期阶段,由于生产力不发达,社会有效需求不足,加之为了追求 GDP 的高速增长,就必须要将稀缺资源配置到那些发展条件比较好的地区,由此产生了区域间经济发展的差距。因此,地区间发展不平衡是绝大多数国家经济发展过程中的普遍现象。我国作为一个发展中的大国,自 1978 年改革开放后,逐渐弱化了计划经济体制下统一计划、统调统配的方式,使各个省在各自不同的资源禀赋、经济起点、劳动力素质和政策环境等背景下发展经济。省际的经济发展水平和居民的收入水平都在不断地发生分化。1985 年,上海和贵州的人均 GDP 之比是 9. 18∶1,1990 年为 7. 33∶1,1998 年为 12. 06∶1,2003 年为 12. 97∶1,2006 年为 9. 97∶1,2007 年为 9. 71∶1。但欧盟 15 国的 24 个地区之间,人均 GDP 最高地区与最低地区相比只差 2. 4 倍。透过这个例子可以看出我国地区收入差距分化已经非常严重。下面再来看看其他地区的情况。如表 8-2 所示,收入水平是决定消费水平的主要因素,城乡居民收入上的差距也会在消费水平上表现出来。除此以外,区域间收入差距的拉大还表现在高收入区和低收入区的省份数量和比重扩大,相应地中间收入区省份的数量和比重缩小,即出现省际“两极分化”的倾向。其中,收入上升型省份主要分布在东部地区,收入下降型省份主要分布在中西部地区。“东西差距”从总体上看有扩大化倾向。

表 8-2 全体居民消费水平(当年价格)

单位:元

年份 地区	2006	2005	2004	2003	2002	2001	2000	1999	1998	1997	1996	1995	1994
北京	16 770	14 835	13 636	12 167	10 988	9 119	8 850	8 598	7 954	7 418	6 497	5 663	4 508
天津	10 564	9 484	8 621	7 789	7 120	6 763	6 083	5 520	5 181	4 911	4 321	3 540	2 707
河北	4 945	4 311	3 758	3 271	3 081	2 749	2 533	2 327	2 207	2 151	1 925	1 686	1 320
山西	4 843	4 172	3 676	3 011	2 720	2 180	2 037	1 833	1 835	1 986	1 880	1 589	1 250
内蒙古	5 800	4 620	4 042	3 565	3 341	2 868	2 687	2 520	2 309	2 232	2 040	1 817	1 460
辽宁	6 929	6 449	5 561	5 159	5 095	4 789	4 490	4 128	3 828	3 619	3 250	2 900	2 397
吉林	5 710	5 135	4 601	4 123	3 627	3 409	3 178	2 974	2 949	2 940	2 643	2 292	1 872
黑龙江	5 141	4 822	4 212	3 919	3 516	3 333	3 105	2 824	2 753	2 735	2 682	2 429	1 823
上海	20 944	18 396	16 470	14 247	13 137	11 807	10 922	9 683	8 896	8 289	7 228	6 310	5 081
江苏	8 302	7 163	5 970	5 288	4 717	4 124	3 873	3 604	3 508	3 392	3 130	2 565	1 932
浙江	11 161	9 701	8 174	7 033	6 098	5 551	5 099	4 539	4 398	4 233	3 906	3 217	2 536
安徽	4 441	3 888	3 410	3 086	2 740	2 452	2 181	2 051	1 880	1 775	1 648	1 420	1 144
福建	7 826	6 793	6 144	5 524	5 076	4 770	4 574	4 194	4 052	3 935	3 446	3 019	2 375
江西	4 173	3 821	3 353	2 764	2 651	2 500	2 396	2 056	1 973	1 930	1 857	1 559	1 182

续表

地区＼年份	2006	2005	2004	2003	2002	2001	2000	1999	1998	1997	1996	1995	1994
山东	7 025	5 899	4 924	4 351	3 924	3 726	3 447	3 178	2 887	2 712	2 280	1 939	1 524
河南	4 632	4 092	3 625	3 083	2 553	2 381	2 215	1 905	1 851	1 841	1 682	1 381	1 032
湖北	5 533	4 883	4 309	3 853	3 263	2 962	2 680	2 545	2 579	2 459	2 323	1 908	1 486
湖南	5 498	4 894	4 355	3 729	3 366	3 242	3 034	2 594	2 471	2 390	2 199	1 752	1 408
广东	10 829	9 821	8 800	7 342	6 199	5 445	5 305	5 025	4 796	4 612	4 470	3 991	3 234
广西	4 330	3 928	3 341	2 974	2 755	2 572	2 437	2 337	2 274	2 249	2 216	1 843	1 448
海南	4 736	4 145	3 847	3 485	3 233	2 971	2 849	2 603	2 552	2 432	2 337	1 993	1 673
重庆	5 417	4 782	4 155	3 591	3 204	2 937	2 714	2 558	2 416	2 384	2 158	1 734	1 387
四川	4 501	4 130	3 656	3 203	2 914	2 707	2 550	2 348	2 243	2 078	1 880	1 646	1 367
贵州	3 499	3 140	2 723	2 502	2 337	2 178	2.084	1 960	1 830	1 677	1 591	1 335	960
云南	4 075	3 749	3 315	2 587	2 463	2 256	2 603	2 395	2 103	2 021	1 833	1 501	1 275
西藏	2 915	3 019	3 166	2 825	2 461	2 203	2 181	1 939	1 551	1 473	1 312	1 202	1 110
陕西	3 972	3 594	3 221	2 892	2 634	2 426	2 210	2 050	1 860	1 683	1 497	1 284	1 126
甘肃	3 810	3 453	3 016	2 592	2 301	2 099	1 947	1 819	1 747	1 737	1 623	1 209	1 013
青海	4 229	3 888	3 443	3 105	2 828	2 598	2 384	2 260	2 140	2 043	1 988	1 734	1 477
宁夏	5 112	4 413	3 873	3 289	2 873	2 611	2 469	2 141	2 046	1 923	1 848	1 688	1 382
新疆	4 206	3 847	3 445	3 249	3 228	2 905	2 662	2 606	2 539	2 455	2 266	1 852	1 425

注:1. 按当年价格计算。

2. 1998 年及以前广东和 1994 年及以前的安徽、云南、西藏的数据没有和第三产业普查数据衔接。

资料来源:国家发改委、国家统计局、国家信息中心等。

(三) 社会各行业各群体之间收入差距的扩大

我国不同行业部门之间收入差距的拉大也越来越明显。虽然经济保持了平稳的快速发展,各行业经济也得到了快速发展,但是社会各行业的差距却在不断拉大。具体来说,职工工资水平高的主要包括金融保险业,科学研究和综合服务业,煤气、电力及水的生产和供应业,邮电通信和交通运输业,房地产业,由于税收制度的不够完善,导致近年来娱乐业和部分运动员的收入不断提高。1978 年年收入最高的电力、煤气、供水和最低的农、林、牧、渔业的年收入之比为 1. 81∶1;2004 年年收入最高的收入金融业和最低的农、林、牧、渔业的年收入之比为 3. 55∶1;2006 年年平均收入最高的信息传输、计算机服务和软件业与最低的农、林、牧、渔业相比,大约为 4. 75∶1。从各个行业的发展情况看,金融保险业、房地产业、科学研究和综合技术服务业等新兴行业的工资水平迅猛提升,在上世纪 90 年代初期起到了缩小行业差距的作用。但是,这些行业在工资收入跃居各行业领先水平以后,保持了持续的快速增长,从上世纪 90 年代中期开始成为行业收入差距拉大的主要动力源。电力、煤气及水的生产和供应业工资增速的上涨加剧了行业差距的扩大。2002 年以后,行业收入分配出现了两极分化的趋势。2002 年以来,工资收入排名前四位的信息传输、计算机服务和软件业,金融业,科学研究、技术服务和地质勘察业,电力、燃气及水的生产和供应业分别实现了 12%、20%、15% 和 16% 的年均工资增长;除工资收入第一位的信息传输、计算机服务和软件业以外,其他三个高收入行业的工资增长率显著高于各行业平均水平。而收入水平位于倒数第一位的农、林、牧、渔业仅实现了 9% 的工资年均增长,排名倒数二、三位的住宿和餐饮业、建筑业工资年均增长率不及 12%。到 2006 年,两极分化的趋势进一步增强了。

居民收入差距过大和继续扩大,社会财富过度集中,出现两极分化,就会影响社会公平,造成平均消费倾向下降;实现城市化的同时,贫民窟将充斥城市,失业严重,经济发展停滞,社会问题严重,经济危机、社会危机不断涌现,也将严重影响社会的安定。

二、我国现阶段收入分配差距形成的原因

虽然收入差距不等同于两极分化,但在一定条件下可能导致两极分化。所以,它的存在也具有不合理性,并将直接影响到我国经济的健康发展。面对我国日渐拉大的贫富差距,政府决策部门和学术界较为一致的看法是应该采取有效措施,努力缩小这种差距。在研究解决办法之前应该搞清形成差距的原因。造成现阶段居民收入差距的原因主要有以下几个方面。

1. 劳动力质量有差别

每个人的受教育程度和认识能力不同会导致劳动效率不同。实践证明,收入高低与文化程度成正比。国家统计局统计数字表明,进入 20 世纪 90 年代以来,中国城镇居民收入的分配呈现出新走向,传统的平均主义的分配体制已被打破,收入的高低与受教育程度的联系越来越密切。这里的受教育程度并不指学历而是指能力。因此,人们更应该注重个人能力的培养,越是能被社会认可、能胜任工作的能力,越能够得到较高的收入回报。

2. 分配体制的原因

我国现阶段实施的是按劳分配制度,个人收入量的多少不仅与自己的劳动贡献有关,而且主要取决于占有生产要素的多寡和优劣。而在改革中,有相当一部分人进行资本积累或占有生产要素,人的财产性积累差距加大,因而财产性收入差别也不断扩大。实行按生产要素分配,必须注重对要素收入的调节,否则将会进一步扩大居民收入差距,加剧两极分化。

3. 转轨时期的政策漏洞

收入差距的扩大与体制转轨时期某些政策的滞后和漏洞有很大关系。经济体制转轨时期,新旧体制并存,有些人利用自己控制的权力进行设租和寻租活动,牟取"双轨制"给他们带来的巨大利益。与此同时,市场机制的作用范围没有覆盖某些领域和行业。这些行业和领域由此产生了垄断收入。由于这些不合理收入没有得到有效调节,从而导致部门之间、行业之间收入的极不平衡。

4. 社会保障体系不健全

我国社会保障制度存在着覆盖面小、资金渠道狭窄、管理服务社会化程度低等问题。我国社会保障体制是建立在城乡二元经济结构基础上,农民绝大多数未能享受社会保障,城镇不同所有制企业的职工所享受的社会保障待遇也存在着较大差别,国有企业高于集体企业,个体和私营企业职工没有社会保障,进一步拉大了城乡之间、城市不同阶层居民之间的收入差距。

5. 税收调节不力

我国个人所得税制度不完善。长期以来,由于税收不合理,中等收入者成了纳税主体,再加上税收征管不力,相当一部分高收入者采取逃税避税措施,偷税漏税现象严重,使得积累的财富越来越多,导致贫富差距拉大。复杂的社会现实导致税务部门对个人收入缺乏有效的监管手段,使大量税源流失。根据税务部门的统计,中国个人所得税的约 50% 为工薪所得,纳税人是以工资收入为主的普通职工,高收入人群对税收的贡献小得多。有些垄断性行业及房地产业、证券等行业的收入过高,导致行业收入差距长期存在。对此,应该制定并实施行之有效的政策措施来对他们的收入进行调节和规范,根据行业的贡献并参照其他行业的贡献确定其平均工资水平,并加强个人所得税的征管。

6. 非法收入造成的差距

非法收入突出表现为非法经营、偷税漏税和权利腐败等方面。这些都是暴富群体形成的主要途径,必然拉大居民之间的收入差距。

7. 政府的重工轻农的经济发展战略所形成的二元经济结构

新中国建立以来,由于实行"城乡分治、重工轻农"的经济发展战略,在传统工业化发展战略和城乡分离体制的作用下,中国的二元经济得以形成。二元经济结构在短时期内有效地建立必需的工业体系,促使我国城乡经济和社会都获得了发展,但是长期来看,城乡发展差距却在进一步扩大,造成了严重的不良后果。这是由于我国采取的是由东向西的推进序列和在空间上的不平衡发展战略，即先鼓励区位环境好、基础条件好、人口素质高的东部地区率先发展第二、第三产业，而主要从事第一产业的农村劳动生产率大大低于城市二、三产业的劳动生产率，城乡劳动生产率上的差距必然导致城乡居民收入上的差距。

正是由于上述七个原因，致使我国收入差距在不断拉大。要遏制收入差距过大的现象，可以通过运用经济的、行政的、法律的等多种手段，采取有力措施，综合治理。再分配更应该注重社会公平，起到调节收入、缩小差距的作用。

三、我国现阶段收入差距过大的不良影响和后果

收入差距的扩大是世界上大多数国家在经济快速发展的过程中不可避免会出现的现象。合理的收入差距对社会有正面影响。所谓合理是指符合“三个有利于”标准，可以促进生产率的提高，激发劳动者的积极性。但是，不合理的收入差距扩大对社会造成了许多不良影响和后果。

1. 影响公众信心，妨碍社会团结，阻碍效率的持续提高

由非诚实劳动和不法经营造成的收入差距扩大会增加民众的强烈不公平感和对立情绪，削弱人民参与工作的热情和积极性，从而降低了工作效率和质量。职工作为生产力的主体，也是企业生产力的主体，他们的精神状态和积极与否，决定他们所从事的事业的发展质量和速度，决定社会的历史进程。

2. 损害了社会公平

权利腐败是形成收入差距的一个原因，除此以外，偷漏逃税、制假售假等各种违法行为使得一部分人暴富。首先，这种社会现象严重扰乱了社会主义市场经济秩序，毒化了社会风气，引起民众的强烈不满。其次，社会中存在着相当一部分垄断性行业，其从业者通过垄断地位谋取高额收入。这种情况导致的行业收入差距与职工自身的努力程度无关，不是平等竞争的后果，因而不符合社会主义的公平原则。

3. 阻碍经济的正常发展

收入差距过大导致社会财富集中在少数人手里，大多数人的购买力就会下降，从而导致消费水平的持续下降。十七大提出促进经济增长由主要依靠投资、出口拉动向依靠消费、投资、出口协调拉动转变。在没有消费需求做引导的情况下，经济增长的后劲就会不足，因此，消费率的持续走低阻碍了我国经济平稳发展。

4. 影响人们的生活方式，扭曲价值观

收入差距不断扩大的趋势是由许多不正常因素引起的，这就使社会上相当一部分人失去了心理平衡，失去信心和竞争的勇气，导致人们价值观的扭曲、人生观的庸俗化。一些经不住金钱诱惑的人将会走向道德败坏、堕落而不能自拔的不归路，各种不正常、不健康现象被诱发出来。这种“精神腐败”进一步拉大收入差距，使得整个民族失去前进的动力。

此外，收入差距过大还会导致大量人才外流，国家经济发展的长远利益蒙受巨大

损失;增加犯罪行为,加剧各种社会不安定的状况;导致国有资产的大量流失;等等。

四、实现收入分配差距合理化的对策

在了解收入差距的形成原因之后,可以针对收入差距产生的原因制定以下对策,以解决社会分配不公、贫富差距过大的问题。

1. 提高居民文化素质和创新能力

文化素质和创新能力决定了生产力水平的高低,而生产力水平的高低又决定了居民收入水平的高低。因此,要提高居民收入水平必须首先提高居民的文化素质和创新能力,把教育发展放在社会发展的优先位置,优化教育结构,改善办学条件,提高教育质量;有序开展以城镇劳动人口和居民为重点的科学素质行动,围绕产业发展需求,着重培养技能人才,大力开发人才资源;开展各种和各类从业人员的在岗培训和继续教育;开展科普宣传活动,提高居民科学素质等举措来提高劳动者的文化水平和技能水平,进而提高劳动生产率。

2. 调整收入分配政策,注重初次分配的公平

十七大报告对"初次分配注重效率"、"再分配注重公平"的提法作了重要修正:"初次分配和再分配都要处理好效率和公平的关系。"这一修正,给出了一个明确的政策导向,就是在初次分配中就要处理好公平问题,不能把初次分配中的公平问题推到再分配中去解决。如果初次分配中的不公平问题很严重,二次分配即使能从社会公平的角度采取必要调节措施,比如加强对高收入者征税,用更多的转移支付帮助穷人,但由于财政能力有限,僧多粥少,结果也未见得理想。因此,初次分配中的不公平问题,主要应该在初次分配中解决,不要推给再分配。再分配应该做它再分配力所能及的事情。

3. 整顿不合理收入,坚持取缔各类非法收入

不合理收入主要是指某些行业凭借垄断地位和特殊条件获得的工资以外的收入。从实际情况来看,工资外的收入比工资性收入多得多,由此形成较大的不合理收入差距。要利用加入 WTO 的契机,规范社会分配秩序,加强对某些垄断行业收入分配的监督和管理;同时引进竞争机制和竞争主体,打破行业垄断。通过《反垄断法》来有效地制约垄断经营行为,对垄断企业的定价权应实行严格监督,对某些自然垄断性行业实行高于一般行业的税率,使其获得的超额利润收归国有。取缔非法收入,必须从源头抓起,充分运用法律手段,打击各种违法经营活动,坚持有法可依,有法必依,执法必严,违法必究。对于以权易钱、侵吞公有财产、走私贩毒、假冒伪劣、欺诈行骗、巧取豪夺等手段牟取的非法所得,应坚决取缔,依法惩处。

4. 建立全国统一、规范和完善的社会保障体系

社会保障制度是由政府或社会确保所有社会成员最低限度生活需要的一种制度。完善的社会保障体系可以调节各阶层的收入水平,促进分配公平;保障失去劳动能力人群的生存权;有利于维护社会稳定;有利于调动劳动者的积极性。加快建立全国统一、规范和完善的社会保障体系，对于深化改革、保持社会稳定、实现可持续发展、维护社会公正、实现社会和谐具有十分重要的意义。党的十七大报告中指出：要以社会保险、社会救助、社会福利为基础，以基本养老、基本医疗、最低生活保障制度为重点，以慈善事业、商业保险为补充，加快完善社会保障体系。社会保障体系的建立必须明确以下几点：一是社会保障体系必须真正独立于企业事业单位之外；二是社会保障的标准必须与我国经济发展水平以及各方面的承受能力相适应；三是由近及远，首先完善现行的三条社会保障线，即社会基本养老保险制度、下岗职工基本生活保障和失业保险制度、城市居民最低生活保障制度。此外，还要逐步健全农村社会保障制度，这有利于维护农村社会的稳定。

5. 改革税收制度，发挥税收在调节分配中的作用

税收是国家财政收入的主要来源，是政府进行收入再分配的重要手段之一。个人所得税作为调节贫富差距的一种手段，应加大改革力度，提高个税起征点，加强税收征管，加强对高收入群体的监管，降低中低收入群体税收负担，发挥个人所得税在调节收入分配中的作用。另外，对于一些高收入群体的消费项目应该考虑开征特别的消费税，对个人收入进行多环节、多渠道的调节。比如，可以开征遗产税、赠与税、物业税、房屋空置税、房屋利润转让所得税等，规范现行的财产税税种，通过税收制度的力量，将富人的钱再分配给不富裕的人，以达到缩小贫富差距的目的。

6. 建设社会主义新农村，进一步推进西部大开发，逐步缩小城乡差距和地区差距

建设社会主义新农村，是党的十六届五中全会提出的重大历史任务，事关全面建设小康社会和现代化建设全局。1996 年开始，中央经济工作会议便将农村工作作为重点来抓，从推进农业产业结构调整开始，到促进农民增收和建设社会主义新农村，都是为了缩小城乡之间的差距。要贯彻工业反哺农业、城市支持农村的方针，“以工促农，以城带乡”，加大对“三农”的支持力度，推进农村体制改革和制度创新。总目标可以概括为：“生产发展、生活宽裕、乡风文明、村容整洁、管理民主”，尽快使广大农村面貌有比较明显的变化。扎实推进新农村建设有三大途径：其一，要发展现代农业，促进粮食生产稳定发展和农民持续增收。稳定、完善和强化对农业的扶持政策。其二，要加强农村基础设施建设，各级政府要下决心调整投资方向，把国家对基础设施建设投入的重点转向农村。其三，要全面推进农村综合改革，包括深化乡镇机构、农村义务教育和县乡财政管理体制等改革，从根本上解决农民负担过重的问题。其四，要充分发挥城市在经济发展中的扩散效应和辐射作用，全面调整劳动力流动及户籍政策、城市化与小城镇发展政策及相关的产业政策，创造各种条件，增加农民收入。除此之外，在新农村的建设道路上，大力开拓农村消费市场、逐步扩大农村内需也是一条重要途径。为此，要加快城镇化建设，使进城农民享有城镇居民同样的就业机会和工资报酬；要尽快改革我国户籍制度、教育制度等限制农民进城的种种政策壁垒，以适应人口流动的现实。

参考文献

[1] 李萍,陈志丹,吴开超,等.转型时期分配制度的变迁[M].北京:经济科学出版社,2006.

[2] 吴树青.邓小平理论与当代中国经济学[M].北京:北京大学出版社,2002.

[3] 张作云,陆燕春.社会主义市场经济中的收入分配体制研究[M].北京:商务印书馆,2004.

[4] 李萍,戴歌新.转型与分配协调论[M].成都:西南财经大学出版社,2006.

[5] 陈玉光.正确认识和处理我国现阶段收入差距扩大问题[J].青岛科技大学学报:社会科学版,2002,63(2):28-33.

[6] 王明华.论贫富差距过大的危害及对策[J].西南民族大学学报:人文社科版,2007,195(11):233-236.

[7] 卢嘉瑞.中国现阶段收入分配差距问题研究[M].北京:人民出版社,2003.

第九章

经济全球化与对外开放

市场经济国家的宏观调控有稳定价格、充分就业、经济增长和国际收支平衡四个目标。这四个目标的实现也是市场经济健康运行的基本标志。中国初步建立了社会主义市场经济体制,政府建立起以这四个方面为主要内容的宏观调控的政策。充分就业和经济增长是一国经济发展的目的和要求。只有价格稳定、国际收支平衡,市场经济才能健康运行。本章分析对外经济交往问题。

随着对外开放的深入发展,特别是2001年11月加入了世贸组织,中国逐步融入国际社会主流。这使中国经济与国际经济迅速接轨,商品、劳务、资本、劳动力等生产要素进入国际市场流动,实现资源配置的优化。中国的对外贸易经过30年的迅速发展,已经成为国际贸易的三大国之一,中国在众多的领域开展多方面的国际经济合作。对外开放既能获得参与国际分工的好处,又存在着巨大的风险。

党的十七大报告指出新时期要拓展对外开放的广度和深度,提高开放型经济水平。要坚持对外开放的基本国策,把"引进来"和"走出去"更好结合起来,扩大开放领域,优化开放结构,提高开放质量,完善内外联动、互利共赢、安全高效的开放型经济体系,形成经济全球化条件下参与国际经济合作和竞争的新优势。应该深化沿海开放,应该加快内地开放,提升沿边开放,实现对内对外开放相互促进。加快转变外贸增长方式,立足以质取胜,调整进出口结构,促进加工贸易转型升级,大力发展服务贸易。要创新利用外资方式,优化利用外资结构,发挥利用外资在推动自主创新、产业升级、区域协调发展等方面的积极作用;创新对外投资和合作方式,支持企业在研发、生产、销售等方面开展国际化经营,加快培育我国的跨国公司和国际知名品牌。这对我国的对外开放提出了新的要求。

第一节 经济全球化概述

"经济全球化"这个词最早是由T.莱维于1985年提出的。国际货币基金组织在1997年发表的《世界经济展望》中,曾对经济全球化下过这样的定义:"全球化是指跨国商品与服务交易及国际资本流动规模和形式的增加，以及技术的广泛迅速传播使世界各国经济的相互依赖性增强。”美国全球化理论权威、哈佛大学肯尼迪政治学院院长约瑟夫·奈则认为，全球化的第一层含义是经济领域，指商品、服务、资金、信息远距离的流动。还有学者认为经济全球化的本质是全球范围内市场经济发展的历史进程，是市场经济的全面推进和空前大发展。

经济全球化是指在现代科学技术进步加快、社会分工和国际分工不断深化的情况下，把世界的生产、贸易、金融等活动紧密联系在一起，使各国各地区之间的经济活动相互依存、相互开放。作为生产和资本国际化高度发展的产物，经济全球化的内容包括了生产、贸易和金融等方面。21 世纪以来，以微电子、计算机、生物技术为先导的现代科技革命推动了以信息产业迅猛发展为主要内容的产业革命，科学技术已渗透到社会生活各个领域。尤其是计算机和网络技术的飞速发展，使全球性经济贸易活动变得越来越方便和快捷，地球似乎正在缩小，全球经济一体化已成为一股不可阻挡的潮流。资金、技术、人员、信息等生产要素和商品在全球范围内快速、自由流动，寻求最有利的配置，使得世界各国的经济日益紧密地联系在一起，相互渗透，相互影响，相互依存。

一、经济全球化的内容

经济全球化的主要内容包括生产全球化、贸易全球化和资本全球化。

生产全球化是指随着科学技术的发展和高精尖产品及工艺技术的出现，生产领域的国际分工和协作得到增强。生产全球化是经济全球化的主要特征，也是推动经济全球化的主要动力。生产全球化主要表现在以下两个方面：首先，国际分工进一步在广度和深度上发展。从广度上讲，参与国际分工的国家和地区已遍及全球；从深度上讲，国际分工越来越细，已由过去单一的垂直型分工发展为垂直型、水平型和混合型多种分工形式并存的新格局。另外，国际分工的形态也呈现出多样化，不仅有生产资源型分工，而且生产工序型和零部件生产专业化型分工日益增多。其次，国际直接投资迅速发展。国际直接投资是一种深层次的通过投资设厂，在生产领域里、在生产过程中把各国经济联系起来的方式。国际资本流动规模的迅速扩大，成为贸易之外联系世界各国经济的另一重要纽带。二战后，国际分工的深化使得全球生产联为一体，各国的生产活动相互依存，形成一个完整的全球性的生产体系。某些产品，如大型计算机、飞机、卫星等高技术含量的产品，结构复杂，技术要求高，需要由不同国家的多个企业共同完成。例如：美国波音公司的波音 767 飞机在美国西雅图波音公司完成了设计并生产座舱，机首和机翼的生产在意大利完成，机尾的生产在加拿大完成，挡风玻璃和发动机在英国生产，机身和高技术部件的生产在日本完成。总之，29 个国家参与了这架飞机的制造。这样一来，整个地球就变成了一个大工厂。

贸易全球化是指随着科学技术的发展和各国对外开放程度的提高，流通领域中国际交换的范围、规模、程度得到增强。贸易的全球化发展起源于古典贸易理论。作为经济全球化的表现形式,全球性贸易是首当其冲的。国际贸易的进一步增长又将有力地推动经济全球化的发展。正如世界贸易组织总干事鲁杰罗于1996年5月10日在斯德哥尔摩发表讲话时所说的:“经济全球化是被贸易发展推着走的一列高速火车。”在贸易量迅速增大的同时,贸易结构也在发生深刻的变化。过去那种西方发达国家主要出口工业制成品、进口原料,经济落后国家主要出口初级产品、进口工业制成品的状况正在改变。此外,国际贸易的种类、范围也在不断扩大。它不仅包括商品贸易,而且还包括技术贸易、服务贸易、劳务贸易,尤其是服务贸易的领域在迅速发展。

资本全球化是指随着科学技术的发展和各国对外开放程度的提高,资本在国与国之间的流动速度加快。国际直接投资是资本全球化的基础。近年来,世界各国对外直接投资的规模迅速扩大,对外直接投资的发展使各国之间的经济关系更加密切,使各国经济相互交织,融为一体。国际金融市场的形成也是资本全球化的一个方面的内容。1995年7月26日,全球金融服务贸易谈判经过3年多的谈判达成协议,主要内容是金融业和保险业的市场准入拓宽,金融市场资本流通渠道更为广阔,全球90%的金融市场获得开放。经济全球化的发展使金融进一步自由化。随着现代电子技术和通信手段的飞速发展,尤其是随着各国对资本流动管制的解除和“电子货币”(信用卡)的流行,货币的国际交换和流动的规模日益扩大,使经济信息资源在全球迅速、准确地传递,这大大推动了金融市场的发展。据统计,目前世界各类资本市场的总规模达35万亿美元,跨国资金流动为7.6万亿美元,全球外汇市场日交易额1.5万亿美元,远高于同时期世界各国银行外汇储备的总额。

二、经济全球化对发展中国家的影响

经济全球化对世界经济的影响深远而复杂,在提高生产要素的全球配置效率,推动世界经济的总体增长,促进国际贸易、国际投资的进一步大发展的同时,也应该看到,经济全球化不可避免地在全球范围内产生了一系列负面影响,带来了诸多亟待解决的问题。

对于广大发展中国家而言,经济全球化是一把“双刃剑”,具有二重性,既有正面效应,也有负面效应。一方面,经济全球化为发展中国家参与世界经济、吸收发达国家的资金技术和先进管理经验,充分发挥后发优势并最终赶超发达国家提供了机遇,带来了前所未有的利益;另一方面,经济全球化也可能给发展中国家带来风险甚至灾难,对发展中国家的主权、经济安全、价值观念提出了挑战,稍有不慎,就可能为经济全球化付出沉重代价。

(一)经济全球化对发展中国家的机遇

二战以来,发展中国家纷纷实行市场经济体制,逐步融入经济全球化进程,发生了翻天覆地的变化,各项经济指标均有明显改善。发展中国家的人均GDP、科研开支、吸收的外国投资均得以大幅度增长。

发展中国家利用经济开放程度的提高,使贸易投资自由化,获得过去难以得到的先进技术、管理经验、资本、市场、资源和其他有利条件,实现经济"赶超梦想"。特别是经济全球化带来的国际分工大发展、产业大转移、资本大流动和技术大外溢,对于发展中国家弥补国内资本、技术等生产要素缺口,实现产业升级、技术进步、制度创新和整个经济起飞都是非常有利的。因此,经济全球化为发展中国家提供了前所未有的发展机遇,多数发展中国家也因此而在不同程度上成为经济全球化的受益者。这主要反映在以下几个方面。

第一,经济全球化为发展中国家提供了更多吸引外资的条件和机会。吸引外资规模的扩大无疑有助于解决发展中国家的资金短缺问题。

第二,经济全球化为发展中国家的对外直接投资创造了有利的外部环境和条件,使其对外直接投资规模不断扩大,迅速增长。

第三,经济全球化带动了世界范围内经济技术开发区以及保税区和自由贸易区等多种形式自由经济区的发展。各类经济区达二百三十多个,遍及世界七十多个国家,且主要分布在发展中国家,不仅成为吸引外资的"载体",而且对解决这些国家的就业问题发挥了积极作用。有资料显示,由于上述经济区的发展,近十年间发展中国家的就业人数年均增长率提高了14%以上。

第四,经济全球化使世界范围内的产业结构调整进一步深化,步伐加大。发展中国家可以利用这个契机,遵循立足现实与着眼未来的有机统一,主动协调好世界范围产业结构调整和国内产业升级的关系。既要继续引进发达国家技术比较先进的劳动密集型产业,充分发挥比较优势,增加国内就业,扩大出口,完成工业化进程;又要利用经济全球化提供的机会,加大对发达国家先进技术的引进和学习,发展一批高新技术产业,特别要在某些关键环节上占据优势地位,抢占未来竞争的战略制高点,加速国内现代化进程。

第五,经济全球化促进了发展中国家的跨国公司的发展,使其在世界市场的竞争力逐渐增强。有些跨国公司的发展甚为迅速,已从贸易活动深入到国际生产领域和高科技领域,并开始参与国际市场的竞争,向发达国家的跨国公司提出了挑战。当然,从总体上说,发展中国家跨国公司由于起步较晚,目前发展水平较低,普遍投资规模较小,生产规模不大,且产品多属于技术含量低的劳动密集型产品。但从发展趋势看,由于经济全球化为发展中国家提供了在更广泛的领域内积极参与国际竞争的机会,发展中国家跨国公司更积极地活跃在世界经济舞台上的时代指日可待。

第六,经济全球化拉动了国际贸易的迅速发展。尽管发达国家是国际贸易的最大受益者,但发展中国家尤其是亚洲的发展中国家也受益于国际贸易,其贸易额约占世界贸易总额的20%。

由此可见,发展中国家通过参与经济全球化可以使国内资源得到最为充分的合理配置,为其自身发展提供全球化的市场、资金、技术、人才及先进的管理经验,这些是发展中国家发展经济急需的。通过参与经济全球化,还可以使发展中国家在日益激烈的国际竞争中,尽快地提高本国民族企业的竞争力,加快经济改革与对外开放,促进经济现代化的早日实现。此外,经济全球化也可推进发展中国家的政治改革,加速民主化进程。

(二)经济全球化对发展中国家的挑战

世上从来没有"免费的午餐",经济全球化作为一柄"双刃剑",在推动发展中国家经济发展的同时,也带来了许多负面影响。除了少数发展中国家和地区(如东亚部分国家和地区),大多数发展中国家是经济全球化的被动参与者,是不自觉地被卷入的对象,在经济全球化中处于"边缘化"地位,它们面临的更多的是挑战和风险。人们都还记得,在经济全球化和自由化的压力下,泰国过早地、过度地开放金融市场,撤掉了所有自我保护的屏障,结果导致一场严重的金融危机,然后很快发展成亚洲金融危机,还导致了俄罗斯金融危机和巴西金融危机。正如马来西亚一位前副总理所惊叹:"索罗斯使40年如一日,一直致力于发展本国经济的东南亚国家的经济毁于一旦。"

一些发展中国家的领导人至今仍对经济全球化耿耿于怀。例如,马来西亚前总理马哈蒂尔认为,发展中国家在经济全球化进程中将失去独立性,全球化将使发展中国家变得更加贫穷,发达国家变得更加富有,两者之间的财富差距将越来越大。前韩国总统金大中曾在2000年5月15日的讲话中指出,全球化的负面影响开始显露出来,对此必须加以警惕并预先采取措施,否则"可能面临极大的危险和灾难"。联合国开发计划署在一份报告中也认为,经济全球化只对少数人有利,使大多数人变得更加贫穷,造成了极端的不平等。而且,极少数国家从经济全球化所获得的利益是以大多数国家的牺牲为代价的。2000年4月,时任联合国秘书长安南在一年一度的联合国经济及社会理事会会议上指出,在全球化和新技术正给一部分人带来迄今为止无法想象的利益的同时,另一部分人——据估计人数更多——却仍然享受不到这些利益,过着极度贫穷、往往营养不良和疾病缠身的生活。

以上这些资料表明,对于发展中国家来说,经济全球化带来的挑战更为严峻,发展中国家在与发达国家分享经济全球化带来的部分利益的同时,却承受着经济全球化所带来的负面效应甚至对本国经济的严重冲击。经济全球化对发展中国家的挑战主要有以下几方面。

第一,发展中国家在当前经济全球化进程中处于不利地位。随着全球贸易和全球生产体系的迅速发展以及跨国公司及其资本的不断扩张,发展中国家的民族经济面临着越来越大的压力和冲击,对发达国家的依附性也不断增大。一方面,发达国家不仅是经济全球化的主导者和推动者,掌握着主动权,而且现存的国际经济规则大部分是以发达国家为主导制定的,有些规则是在发展中国家缺席的情况下制定的,如某些产业规则、信息技术产品协议和劳工标准等,这就决定了发展中国家在经济全球化进程中始终处于与发达国家无法相比的不利地位。另一方面,由于发展中国家经济基础不稳固,市场发育不完备,经济结构相对脆弱,资金匮乏,技术比较落后,人才流失严重等，很容易受到经济全球化的冲击而产生国内经济波动。发达国家控制着国际经济体系，手里掌握着资金、技术等优势，在经济全球化中把大多数发展中国家远远抛在后面。

第二，经济全球化下的金融全球化在推动发展中国家经济增长的同时，带来了不容忽视的金融风险和经济冲击。目前，24 小时电子化交易的全球金融市场已经形成，在为市场交易提供更大便利的同时，也为金融界的不少投机分子提供了可乘之机。国际市场上每天 1 万亿美元以上资金的 80% 都用作短期套利，风险巨大。特别是金融衍生工具的发展，再依靠国际互联网作载体，资金可以随时流向地球上任何一个有利可图的地方。而与此同时，防范金融风险和稳定金融秩序的任务却被发展中国家所普遍忽略。它们在金融体制不完善和金融监管能力不强的情况下盲目开放国内金融市场，放松金融管制，削弱了政府宏观金融调控能力。在这种情况下，金融全球化对发展中国家的负面影响凸现，对其金融市场造成不小的冲击。无论是 1994 年底至 1995 年初的墨西哥金融危机，还是 1997 年下半年的东亚金融危机，都是在有关发展中国家积极参与全球化进程、开放金融市场的情况下发生的。

第三，在解决全球性问题时，发展中国家也面临着尴尬的局面。一方面他们要发展经济和提高人民生活水平，另一方面却被发达国家指责为环境的破坏者。实际上，发达国家已经超越了工业化发展阶段，应对已形成的环境污染结果负责。同时，经济全球化使发达国家将越来越多的劳动密集和资源密集型产业以及对生态环境破坏严重的产业向发展中国家转移。虽然从某种意义上讲，可以使发展中国家的劳动和资源密集型产业得到较大发展，加快工业化进程，但发展中国家却因此而使自己良好的自然环境受到污染，平衡的生态系统遭到破坏，资源浪费现象相当严重，社会负担成本日益加重，更重要的是无助于发展中国家发展高新技术产业和加快科技进步，从而影响发展中国家的发展并最终影响到整个世界的可持续发展。

第四，经济全球化导致和加剧了世界经济发展的进一步不平衡。突出表现在南北差距不断扩大，发展中国家更加落后于发达国家，尤其是造成那些处于最底层的发展中国家更加贫穷落后。发达国家与发展中国家人均 GDP 的差距从 1983 年的 43 倍扩大至 2000 年的 60 多倍。全世界有十多亿人每天收入不足 1 美元，28 亿人每天收入低于 2 美元，而世界最富有的两成人享用全球超过八成半的产品和劳务。穷国与富国人均收入差距相当悬殊，由 1960 年的 1∶3扩大到 1997 年的 1∶74。据联合国统计，全球最不发达国家的数量一直在增加，1990 年仅 36 个，1995 年为 42 个，2000 年则上升到 48 个。许多最不发达国家甚至并未真正感受到经济全球化的任何好处，或者只是在其中取得毫末之利。

第五，经济全球化带给发展中国家的最大问题或者说最大威胁，是它们的国家主权受到冲击和削弱，国家经济安全受到挑战。首先，经济全球化的发展要求各国都要一定程度地让渡和共享经济主权。但实际上，这种让渡和共享是不对称的。由于经济实力的差别，发展中国家对于发达国家的资金、技术乃至管理经验的需求更加迫切，这就为发达国家把一些不合理的要求强加给发展中国家提供了条件。其次，由于经济全球化条件下世界范围内市场力量的加强以及发达国家大跨国公司的不断扩张，有可能冲击发展中国家的一些国内产业，威胁国内市场安全，使发展中国家在经济事务中的权力相对减弱。在跨国资本流动中，发达国家的跨国公司借助资本、技术等方面的优势，通过独资、合资等方式控制发展中国家国内企业，甚至控制那些关系到国计民生的重要产业，这样就严重威胁着发展中国家的经济安全。最后，适应经济全球化需要而成立的"超国家"专门性国际经济组织也对发展中国家的经济主权形成约束。例如，中国加入世界贸易组织，不仅要做出服从世贸组织规划的承诺，而且对一些发达国家过高的要价筹码要做出一定的让步。也就是说，为加入世贸组织不得不牺牲一定的经济利益，甚或在个别问题上被迫屈从于世贸组织和主要发达国家对中国经济主体的制约。

世界经济的高速增长，尤其是中国周边一些国家（地区）的经济高速发展和工业化取得巨大成就，给中国带来了巨大的压力，但同时也是经济发展的机遇。中国经济与发达国家以及与周边国家的差距，不仅是数量上的差距，而且是生产力的质的差距。发达国家已经完成了工业化的历史任务，正在向信息社会迈进。周边国家和地区作为新兴工业化国家（地区），工业化基本完成或者接近完成。中国从总体上看，可能进入工业化的中后期，发展经济的历史任务还相当艰巨。中国与发达国家的生产力发展阶段存在着两个台阶的差距，与新兴工业化国家存在着近一个台阶的差距。如果从人均国民生产总值来看，中国与发达国家、新兴工业化国家还存在着较大的差距。

坚持改革开放的大方向，抓住时机加快发展速度，是完成工业化、现代化的伟大历史任务，是全面建设小康社会的有力举措。

第二节　国际贸易理论及中国的对外贸易

中国融入国际社会主流的一个重要途径是国际贸易。国际贸易是以国家（地区）作为一个经济单位，是国家（地区）与国家（地区）之间进行的国际范围内的商品和服务的交换。国际贸易是国际市场经济的重要组成部分，国际市场经济是一国市场经济的自然延伸。市场经济的客观基础是社会分工，国际贸易的客观基础是国家分工。国际分工是超越国界在世界范围内的社会分工。

国际贸易学说是经济学中最古老的学说之一。国际贸易问题也经常是经济理论中争论得最为激烈的问题。早在16世纪，西欧重商主义者就开始对国际贸易问题进行了探讨。随着资本主义的发展，国际贸易理论研究工作在18～19世纪日益发展。古典经济学最重要的代表亚当·斯密、大卫·李嘉图为国际分工和国际贸易提供了理论基础。在他们之后，经过其他经济学家的发展，特别是赫克歇尔和俄林的完善，使这个理论至今仍在西方经济学界占据支配地位。

一、亚当·斯密的绝对成本学说

亚当·斯密(Adam Smith, 1723—1790 年)是资产阶级经济学古典学派的主要奠基人之一,也是国际分工和国际贸易理论的创始者。他处于从工场手工业向大机器工业过渡时期。在其代表著作《国富论》中,他提出了国际分工与自由贸易的理论,并以此作为他反对重商主义的"贸易差额论"和保护贸易政策的重要武器,对国际分工和国际贸易理论做出了重要贡献。

亚当·斯密在《国富论》中指出:国家要获得财富和权力,关键在于经济发展。他认为,经济发展又主要是劳动分工在起作用,劳动分工对经济发展所起作用的大小又取决于市场规模如何。他强调,如果国家对商品交换和市场扩大设置障碍的话,那就意味着在拖经济发展的后腿。因此,亚当·斯密主张,凡是希望强大的国家,就必须奉行自由贸易政策。

斯密认为,每一个国家都因地域或自然条件肯定存在着适合于生产某种特定产品超过其他国家绝对有利的生产条件。如果每一个国家都按照这样绝对有利的生产条件进行专业化生产,实行国与国之间的地域分工并进行交换,则彼此都有益处,会使各国的资源、劳动力、资本得到充分利用,生产率得到提高,财富得以增加。

斯密在《国富论》中以分工为前提,把个人和家庭从分工中获得的好处推及国家与国家的经济交往中,阐述了以追求富裕为目标的国际分工理论,即绝对成本学说(Theory of absolute advantage)。

下面利用两个国家、两种商品的贸易模型来说明这个理论。假定美国和英国都生产小麦和布两种商品。分工前后两国的劳动耗费和产量见表 9-1 和 9-2。国际分工前,在 200 个劳动日内美国和英国都可生产 50 吨小麦和 20 匹布,但英国生产布占优势(50 日生产 20 匹),美国生产小麦占优势(100 日生产 50 吨)。按"绝对成本说"进行国际分工后,英美两国各自只生产优势产品,花费同样的劳动天数(共 400 日),总产量却增加了 40 匹布。然后两国用 50 吨小麦与 40 匹布进行交换(都是 100 日劳动的产物),双方都比分工前多得 20 匹布,见表 9-3。这正是斯密"绝对利益说"所企图证明的国际贸易的利益所在。

表 9-1 国际分工前两国各自生产两种产品的情况

	小麦		布	
	劳动量	产量	劳动量	产量
美国	100 日	50 吨	100 日	20 匹
英国	150 日	50 吨	50 日	20 匹
总计	250 日	100 吨	150 日	40 匹

表 9-2　国际分工后生产两种产品的情况

	小麦		布	
	劳动量	产量	劳动量	产量
美国	200 日	100 吨		
英国			200 日	80 匹
总计	200 日	100 吨	200 日	80 匹

表 9-3　贸易利益

	美国		英国	
	分工前	分工后	分工前	分工后
小麦	50 吨	50 吨	50 吨	50 吨
布	20 匹	40 匹	20 匹	40 匹

总之,"只要甲国有此优势,乙国无此优势,乙国向甲国购买,总是比自己制造有利"。他从生产成本的绝对差别出发,认为一国生产某种商品的成本比别的国家绝对低,即具有绝对利益的优势时,该商品就可以出口;反之,就要进口。两国可根据专业化的原则实行分工。在此基础上进行贸易,出口国出口的是在本国生产比较有效率的商品,进口国进口的是在外国生产比较有效率的商品。这样,贸易双方都可获得更多的利益。

二、大卫·李嘉图的比较成本理论

大卫·李嘉图(David Richard,1772—1823 年)是英国工业革命深入发展时期的经济学家,是当时英国工业资产阶级的思想家。其代表著作是《政治经济学及赋税原理》。

李嘉图的比较成本说是在亚当·斯密绝对成本理论的基础上发展起来的。绝对利益论的前提是:必须存在绝对的劳动生产率优势,否则贸易不成立,而这恰恰不是国际贸易事实。即斯密的理论隐含着这样一个问题:如果一个国家在几种商品或者说所有商品的生产成本方面都相对于另一个国家的同类商品处于绝对劣势地位,那么这两个国家能不能进行贸易呢?按照绝对优势论是不能的。但现实世界中这种情况却很多,不少发展中国家完全可能在各个产业领域都比发达国家落后,难道有可能把落后国家都排斥在国际贸易之外吗?这个问题由李嘉图解决了。

李嘉图天才地看到了各国贸易优势不是建立在自然形成的绝对成本之上,而是建立在产品的相对成本上。各国经济只是生产那些成本相对较低的商品。即使一个国家在每一种商品的生产上都拥有绝对优势,但它也只是生产其中成本相对更低的商品,而把生产其他商品的机会出让给别国。它只是以生产成本最低的商品去同其他国家进行交换,以使所有国家都能从贸易中得到好处。假设英国、葡萄牙生产酒和毛呢。分工前两国生产情况见表9-4所示。

表9-4 国际分工前两国生产单位产品所需劳动量

	一单位毛呢	一单位酒
葡萄牙	90人/年	80人/年
英国	100人/年	120人/年

按照斯密的理论,在以上情况下,英、葡两国之间不会发生贸易,因为英国两种产品的劳动成本都绝对高于葡萄牙,英国没有什么东西可以卖给对方。但李嘉图认为,对葡萄牙来说,与其用90人生产单位毛呢,不如用80人生产单位酒去交换英国的毛呢,这样可节约10人劳动,能生产出更多的酒。同理,对英国来说,与其用120人去生产酒,还不如用100人生产毛呢交换葡萄牙的酒,这样可节约20人劳动,能生产出更多的毛呢,因而需要进行分工。分工后的产品产量和交换后的贸易利益分别如表9-5、表9-6所示。

表9-5 国际分工后两国所得产品的产量

	毛呢	酒
葡萄牙		(90+80)/80人=2.125
英国	(100+120)/100=2.2	

表9-6 交换后贸易利益

	英国		葡萄牙	
	分工前	分工后	分工前	分工后
毛呢	1单位	1.1单位	1单位	1.1单位
酒	1单位	1.1单位	1单位	1.025单位

在生产投入不变的情况下,酒和毛呢的消费数量比以前增多,各国福利有所提高。这就说明在一国生产率处于绝对劣势、另一国处于绝对优势的情况下,遵照一定的条件也完全可以进行国际交换。那就是,在各种商品的生产方面都处于优势的国家,应该选择优势更大的商品进行专业化生产,而在各种商品的生产方面都处于劣势的国家,则应该选择劣势较小的商品进行专业化生产。然后,两国进行交换,就都可以从国际贸易中得到好处了,即"两优相较择其重,两劣相较择其轻"。

李嘉图运用简单的相对比较法,使人类对国际贸易的认识有了突破性的发展。比较成本优势表明,并非只有"互通有无"才能进行贸易,也并非只有在"绝对优势"

的情况下才能参与国际贸易。只要通过正确的比较选择,扬长避短,任何国家都可参与贸易并得到好处。扬长避短是国际贸易的基本原则。

在李嘉图的比较成本优势理论中有两个重要假设。一是完全自由竞争;二是劳动力是唯一的要素投入,即劳动力的总供给是有限的,要增加某产品的生产,必须把劳动力从另一种产品的生产中抽出来。他写道,在完全自由贸易体制下,每一个国家自然会把它的资本和劳动力投到最有益的地方去。通过促进工业发展,最充分地利用得天独厚的自然资源,有效而经济地配置劳动力来实现专业化大批量生产,通过贸易把比较优势的好处分散到各个国家去。李嘉图所阐述的以比较成本优势为基础的专业化大生产会使世界各国普遍得益的观念长盛不衰。即使在今天,相当多的经济自由主义者仍把此视为国际贸易理论的瑰宝。

三、中国的对外贸易

2007 年,世界经济继续保持较快增长,但受美国次贷危机等因素的影响,增长速度有所放缓;国际贸易和投资仍较活跃;国际市场能源资源和农产品价格继续大幅上涨,全球范围内的通胀压力进一步增加。中国经济继续保持平稳快速发展,呈现增长较快、结构优化、效益提高、民生改善的良好运行态势,但受国内食品价格过快上涨和国际市场初级产品涨价传导等因素影响,价格上涨持续加快。

由于国内外环境总体仍比较有利,2007 年中国对外贸易继续保持平稳较快发展,进出口总额达到 21 738 亿美元,增长 23.5%,连续 6 年增长 20% 以上,首次跃上 2 万亿美元的新台阶,继续稳居世界第 3 位,出口名列世界第 2 位。同时,国家出台的一系列进出口调控政策效应开始显现,进出口商品结构得到进一步优化,外贸发展方式转变有了新进展。

(一)出口增速下半年逐步回落,顺差增幅前高后低

2007 年,中国出口 12 180 亿美元,增长 25.7%,比上年回落 1.5 个百分点。在国家外贸政策调整、人民币升值加快和美国市场需求增长放缓等因素共同作用下,出口增速从 8 月份开始逐步回落,由 7 月份的 34.2% 回落到 12 月份的 21.7%;第四季度出口增长 22.2%,低于前三季度 4.9 个百分点,低于上年同期 6.7 个百分点。进口 9 558 亿美元,增长 20.8%,比上年提高 0.9 个百分点,特别是第四季度受能源资源产品进口价格大幅上涨等因素影响,进口增长明显加快,增速达 25.4%,高于前三季度 6.3 个百分点,高于上年同期 10 个百分点。

由于出口增速回落,进口增速上升,顺差增长明显放缓。全年顺差 2 622 亿美元,增长 47.7%,比上年回落 26.3 个百分点。特别是下半年顺差增速逐月回落,从 6 月份的 86.7% 回落到 12 月份的 8%。中国近年来出口增长情况见表 9-7 所示。

表 9-7 中国近年来进出口增长情况

单位:亿美元

年份	进出口		出口		进口		差额
	金额	增速(%)	金额	增速(%)	金额	增速(%)	
2003	8 509.9	37.1	4 382.3	34.6	4 127.6	39.8	254.7
2004	11 545.5	35.7	5 933.3	35.4	5 612.3	36.0	321.0
2005	14 219.1	23.2	7 619.5	28.4	6 599.5	17.6	1 020.0
2006	17 604.0	23.8	9 689.4	27.2	7 914.6	19.9	1 774.8
2007	21 738.3	23.5	12 180.2	25.7	9 558.2	20.8	2 622.0

(二)出口商品结构继续改善,初级产品进口增长加快

2007 年,国家取消或降低了钢材等 712 种高能耗、高污染和资源性产品出口退税,开征或提高 142 种产品出口关税,降低服装等 2 268 种易引起贸易摩擦商品的出口退税,取得了明显成效。高能耗、高污染和资源性产品出口过快增长势头得到遏制,原油出口量下降 38.7%,钢坯下降 28.9%,煤下降 16%,钢材出口量从 4 月份 715 万吨下降到 12 月份 479 万吨。劳动密集型产品出口增长平稳,纺织服装、鞋类和箱包分别比上年增长 18.9%、16% 和 24.3%。机电产品仍然增长较快,全年出口 7 011.7 亿美元,增长 27.6%,高新技术产品出口 3 478.3 亿美元,增长 23.6%。

受国内需求带动、部分资源性产品进口关税税率下调、进口便利化程度提高等因素的影响,部分能源资源和农产品进口加快。全年进口初级产品 2 429.8 亿美元,比上年增长 29.8%。其中原油进口量增长 12.4%,铁矿石增长 17.4%,大豆增长 9.2%,食用植物油增长 25.2%,未锻造的铜及铜材增长 34.8%。同时,由于国际市场农产品和部分资源性产品价格持续走高,加上海运费过快上涨,导致初级产品进口价格普遍大幅上扬。其中大豆进口价格上涨 40.4%,食用植物油上涨 58%,铁矿石上涨 37.6%。机电产品和高新技术产品进口分别比上年增长 16.7% 和 16.0%,增速均有所回落。

(三)加工贸易进出口增速放缓,一般贸易进口增长加快

2007 年,国家调整加工贸易政策,扩大了加工贸易禁止类和限制类商品范围,加工贸易增速放缓。全年加工贸易进出口 9 860.5 亿美元,增长 18.5%,低于上年 2 个百分点。其中出口 6 176.5 亿美元,增长 21.0%,低于上年 1.6 个百分点,进口 3 684.0 亿美元,增长 14.6%,低于上年 2.8 个百分点。

一般贸易进出口 9 672.3 亿美元,增长 29.1%,高于上年 3.1 个百分点。其中出口 5 385.8 亿美元,增长 29.4%,低于上年 2.7 个百分点;进口 4 286.5 亿美元,增长 28.7%,高于上年 9.6 个百分点。

(四)民营企业出口比重继续上升,外资企业进出口增速回落

2007 年,民营企业进出口 4 243.7 亿美元,增长 38%,高于上年 0.9 个百分点。其中出口 2 976.8 亿美元,增长 39.2%,占出口总额的比重为 24.4%,比上年提高了 2.3 个百分点;进口 1 266.9 亿美元,增长 35.1%。

外商投资企业进出口 12 549.3 亿美元,增长 21.1%,比上年回落 3.5 个百分点。其中出口 6 955.2 亿美元,增长 23.4%,回落 3.5 个百分点;进口 5 594.1 亿美元,增长 18.4%,回落 3.6 个百分点。国有企业进出口 4 945.3 亿美元,增长 18.7%。其中出口 2 248.1 亿美元,增长 17.5%;进口 2 697.2 亿美元,增长 19.8%。2007 年中国进出口贸易方式、企业性质情况如表 9-8 所示。

表 9-8　2007 年中国进出口贸易方式、企业性质情况

单位:亿美元

项目		出口		进口	
		金额	同比(%)	金额	同比(%)
总　值		12 180.1	25.7	9 558.2	20.8
贸易方式	一般贸易	5 385.8	29.4	4 286.5	28.7
	加工贸易	6 176.5	21.0	3 684.0	14.6
	其他贸易	617.8	45.8	1 587.7	15.9
企业性质	国有企业	2 248.1	17.5	2 697.2	19.8
	外商投资企业	6 955.2	23.4	5 594.1	18.4
	民营企业	2 976.8	39.2	1 266.9	35.1

(五)对美出口增长明显回落,对新兴市场出口增长强劲

2007 年,欧盟、美国、日本仍为中国前三大贸易伙伴,双边贸易额分别增长 27%、15% 和 13.9%,其中对欧、美、日出口分别增长 29.2%、14.4% 和 11.4%。下半年,受次贷危机影响,美国国内消费和进口增长明显放慢,中国对美出口增速下降,从 7 月份的 18.9% 回落到 12 月份的 6.8%,全年增长速度比上年回落 10.5 个百分点。

与新兴市场国家的双边贸易额强劲增长,成为新的亮点。其中对俄罗斯、印度和巴西出口分别增长 79.9%、64.7% 和 54.1%,自三国进口分别增长 12.1%、42.4% 和 42.0%。同时,与东盟、中国香港地区、韩国、中国台湾进出口也保持较快增长,增速分别达到 25.9%、18.8%、19.1% 和 15.4%。2007 年中国进出口贸易伙伴情况如表 9-9 所示。

表 9-9 2007 年中国进出口贸易伙伴情况

单位:亿美元

主要出口贸易伙伴情况				主要进口贸易伙伴情况			
位次	国家或地区	出口金额	增速(%)	位次	国家或地区	进口金额	增速(%)
	总值	12 180.2	25.7		总值	9 558.2	20.8
1	欧盟	2 451.9	29.2	1	日本	1 339.5	15.8
2	美国	2 327.0	14.4	2	欧盟	1 109.6	22.4
3	中国香港	1 844.3	18.8	3	东盟	1 083.7	21.0
4	日本	1 020.7	11.4	4	韩国	1 037.6	15.6
5	东盟	941.8	32.1	5	中国台湾	1 010.2	16.0
6	韩国	561.4	26.1	6	美国	693.8	17.2
7	俄罗斯	284.9	79.9	7	澳大利亚	258.5	33.8
8	印度	240.2	64.7	8	俄罗斯	196.8	12.1
9	中国台湾	234.6	13.1	9	巴西	183.3	42.0
10	加拿大	194.0	25.0	10	沙特阿拉伯	175.6	16.4

第三节 跨国公司概述及相关理论

所谓跨国公司,是一种国际性企业,它以本国总公司为基地,通过对外直接投资在其他国家和地区设立子公司,从事跨越国界的生产经营活动。简而言之,跨国公司是在两个以上国家开展生产经营活动的企业,在其海外的子公司或其他生产经营活动机构中,母公司的股份一般不能少于15%。

跨国公司于20世纪60年代在美国兴起,70年代以后欧洲和日本,乃至不少发展中国家的企业迈出国门,实行跨国经营,从而形成了一大批拥有巨额资金、掌握大量先进技术和管理技能的跨国公司。它们在全球范围内组织生产和销售,成为资源全球最优配置和市场经济在全世界扩展的动力和主体力量。

一、跨国公司的产生和发展

跨国公司是发达国家的对外资本输出,主要是私人海外直接投资的产物。

在第二次世界大战以前,已经有跨国公司出现。据统计,1913 年英、美、法、德四个主要资本主义国家的资本输出总额大约为380 亿美元,1914 至 1938 年之间,这些国家的企业分别在海外建立了 1 441 家子公司。当时跨国公司向海外扩张的主要动因是出于对殖民地、半殖民地的控制。例如,1914 年英国对外直接投资余额为 200 亿美元,其中 70% 投向英属殖民地及其势力范围。1913 年美国制造业的 187 家垄断组织总共拥有海外企业116家,1937年增为715家。第二次世界大战以后,英、法和德国的对外直接投资急剧减少,而美国的对外直接投资却不断上升。以此为背景,战后至70年代初,跨国公司的发展实际上是指美国跨国公司的发展。1945年美国的对外直接投资总额为170亿美元,1960年为319亿美元,1975年达1 245亿美元,占当年世界对外直接投资的44%。到1984年美国的对外直接投资总额达2 334亿美元。1969年美国的跨国公司大约生产了总值为1 400亿美元的商品,超过了除美国和苏联之外的任何单个国家的国民生产总值。1983年美国跨国公司的出口占到美国出口总额的3/4以上和进口的1/2以上。跨国公司的发展使美国的经济触角渗透到世界各地。在上个世纪80年代初,美国商用机器公司(IBM)个人用计算机的860美元成本中,有625美元是美国的跨国公司在海外子公司及其相关海外企业承担的。1985年世界最大100家大工业公司,美国占了52家。毫无疑问,到20世纪70年代末,美国的跨国公司无论在规模上和全球化程度上均独占鳌头。

20世纪70年代中后期起,随着西欧、日本经济迅速恢复并赶上或接近美国,欧洲和日本的跨国公司也就迅速强大起来。美国一家独占的跨国公司格局被打破,形成美、日、欧三足鼎立的格局。

在20世纪80年代,列入世界500强的西欧跨国公司的数量增加了25%,营业额超过10亿美元的西欧跨国公司的数量增加了7倍。日本在1960年的对外直接投资额不足1亿美元,但是到了1989年其对外直接投资额高达675.40亿美元,崛起了一大批如索尼、松下、日立、夏普和丰田、NEC等人们耳熟能详的巨型跨国企业。

跨国公司的兴起与发展不是偶然的历史现象。19世纪下半叶,发达资本主义国家中的工业革命和现代企业组织的发展奠定了跨国公司的基础。

第一,在资本主义国家第二次工业革命中,形成了许多新兴的工业部门。与第一次工业革命中形成的工业部门相比,这些新兴工业部门要求生产和资本集中。这些企业所采用的大规模生产技术和所生产的产品的性质,要求这些企业在国内和国外广泛建立自己的销售组织。随后,由于国外市场需求的扩大,关税和运输成本的障碍以及协调产品国际生产和销售的困难,企业就在国外主要市场建立工厂。这些工厂所生产的产品用来支持当地或临近国家的销售机构。

第二,铁路、海洋运输以及电报、电话等通讯手段的发展使得企业能够远距离协调在国外的产品生产和销售活动,降低了企业管理国际经营活动中的成本和不便。1930年到1990年,空运的成本已从平均每英里68美分降到每英里11美分,纽约与伦敦的3分钟电话费从244美元降到3美元。估计到2010年,这种费用可以降到3美分,使跨大西洋的通讯费几乎降为零。

第三,一些国家政府为了保护正在成长中的民族工业,往往设立关税和其他贸易保护措施,限制外国企业的竞争,这也是促进企业利用对外直接投资方式进入别国市场的一个重要因素。例如,美国政府对进口药品的关税几乎高达100%,迫使德国的贝尔公司在美国建立子公司,制造和销售药品。

第四,由于现代企业生产规模的扩大,这些企业很快在国内市场和国际市场拥有垄断力量,竞争方式因此改变。在自由竞争时代,价格是企业竞争优势的主要决定因素。而现在除了价格以外,对新产品和技术专利的垄断,对原材料和销售渠道的控制构成了竞争的基础。因此,企业为了维持竞争优势,必须到海外进行直接投资,接近市场或控制原料来源。

随着对外直接投资的发展,跨国公司的规模不断扩大。1971 年,年销售额 10 亿美元以上的制造业跨国公司有 211 家,1976 年年销售额 10 亿美元以上的工矿业跨国公司已达 422 家,1985 年已有 600 家年销售额在 10 亿美元以上的工矿业跨国公司。这些公司年销售额的总和相当于市场经济国家产品增加值的 1/5 到 1/4。而在这 600 家"10 亿美元俱乐部"中,年销售额在 100 亿到近 1 000 亿美元的跨国公司就有 67 家。1985 年,这 67 家跨国公司的销售额总共达 14 906 亿美元,占 600 家跨国公司销售总额的 48%。同期最大 200 家公司的销售额为 22 525 亿美元,占 600 家公司销售总额的 72%。

随着跨国公司规模的扩张,世界生产日益集中在少数跨国公司手中。在一些资本和技术密集型产业中,整个世界的生产集中在几家或十几家跨国公司手中。例如,1983 年 10 家最大汽车跨国公司的产量占世界总产量的 80%,其中最大 4 家就占 50%。1980 年农机工业世界销售总额的 80% 以上集中在 11 家跨国公司手中。1985 年 10 家最大半导体跨国公司占世界半导体总销售额的 66%。9 家最大电讯跨国公司占世界电讯工业总销售额的 89%。在 10 家最大计算机跨国公司的总销售额中,IBM 一家就占 49%。从这些数字可以看出,随着跨国公司的发展,在一些工业部门中,跨国公司不仅控制了国内市场,而且控制了国际市场。

二、跨国公司的特征

跨国公司是当今世界经济中集生产、贸易、投资、金融、技术开发和转移以及其他服务于一体的经营实体,是世界经济全球化的主要体现者。据联合国贸易与发展会议秘书处统计,全世界跨国公司大约有 40 000 家母公司和 250 000 家设在世界各地的子公司,它们控制了 40% 的世界生产、50% ~60% 的国际贸易、60% ~70% 的国际技术贸易、80% ~90% 的工艺研制以及 90% 以上的国际直接投资。一些巨型跨国公司,如美国的通用汽车公司、埃克森石油公司、福特汽车公司、国际商用机器公司以及英荷皇家石油公司等所拥有的资产额比世界上大部分国家的国民生产总值还要高。

归纳起来,跨国公司生产一体化呈现出以下几个新特征。

(一)从区域一体化向全球化生产体系过渡

跨国公司经营战略的更迭反映了生产国际化的运行阶段。在生产国际化的最初阶段,国际生产只是国内企业在国外生产部分的代名词,分散在各东道国的子公司大多只是以当地市场为目标,跨国母公司则控制着分散在不同市场上的多个子公司,即实行多国经营战略。随着现代技术所带来的跨国协调成本的降低、投资政策壁垒的消除和区域经济集团化的加强,跨国公司将多国经营战略调整为区域经营战略,即将子公司的目标向更广的区域市场延伸,形成了区域一体化的国际生产体系。20 世纪 80 年代中期以来,特别是 90 年代以来,跨地区的全球一体化因素正被逐步引入跨国公司。这些全球公司集中研究与开发,集中中间投入品的筹供,集中财务和金融的安排等等,形成了公司职能跨地区的全球一体化经营战略。

(二)进行了与生产一体化对应的组织创新

生产一体化的一个直接后果是大型跨国公司或跨国集团在全球范围内的迅速扩张,具体表现为数量多、规模庞大的子公司的建立。与跨国公司战略不断向全球一体化转移相适应,如今在大型跨国公司或跨国集团内就不仅包含了公司(集团)总部—地区总部(或产品总部、职能总部)—子公司那样的纵向联系,而且还包括各地区总部之间、各产品总部之间、各子公司之间的横向联系。与这种一体化相适应,跨国公司对企业内组织结构进行了更新,这就是网络管理的形成和各类总部的形成和职能的提升。

最早的跨国公司组织结构是母子结构。子公司与母公司的联系被喻为历史上的大蒙帝国的各个汗国与帝国中心的关系——纽带松散。福特公司是最早采用这种组织结构的跨国公司。福特公司通过派出巡回查账员、地区督察员对欧洲子公司进行访问式的检查,并传递指令。这种方式的优点一是子公司自由度大,能迅速做出反应;二是职责明确;三是母公司可直接获取情报。缺点一是限制公司整体在任意地区业务扩展;二是总经理个人知识、能力限制 FDI 扩大;三是缺乏一套使各种资源在公司内部转移的便利机制,如人员流动机制等。

网络式组织结构也称矩阵式结构。其组织形式是:一个轴是产品分部,另一个轴是地区分部,第三个轴是职能分部。设在国外的一家子公司要向产品分部经理、地区分部经理和至少一个职能部门的经理报告经营活动情况。这样总部可以掌握双重或多重情报,以从不同侧面了解公司的活动情况,以便加强对子公司的领导和控制,并提高对市场的应变能力。美国的道化学公司是第一家采用网络式组织结构的公司,日本的佳能公司也采用这种形式。这种组织结构比较适用于规模庞大、产品多样化、市场分散、经营活动和公司发展前景确是全球性的公司。

(三)投资模式以战略资产为目标

新建海外子公司或跨国并购现成企业是跨国公司的两大直接投资形式。20 世纪 80 年代以来,跨国并购已经取代新建投资成为当代跨国公司海外扩张的主要方式。尽管与国际直接投资的流量波动相一致,90 年代初全球跨国兼并与收购额还一度回落,但 1994 年后,跨国兼并大幅度升级。

跨国并购的不断盛行预示着一种新的投资类型的产生,那就是战略资产寻求型国际直接投资。与以往跨国公司利用自身优势“独立支持”的国际生产模式不同,目前这种强强之间的并购,具有从对方获得某些自身不具备的优势,以削减成本,创新技术,保持现有份额,是企业应对经济一体化、进行资源和实力重组的重要手段。

2001 和 2002 年跨国并购的减少是经济增长减速和预期利润下降,特别是发达国家经济增长减速和预期利润下降的结果。某些行业在进行大规模的并购后,需要进行整顿,也是导致跨国并购下降的原因。另外,拉美和中东欧一些国家实行的私有化改革进程已经结束,这也使得跨国并购的数量下降。最后,世界主要证券市场股票价格的下降也起到了很重要的作用:一方面,股票价格下降意味着通过并购所收购的资产价值的减少;另一方面,较低的股票价格也使得企业难以通过发行新股募集资金,从而对跨国并购造成冲击。

除兼并收购外,非股权联系的跨国战略联盟为另一种选择。跨国战略联盟是两个或两个以上国家的两个或两个以上的企业,为实现某个战略目标,集合各自的资源和能力而建立的一种协作关系。最近十多年来,跨国战略联盟的数量和所涉及行业日益增多。美、欧、日发达国家仍是跨国战略联盟的主体,1996 年,美、欧、日三方分别参与了全球战略联盟的 80%、40% 和 38%。

三、跨国公司理论

西方学者从 20 世纪 60 年代开始研究对外直接投资理论。美国学者海默用产业组织理论解释美国企业对外直接投资的决定因素。他认为对外投资必须满足两个条件:一是企业必须拥有竞争优势,以弥补在与当地企业竞争中的不利因素;二是不完全市场的存在,使企业拥有和保持这些优势。金德尔博格直接将市场不完全作为对外直接投资的决定性因素,市场不完全的因素有产品市场不完全、要素市场不完全、规模经济和政府造成的市场扭曲。美国学者维农提出了产品生命周期理论,尼克伯克用垄断反应论来分析直接投资,邓宁提出国际生产折中理论,等等。西方学者在对外直接投资的理论研究方面尽管做了不少努力,但是,并没有否定国际分工理论,或者说,只是对国际分工理论的某个部分进行了新的解释。

(一)垄断优势理论

垄断优势理论为 20 世纪 60 年代美国麻省理工学院教授斯蒂芬·海默首创。他认为跨国公司进行直接投资的动机源自市场缺陷。首先,不同国家的企业常常彼此竞争,但市场缺陷意味着有些公司居于垄断地位,因此,这些公司有可能通过同时拥有并控制多家企业而牟利;其次,在同一产业中,不同企业的经营能力各不相同,当企业拥有生产某种产品的优势时,就自然会想方设法将其发挥到极致。这两方面都说明跨国公司和直接投资出现的可能性。海默还进一步指出,从消除东道国市场障碍的角度看,跨国公司的优势有一种补偿的作用,亦即它们起码足以抵消东道国当地企业的优势。海默的导师金德伯格对此作了进一步引申,列出了各种可能的补偿优势,如商标、营销技巧、专利技术和专有技术、融资渠道、管理技能、规模经济,等等。垄断优势论从理论上开创了以国际直接投资为对象的新研究领域,使国际直接投资的理论研究开始成为独立学科。这一理论既解释了跨国公司为了在更大范围内发挥垄断优势而进行横向投资,也解释了跨国公司为了维护垄断地位而将部分工序,尤其是劳动密集型工序,转移到国外生产的纵向投资,因而对跨国公司对外直接投资理论发展产生很大影响。

金德贝格通过研究,把美国的垄断优势概括为以下几方面:一是实行横向一体化和纵向一体化的优势,前者使跨国公司对价格有一定的控制能力,后者使跨国公司获得外部规模经济的优势;二是拥有市场的优势,如获得营销技术、专利、商标等优势;三是由于跨国公司资金雄厚、技术先进和实行全球性经营战略使其在生产和管理技能、方式上占有绝对优势;四是由于面向发展中国家投资,使其具有获得廉价劳动力的优势;五是实行限制政策也给对外直接投资带来优势。

垄断优势理论将不完全竞争引入国际直接投资领域。从不完全竞争的角度研究国际直接投资,突破了传统的研究方法,开创了研究国际直接投资的新思路,将人们的注意力集中到跨国公司是国际生产机构而不是国际交换机构上来。但是,垄断优势理论不能解释经济发达国家的一些没有垄断优势的中小企业近年来纷纷进行国际直接投资的行为,也不能解释经济发达国家之间相互投资不断增加的现象。此外,该理论只回答了企业为什么能到国外投资,从事直接生产,而基本上没有回答企业为什么要到国外生产和到哪儿去生产等问题。

(二)产品生命周期理论

维农(Raymond Vernon)是产品生命周期理论的奠基者。第二次世界大战以来,美国企业的对外直接投资增长迅猛,维农对美国企业的对外直接投资进行了实证研究。1966 年,维农在《产品周期中的国际投资与国际贸易》中提出:美国企业对外直接投资与产品生命周期密切相关。

产品生命周期理论是 20 世纪第二次世界大战之后,解释制成品贸易的著名理论。该理论认为,由于技术的创新和扩散,制成品和生物一样,也具有一个生命周期。制成品的生命周期可以大致划分为 5 个阶段,即引入期(Introduction)、成长期(Expension)、成熟期(Maturity)、销售下降期(Sales Decline)、衰亡期(Demise)。在产品生命周期的不同阶段,各国在国际贸易中的地位是不同的。

由维农提出的该理论,运用市场学的产品生命周期概念,解释产品生命周期不同阶段贸易流向的变化,揭示产品从国内生产到出口、从出口转向投资(FDI)的过程、动因和条件。在产品生命周期的投入期、成长期、成熟期和衰退期等四阶段,国家间比较利益的变化如下:在第一阶段,美国等产品创新国拥有垄断优势,新产品在满足国内消费的同时,出口到收入水平相近的国家;在第二阶段,外国开始仿制,产品创新国出口竞争力逐步下降;在第三阶段,外国厂商开始出口该产品,并在第三国市场逐步取代创新国,经由直接投资创新国进行生产线外移;在第四阶段,产品创新国由出口国转变为进口国,同时发展中国家开始逐步具备该产品的生产能力。产品生命周期理论是一种动态经济理论,能够在一定程度上揭示不同发展水平国家间的梯度分工格局。

产品生命周期理论的优点是提供了一套适用的营销规划观点。它将产品分成不同的策略时期,营销人员可针对各个阶段不同的特点采取不同的营销组合策略。此外,产品生命周期只考虑销售和时间两个变数,简单易懂。

产品生命周期理论反映了美国制造业在20世纪50年代对外直接投资的情况,较好地解释了美国对西欧和发展中国家的直接投资。作为一种直接投资理论,维农从企业垄断优势和特定区位优势相结合的角度深刻地揭示了企业从出口转向直接投资的动因、条件和转换的过程。它是对垄断优势理论的发展。但它的局限性很大,对投资区位变化的解释只适用于美国的跨国公司,而并非普遍规律。

(三)内部化理论

内部化理论的概念最早是由美国经济学家科斯(Ronald H. Coase)在《企业的性质》一文中提出的。科斯认为,市场进行某种类型的交易需要花费一定的成本,通过市场进行交易意味着失去效率,所以贸易在厂商内部组织和展开,成本较低。后来,卡森(M. Casson)又将内部化理论用于解释跨国公司的内部垂直一体化和由此引起的公司内部国际贸易。

内部化理论认为:中间产品(包括知识、信息、技术、管理技能等)市场是不完全的,由于存在这种市场缺陷,企业之间通过市场发生的买卖关系就可能出现时滞和交易费用,不能保证企业获利。因此,将中间产品市场在一个厂商中内部化,即将市场上的买卖关系纳入企业内部生产活动中去,就可以避免时滞、讨价还价和购买者的不确定性,并将政府干预的影响减小到最低程度。内部化理论认为影响中间产品市场的内部化有四种因素,即行业特定因素、地区特定因素、国别特定因素和企业特定因素。

内部化理论是对垄断优势理论的发展,而且将国际贸易同国际投资结合起来。它是跨国公司理论研究的一个重要转折,为今后跨国公司理论的进一步发展奠定了良好的基础。它解释了企业为什么将知识产品在内部市场转让,而不在外部市场转让的原因,说明了跨国公司从原材料的采集到加工、提炼一体化的原因。但该理论的最大缺陷是它对企业为什么到国外投资以及投资的地理方向不能做出较好的解释。

(四)国际生产折中理论

国际生产折中理论的奠基人是约翰·邓宁(Joan Uarry Dunning)。邓宁认为:跨国公司进行直接对外投资是由垄断优势、内部化优势和区位优势三个因素综合决定的。邓宁对垄断优势、内部化优势和区位优势之间的关系进行了研究。如果企业只有垄断优势而没有内部化优势和区位优势,那么,它只能将垄断优势外部化,即向其他企业转让其垄断优势;如果企业拥有垄断优势和内部化优势,而没有区位优势,那么它只能在国内扩大投资,通过扩大产品出口参与国际经济活动,而不能到国外进行直接投资;只有当企业同时拥有垄断优势、内部化优势和区位优势时,它才能进行对外直接投资。国际生产折中理论对跨国公司的运作有指导作用,它促使企业领导层形成更全面的决策思想，用整体观念去考察与所有权、内部化优势和区位优势相联系的各种因素，以及其他诸多因素之间的相互作用，从而可以减少企业决策上的失误。

邓宁还对国际直接投资与各国的经济发展水平进行了实证研究，提出了“投资—发展周期模式”。他对 56 个国家在 1967—1979 年的人均国民生产总值同人均国际直接投资的关系进行了实证研究，发现一个国家对外直接投资的大小与该国经济发展水平直接相关。当一个国家的经济发展水平较低时，它通常是吸收国际直接投资的国家；当该国的经济水平逐步提高后，它在吸收国际投资的同时，也开始进行国际直接投资，资本流入额和流出额平衡；当该国的经济发展进入水平较高的阶段后，对外直接投资额将超过吸收的外国直接投资。

邓宁开创的国际生产折中理论不仅沿用了厂商理论、区位理论和工业组织理论，而且吸收了国际经济中的各派思想，创建了一个关于国际贸易、对外直接投资和国际协议安排三者统一的理论。它对于一国在进行国际贸易还是国际直接投资的选择提供了理论指导，但它对上述三类优势（要素）的相互关系及其发展过程未交代清楚，要素分类体系缺乏动态的内容。此外，他提出的“投资—发展周期模式”也存在着一定的局限性，很难解释美国在 20 世纪 80 年代从一个资本净流出国变为一个资本净流入国的过程。

四、中国利用外资和对外直接投资情况

（一）利用外资

2007 年全国吸收外商直接投资全口径数据（含银行、证券业）为：全国新设立外商投资企业 37 888 家，同比下降 8.69%；实际使用外资金额 826.58 亿美元，同比增长 13.8%。其中：1～12 月，全国非金融领域新设立外商投资企业 37 871 家，同比下降 8.69%，实际使用外资金额 747.68 亿美元，同比增长 13.59%。

入世之后，中国的投资与贸易空间愈加完善和成熟，全球各大跨国公司正在积极调整在华投资战略，由过去的单个项目的投资将转变为系统整体的经营。跨国公司在华投资日益出现五大新动向。

第一，跨国公司加大了在华投资力度，新一轮投资热开始。2001 年，台商成为新一轮投资热潮的先驱。日本在华企业在这一轮投资热潮中，投资战略从“中国事业战略”向“中国市场战略”转变，逐步建立起以中国市场为对象的营销体系。

第二，投资项目系统化。在加强制造业原有项目投资与经营的同时，他们注重加强制造业上游和下游项目的投资，即纵向一体化投资；注重加强与制造业相关的服务业项目投资，即横向一体化投资。中国正成为地区研发中心、地区管理运营中心。近来，很多跨国公司正在酝酿把在华的投资性公司升格为中国或大中华的地区总部。2002 年 7 月 LG 正式把“大本营”扎进中国，投资 4 亿美元建“北京 LG 双塔大厦”，落户建国门外大街 CBD 商圈内。这俨然是另立“中央”，统帅以 LG 电子为首，包括 LG 化学、LG 生活健康、LG 商社、LG 机电等 12 个集团下属军团。2002 年 10 月 9 日，中

国北京—戴尔计算机公司宣布在大连开设亚洲服务中心，设在大连高新技术产业园区，支持戴尔在日本市场的业务增长。而随着中国入世承诺的兑现，金融业、流通业、电信服务业、专业咨询业成为跨国公司进入的热点。

第三，投资地点集中化。与中国政府期望有所背离的是，跨国公司没有增加中西部投资。近几年投资东部的外资比例超过86%，而投向西部的外资比例低于5%。跨国公司投资集中在珠三角和长三角。

第四，投资方式多样化。首先，跨国公司战略从新建投资逐步转向并购，中国入世后，跨国公司加大了在华并购力度。其次，跨国公司独资化趋势加强。再次，从单个项目的投资转向产业链投资，例如诺基亚在北京经济技术开发区的星网工业园的投资带动整个产业链一同投资，把供应商等集中在一起，实现强强联盟、强强获益。

第五，投资管理体制一体化。入世以后，跨国公司根据大众化地区的不同资源，重新调整在华管理系统，实现投资管理体制一体化，并整合、调整了过去非市场因素投资遗留的问题。

（二）对外直接投资

我国的对外投资开始于改革开放。1979 年 8 月，国务院颁布了 15 项经济改革措施，其中第 13 项明确规定允许出国办企业。这是我国建国以来第一次把对外直接投资作为一项政策确定下来，从此，我国企业跨国直接投资拉开了序幕。1979 年 11 月，北京市友谊商业服务公司与日本东京丸一商事株式会社合资在东京开办“京和股份有限公司”。这是我国改革开放后在海外开办的第一家合资经营公司。以此为开端，我国对外投资伴随着改革开放的步伐迅速发展起来。统计显示，截至 2007 年底，我国累计设立各类境外企业超过 1 万家，中国对外直接投资净额 265. 1 亿美元，较上年增长 25. 3%，保持了快速稳定增长的势头。

总的来看，当前我国对外投资呈现以下几个特点和趋势：其一，对外投资稳中求进，投资规模不断扩大。其二，投资行业以贸易为主，逐步向非贸易领域扩展。出于开辟国外贸易窗口的目的，初期投资领域几乎都在贸易行业。随着对外投资的发展，目前已拓展到资源开发、工业制造、交通运输、餐饮旅馆、咨询服务、科研开发、农业、房地产业等，其中贸易、资源开发、工业加工制造等为三大重点领域。其三，投资区域由以发达国家和地区为主向多元化市场转变。初期对外投资主要集中在港澳等地，目前已扩展到 160 个国家和地区，亚洲、拉丁美洲仍是中国对外直接投资最集中地区；中国香港、开曼群岛、英属维尔京群岛是投资累计净额较集中的前三位。这表明，中国对外投资仍集中于传统的避税地区，企业对外投资或许有避税、规避管制等考虑。其四，投资主体以外贸企业为主，逐步向多元化方向发展。根据企业经营性质，目前我国对外投资的主体主要有四大类：①外贸专业公司和大型贸易集团，以中化、华润、五矿等专业外贸公司为代表，是中国跨国公司的先锋和主力。②生产性企业或企业集团，以首钢、中冶、二汽、联想、海尔等大型工业企业为代表。虽然起步较晚，但正以较快的发展速度向海外扩张。③大型金融保险、多功能服务公司，以中国银行、中信公司等为代表。这些公司资金雄厚，提供专业化服务，有良好的信誉，经营规模较大。④中小型企业，主要是乡镇企业、民营企业等。这些企业数量多，项目散，投资规模小，经营品种单一。其五，投资方式以新建企业为主，开始涉足收购、兼并等国际流行方式。

30 年来的实践证明，我国对外投资在众多方面有力地促进了国民经济的发展。一是通过直接投资，可以绕开贸易壁垒，拉动本国成套设备及相关产品出口；二是参股控股国外资源开发企业，有力保障了国内紧缺战略物资生产的原材料供应；三是对外投资在利用国际资本的同时，也学到了一些国外的先进技术和管理经验，培养了一批擅长境外公司经营的人才。总之，对外投资对我国经济发展、资源配置优化和产业结构调整等都起到了重要的补充作用。

今后，随着各国经济的进一步对外开放，企业间无视国界和地区障碍的既竞争又合作的新型联盟关系将获得进一步发展。如果多项以保障投资流动和企业跨国经营利益的国际投资谈判取得进展，将会对生产一体化的未来发展注入强大的动力。

第四节　经济全球化与中国的对外开放

经济全球化是当代经济发展的大趋势。在经济全球化条件下，中国的经济必须融入世界经济的发展。但是，经济全球化的发展也给中国的对外开放带来了机遇和挑战。在世界经济日益全球化和中国已加入 WTO 的形势下，中国已进入了全面提高对外开放水平的新阶段。

一、中国对外开放的基本形式

我国实行对外开放的基本形式主要有以下四种。

第一，对外贸易，主要是指国与国之间的商品交换关系。对外贸易一般由商品的进口和出口两个方面组成。如果一个国家每年的出口额和进口额相等，就称作外贸均衡；如果出口额大于进口额，就称作外贸顺差；如果进口额大于出口额，就称作外贸逆差。对外贸易是我国实行对外开放的基础和主要形式。

第二，利用外资。利用外资是解决社会主义现代化建设中资金缺乏的一个重要途径，主要有三种形式：①财政信贷，包括出口信贷、政府贷款、银行间的往来、在国际市场上筹集资金、国际组织提供的贷款等；②商品信贷，即补偿贸易以及加工装配业务中利用的信贷；③直接投资，包括中外合营和外商独资经营。

第三，引进先进技术。引进先进技术是促进社会主义现代化建设的重要条件。引进先进技术的方式多种多样，包括购买国外的专利权和非专利技术，举办中外合资企业和合作企业、外资企业以及技术咨询、技术服务等。

第四，国际劳务合作。这主要是指一国以活劳动为主的非物质形式向他国提供服务,并取得报酬的一种国际经济合作关系。它包括工程承包、技术服务以及提供教师、医生、海员、厨师等服务项目。其中,工程承包是由本国的对外承包公司承揽外国政府、国际组织和私人业主的建设项目、物资采购和其他业务,一般是通过投标、议标和其他协商途径签订承包合同,然后按合同规定开展业务活动。国际劳务合作实际上是一项包括人力、物力和设备等多方面内容的综合性的出口业务,越来越受到各国的重视。我国于1979年开始正式开展国际劳务合作。

二、中国对外开放的战略格局

经过30年的发展,我国的对外开放已取得了巨大的成就。我国在坚持独立自主、自力更生基础上实行对外开放,不仅吸收了资本主义的文明成果,而且增强了自力更生的能力,加速了实现现代化的进程,逐步形成了经济特区—沿海开放城市—沿海经济开放区—沿边、沿江和内陆中心城市的全方位、多层次、宽领域的具有中国特色的对外开放战略格局。

所谓全方位,就是不论对资本主义国家还是社会主义国家,对发达国家还是发展中国家都实行开放政策,不仅在经济建设方面坚持对外开放,而且在精神文明建设方面也坚持对外开放。所谓多层次,就是根据各地区的实际情况和特点,通过经济特区、沿海开放城市和开放区、经济技术开发区以及沿边、沿江和内陆中心城市等以不同的开放程度及各种形式,形成全国范围内的对外开放。所谓宽领域,就是立足国情,对国际商品、资本、技术、劳务等市场开放,把对外开放拓宽到能源、交通等基础设施和基础产业,以及金融、保险、房地产、科技教育、服务业等广泛领域。

经济特区是指一个国家或地区划出的特别经济区域。在这个经济区域中采取比一般地区更为开放的特殊经济政策,以吸引外资,引进先进技术,促进本地区和本国经济的发展。经济特区的主要特点是:①资金来源外向化,即经济发展主要依靠吸引和利用外资;②经济活动主要面向国际市场,以外销为主;③实行一系列优惠政策,如降低或免征某些税、简化客商出入境手续;④特区政府有较大的自主权,表现在审批建设项目、财政、外汇等方面。经济特区的建立,不仅有利于吸引外资、引进先进技术和管理经验,而且它起着全国技术窗口、管理窗口、知识窗口和对外政策窗口的重要作用。

我国在办好经济特区的同时,开放了沿海港口城市并开辟了经济技术开发区,实行类似经济特区的优惠政策,以利用沿海城市的有利条件吸引外资和引进先进技术,促进我国经济的发展。在此基础上,建立了沿海经济技术开放区,主要目的在于促进我国高新技术产业的发展,加快经济结构的调整和产品的升级换代,增强我国在国际市场上的竞争能力。

在开放经济特区、沿海开放城市、沿海经济开放区的基础上,继续开放沿边、沿江和内陆中心城市,是我国对外开放向纵深发展的重要举措。这有助于缩小我国沿海与内地之间及东、中、西部之间的差距,促进我国全方位、多层次、宽领域对外开放战略格局的形成。这一对外开放战略格局的形成，意味着我国已向世界敞开了大门，世界也正向我国走来。在此基础上，我国进一步推进对外开放，对基本实现社会主义现代化建设具有极为重要的现实意义。

经过30年的努力，我国已经全方位对外开放，形成沿海、沿江、沿边和内陆省会城市的多层次、多渠道开放的格局。经济特区、沿海开放城市、沿海经济开发区的沿海开放地带总共有32万平方千米和2亿多人口，是我国经济最具有活力的地区。我国已形成一个全方位的对外开放态势，结束了封闭的局面。

三、中国与世界贸易组织

（一）复关及加入WTO谈判的历史回顾

中国是关贸总协定23个创始缔约国之一。1948年4月21日，当时的中国政府签署了《临时适用议定书》。同年5月21日，中国成为关贸总协定缔约方。在未得到中国政府授权的情况下，台湾当局擅自于1950年3月通知联合国秘书长，决定退出关贸总协定。虽然中国指出这一退出决定是无效的，但由于受当时国内外政治、经济环境的制约，我国未能及时提出恢复关贸总协定缔约国地位的申请。

随着我国1978年实行改革开放政策取得巨大经济成就，我国经济与世界经济联系日益紧密。从加快实行改革开放政策、进一步发展国民经济的需要出发，中央于1986年做出了申请恢复我关贸总协定缔约国地位的决定。1986年7月11日我国正式提出恢复我缔约方地位后，1987年3月关贸总协定成立了“中国工作组”，开始中国“复关”谈判。1995年1月，世界贸易组织成立，从当年7月起复关谈判转为加入WTO谈判。2001年11月10日，世界贸易组织第四届部长级会议在卡塔尔首都多哈以全体协商一致的方式，审议并通过了中国加入世贸组织的决定。30天后，中国正式成为世界贸易组织的成员。

（二）中国积极加入世贸组织履行承诺

中国加入WTO是中国历史进程中的重大事件，是中国经济发展过程中的大转折，尤其对中国政府的影响是全方位的。WTO的23项协议共492页纸，只有两个条款是针对企业的，其他条款都是针对政府的，政府要做出承诺和组织实施，严格履行。中国除享有发展中国家在WTO中的权利的同时，还必须履行以下承诺。

1. 货物贸易领域

（1）关税

根据中国加入世贸组织承诺，中国于2002年1月1日大幅下调了5 000多种商品的进口关税，关税总水平由15.3%降低到12%。工业品的平均税率由14.7%降低到11.3%，农产品（不包括水产品）的平均税率由18.8%降低到15.8%。比如在敏感的汽车工业方面，中国到2006年止，应将汽车进口关税降至25%，美国公司可向中国消费者提供购车贷款，无疑，中国的汽车工业将面临严峻的考验。

(2)非关税措施

中国应在五年内取消所有的配额和数量限制。同时,相继出台了一批新的法律、法规。其中《中华人民共和国反倾销条例》、《中华人民共和国反补贴条例》、《中华人民共和国保障措施条例》已于2002年1月1日起施行。

2. 服务贸易领域

在银行业,中国允许外国银行两年后向中国公民经营人民币业务,五年后可从事零售业务,享受国民待遇,并取消地域限制。在电信业,外国公司可以参与卫星通讯业务,并可在电信公司拥有49%的股份,经营一年后,可增加到50%。外国公司还可在中国经营证券业务和拥有分销权。

3. 知识产权领域

我国已经完成了对《专利法》、《专利法实施细则》、《商标法》、《著作权法》、《计算机软件保护条例》、《商标法实施细则》、《著作权法实施细则》、《药品管理法实施办法》等法规的修改。这些法规修改完成后,我国的知识产权保护在立法方面基本符合TRIPS协议的要求。

4. 投资领域

中国立法机构已经对《中外合资企业法》、《中外合作企业法》和《外资企业法》等三个关于外商直接投资的基本法律及实施细则进行了修订。通过税制改革也已统一了内外资企业的流转税制,取消了对外商投资企业的高收费,废除了对外籍人员购买飞机票、车票、船票、门票、公共设施的双重收费标准。根据我加入世贸组织承诺,新的《外商投资产业指导目录》和汽车产业政策已经公布。

5. 透明度领域

根据我国加入WTO有关透明度的承诺,商务部通报咨询局于2001年12月11日我国成为WTO成员之日起正式开展工作,并已开始根据我国加入文件中的承诺和WTO相关协定履行各项具体通报义务。

2002年1月14日,中国政府WTO咨询点正式开始向各界提供咨询服务,就我国所有有关或影响货物贸易、服务贸易和与贸易有关的知识产权或外汇管制的法律、法规和其他措施的信息向社会各界提供咨询。

四、经济全球化对中国对外开放的挑战

加WTO后,我国的对外开放也进入了一个新的发展阶段。经济全球化和WTO对我国的对外开放提出了新的挑战。

(一)入世后我国外部环境的变化

入世后外部环境的变化主要来自我国入世的承诺。我国加入世贸组织主要作了两个承诺:一个是搞市场经济,遵守国际规则;另一个是逐步开放市场。实施两个承诺,自然会出现一系列体制上的变化。

1. 政府的行为、政府的职能发生变化

WTO 协议规范了每一成员方政府对国际贸易的管理，几乎影响了成员方行政管理的各个方面。绝大部分 WTO 协议对企业没有直接约束力，企业只要按政府的法律法规行事即可。所以，政府必须是法治政府，政府必须在法治秩序中找到自己的正确定位。

中国入世首席谈判代表龙永图说："政府官员不熟悉 WTO 规则，不做思想观念转变的积极准备，是入世最大的风险。"

美国高特兄弟律师事务所驻北京首席代表陶景洲预测：中国一些不适应国际规则的政府部门可能会撤并，政府服务必须更像一个廉洁的第三产业。而司法服务不仅将体现于立法过程，更多地要体现在执法水平上。即中国公共管理部门规则意识的高低，将决定市场环境的好坏。

2. 建立新关系

以企业为核心，建立企业、政府和中介机构的新型关系的运行机制，是对我国体制上的一个新的大挑战。关于中介机构，如律师和会计事务所、行业工会和学会等，它们在世界经济舞台上同政府、企业并列为三大演员，作用之大可想而知。必须重视中介机构的壮大和发展，不然一旦政府职能转变后，就会出现管理空白。

3. 迎接新挑战：开放市场

从 2001 年 12 月起到 2007 年，中国的关税总水平已由 15.3% 降至 9.8%，其中，农产品平均税率为 15.2%，工业品平均税率为 8.95%。2007 年中国继续对小麦、玉米、稻谷和大米、糖、羊毛、毛条、棉花 7 种农产品和尿素、磷酸二铵、三元复合肥 3 种化肥实行关税配额管理，尿素、磷酸二铵、三元复合肥继续执行 1% 的配额税率。

(二)"入世"后的"入市"

所谓"市场经济地位"问题，源自我国入世协议中反倾销部分的"非市场经济地位"条款，是入世谈判的遗留问题。该条款表明，在加入世贸组织后 15 年内，如果中国能证明符合其他成员的市场经济标准，其他成员在反倾销调查中应按照世贸组织一般规则计算中国产品的正常价值；反之，其他成员可用其他方法进行计算。

该条款对我国的具体影响主要表现在，世贸组织成员对我反倾销调查中倾销幅度的确定。在我未获得"市场经济地位"时，反倾销案件发起国可依据某一替代国该商品的成本数据计算正常价值，确定倾销幅度，而不使用我国企业自身的数据。在实践中，由于替代国的选择比较随意，倾销幅度易被高估，倾销判定容易成立，从而使我国企业遭受不公平待遇，蒙受不应有的损失。"市场经济地位"问题，成为我国企业应对反倾销的最大难点。

非市场经济地位给中国带来三大负面影响。

第一，导致我国的出口企业在对外反倾销应诉中处于极为不利的地位，并成为我国企业败诉的主要原因。由于不把中国视作市场经济国家，无法计算中国企业的生产成本，于是其他 WTO 成员采用第三国替代的方法。20 世纪 90 年代，欧盟对中国的彩电反倾销，就是将新加坡作为替代国计算成本。当时，新加坡劳动力成本高出中国20多倍，中国的产品自然被计算成倾销。

第二，中国企业难以胜诉，客观上又进一步刺激某些WTO成员对我国的产品提起更多的反倾销申诉，同时打击了我国企业应诉的积极性，形成恶性循环。在中国方面的持续交涉和抗议下，相关国家对中国做出一些让步，但总体效果仍然不理想。

第三，非市场经济地位否认我国建设市场经济的成果和现状，影响我国的国际形象。

当前，在全球范围内，平均每7起反倾销案中就有1起涉及中国产品。中国一直是遭受反倾销调查最多的国家之一，也是反倾销等贸易救济措施的最大受害者。美国一直频繁地对中国挥舞反倾销大棒。

（三）影响弱势的民族产业的发展

世贸组织的基本原则是各个成员必须遵守的，但是遵守这些原则，各个成员必须放弃一些基本权利，甚至会侵蚀到国家主权。比如，关税从来是一个国家主权的表现，但是，世贸组织要求各成员降低关税，取消进口商品和服务的数量限制，实际上要求各成员国国门大开，要求各成员政府减少甚至放弃对民族产业的财政支持，这必然会影响到发展中国家幼稚的民族经济的发展，侵蚀到国家主权。主权是民族国家的灵魂。世贸组织实行的国际经济协调的权力来自民族国家主权的部分让渡。国家固有的“核心机能”正渐渐地转化为“协调机制”，有些甚至被废弃，成为“空白国家”。民族对本国经济的管理不再享有绝对的排他权，制定经济政策必须考虑世贸组织的原则，要与国际环境相协调。最严重的是，正在迅速出现的所谓“无国界经济”，渐渐地侵蚀公众对母国的忠诚感。

（四）各国参与经济全球化，也加剧了各国间的经济竞争

竞争的手段是多种多样的，有经济援助、经济渗透、经济禁运、经济制裁、贸易战、关税战等等。在提倡自由主义的同时，各国出于自身的利益，出台各种各样的贸易保护主义措施，并愈演愈烈。在国际关系中，经济政治化现象十分突出，霸权主义仍然支配着国际经济秩序。一些国家在经济竞争中，往往把经济问题上升为政治利害关系，表面的经济纠纷往往成为政治较量，借经济全球化浪潮对别国进行经济干涉。

穷国参与经济全球化，愈益感受到国际社会贫富不均的难题。根据激进主义经济发展学派提出的“中心—外围”理论，当代世界经济是以高度工业化国家为中心，以不发达国家为外围组合而成的。中心是世界经济发展的主宰，是技术的创新者和传播者，以生产和出口高附加值的工业品为主。外围则是技术的模仿者和接受者，以生产和出口满足工业化国家需要的农矿产品等初级产品为主。中心和外围存在着严重的不均等。这种情况是以旧的世界经济秩序为前提的。在这种旧的世界经济秩序下，经济全球化给富国和穷国完全不同的机遇。

（五）各国的国家经济安全会受到不同程度的冲击

在经济全球化时期，一国经济发生危机，就会像多米诺骨牌一样迅速殃及他国，甚至整个世界，这会严重地损害各国经济安全。目前，已经形成了 24 小时电子化交易的全球金融市场。这既提供了便捷的融资手段，又很容易导致金融风险。东南亚金融风暴像瘟疫一样，迅速扩展到全世界。在这场灾难中，中国受害程度较轻，根本原因在于中国的资本市场并没有完全开放，东南亚金融风暴传递到中国缺乏有效的管道。在欢迎经济全球化带来的好处时，必须警惕它同时带来的风险。

从宏观看，以市场经济体制“独立的企业制度、有效的市场竞争、规范的政府职能、良好的社会信用、健全的法治基础”五大特点衡量，中国还存在不足。这些不足是“审批经济”仍有市场、官商合一并未消失、行政干预时有发生、暗箱操作尚未根除、金融体制有待改善、要素市场仍需发育和信用体系急需建立。因此，继续深化经济体制改革，转化政府职能，提高经济调控的能力和技巧，仍是中国“入世”后需要加快的进程。

参考文献

[1]　陈宪，张鸿. 国际贸易——理论政策案例[M]. 上海：上海财经大学出版社，2004.

[2]　卢进勇，杜奇华. 国际经济合作教程[M]. 北京：首都经济贸易大学出版社，2006.